A pesquisa sociológica

COLEÇÃO SOCIOLOGIA
Coordenador: Brasilio Sallum Jr. – Universidade de São Paulo

Comissão editorial:
Gabriel Cohn – *Universidade de São Paulo*
Irlys Barreira – *Universidade Federal do Ceará*
José Ricardo Ramalho – *Universidade Federal do Rio de Janeiro*
Marcelo Ridenti – *Universidade Estadual de Campinas*
Otávio Dulci – *Universidade Federal de Minas Gerais*

- *A educação moral*
Émile Durkheim
- *A Pesquisa Qualitativa – Enfoques epistemológicos e metodológicos*
V.V.AA
- *Sociologia ambiental*
John Hannigan
- *O poder em movimento – Movimentos sociais e confronto político*
Sidney Tarrow
- *Quatro tradições sociológicas*
Randall Collins
- *Introdução à Teoria dos Sistemas*
Niklas Luhmann
- *Sociologia clássica – Marx, Durkheim e Weber*
Carlos Eduardo Sell
- *O senso prático*
Pierre Bourdieu
- *Comportamento em lugares públicos – Notas sobre a organização social dos ajuntamentos*
Erving Goffman
- *A estrutura da ação social – Vols. I e II*
Talcott Parsons
- *Ritual de interação – Ensaios sobre o comportamento face a face*
Erving Goffman
- *A negociação da intimidade*
Viviana A. Zelizer
- *Sobre fenomenologia e relações sociais*
Alfred Schutz
- *Os quadros da experiência social – Uma perspectiva de análise*
Erving Goffman
- *Democracia*
Charles Tilly
- *A representação do Eu na vida cotidiana*
Erving Goffman
- *Sociologia da Comunicação – Teoria e ideologia*
Gabriel Cohn
- *A pesquisa sociológica*
Serge Paugam (coord.)
- *Sentido da dialética – Marx: lógica e política – Tomo I*
Ruy Fausto

Dados Internacionais de Catalogação na Publicação (CIP)
(Câmara Brasileira do Livro, SP, Brasil)

A pesquisa sociológica / Serge Paugam, (coordenador) ; tradução de Francisco Morás. – Petrópolis, RJ : Vozes, 2015. – (Coleção Sociologia)

Título original: L'enquête sociologique
Bibliografia
ISBN 978-85-326-4918-8

1. Pesquisa sociológica – Metodologia 2. Sociologia I. Paugam, Serge. II. Série.

14-11963   CDD-300.72

Índices para catálogo sistemático:
1. Pesquisa sociológica : Sociologia   300.72

Serge Paugam
(coord.)

A pesquisa sociológica

Tradução de Francisco Morás

Petrópolis

© Presses Universitaires de France, 2010
6, avenue Reille, 75014 Paris

Título do original francês: *L'enquête sociologique*

Direitos de publicação em língua portuguesa – Brasil:
2015, Editora Vozes Ltda.
Rua Frei Luís, 100
25689-900 Petrópolis, RJ
www.vozes.com.br
Brasil

Todos os direitos reservados. Nenhuma parte desta obra poderá ser reproduzida ou transmitida por qualquer forma e/ou quaisquer meios (eletrônico ou mecânico, incluindo fotocópia e gravação) ou arquivada em qualquer sistema ou banco de dados sem permissão escrita da editora.

Diretor editorial
Frei Antônio Moser

Editores
Aline dos Santos Carneiro
José Maria da Silva
Lídio Peretti
Marilac Loraine Oleniki

Secretário executivo
João Batista Kreuch

Editoração: Maria da Conceição B. de Sousa
Diagramação: Alex M. da Silva
Capa: Sheilandre Desenv. Gráfico

ISBN 978-85-326-4918-8 (edição brasileira)
ISBN 978-2-13-055503-2 (edição francesa)

Editado conforme o novo acordo ortográfico.

Este livro foi composto e impresso pela Editora Vozes Ltda.

Agradecimentos

Na elaboração deste livro coletivo, beneficiei-me da ajuda de Manuella Roupnel-Fuentes tanto no contato com os autores, no acompanhamento e na discussão de suas contribuições respectivas, quanto na harmonização e na releitura do manuscrito final. Desejo expressar-lhe calorosamente meu reconhecimento por este trabalho atencioso e rigoroso.

Um grande agradecimento é dirigido coletivamente a todos os autores que aceitaram, com generosidade, participar desta obra, o mais frequentemente a partir de apontamentos de cursos ou seminários, colocando assim suas experiências de pesquisa ao serviço da transmissão pedagógica do saber e das aquisições metodológicas em sociologia.

O manuscrito beneficiou-se igualmente da releitura aprofundada de Anne Luciani e de Marion Selz, que incluo nestes agradecimentos.

Sumário

Apresentação da coleção, 9

Introdução – A pesquisa sociológica em vinte lições, 11
Serge Paugam

Parte I – A postura sociológica, 15

1 Afastar-se das prenoções, 17
Serge Paugam

2 Problematizar, 33
Cyril Lemieux

3 Escolha e limites do modo de objetivação, 53
Serge Paugam

Parte II – As técnicas de pesquisa, 65

4 Construir uma amostra, 67
Jean-Marie Firdion

5 A pesquisa por questionário, 85
Isabelle Parizot

6 Conduzir uma entrevista de face a face, 102
Janine Barbot

7 A observação direta, 124
Sébastien Chauvin e Nicolas Jounin

8 O uso dos arquivos em sociologia, 141
Liora Israël

9 Por que a análise das redes?, 156
Florence Maillochon

10 Articular as abordagens quantitativa e qualitativa, 171
Pascale Dietrich, Marie Loison e Manuella Roupnel

Parte III – Os métodos de análise, 183

11 O raciocínio etnográfico, 185
Stéphane Beaud e Florence Weber

12 O raciocínio estatístico em sociologia, 202
Marion Selz

13 Analisar um espaço social, 218
Julien Duval

14 Elaborar um tipo ideal, 238
Dominique Schnapper

15 A dimensão temporal dos fatos sociais: a pesquisa longitudinal, 253
Mirna Safi

16 Interpretar as redes sociais, 270
Olivier Godechot

17 O raciocínio comparatista, 290
Serge Paugam e Cécile Van de Velde

Parte IV – A restituição dos resultados, 305

18 A escrita sociológica, 307
Cyril Lemieux

19 O sociólogo e as mídias, 325
Cécile van de Velde

20 O sociólogo e o político, 339
Serge Paugam

Conclusão – A reflexividade do sociólogo, 355

Índice dos autores, 359

Índice das matérias, 371

Apresentação da coleção

Brasilio Sallum Jr.

A *Coleção Sociologia* ambiciona reunir contribuições importantes desta disciplina para a análise da sociedade moderna. Nascida no século XIX, a sociologia expandiu-se rapidamente sob o impulso de intelectuais de grande estatura – considerados hoje clássicos da disciplina –, formulou técnicas próprias de investigação e fertilizou o desenvolvimento de tradições teóricas que orientam o investigador de maneiras distintas para o mundo empírico. Não há o que lamentar o fato de a sociologia não ter um *corpus* teórico único e acabado. E, menos ainda, há que esperar que este seja construído no futuro. É da própria natureza da disciplina – de fato, uma de suas características mais estimulantes intelectualmente – renovar conceitos, focos de investigação e conhecimentos produzidos. Este é um dos ensinamentos mais duradouros de Max Weber: a sociologia e as outras disciplinas que estudam a sociedade estão condenadas à eterna juventude, a renovar permanentemente seus conceitos à luz de novos problemas suscitados pela marcha incessante da história. No período histórico atual este ensinamento é mais verdadeiro do que nunca, pois as sociedades nacionais, que foram os alicerces da construção da disciplina, estão passando por processos de inclusão, de intensidade variável, em uma sociedade mundial em formação. Os sociólogos têm respondido com vigor aos desafios desta mudança histórica, ajustando o foco da disciplina em suas várias especialidades.

A *Coleção Sociologia* pretende oferecer aos leitores de língua portuguesa um conjunto de obras que espelhe o tanto quanto possível o desenvolvimento teórico e metodológico da disciplina. A coleção conta com a orientação de comissão editorial, composta por profissionais relevantes da disciplina, para selecionar os livros a serem nela publicados.

A par de editar seus autores clássicos, a *Coleção Sociologia* abrirá espaço para obras representativas de suas várias correntes teóricas e de suas especialidades, voltadas para o estudo de esferas específicas da vida social. Deverá também suprir as necessidades de ensino da Sociologia para um público mais amplo, inclusive por meio de manuais didáticos. Por último – mas não menos importante –, a *Coleção Sociologia* almeja oferecer ao público trabalhos sociológicos sobre a sociedade brasileira. Deseja, deste modo, contribuir para que ela possa adensar a reflexão científica sobre suas próprias características e problemas. Tem a esperança de que, com isso, possa ajudar a impulsioná-la no rumo do desenvolvimento e da democratização.

Introdução

A pesquisa sociológica em vinte lições

Serge Paugam

Para definir a sociologia, convém partir ao mesmo tempo de seu objeto e de sua prática. Seu objeto reenvia ao homem social ou ao homem socializado. Desde sua criação, a sociologia entende afirmar sua especificidade em relação às outras ciências humanas, mas, em razão do objeto último que ela visa, simultaneamente ela persegue o objetivo – sem dúvida exagerado – de superação das clivagens disciplinares, o que a torna, segundo Raymond Aron, uma ciência ao mesmo tempo particular e sintética[1]. Apesar deste paradoxo fundador, os sociólogos facilmente concordam, em nível geral, que sua disciplina é a ciência das relações sociais tais como elas são impostas e transmitidas pelo meio – quadros de socialização – e igualmente como elas são vividas e conservadas pelos indivíduos.

Em contrapartida, é mais difícil conseguir uma definição consensual da prática. Se os primeiros sociólogos não definiam seu ofício pela prática de campo e o mais frequentemente se contentavam em coletar dados históricos ou observações confiadas a informantes privilegiados, a prática da pesquisa direta em população geral ou junto a grupos sociais particulares se desenvolveu consideravelmente ao longo o século XX, tanto que hoje é praticamente inimaginável definir o ofício de sociólogo sem fazer referência à pesquisa. A habilidade sociológica compreende doravante um conhecimento preciso das diversas técnicas de pesquisa, bem como a capacidade de escolher a mais apropriada em função do tema vislumbrado. Antes de restituir os resultados de sua pesquisa, o sociólogo igualmente se engaja na prestação de contas de forma precisa de sua metodologia, das escolhas feitas ao longo do processo de pesquisa. Não pode haver saber

---

1. Cf. ARON, R. Prefácio à "L'aventure humaine". *Encyclopédie des sciences de l'homme* – III: Les sociétés modernes. Paris: Société d'Études littéraires et artistiques, 1966, p. 17.

sociológico independentemente das técnicas empregadas numa pesquisa. Dito de outra forma: o sociólogo não se contenta com ideias gerais sobre a sociedade. Ele realiza pesquisas e entende colocar as teorias gerais à prova da realidade empírica que observa e interpreta. Suas conclusões resultam de um processo controlado da administração da prova.

A pesquisa sociológica, em sentido amplo, pode ser definida a partir do conjunto epistemológico completo que compreende a postura científica do sociólogo, a construção do objeto, a definição das hipóteses, os modos de objetivação, a metodologia de pesquisa, os instrumentos de análise dos resultados e as formas de escrita. Existem na verdade várias maneiras de conduzir uma pesquisa sociológica segundo o domínio de estudos escolhido, a problemática vislumbrada, as técnicas empregadas tanto no nível da coleta dos dados empíricos quanto na interpretação dos resultados. A pesquisa sociológica está igualmente em constante evolução. Os métodos preconizados e experimentados por Durkheim em suas pesquisas sobre *Le suicide* (1895) (O suicídio) ou sobre *Les formes élémentaires de la vie religieuse* (1912) (As formas elementares da vida religiosa) não estão completamente superadas, mas hoje elas perecem pouco representativas da diversidade das abordagens. Os pesquisadores em sociologia inovam sem cessar. Eles percorrem vias não exploradas por seus antecessores, testam novas técnicas, inspiram-se nos avanços de outras disciplinas. Uma ciência que vive curvada sobre suas aquisições é fadada a regredir, isto é, a desaparecer. No entanto, esta vitalidade criativa que se constata na sociologia, assim como nas outras ciências, torna difícil, senão impossível, tratar de todo o conjunto de métodos e técnicas que hoje dependem desta disciplina. Parece igualmente ilusório pretender explicar de forma definitiva a prática da sociologia.

As opções feitas neste livro visam, de um lado, prestar contas da prática da pesquisa sociológica a partir da dinâmica que lhe é própria, isto é, a partir das experiências concretas e das inovações introduzidas pelos pesquisadores, e, de outro lado, abordar não somente os sucessos impressionantes das pesquisas, mas também as dúvidas e as hesitações inevitáveis que acompanham qualquer pesquisa. Como em todas as disciplinas científicas, o respeito a um determinado número de regras é indispensável, mas isso não significa que bastaria aplicar ao pé da letra tal princípio para tornar-se um bom sociólogo.

Diferentemente de muitos manuais sobre a prática da sociologia que focalizam uma abordagem metodológica particular, esta obra apresenta a pesquisa sociológica sob seus diferentes aspectos e com a preocupação de cobrir o conjunto das técnicas e métodos mais correntemente utilizados em sociologia.

Este livro apoia-se em experiências de ensino. A estrutura da obra e os títulos dos capítulos correspondem, em primeiro lugar, para o essencial, a um curso que ministrei no departamento de sociologia na Universidade de Genebra entre 2003-2004. Subsequentemente o curso foi retomado na École des Hautes

Études en Sciences Sociales, a título de *Master* em sociologia, sob a forma de um seminário intitulado: "O que é a pesquisa sociológica?", que juntamente com Cyril Lemieux coordenei, entre 2005 e 2009. Os autores desta obra são sociólogos experimentados e a maioria deles participou deste seminário em razão de suas próprias pesquisas e dos resultados apresentados. O objetivo do seminário era acima de tudo pedagógico. Tratava-se de oferecer aos estudantes as bases indispensáveis para que pudessem iniciar de forma autônoma uma pesquisa sociológica, mas igualmente para que pudessem controlar várias técnicas e escolhessem a mais apropriada ao seu objeto de estudos. O objetivo deste livro é o mesmo.

Esta obra compõe-se de 20 lições. Algumas têm um alcance eminentemente prático, visando pura e simplesmente a explicar como convém situar-se para aplicar tal ou tal técnica, assim como evitar as ciladas mais corriqueiras. O leitor também encontrará aqui respostas claras sobre certas questões incontornáveis, como estas: Como fazer uma entrevista? O que é observar e como fazê-lo? Como constituir uma amostra e elaborar um questionário etc.? Outras lições são de ordem mais reflexiva, visando a interrogar a postura do pesquisador, o andamento da pesquisa e o processo de interpretação dos resultados, sublinhar os trunfos, mas também os limites da objetivação sociológica. Outras têm ainda uma perspectiva mais deontológica: elas questionam o engajamento do sociólogo em seu trabalho de campo, em seu contato com as pessoas encontradas, observadas e entrevistadas, mas também em sua função de erudito no coração da cidade confrontado com as questões que a sociedade se coloca e às quais ele pode aportar elementos de resposta.

Este livro se divide em quatro partes correspondendo às quatro etapas essenciais de uma pesquisa em sociologia: 1) "A postura sociológica" aborda a questão da construção do objeto de estudos e a escolha do modo de objetivação. 2) "As técnicas de pesquisa" respondem às questões relativas à coleta de dados empíricos oriundos seja da observação participante, seja das entrevistas semidiretivas, seja das respostas aos questionários ou aos arquivos. 3) "Os métodos de análise" correspondem aos diferentes modos de tratamento dos materiais recolhidos. 4) "A restituição dos resultados" entende aportar soluções aos problemas que os sociólogos encontram na escrita e na comunicação acerca das principais conclusões de suas pesquisas.

Parte I
A postura sociológica

1
Afastar-se das prenoções

Serge Paugam

Como escolher o tema com o qual se pretende trabalhar? Como, partindo do tema inicial, construir um verdadeiro objeto de estudos sociológicos? Como formular a questão sociológica que está na origem da investigação empírica? Como definir hipóteses? Como elaborar métodos de pesquisa apropriados? Estas questões são as que o estudante de sociologia e o sociólogo calejado se colocam e tentam responder antes de iniciar uma pesquisa. Urge acordar-lhes o máximo de atenção. Na prática, não é raro que seis meses, ou mais, separem a escolha inicial do tema da primeira problematização sociológica efetiva.

Por que um tempo tão longo? Em primeiro lugar, porque a escolha inicial é frequentemente guiada por sensibilidades ou orientações que nada têm de científico e das quais é necessário afastar-se progressivamente. Ora, este processo não é fácil, já que ele implica tanto um trabalho sobre si quanto um trabalho sobre as noções do senso comum, sobre as categorias da vida correntes cujo uso sistemático pode levar à cegueira. A construção de um objeto de estudos passa pela desconstrução, ao menos parcial, destas prenoções ou destes prejulgamentos que constituem obstáculos epistemológicos. Em segundo lugar, porque o trabalho sociológico passa pela enigmatização de tudo aquilo que parece evidente. Neste sentido, tornar-se sociólogo é ousar colocar questões impertinentes, mostrar o que está em jogo por detrás da cena, inteirar-se de todas as artimanhas da vida social, enfim, desvelar a realidade escondida dos fenômenos sociais. Em terceiro lugar, porque uma pesquisa sociológica obriga a um vai-e--vem entre a construção erudita e a verificação – ou a prova – empírica, e isso desde as primeiras formulações da problemática.

É frequente encontrar nas teses de mestrado e doutorado em sociologia, bem como nas introduções de obras que dependem desta disciplina, uma parte intitulada "Construção do objeto de estudos". Geralmente o sociólogo se dedica num primeiro tempo à descrição de seu tema, à forma como geralmente ele é tratado na vida corriqueira. E se pergunta: O que faz dele um tema sobre o qual todos falam, que questiona, interessa? Assim procedendo, ele cativa seu leitor, evocando primeiramente o que lhe é familiar, e pouco a pouco o leva a uma postura científica, a uma série de rupturas com o senso comum. A clarificação das palavras e dos conceitos é obviamente necessária, mas trata-se principalmente de um novo questionamento, de uma nova problemática que urge justificar a partir dos trabalhos sociológicos existentes, das hipóteses já verificadas, mas também das questões ainda não esclarecidas. É precisamente neste estágio que se torna possível falar de um objeto de estudos construído, não mais confundível com o sentido inicial das questões ditas de atualidade ou de sociedade. Entretanto, o que o sociólogo resume em algumas páginas parecendo às vezes elementares, geralmente é fruto de uma longa maturação.

Tomar distância em face de sua postura de pesquisador, desconstruir as noções do senso comum, desvelar os contrastes da vida em sociedade, elaborar conceitos e submetê-los à avaliação empírica, enfim, engajar-se simultaneamente num processo de objetivação e de questionamento crítico, eis os aspectos mais ordinários do ofício de sociólogo que neste capítulo entendemos desenvolver.

Primeiro trabalho de distanciamento

Antes de mais nada, o sociólogo se questiona sobre as razões que o levaram a interessar-se por tal ou tal pesquisa. Interrogar-se sobre a escolha do tema já é efetivamente um primeiro distanciamento. Como um pesquisador, debutante ou traquejado, escolhe? O professor que aceita um aluno no momento da delimitação de seu projeto de pesquisa muito frequentemente constata o vínculo geralmente estreito entre o tema que o candidato escolheu e sua experiência vivida, o ambiente social onde ele cresceu, os encontros que manteve, as dificuldades com as quais se deparou, os problemas que o revoltam, as injustiças que ele condena. Em suma, uma série de pontos que constituem sua relação com o mundo. O sociólogo calejado, deste ponto de vista, não é fundamentalmente diferente. Ele dispõe simplesmente da prudência de dissimular mais, aos olhos de seus colegas, o que poderia aparecer como um obstáculo epistemológico ou uma carência de rigor.

Na realidade, a escolha de um tema nunca é anódina. Geralmente, e em não poucos casos, ela resulta de motivações inconscientes ou, no mínimo, pouco explicitadas. Um exemplo: Por que Durkheim escolheu o suicídio ao invés de outro tema? Este tema pode ser efetivamente complexo e, em muitos aspectos, difícil de ser abordado, sobretudo no quadro de uma pesquisa propriamente sociológica, e, *a fortiori,* enquanto empresa cuja vocação resume-se em estabelecer as bases de uma disciplina. Qual vínculo pessoal Durkheim poderia ter tido com o suicídio? Sabemos, por meio de suas cartas, que ele se autodenominava "neurastênico", e que, por consequência, se predispunha a refletir sobre esta questão[1]. Vale lembrar também que em seu livro ele abordou a questão da neurastenia no capítulo primeiro, intitulado "O suicídio e os estados psicopáticos"[2]. Para ele, o objetivo era mostrar que, se esta neurose pode predispor ao suicídio, ela não levaria necessariamente a tal consequência. Segundo Durkheim, é necessário investigar, para além do estado orgânico do neurastênico, outras causas, notadamente as sociais. O mais impressionante é que, nos meandros de sua demonstração, ele se esforça em apresentar o neurastênico como um ser sofredor, mas ao mesmo tempo dotado de qualidades apreciáveis: "Sua debilidade muscular, sua sensibilidade excessiva, que o tornam impróprio à ação, o notabilizam, ao contrário, por suas funções intelectuais que, inclusive elas, necessitam de órgãos apropriados. [...]; à medida que a própria sociedade é móvel e que não pode sustentar-se senão progredindo, ele tem uma função útil a exercer, já que, por excelência, sua inteligência é instrumento de progresso. Precisamente por ser refratário à tradição e à submissão ao rotineiro, ele é uma fonte eminentemente fecunda de novidades"[3]. Resumindo: se é compreensível que, não obstante seu sofrimento, o neurastênico possa perfeitamente encontrar seu lugar na sociedade, o tom empregado por Durkheim ao descrever este estado psicológico se lhe aparece empático e próximo. Com o estilo demonstrativo que em geral lhe é peculiar, ao analisar os fenômenos sociais Durkheim os delimita. Para além da aposta estritamente sociológica do estudo do suicídio, não seria absurdo pensar que este tema possa ter tido, para Durkheim, ao menos parcialmente, um interesse de ordem existencial.

Os sociólogos jamais escolhem totalmente ao acaso os temas que pesquisam e, no caso do suicídio, é raro que um sociólogo se interesse por ele sem, em um dado momento de sua vida, ter-se direta ou indiretamente confrontado com ele. É impressionante constatar que os sociólogos que estudam a imigração geralmente são oriundos de famílias que imigraram e que sofreram um processo de aculturação. Os sociólogos que se debruçam sobre a cultura dos ambientes operários e sobre a pobreza geralmente são de origem social mais modesta. A mobilidade social é um tema clássico em sociologia, mas ela é estudada prioritariamente por pesquisadores que conheceram um percurso integracional ascendente ou, ao contrário, por aqueles que viveram uma experiência de desclassificação ou de degradação estatutária. São essencialmente as mulheres que trabalham a questão do gênero e que estudam as dificuldades de conciliar vida familiar e vida profissional, que sublinham com mais convicção a questão

---

1. Cf. sobre este ponto MUCCHIELLI, L. "Autour de la 'révélation' d'Émile Durkheim – De l'inscription biographique des découvertes savantes à la notion de 'Névrose créatice'". In: CARROY, J. & RICHARD, N. (orgs.). *La découverte et ses récits en sciences humaines* – Champollion, Freud et les autres. Paris: L'Hartmattan, 1998, p. 57-96.

2. DURKHEIM, É. *Le suicide* – Étude de sociologie. Paris: PUF, 1897 [Reed., PUF: Quadrige, 2007]. Cf. esp. p. 33-46.

3. Ibid., p. 45.

da continuidade das desigualdades entre homens e mulheres. São os antigos desportistas, ou os que tiveram um contato mais estreito com o mundo do esporte, que estudam a sociologia do esporte. E basta participar de um congresso de sociólogos da religião para constatar que uma grande parte da assembleia é composta de religiosos ou de pessoas próximas a um culto. Poderíamos multiplicar ao infinito os exemplos. Os sociólogos quase inevitavelmente projetam uma parte deles mesmos nas pesquisas que conduzem. Neste sentido eles não se distinguem do homem ordinário que busca harmonizar suas ações com o mundo que o cerca, visando a melhor compreendê-lo.

A questão que se impõe não é a de saber se é desejável ou não que o sociólogo mantenha uma afinidade com seu tema de pesquisa, mas a de saber enfrentar os inconvenientes da análise feita de "dentro" e da análise feita de "fora". O pesquisador que já conhece um pouco por "dentro" seu tema pode pretender um conhecimento íntimo do terreno, fundado em experiências concretas e em relações com pessoas que poderiam subsequentemente se transformar em informantes privilegiados. Mas ser-lhe-ia exigido muito esforço para abandonar as prenoções e prejulgamentos próprios ao ambiente que ele estuda, ao passo que o pesquisador cujo tema tem pouca relação com seus conhecimentos e sua experiência pessoal poderia prevalecer-se de uma distância já adquirida.

Citemos aqui o caso de Richard Hoggart, sociólogo inglês oriundo dos bairros populares do Nordeste industrial da Inglaterra, conhecido na França pela tradução de seu livro *The Uses of Litteracy* sob o título francês *La culture du pauvre – Études sur le style de vie des classes populaires en Angleterre* (A cultura do pobre – Estudos sobre o estilo de vida das classes populares na Inglaterra)[4]. A particularidade desse livro, escrito nos anos de 1950, é que ele faz fortemente apelo à experiência pessoal autobiográfica do autor em tudo o que se refere às atitudes, às maneiras e às formas de sociabilidade propriamente populares. Hoggart reconheceu que, por essa razão, sua obra não pode almejar à objetividade da pesquisa sociológica, mas nem por isso seu aporte é menos considerável. Em primeiro lugar, porque suas observações de caráter etnográfico são extremamente precisas, e porque ele se abstém de toda extrapolação excessivamente rápida. Ele, ao contrário, confronta os fatos que descreve com inúmeros estudos sociológicos, mantendo uma preocupação permanente de evitar toda generalização inconsiderada. Ele também estuda a literatura de origem popular fazendo uso particular do julgamento distanciado de sociólogo crítico. Hoggart não buscou dissimular sua condição de origem. Sua força, ao contrário, reside em sua capacidade de aproveitar-se disso para descrever "do interior" o universo das classes populares, sem cair nem na veia populista, nem na deriva miserabilista que caracterizam inúmeros trabalhos universitários sobre a condição operária. A qualidade desta obra reside igualmente no incansável trabalho de autoanálise

---

4. Paris: De Minuit, 1970.

assumido pelo autor para controlar, sem eliminá-las, as emoções e as resistências ao desvelamento que uma pesquisa como esta inevitavelmente suscita. Isso se percebe, por exemplo, em suas exímias observações sobre a condição do bolsista de origem popular e sobre o processo doloroso de desenraizamento e de desclassificação aos quais são confrontados estes jovens prometidos a estudos, cujos pais nunca puderam ter acesso.

Urge ter consciência de que a escolha de um tema raramente é neutra, e que ela geralmente é uma componente da experiência vivida pelo pesquisador, visto ser este um primeiro passo rumo à objetivação ou ao que poderíamos denominar "sociologia reflexiva". Este, no entanto, é um exercício difícil, já que implica uma ruptura do sociólogo com tudo aquilo que o vincula ao seu objeto de estudos. O pesquisador geralmente resiste em elucidar a relação que ele mantém com seu objeto de estudos, já que quase sempre, de forma mais ou menos inconsciente, engaja nisso seu "interesse" pessoal. Ele, mediante uma postura científica, tenta responder a um questionamento que em parte é justificado por uma aposta do conhecimento sociológico, em parte por seu interesse pessoal. Alguns sociólogos nem sempre se dão conta disso, ou preferem minimizar sua importância.

Pierre Bourdieu declarou que sua pesquisa mais difícil, a mais custosa em termos de esforço de objetivação, reporta-se aos intelectuais e ao campo universitário que ele mesmo estudou. Em *Homo academicus*[5], ele confrontou-se com a pesada responsabilidade – que ele mesmo aceitou – de estudar de forma científica as lutas internas de um mundo do qual ele era parte integrante. Eis como ele se reporta a esse mundo:

> Num primeiro tempo, eu havia construído um modelo do espaço universitário como espaço de posições unidas por relações de força específicas, como um campo de forças e um campo de lutas para conservar ou transformar este campo de forças. Eu poderia ter parado lá, mas fui alertado pelas observações que em outros tempos, ao longo de meus trabalhos de etnologia, pude realizar sobre o "epistemocentrismo" associado à posição erudita; mais que um mal-estar suscitado em mim, no momento da publicação, o sentimento de ter cometido uma espécie de deslealdade, ao insinuar-me em observador de um jogo que eu continuava a jogar, forçou-me a retornar ao meu próprio ofício[6].

Este questionamento é primoroso. Ele faz parte de uma etapa essencial da postura científica. Seria efetivamente possível reivindicar a posição de observador imparcial quando pessoalmente se está implicado nos jogos de poder ou de dominação que se pretende estudar? Não haveria um risco de arbítrio, por detrás da aparência de impessoalidade dos procedimentos da pesquisa socioló-

---

5. Paris: De Minuit, 1984.
6. BOURDIEU, P. (com Loïc Wacquant). *Réponses*. Paris: Le Seuil, 1992, p. 225.

gica, visando a defender um ponto de vista ou a construir um espaço de pontos de vista nos quais o sociólogo arroga-se efetivamente o poder de classificar seus concorrentes? Haveria um sistema único para examinar este trabalho, ou este empenharia escolhas e consequentemente preferências? Seria o observador, implicado em seu objeto de pesquisa, o mais bem-situado para intentar esta classificação? Visando a resolver estes problemas, Bourdieu fala em *objetivação participante*, que não deve ser confundida com a *observação participante* (cf. cap. 3 "A relação de pesquisa"). Apesar da complexidade deste exercício, seu princípio não consiste somente em considerar o objeto de estudos a distância, mas igualmente em praticar um distanciamento em relação a si mesmo em face do objeto estudado, questionando assim a própria análise da posição do sociólogo no memento mesmo em que ele apresenta seu objeto de estudos e os instrumentos de sua análise. Dessa forma é possível falar de uma sociologia da sociologia, praticada do interior, do próprio coração do processo de elaboração científica.

> A consciência dos limites da objetivação objetivista levou-me a descobrir que existe no mundo social, e em particular no mundo universitário, toda uma série de instituições que tem por efeito tornar aceitável a defasagem entre a verdade objetiva e a verdade vivida daquilo que fazemos e somos – tudo aquilo que os sujeitos objetivados querem lembrar quando, à análise objetivista, eles opõem a afirmação de que "não é bem assim que as coisas funcionam". Refiro-me, por exemplo, particularmente, aos sistemas de defesa coletivos que, em universos onde cada qual luta pelo monopólio de um mercado no qual não existe por cliente senão concorrentes, e onde a vida é consequentemente muito dura, permitem aceitar-se ao corroborar subterfúgios ou gratificações compensatórias fornecidas pelo ambiente. É esta dupla verdade, objetiva e subjetiva, que se constitui em verdade completa do mundo social[7].

Manter uma relação pessoal com seu objeto de estudos amplia a dificuldade de objetivação, embora isso não comporte nenhuma anormalidade. É inclusive praticamente inevitável que o sociólogo seja atraído pelo estudo de fenômenos sociais que o marcaram no passado, ou que ainda o marcam em sua experiência cotidiana. O sociólogo deve ser capaz de neutralizar seus sentimentos ou rechaçar suas paixões. Urge-lhe tomar consciência das próprias preferências ao delimitar o campo de suas investigações e esforçar-se da maneira mais objetiva possível para prestar contas dos limites e dos inconvenientes da relação íntima que o mais frequentemente ele mantém com seu objeto de estudos. É sob essa condição que ele poderá verdadeiramente distanciar-se das prenoções e evitar as ciladas da sociologia espontânea.

---

7. Ibid.

Consciência comum, consciência erudita

Construir um objeto de estudos em sociologia consiste em passar do senso comum ao sentido sociológico. Como qualquer indivíduo vivendo em sociedade, o sociólogo tem opiniões, preferências, uma relação pessoal com as coisas e com os seres. Os fenômenos que ele estuda – o que denominamos o social em sentido amplo – não são isoláveis da atividade humana da qual ele participa. Ele não é o único a conhecê-los, mas sua abordagem é diferente enquanto inscrita num quadro de referência rigorosamente definido, cuja principal característica é a de submeter-se às normas da verdade científica. Para tanto, ele não pode contentar-se em utilizar ingenuamente a linguagem cotidiana, já que esta ao mesmo tempo exprime os valores, as crenças, os hábitos e as ideias dos homens vivendo em sociedade. Esta linguagem constitui frequentemente uma barreira ao conhecimento científico. Os termos da vida cotidiana impõem-se como evidências que o sociólogo deve questionar. Ele não pode servir-se deles sem destruí-los, ou pelo menos sem defini-los de forma precisa. Na obra *Les règles de la méthode sociologique* (As regras do método sociológico), Durkheim fez um alerta contra as prenoções que dominam o senso comum:

> Urge, pois, que o sociólogo, ou no momento em que ele determina o objeto de suas pesquisas, ou ao longo de suas demonstrações, se interdite resolutamente o uso destes conceitos formados fora dos quadros científicos e por necessidades que não possuem nada de científico. Urge que ele se distancie destas falsas evidências que dominam o espírito vulgar, que ele se livre, uma vez por todas, do jugo destas categorias empíricas que uma longa habituação acabou tornando-as tirânicas. No mínimo, se a necessidade o obriga a fazer uso deste expediente, que o faça tendo consciência de seu pouco valor, a fim de não convidar estas categorias a exercer na doutrina um papel do qual não são dignas[8].

Alguns anos mais tarde, Célestin Bouglé retomou esta advertência atendo-se, ele também, aos termos da vida comum que a sociologia espontânea não questiona suficientemente:

> Para as noções sociológicas comuns, assim como para as noções geológicas ou meteorológicas, a hora do veredicto deve soar enfim, pelo qual o conhecimento científico fará sua escolha, entronizando umas em seu reino e destronando outras. Esta sociologia popular, cujas narrativas de historiadores assim como a literatura edificante de literatos ou os adágios do senso comum nos revelaram a existência, convoca à vida, a fim de poder morrer de sua própria morte, uma sociologia científica[9].

---

8. *Les règles de la méthode sociologique*. 1895. Paris: PUF ["Quadrige Grands Textes", 2007, p. 32].
9. Cf. BOUGLÉ, C. *Qu'est-ce que la sociologie?* Paris: Félix Alcan, 1925.

Tomemos o caso do sociólogo preocupado em estudar o fenômeno da pobreza. Todos nós alimentamos uma ideia mais ou menos precisa deste termo, já que, antes que um conceito sociológico, ele representa uma expressão da vida cotidiana. Primeiramente podemos conhecer a pobreza por termos vivido pessoalmente esta experiência. Aliás, é raro encontrar alguém afirmando nunca ter-se encontrado com uma pessoa ou com uma família vivendo na penúria. A televisão e os jornais regularmente fazem um balanço da pobreza sob forma de reportagens, de testemunhos ou de análises. Mas no fundo, para além da percepção imediata deste fenômeno e do sentido espontâneo que lhe damos, de quem e do que realmente falamos quando nos referimos à pobreza?

O reflexo espontâneo é o de começar definindo quem são os pobres no intuito de contá-los, estudar como vivem e analisar sua evolução no tempo. Os economistas e os estatísticos sempre buscaram dar uma definição substancialista à pobreza. Quantos são? Esta é, aliás, a questão que frequentemente impõe-se como preâmbulo a toda reflexão, um pouco como se fosse inconcebível falar desta problemática sem quantificar os pobres. Existe hoje uma abundante documentação sobre a medição estatística da pobreza[10], mas falta ainda avaliar o valor das estatísticas e o que elas podem nos ensinar sobre o fenômeno da pobreza. A medição estatística da pobreza, que poderia parecer um esforço de objetivação, na realidade é parte integrante desta sociologia espontânea que procede do senso comum.

O sociólogo que estuda a pobreza não pode contentar-se com uma abordagem descritiva e quantitativa dos pobres. Ele deve questionar a própria noção de pobreza. O raciocínio em termos binários, que consiste em opor as características dos pobres às do resto da sociedade, não passa de um equívoco[11]. A definição de um limiar de pobreza, por mais elaborada e precisa que seja, é sempre arbitrária. Tomemos um exemplo: no limiar de 50% da renda média por unidade de consumo (em torno de 600 euros por mês), existia na França, em 2001, 6% de pessoas em situação de pobreza, ou seja, 3,6 milhões, mas no limiar de 60% da renda média por unidade de consumo (cerca de 720 euros por mês), os pobres representavam 12,4% da população, ou seja, mais que o dobro, totalizando 7,2 milhões de pessoas[12]. Basta, portanto, mudar ligeiramente o limiar oficial da pobreza para que mude radicalmente a proporção da população implicada. Este resultado prova que existe uma forte concentração de arranjos ao redor do limiar de pobreza considerada, e que este limiar contribui no estabelecimento

---

10. Cf. ANDRESS, H.-J. (org.). *Empirical Poverty in a Comparative Perspective*. Aldershot: Ashgate, 1998. • DESTREMAU, B. & SALAMA, P. *Mesures et démesure de la pauvreté*. Paris: PUF, 2002.

11. Sobre este ponto, cf. a tese de Ruwen Ogien, sobre a construção social da pobreza, publicada sob o título *Théories ordinaires de la pauvreté*. Paris: PUF, 1983 ["Le Sociologue"].

12. Cf. *Le rapport de l'Observatoire national de la pauvreté et de l'exclusion sociale 2003-2004*. Paris: La Documentation Française, 2004, p. 18.

de um corte radical entre um conjunto de pessoas que na realidade vivem em condições provavelmente similares. Isso não significa dizer que devemos nos privar destes indicadores estatísticos da pobreza. É primordial, no entanto, não limitar-se a esta abordagem. Enquanto a quantificação dos pobres constitui no senso comum um preâmbulo à reflexão, para o sociólogo ela pode ser um verdadeiro obstáculo epistemológico no sentido de criar um impasse e privá-lo da interrogação sobre o sentido mesmo da pobreza.

A questão essencial que o sociólogo deve se colocar é simples: O que faz com que um pobre, numa sociedade dada, seja pobre e nada mais que pobre? Dito de outra forma: O que é que estabelece o estatuto social de pobre? A partir de qual critério essencial uma pessoa torna-se pobre aos olhos dos outros? O que é que permite defini-la prioritariamente por sua pobreza? Coube a Georg Simmel, no início do século XX, responder por primeiro, de forma clara e direta, a esta questão, mesmo se outros antes dele já tivessem esboçado uma resposta[13]. Para Simmel, é a assistência que uma pessoa recebe publicamente da coletividade que determina seu estatuto de pobre. Ser assistido é a marca identitária da condição do pobre, o critério de sua pertença social a um estrato específico da população. Um estrato que é inevitavelmente desvalorizado, já que definido por sua dependência em relação aos outros. Ser assistido, neste sentido, é receber tudo dos outros sem poder inscrever-se, ao menos a curto prazo, em uma relação de complementaridade e de reciprocidade em face deles. O pobre, recipiendário de recursos que lhe são especialmente destinados, deve aceitar viver, mesmo que temporariamente, com a imagem negativa, que lhe reenvia a sociedade e que ele acaba interiorizando, de não ser mais útil, de fazer parte dos que às vezes denominamos "indesejáveis". Cada sociedade define e dá um estatuto social distinto a seus pobres, ao destinar-lhes recursos. O objeto de estudo sociológico por excelência não é, portanto, a pobreza, nem os pobres enquanto tais, como realidade social substancializada, mas a relação de assistência – e, portanto, de interdependência – entre eles e a sociedade à qual pertencem. Esta perspectiva analítica supõe voltar a estudar de forma comparativa os mecanismos de designação dos pobres em diferentes sociedades, pesquisar as representações sociais que estão na origem e que as tornam legítimas, mas também analisar a relação que os pobres assim designados estabelecem com o sistema de ajuda do qual são tributários e, de forma mais geral, as provações das quais fazem a experiência naquele momento e em outras circunstâncias de suas vidas cotidianas[14].

A passagem do senso comum ao senso sociológico pode parecer relativamente simples. Na realidade, a questão não é tão simples assim. Trata-se, sem dúvida, da questão mais difícil imposta ao sociólogo, que exige dele a maior

---

13. SIMMEL, G. *Les pauvres*. Paris: PUF, 1998 ["Quadrige"] [1. ed. em alemão, 1907].

14. É nesta perspectiva que fiz uma pesquisa comparativa da pobreza. Cf. PAUGAM, S. *Les formes élémentaires de la pauvreté*. Paris: PUF, 2005 ["Le Lien Social"].

vigilância para não cair nas facilidades do julgamento espontâneo, aquele que parece evidente e que acaba sendo aceito como tal, demonstrando assim, e às vezes inadvertidamente, uma grande ingenuidade.

> Em se tratando do mundo social, jamais arriscamos subestimar a dificuldade, ou as ameaças. A força do pré-construído reside no fato que, estando inscrito ao mesmo tempo nas coisas e nos cérebros, ele se apresenta sob as formas da evidência, que passam despercebidas porque parecem evidentes. A ruptura é efetivamente uma *conversão do olhar,* e podemos dizer do ensinamento da pesquisa em sociologia que ele deve primeiramente "dar novos olhos", como às vezes o dizem os filósofos iniciáticos. Trata-se de produzir, senão um "homem novo", pelo menos um "novo olhar", um *olho sociológico*. E isso é impossível sem uma verdadeira conversão, uma *metanoia*, uma revolução mental, uma mudança de toda a visão do mundo social[15].

Pode haver igualmente uma pluralidade de usos sociais e institucionais dos termos que se usa no senso comum, e a tal ponto que a noção comum que parece reuni-los é na realidade ambígua, isto é, equívoca. Cada um deles pode veicular ideias recebidas de natureza diferente. Disso resultam inextricáveis confusões. Urge, portanto, redobrar a prudência ao examinar a pluralidade das significações sociais destes termos e estabelecer conscientemente uma ruptura com eles. Com efeito, é heuristicamente fecundo distinguir o uso científico do uso social, visto que o segundo pode revelar-se um real obstáculo à clareza do primeiro assim como para a própria elaboração teórica.

Esta ruptura será tanto mais exitosa quanto mais controlada for. Para tanto, duas condições são necessárias. Marcar uma ruptura com o uso que se faz dos termos da vida corriqueira ou dos termos utilizados no debate social não significa esquecê-los ou fazer de conta que eles não existem. Como o lembra François Isambert, é impossível subtrair-se inteiramente às prenoções, pois, "inicialmente, as coisas sociais não nos são *dadas* pela percepção, mas *indicadas* pela linguagem comum enquanto noções vulgares". "Sua identidade primeira, sem dúvida revisável, mas de jeito nenhum negligenciável, está nesta designação"[16]. Durkheim dizia o mesmo quando afirmou:

> Urge munir-se de todas as peças dos conceitos novos, apropriados às necessidades da ciência e expressos com o auxílio de uma terminologia especial. Isso não significa, sem dúvida, que o conceito vulgar seja inútil ao homem erudito: ele serve de indicador. Por este indicador somos informados que existe nalgum lugar um conjunto de fenômenos que são reunidos sob uma mesma denominação e que, por consequência, devem verdadeiramente ter características comuns; mesmo,

---

15. BOURDIEU, P. *Réponses*. Op. cit., p. 221.
16. Cf. ISAMBERT, F. "De la définition – Réflexions sur la stratégie durkheimienne de détermination de l'objet". *L'Année Sociologique*, n. 32, 1982, p. 163-192.

como ele não existe sem ter tido qualquer contato com os fenômenos, ele nos indica às vezes, mas *grosso modo*, em qual direção tais fenômenos devem ser pesquisados. Mas como é grosseiramente formado, é perfeitamente natural que ele não coincida exatamente com o conceito científico instituído àquela ocasião[17].

Consequentemente, querer rejeitar sistematicamente a referência a estes termos em razão de seu caráter vago ou desprezar as ideias – ideologias – implícitas ou explícitas que eles veiculam não tem sentido, em particular quando já se explicou o porquê das coisas se apresentarem assim e quando já se dispensou um grande esforço na elaboração de conceitos mais precisos. A função do pesquisador é a de esclarecer estes termos, superando-os. Para tanto, urge que ele comece por sua desconstrução e em seguida passe a reconstruir um objeto que, mesmo lhe estando inteiramente próximo, dele deve distanciar-se. O saber em ciências sociais comporta este preço.

Em segundo lugar, isso não significa que o pesquisador deva renunciar absolutamente ao uso destas ferramentas empíricas, por exemplo, os indicadores estatísticos que servem para medir a amplitude dos fenômenos indicados pela linguagem comum. Voltando ao exemplo da pobreza: a comparação das taxas de pobreza, por exemplo, mesmo se o limiar a partir do qual elas são calculadas continue arbitrário, seu mérito é o de acentuar as diferenças de níveis de vida que podem existir entre os diferentes grupos sociais e entre as regiões ou países. No mesmo sentido, é possível tentar comparar os indicadores não monetários, como os vínculos sociais, por exemplo (solidariedades familiares, participação na vida associativa, redes de ajuda privadas etc.) e cruzá-los com os indicadores econômicos para estudar as desigualdades e os acúmulos de deficiências e, através disso, as populações mais prejudicadas. Esta abordagem será tanto mais fecunda quanto mais o pesquisador for crítico em relação aos instrumentos que utiliza. Servindo-se desse recurso, ele poderá lembrar, por exemplo, que o sentido dos indicadores comparados é variável segundo o contexto cultural de cada uma das sociedades estudadas. Ele poderá então empenhar-se em remeter estes indicadores às representações coletivas, à história das instituições e aos modos de intervenção no domínio da luta contra a pobreza e a exclusão, estas igualmente dependentes, ao menos parcialmente, das realidades do desenvolvimento econômico e do mercado de trabalho.

Como o sublinhou Durkheim, o sociólogo sempre parte do conceito vulgar ou da expressão vulgar. Se às vezes parece difícil usar outros termos senão os da linguagem comum, o sociólogo deve então explicitar o sentido preciso como os utiliza em suas finalidades científicas. Entretanto, quando a noção comum confunde uma pluralidade de noções distintas, urge criar conceitos novos.

---

17. *Les règles de la méthode sociologique*. Op. cit., p. 37.

Rumo a um questionamento novo

Romper com o senso comum e afastar-se das prenoções são etapas importantes, entretanto, quais são suas finalidades? Este exercício remete a um questionamento novo. Trata-se efetivamente de pousar um novo olhar sobre a realidade, interrogando-a diferentemente. Por exemplo: Por que os indivíduos agem de tal ou tal forma? Quais são suas verdadeiras motivações, independentemente daquilo que geralmente é apresentado como evidente?

> Sempre que acredita eludir a tarefa de construir os fatos em função de uma problemática teórica, o sociólogo submete-se a uma construção ignorada, e que ele ignora como tal, coletando no máximo discursos fictícios forjados pelos sujeitos para enfrentarem a situação de pesquisa e responderem a questões artificiais, ou ainda, ao artifício magno da ausência de questões[18].

Por que não um simples exemplo da vida cotidiana? Por exemplo: quando os preços disparam, as pessoas comuns e as famílias passam a preocupar-se com o próprio poder aquisitivo. Elas manifestam seus descontentamentos e às vezes acusam explicitamente os responsáveis políticos por ações inadequadas na regulamentação ou na regulação da atividade econômica ou comercial. Diante deste fenômeno, o jornalista busca averiguar a alta dos preços nos supermercados e pede aos consumidores suas opiniões espontâneas sobre a questão. Como passar de uma questão de atualidade que suscita um debate social para uma questão sociológica? A tradução não é imediata. Ela implica uma reflexão distanciada do objeto a ser estudado. O sociólogo buscará analisar, por exemplo, para além da expressão espontânea das dificuldades econômicas da população em geral, os fatores – menos visíveis – do descontentamento popular, insistindo notadamente nas implicações ligadas à situação respectiva de uns e de outros no espaço social. Ele se esforçará na prestação de contas do meio ambiente imediato das pessoas interrogadas e na análise dos laços que as vinculam a seus próximos – vizinhos, amigos, parentes – e à sociedade em geral. Ele poderá então explicar que o mal-estar não está ligado à perda de poder aquisitivo enquanto tal, mas à ansiedade que esta perda alimenta, às desigualdades que ela provoca e à degradação do *status* social que ela pode desencadear nas camadas mais vulneráveis da população. O sociólogo considerará então que o fenômeno econômico da alta dos preços, apresentado nas mídias como um problema geral, na realidade tem efeitos variáveis segundo as categorias sociais, e que ele transtorna o estado das relações sociais. O sociólogo poderá também estudar a evolução dos diferentes tipos de despesas comparando o orçamento de várias famílias, assim como outrora o fez Maurice Halbwachs[19]. Ele tentará analisar

---

18. Cf. *Le métier de sociologue.* Op. cit., p. 58. • *Ofício de sociólogo.* 7. ed. Petrópolis: Vozes, 2010, p. 51-52.
19. Cf. *La classe ouvrère et les niveaux de vie.* Paris: Librairie Félix Alcan, 1912.

como estas últimas reagem ao decidirem pela contensão de algumas despesas a fim de não sacrificar outras. Diante de uma baixa importante do nível de vida, ligada ao desemprego, por exemplo, a reação corrente – e hoje conhecida – dos consumidores é a de restringir prioritariamente as despesas que ameaçam minimamente não a saúde particular destes indivíduos, mas a manutenção de seu *status* social. Dito de outra forma: o sociólogo vai problematizar a questão do poder aquisitivo definindo um objeto de estudos específico – podem existir muitos – e tentar desvelar assim os contrastes escondidos da vida social.

Passemos para outro exemplo. O *doping* no esporte tornou-se um tema de atualidade, e hoje mais candente ainda por rondar os atletas de alto nível. Toda vez que um caso explode por ocasião de um teste considerado positivo, uma pesquisa é requerida, e os amadores do esporte ficam de orelha em pé a fim de saber se uma infração foi realmente cometida ou não. Quando os casos de dopagem se repetem regularmente, como, por exemplo, no caso do *Tour de France*, a credibilidade desta prova ciclística, por mais popular que seja, é afetada. O sociólogo não buscará comentar sua atualidade imediata. Ele acima de tudo buscará distanciar-se em relação ao que é apresentado publicamente como um escândalo, ou como um flagelo a combater. Ele igualmente não emitirá um julgamento normativo sobre o comportamento de tal ou tal ciclista, de tal ou tal diretor esportivo, mesmo se a culpabilidade dos diretores seja inquestionável[20]. Ele, antes de tudo, tenderá a responder à seguinte questão: Como ainda é possível que desportistas se dopem? Este enigma passa por vários deslocamentos do olhar. Não é este caso particular que interessa ao sociólogo, mas o fenômeno mais geral da dopagem. Primeiramente, se esta ocorre regularmente, é porque corresponde a uma prática corrente, quase banal, perfeitamente integrada ao esporte de alto nível, como uma componente da preparação física medicável e encampada por especialistas de ponta neste domínio. Em segundo lugar, se esta prática é regular enquanto existe uma proibição da dopagem e um risco de sanção, é que ela é dissimulada, desenvolvendo-se nos bastidores, e com o consentimento tácito dos desportistas e de todos os que os circundam. O sociólogo se interessará então pelo segredo que cerca a preparação física, pela fronteira inevitavelmente estreita entre o acompanhamento médico intensivo, a pesquisa sobre a *performance* otimizada e a dopagem ela mesma. Ele assumirá o esporte como uma cena para a qual os atletas se preparam dissimulando as receitas de suas façanhas, um pouco como o mágico guarda em segredo seus truques. Enfim, o sociólogo tentará compreender como os desportistas de alto nível são inevitavelmente confrontados em um dado momento com a dopagem. Ele buscará então, a partir de vários casos, reconstituir as diferentes fases da carreira moral dos atletas e discernir como estes últimos foram socializados à prática da

---

20. Sobre este tema, o leitor poderá recorrer a BRISSONNEAU, C.; AUBEL, O. & OHL, F. *L'épreuve du dopage* – Sociologie du cyclisme professionel. Paris: PUF, 2008 ["Le Lien Social"].

dopagem através dos cuidados intensivos dos quais foram objeto. Assim procedendo, ele sem dúvida fará cair por terra o mito de certas façanhas esportivas, desvelando assim a face oculta do esporte de alto nível. Ele transformar-se-á então, com o risco de desencantar o público ávido de heróis, num "caçador de mitos", segundo a expressão de Norbert Elias[21]. Da mesma forma, o sociólogo que se atribuir o encargo de estudar as condições sociais da relação amorosa, necessariamente transformar-se-á num desmistificador (cf. box).

> As condições sociais da relação amorosa
>
> Criou-se na mentalidade popular toda uma mitologia em torno do amor, emoção violenta e irresistível que arrebata aleatoriamente, que toma conta misteriosamente da maioria dos jovens e frequentemente também os menos jovens. No entanto, a partir do momento em que se busca precisar os critérios da escolha, percebe-se que as flechas do cupido parecem regidas por normas bastante precisas de classe, de renda, de educação, de raça ou religião. Se em seguida buscarmos perscrutar um pouco mais de perto o comportamento que precede o casamento – "fazer a corte", segundo o eufemismo enganador – perceberemos que ele obedece a um ritual em geral extremamente rígido. E desde então voltamos a nos interrogar: Seria tão boa assim, na maioria dos casos, a emoção que leva a um determinado tipo de relação? Não seriam antes as relações prévias e mesmo frequentemente premeditadas que engendrariam eventualmente a emoção procurada? Em outros termos: é somente quando certas condições são realizadas – ou são artificialmente construídas – que podemos nos permitir "apaixonar-nos". O sociólogo que busca desvencilhar os modelos aos quais obedecemos quando fazemos a corte e nos casamos, descobrirá rapidamente uma rede complexa que de múltiplas formas se reporta a toda a estrutura institucional em que vivemos – classe social, carreira, ambição econômica, vontade de poder e prestígio etc. O milagre do amor se nos parecerá desde então um tanto quanto artificial. Mais uma vez, isso não significa que em todos os casos o sociólogo deva declarar ilusória a interpretação romântica. Mas ele buscará, lá ainda, ver o que se esconde por detrás do dado imediato e das interpretações que se beneficiam da aprovação pública. Diante de um casal que passeia sob o luar, o sociólogo não se sentirá necessariamente obrigado a negar toda profundidade emotiva desta cena charmosa. Mas preocupar-se-á com a maquinaria que contribuiu para esta encenação, sob seus aspectos não lunares – a fileira social testemunhada pelo carro que levou os enamorados a tal local romântico, os cânones do gosto e da moda que fabricaram suas vestimentas, a situação social que trai a linguagem e o comportamento dos enamorados... enfim, a significação e a intencionalidade sociais de toda a cena.
>
> BERGER, P.L. *Comprendre la sociologie* – Son rôle dans la société moderne. Paris: Du Centurion, 1973, p. 58-59.

Mudar o olhar, procurar "ver nas entrelinhas", desvelar o mundo social são outro tanto expressões que permitem identificar o trabalho sociológico.

---

21. Cf. cap. 2 "Le sociologue comme chasseur de mythes". In: ELIAS, N. *Qu'est-ce que la sociologie?* Paris: L'Aube, 1991 [1. ed. em alemão, 1950].

Em certos casos, o sociólogo pode encontrar fortes resistências. Às vezes ele precisa distanciar-se da função de especialista que lhe entendem fazer exercer as administrações ou as estruturas de financiamento da pesquisa aplicada. Ele, de fato, frequentemente é convidado a participar, direta ou indiretamente, da avaliação das políticas públicas. Não se trata de questionar o princípio e o interesse destas avaliações, mas é evidente que a intervenção do sociólogo no quadro de um trabalho que depende mais de uma abordagem administrativa ou de gestão da política pública não ocorre sem suscitar nele vários questionamentos. A dificuldade na qual ele esbarra vincula-se à natureza de sua intervenção. Aventurar-se no terreno da avaliação pode efetivamente ser interpretado como sinal de uma renúncia à pesquisa fundamental à medida que o objeto de estudos é então construído não por ele mesmo, mas em função das expectativas institucionais e políticas. O sociólogo pode sentir-se coagido a resignar-se a um determinado número de obrigações às vezes destituídas de qualquer justificação científica. Querendo ou não, a construção do objeto e a problematização lhe fogem, ao menos em parte, tanto que as apostas político-administrativas se impõem como justificação exclusiva do interesse público relegado à pesquisa. Para o sociólogo, as "boas" questões nem sempre coincidem com as "boas" questões formuladas pelos responsáveis administrativos que o solicitam. Com um pouco de experiência, o sociólogo saberá não obstante isso fazer evoluir o questionamento inicial a fim de aproximá-lo de uma verdadeira problemática sociológica. Tratar-se-á então, se as condições forem favoráveis, de interrogar a própria questão, o que significaria dar mostra de pedagogia em relação às autoridades administrativas para fazê-las compreender que o ângulo inicialmente escolhido não é adaptado a uma investigação científica, e que haveria interesse em formular o problema de outra forma. Em alguns casos, a encomenda feita aos sociólogos é apresentada de forma tão vaga que ela não oferece nenhuma dificuldade em desviá-la na direção de uma problemática estritamente sociológica. Em outros casos, ao contrário, ela é específica, tão estreita e tão pouco conforme ao espírito do sociólogo que uma redefinição se impõe. Se o demandante recusar a contraproposta, é preferível então abster-se de colaborar com seu projeto.

Na prática, o sociólogo responde regularmente às demandas. Algumas delas emanam dos serviços de estudos dos ministérios, e são redigidas por agentes com uma formação em ciências sociais, mas outras são inteiramente redigidas sem nenhuma referência aos trabalhos científicos e apenas se preocupam com necessidades em vista da ação. Em todos os casos, urge desconfiar das prenoções da pesquisa contratual. A questão social raramente é formulada de forma sociológica. O sociólogo corre o risco de deixar-se enclausurar em conceitos que não têm nada de científico e que, com o tempo, se menosprezá-los, poderão suplantá-lo e efetivamente levá-lo a pensar segundo as finalidades da ação política e da ideologia política implícita dos militantes do social.

Assumir uma pesquisa socióloga não é nada evidente. Nunca é fácil realizar um trabalho de distanciamento diante das prenoções e do senso comum. As questões de sociedade, da forma como são formuladas na vida social e na vida política, podem ser o horizonte e a finalidade da pesquisa sociológica, mas elas não são questões sociológicas enquanto não forem previamente desconstruídas e reconstruídas. A prática da sociologia obedece consequentemente a regras científicas precisas, e nenhum sociólogo pode desinteressar-se dos progressos realizados na questão metodológica. O saber, neste domínio, no entanto, não constitui um fim em si mesmo. Ele é um meio ao serviço de uma melhor compreensão da sociedade. Preocupado em elaborar para cada uma de suas pesquisas um plano rigoroso de objetivação, o sociólogo é convidado a fazer experiências numerosas e diversificadas. Ele não poderá realmente progredir se não aprender a tirar proveito disso, se não admitir seus fracassos e se não pousar sobre si mesmo e sobre a ciência por ele reivindicada um olhar crítico.

2
Problematizar

Cyril Lemieux

Sábio não é o homem que fornece as verdadeiras respostas, mas aquele que coloca as verdadeiras questões.
LÉVI-STRAUSS, C. *Le cru e le cuit (O cru e o cozido).*

E se o mais difícil em sociologia não fosse produzir respostas, mas formular boas questões? Diante de um objeto de pesquisa, seja ele qual for, as questões, com efeito, se apresentam. No entanto, após um exame rigoroso, muitas delas se revelam defeituosas ou insuficientes do ponto de vista da sociologia, seja porque se assemelham ao que poderíamos denominar, nas sendas de Pierre Bourdieu, *questões escolásticas*[22], seja porque simplesmente se apresentam como *questões descritivas,* incapazes por si mesmas de levantar um verdadeiro problema.

As questões escolásticas são uma espécie perniciosa, já que se apresentam o mais frequentemente revestidas das virtudes da "profundidade" e do "fundamental" – adereços capazes de impor respeito a todo trabalhador intelectual. São as reflexões gerais que as suscitam, reflexões relativas à liberdade humana e ao determinismo, às funções respectivas do indivíduo e da sociedade, ou ainda, ao fato de saber se o atual andamento do mundo possui um caráter ineluctável ou não. Estas questões "profundas" consistem em perguntar-nos, por exemplo, se nossas formas de pensar independem de nossa socialização; se determinados indivíduos, agindo como agiram, foram influenciados pela sociedade; ou ainda, se um determinado grupo humano realmente tem condições de transformar-se. Questões deste gênero, na realidade, reportam-se mais à metafísica que à análise sociológica propriamente dita, do ponto de vista a partir do qual elas emergem sem proposições verdadeiras, justamente porque os princípios fundadores da sociologia lhes forneceram *antecipadamente* respostas. Quem concorda com estes princípios não saberia seriamente considerar que nossas formas de pensar de-

---

22. BOURDIEU, P. *Méditations pascaliennes.* Paris: Seuil, 1997, p. 61-110.

pendem da socialização[23]. Tão pouco opor sociedade e indivíduo, imaginando-os representar duas entidades autônomas influenciando-se mutuamente[24], ou supor a possibilidade de um grupo humano ser estático, desprovido de historicidade. Todas estas questões, para ele, já receberam sua resposta de princípio[25].

Para a sociologia, no entanto, existem questões mais duvidosas que as questões escolásticas: são as questões *simplesmente* descritivas. Estas se anunciam sob o aspecto anódino de uma interrogação técnica ou fatual concernindo um pedaço do mundo social. Elas são guiadas pela esperança, a mais legítima, de melhor conhecer um setor de atividades ou reunir informações a respeito de um determinado tipo de realidade social. Elas consistem, por exemplo, em perguntar estatisticamente quantos e quais são os franceses que tiram mais de três semanas de férias por ano, e se esta fatia de trabalhadores aumentou nos últimos quinze anos; ou como as relações entre alunos e professores se organizam num liceu da região parisiense; ou quais posições diferentes assumiram os atores ao longo de uma controvérsia pública. Evidentemente, este gênero de questões não é desprovido de interesse no quadro de uma pesquisa sociológica. Porém, impossível negar que, dado o longo tempo em que passaram sem articular-se com a formulação de um problema, geralmente elas nos atolam no limiar do raciocínio sociológico.

Se os sociólogos somente fossem capazes de produzir questões escolásticas ou descritivas, eles pouco avançariam na compreensão do mundo social. E não seria desprovido de fundamento perguntar-nos se a sociologia valeria então à pena, já que filósofos e metafísicos de um lado, especialistas e técnicos do social de outro, seriam largamente capazes de produzir respostas às questões que aquela *sociologia lá* poderia ter realizado ou seria ainda capaz de produzir. Se simplesmente trilhássemos este caminho, perderíamos o essencial: o espírito da sociologia.

O que é, afinal, este espírito? Ele é uma arte de tornar problemático o mundo social em que vivemos. Diante de situações onde a maioria dos atores prioriza um olhar sobre uma atividade social buscando naturalizá-la, o sociólogo, ao endereçar-lhe certos tipos de questões, pode fazer reaparecer o arbitrário e a indeterminação que esta tentativa de naturalização negou-lhe. Da mesma forma, quando os atores sociais problematizam uma atividade, mas o fazem,

---

23. Sobre este ponto, cf., p. ex., LAHIRE, B. & ROSENTAL, C. (orgs.). *La cognition au prisme des sciences sociales*. Paris: Archives contemporaines, 2008.

24. Cf. esp. ELIAS, N. *Qu'est-ce que la sociologie?* Paris: L'Aube, 1991, p. 55-81 [1. ed., 1970. La Tour d'Aigues].

25. Não se trata de dogmatismo, mas antes da necessidade "técnica" de assumir, a partir do momento em que pretendemos trabalhar sociologicamente, os princípios fundadores dessa disciplina científica. Rejeitar estes princípios, evidentemente, não significa um interdito, uma ilegitimidade *em si*, embora, em princípio, eles nos exilem em um espaço de discussão próprio à metafísica, domínio distinto da análise sociológica propriamente dita.

para o essencial, a partir das expectativas naturalistas, o sociólogo pode, por sua maneira de questionar, fazer reaparecer a dimensão social ocultada e mostrar assim o caráter parcial ou errôneo dos raciocínios feitos e, eventualmente, os efeitos sociais devastadores que certas "soluções" podem induzir. Sublinhe-se, no entanto, nos dois casos, que para vencer semelhante defasagem urge começar pelo esforço de superação das definições antepositivas e de suas interpretações "naturais". É neste sentido que, em relação ao espírito da sociologia, podemos tranquilamente afirmar que ele não é nem especulativo nem puramente descritivo, mas *crítico*. Ele exige do pesquisador a capacidade de levantar problemas sobre determinadas realidades sociais que para os atores implicados não existem, ou que existem, mas de forma a menosprezar sua natureza social.

Semelhante gesto crítico está no fundamento de toda postura sociológica autêntica. O objetivo deste capítulo é o de tentar discernir atentamente como, concretamente, este gesto crítico pode ser realizado com sucesso. A atração por questões escolásticas e mais ainda a propensão por questões simplesmente descritivas serão vistas como formas disponibilizadas ao pesquisador para frustrar tal gesto e, por essa via, privar-se do espírito da sociologia. Evidentemente, estes dois obstáculos são insuficientes para definir *positivamente* em que consiste tal gesto, muito menos para definir como ele pode ser concretamente efetuado com sucesso. É por essa razão que antecipamos uma definição positiva e precisa do ato de problematizar em sociologia: diríamos que este ato consiste em formular um enigma cuja especificidade de sua resposta demanda *necessariamente* e ao mesmo tempo a construção de um objeto sociológico e uma postura de pesquisa tipicamente empírica. Os termos importantes aqui são "enigma", "construção de um objeto sociológico", "pesquisa empírica" e "necessariamente".

Tornar enigmático o que parece normal

Como os sociólogos se arranjam para produzir um enigma? A receita, na prática, é sempre a mesma. Ela pode ser decomposta em quatro etapas: 1) Apossar-se de uma crença compartilhada ou de uma constatação reconhecida, ambas relativas ao objeto que se pretende estudar. 2) Ressaltar nela uma série de inferências lógicas ou seus enunciados preditos. 3) Evidenciar um ou vários elementos *empíricos* que contradizem as inferências lógicas ou as predições feitas. 4) Perguntar-se, se as crenças compartilhadas ou as constatações relativas ao objeto são *verdadeiras*, como estes elementos empíricos *podem* existir.

Tomemos um exemplo canônico: 1) Alguém nos faz crer que o suicídio é um ato pessoal, "um ato do indivíduo afetando somente o indivíduo"[26]; que as razões de suicidar-se são sempre eminentemente pessoais, ligadas ao "temperamento do suicidado, à seu caráter, à seus antecedentes, aos acontecimentos de

---

26. DURKHEIM, É. *Le suicide*. Paris: PUF, 2007, p. 8.

sua história privada", e que elas, pois, dizem respeito "exclusivamente à psicologia"[27]; que o suicídio sempre tem por consequência algo de imprevisível e de inexplicável. 2) Normal, portanto, seria esperar que a taxa de suicídio nacional variasse aleatoriamente de ano a ano. 3) Podemos, contrariamente, constatar uma grande estabilidade na taxa de suicídio nacional. Por exemplo: na França, em 1856, 11,6 habitantes sobre 100.000 se suicidaram; em 1857, eram 10,9; em 1858, 10,7; em 1859, 11,1; em 1860, 11,9; e assim sucessivamente. 4) Tamanha regularidade não pareceria estranha? Se o suicídio, no plano pessoal, é um ato imprevisível, como explicar que a taxa de suicídio se apresente tão previsível?

Duas observações merecem destaque. Primeira: se Durkheim se tivesse limitado à etapa de n. 1, ele somente teria conseguido formular questões escolásticas: Seria o suicídio um ato *realmente* livre? Seria ele *realmente* fruto do livre-arbítrio? Segunda: se Durkheim tivesse partido da etapa de n. 3, ele jamais teria conseguido produzir um verdadeiro enigma, contentando-se então em responder às questões descritivas como estas: "Como, na França, a taxa de suicídio variou ao longo do decênio 1850-1860?"; ou, "Os protestantes, durante este período, suicidaram-se em maior ou menor número que os católicos?" Trata-se de questões que, em si, não têm praticamente nenhum interesse sociológico, e que teriam feito do *Suicídio* um livro de insignificante valor. *A contrario*, o fato de continuarmos lendo esta venerável obra com sempre maior interesse sinaliza o quanto Durkheim conseguiu centrar-se num verdadeiro enigma. Para obter este resultado, o conjunto das três etapas mencionadas foi-lhe necessário: sem isso, a quarta etapa ser-lhe-ia inacessível.

Atravessemos o Reno e mudemos de estilo sociológico. 1) Em quase todas as sociedades humanas observáveis desde a aurora da humanidade, a partir do momento em que os indivíduos conseguem obter um excedente em alimentos ou bens, ou os consomem (p. ex., através da organização de festas), ou os economizam, caso vislumbrem vindouros dias de escassez. 2) Tal comportamento econômico poderíamos reputá-lo "normal" juntos aos humanos. 3) No entanto, no Ocidente, desde o século XVII, deparamo-nos com indivíduos, empreendedores capitalistas burgueses, que se comportam diferentemente, e que buscam organizar racionalmente o trabalho no seio das empresas que dirigem, em vista de obter o máximo de excedente possível. Quando, por essa via, eles conseguem obter o excedente esperado, negam-se, no entanto, a consumi-lo, demonstrando antes um ascetismo, embora tampouco o economizem: eles preferem reinvesti-lo na máquina econômica, organizando sempre mais racionalmente o trabalho no seio de suas empresas a fim de obter mais excedente ainda. Quando, por essa mesma via, conseguem novos excedentes, igualmente não os consomem, nem os economizam, mas os reinvestem novamente na máquina econômica, reorganizando mais racionalmente ainda o trabalho, na esperança de obter mais exce-

---

27. Ibid.

dente ainda. E assim, sucessivamente, de forma infinita. 4) Um comportamento desses não pareceria surpreendente? Ele mão denotaria algo de aberrante ou irracional, aos olhos dos comportamentos econômicos observáveis em outras sociedades? Não dependeria ele de uma "disposição de espírito" julgada escandalosa e "proscrita tanto na Antiguidade quanto na Idade Média"?[28] Dito de outra forma: se consumir e economizar o excedente, não trabalhando além do necessário, transformou-se em atitude econômica "normal" no seio da humanidade, como o capitalismo moderno, portanto, fundado na "valorização racional do capital no quadro da *empresa* e na organização racional do capitalista do *trabalho*"[29], constituiu-se em norma em nossas sociedades?

As mesmas observações poderiam ser aplicadas ao pensamento de Weber. Se, efetivamente, Max Weber tivesse permanecido na etapa de n. 1, infalivelmente ele teria sido levado a propor questões escolásticas (do tipo: Consumir e economizar o excedente faria parte da *natureza* humana?). Da mesma forma, se ele partisse diretamente da etapa de n. 3, jamais teria conseguido tornar o capitalismo *problemático*, satisfazendo-se então em responder a questões descritivas desse gênero: "Como se comportaram os primeiros empreendedores capitalistas?"; ou "Quais justificações eles deram ao próprio comportamento?" Obviamente, sua mais renomada obra intitulada *Ética protestante e o espírito do capitalismo* não se vincula a tais interrogações. Estas possuem um interesse sociológico limitado e até mesmo anedótico. O valor deste majestoso estudo é o de esclarecer que *A ética protestante* está vinculada acima de tudo ao fato de produzir, a propósito dos comportamentos econômicos que pareciam aos Modernos os mais normais e os mais naturais, um enigma sociológico. Para chegar a esse resultado, o conjunto das três etapas acima decompostas foi indispensável à Weber.

Não seria sem dúvida exagerado dizer que todo *verdadeiro* trabalho sociológico pode ser referido a esta matriz. Ainda que determinadas etapas do "tornar enigmático" permaneçam em estado implícito, ainda que a própria etapa do "tornar enigmático" (etapa de n. 4) não seja claramente e distintamente cumprida, os trabalhos sociológicos mais marcantes sempre oferecem a possibilidade de serem lidos como fundamentados numa matriz deste gênero. É por essa razão que encontrar a matriz em questão significa compreender a problemática do trabalho examinado (às vezes mais claramente ainda que ela o é para o autor) e, por consequência, apreender seu interesse sociológico. Esta matriz, em outros termos, não nos fornece apenas um procedimento para tornar enigmático o mundo social que habitamos: ela também oferece chaves para ler de maneira mais perspicaz as obras relativas às ciências sociais que nos aparecem debaixo dos olhos.

---

28. "Neste comportamento ter-se-ia visto a expressão da avareza mais sórdida e um modo de pensar simplesmente degradante" (WEBER, M. *L'éthique protestante et l'esprit du capitalisme*. Paris: Gallimard, 2003, p. 30-35 [1. ed., 1905]).

29. Ibid., p. 37.

Os três transeuntes e a casa de janelas estranhas

Sempre que não constrói a contradição matricial entre, de um lado, as inferências lógicas ou as predições que podem ser extraídas de uma constatação reconhecida ou de uma crença compartilhada e, de outro lado, os elementos empíricos que as *contradizem*, o pesquisador assume um duplo risco de levantar questões simplesmente escolásticas ou descritivas. Eis o que poderia ser resumido por meio de um apólogo: imagine um transeunte numa rua onde sumariamente, na calçada por ele percorrida, alinham-se 25 casas diferentes. "Quais formas suas janelas apresentam", pergunta-se ele? Eis o exemplo de uma questão tipicamente descritiva. Tanto mais perceptível porque a resposta do transeunte diz, por exemplo, que "em 96% dos casos as janelas são retangulares (24 casas sobre 25), sendo que nos 4% restantes elas são redondas". Este transeunte, com uma resposta desse gênero, produziu alguma ciência? Efetivamente, tanto nesta questão quanto na resposta gerada, é difícil perceber-se um interesse sociológico particular. "Não obstante isso", e se o sociólogo estiver disposto a interagir com este transeunte que afirma ter percorrido uma rua onde 96% das janelas eram retangulares e 4% redondas? Onde pretenderia ele chegar com esta constatação?

Imagine agora um segundo transeunte que, acentuando a esmagadora supremacia das janelas retangulares na mesma rua, se pergunta: "Nossas representações espontâneas sobre o que é uma casa não implicariam, tratando-se de janelas, a forma retangular? Não estaria o retângulo vinculado à nossa maneira de conceber o que *deve ser* a janela de uma casa?" Desta vez, a questão parece ser mais "profunda". Este transeunte pôs o dedo em algo que talvez ele mesmo pudesse denominar nosso "inconsciente coletivo", ou nossas "representações coletivas", reputando-os comandar pensamentos e gostos espontâneos de arquitetos e clientes. Entretanto, não nos enganemos: sua questão não tem nenhum valor superior à questão do transeunte precedente. Ela obviamente deixa de ser descritiva, mas passa a ser escolástica, já que ignora os fatos empíricos – particularmente os 4% das janelas redondas constatadas. Ela coloca em discussão unicamente os elementos das constatações reconhecidas (as casas de janelas retangulares enquanto norma) e tenta, a partir de lá, interrogar-se sobre o tema do inconsciente ou da liberdade. (Somos nós livres para pensar a forma de nossas janelas? Seriam os arquitetos e seus clientes guiados à revelia por representações coletivas?)

Se um terceiro transeunte se apresentasse com a ambição de construir um enigma sociológico ser-lhe-ia primeiramente necessário o seguinte: conseguir *dramatizar a contradição* entre, de um lado, as predições inferidas à análise das 24 primeiras casas (as janelas, nesta rua, tendendo a ser retangulares, obviamente criam a expectativa de que a 25ª casa, também ela, possui janelas com a mesma forma) e, de outro lado, os elementos empíricos que contradizem estas predições (a 25ª casa possui janelas redondas). Somente então ele estaria à altura de propor a seguinte questão: "Dado que a maioria das janelas da rua é retangular, por qual razão as da 25ª casa são redondas?" Aquilo que nem a questão descritiva do primeiro transeunte, nem a questão escolástica do segundo provocou, repentinamente emerge aqui: a realidade observada é reconhecida como *contraditória*. Dito de outra forma: o terceiro transeunte torna deliberadamente problemático o que parecia evidente (a existência predominante das janelas retangulares). Ele produz, em face da realidade observada, um gesto crítico. Ele se transforma então em sociólogo.

Box 1

Qual é o "gesto crítico" de Norbert Elias na obra La société de cour?[1]

A Sociedade de corte não é um livro que questiona a "essência" do poder monárquico. Tampouco é uma obra que se limita em descrever a evolução dos costumes e a psicologia na Corte de Versalhes. Do início ao fim, trata-se de uma obra guiada por um enigma sociológico:

1) Ao longo de toda a Idade Média, o rei da França não é senão um dentre seus pares. Ele frequentemente mostra-se incapaz de impor respeito diante dos outros senhores, e frequentemente é obrigado a compor com eles, forjando alianças.

2) Consequentemente, não seria exagero supor que os grandes senhores do Reino, nas fases históricas subsequentes, continuassem a multiplicar provas de grande independência em relação à autoridade real, exercendo suas habilidades de impor ao Soberano suas próprias visões.

3) Inversamente, estudos demonstram que o absolutismo de Louis XIV notabilizou-se pelo fato do rei ter conseguido fazer-se obedecer e simultaneamente temer seus subordinados, inclusive em face dos membros da aristocracia que ocupavam os mais altos escalões.

4) Esta constatação não soa estranha? Se o rei medieval não passava de um senhor, gozando do *status* de *primus inter pares*, como um rei da idade clássica transformou-se, por si mesmo, num monarca absoluto? Outramente dito: se devêssemos dar crédito à afirmação de que a pressão sobre o monarca absoluto "era insuportável, reduzindo-o ao nada", e que "todos os grupos da corte se rebelavam contra ele"[2], por que tal pressão coletiva já não se exerce mais?

O gesto crítico de Norbert Elias consiste aqui em tornar problemático o fato mesmo do absolutismo e, para além, a soberania do poder que o Estado moderno exerce sobre seus subordinados. Este poder estatal soberano parecendo normal e natural ao leitor moderno permite estimular o desejo deste último a reporta-se ao anterior unicamente por meio de questões descritivas. Elias, por sua vez, consegue fazer disso um enigma, opondo-lhe à quase ausência de poder estatal que o precedeu, uma experiência enigmática – aquela em que todas as forças da corte se uniram contra o monarca.

[1] ELIAS, N. *La société de cour*. Paris: Flammarion, 1985 [1. ed., 1969].
[2] Ibid., p. 118.

Como estar seguro de obter uma problemática?

Vários testes permitem ao pesquisador saber se a questão que ele coloca é uma verdadeira problemática. Em primeiro lugar, as questões que possuem mais um caráter escolástico e metafísico que sociologicamente problemático podem ser eliminadas graças ao teste da *empiricidade necessária*. O próprio do enigmatizar sociológico é efetivamente o de recorrer, para que haja alguma chance de resolver o enigma, à pesquisa de dados empíricos ainda não disponíveis ao pesquisador, e que em grande parte, naquele momento, ele desconhece. Este não é o caso das questões escolásticas, que esperam respostas que não requerem uma pesquisa empírica suplementar, mas antes uma reflexão ao nível lógico e um enquadramento conceitual dos dados já disponíveis.

As questões descritivas, por sua vez, resistem perfeitamente ao teste da empiricidade necessária, já que elas também exigem, a fim de que uma resposta lhes seja aportada, que o pesquisador invista em uma pesquisa empírica. Outros testes são consequentemente necessários para não confundi-las com as reais problemáticas que elas não o são. Podemos primeiramente pensar no teste da *unicidade*: enquanto as questões descritivas, a propósito de um mesmo tema, tendem a se apresentar em número quase infinito, um enigma é sempre único. O pesquisador sem problemática se pergunta: Como funcionava o hospital psiquiátrico Santa Elisabete de Washington em 1955-1956? Como ele funcionou nos anos seguintes? Como funcionava tal serviço do hospital? Qual era então o perfil social das pessoas internadas? Havia ali mais negros que brancos? Qual era o procedimento de internação? Qual era, nos Estados Unidos de então, a legislação referente à internação psiquiátrica? O fato de ele não saber hierarquizar estas questões e de atribuir-lhes indistintamente uma importância "vital", longe de testemunhar uma complexidade particular do tema revela antes sua própria dificuldade em problematizar. Efetivamente, o objetivo nunca é o de escolher, dentre uma infinidade de questões descritivas, aquela que valeria a pena ser colocada – em função de qual critério, aliás, operar tal ou tal escolha? O objetivo é mais simplesmente, mas também mais ambiciosamente, produzir, sob a forma de um enigma, um gesto *crítico* em relação a uma realidade dada. Uma vez realizado este gesto, o pesquisador disporá de um domínio dos mais seguros sobre esta realidade, seja qual for sua complexidade[30]. O próprio do enigmatizar bem-sucedido é, pois, o de sempre fornecer ao pesquisador um princípio de hierarquização, de seleção e de organização dos dados descritivos pertinentes.

Um segundo teste mobilizável para identificar o caráter simplesmente descritivo de uma questão é o da *recusa à exaustividade*. Diferentemente das autênticas problemáticas, as questões descritivas possuem efetivamente por característica notável o fato de incitar o pesquisador a mostrar-se o mais "completo"

---

30. Este domínio nada mais é que a *contradição* que ele trouxe à tona, relativa à realidade estudada.

possível no tema que ele aborda. Trata-se lá de um objetivo que é não somente impossível de ser alcançado, mas ainda, e principalmente, que faz desviar o pesquisador do projeto verdadeiro das ciências sociais. Como o dizia o historiador Lucien Febvre, temos o direito de exigir de tal pesquisador, confrontado com um tema de estudo, não que ele nos diga "tudo aquilo que ele sabe", mas, acima de tudo, que ele consiga "expor a questão"[31]. Razão pela qual, por exemplo, Durkheim precisa em sua obra *O suicídio*: "Nossa intenção não é, portanto, fazer um inventário o mais completo possível de todas as condições que podem entrar na gênese dos suicídios particulares, mas somente pesquisar aquelas das quais depende este fato definido, por nós denominado taxa social dos suicídios"[32]. Pois, efetivamente, é aquele fato lá, e não outro, que se encontra no fundamento do enigma que Durkheim deu-se por tarefa resolver.

Incapacidade de discriminar entre um número indefinido de questões e busca ilusória de um ideal de exaustividade: eis os dois sintomas mais impressionantes da ausência de problemática – dois indícios, dito de outra forma, mostrando que o espírito sociológico ou se perdeu ou se ausentou. Poderíamos acrescentar ainda um terceiro sintoma, que se revela sempre mais claramente nas fases ulteriores à pesquisa: a realidade que o pesquisador descreveu sempre vai receber polimentos, sobretudo quando ela comporta elementos conflitivos – já que estes últimos vão ser apreendidos como "naturais" ou funcionais. Tal polimento testemunha que as contradições que fazem a trama do real não foram discernidas e que consequentemente o sociólogo, no momento de lançar sua pesquisa, não dispõe de nenhuma alavanca para *desnaturalizar* as realidades sociais que busca estudar[33].

Reconstruir seu objeto de estudo

A definição "natural" do objeto de estudo tende a excluir os elementos empíricos que a contradizem. Assim, por exemplo, a definição usual do capitalismo não assume o fato que ele é uma conduta regida por contradições que ultrapassam os comportamentos econômicos tradicionais. É a razão pela qual colocar um enigma incute *necessariamente* no sociólogo a obrigação de reconstruir seu objeto de estudos. O objetivo dessa reconstrução é o de criar um plano analítico

---

31. "Recuso-me a ser 'completo'. [...] Este livro vai juntar-se a outros – que igualmente não são completos. Mas todos, assim o espero, propõem algum enigma a ser procurado [Uso aqui o termo direito]. Do direito de um historiador que se coloca problemas, ao invés de esboçar inventários" (FEBVRE, L. *Amour sacré, amour profane*. Paris: Gallimard, 1996, p. 11-20) ["Folio"] [1. ed., 1944].
32. DURKHEIM, É. *Le suicide*. Op. cit., p. 15.
33. A situação está, pois, longe de ser irreversível e desesperadora: as contradições podem ser apreendidas "no andar da carruagem" e ceder lugar, então, à formação retrospectiva de uma problemática real. Este, sem dúvida, é o processo mais frequente da pesquisa.

no qual a contradição observada não seja mais excluída, mas, ao contrário, evidenciada, mediante uma nova abordagem do tema.

Assim, quando Durkheim rompe com as prenoções relativas ao suicídio enquanto ato individual, livre e imprevisível, ele evita substituí-las pura e simplesmente pela noção de taxa social de suicídios. De fato, nenhuma dessas duas abordagens do fenômeno, enquanto se excluem mutuamente, pode, exclusivamente, construir o objeto sociológico a ser estudado. É somente reconstruindo a noção de "suicídio" ao redor da ideia de que existe alguma relação, a ser determinada, entre taxa social de suicídios constatada em âmbito nacional e entre "estados individuais que acompanham os diferentes tipos de suicídios"[34] que poderá ser plenamente evidenciada e em seguida explorada a contradição ao fundamento do enigma. Durkheim esforça-se assim em construir um novo objeto que não é nem o suicídio como ato individual nem a taxa de suicídios como dado estatístico agregado, mas antes, o suicídio como tendência coletiva interiorizada pelos indivíduos. Este objeto tipicamente novo situa-se de forma crítica em relação às duas abordagens que ele mesmo sintetiza e supera: ele sublinha, contrariamente a determinadas crenças compartilhadas, em quê o suicídio não é simplesmente um ato individual – ou, se preferirmos, não é um ato simplesmente individual –, mas igualmente evidencia que, contrariamente às ilusões eventuais do estatístico, a taxa social de suicídios, isolada, não pode evidenciar como cada indivíduo, em sua singularidade, experimenta sua própria tendência ou sua própria imunidade ao suicídio[35].

Da mesma forma vemos Max Weber, uma vez tendo conseguido tornar o capitalismo problemático, construir um novo objeto que não corresponde nem à concepção do capitalismo enquanto modelo produtivo "objetivamente" mais "competitivo"[36], nem às abordagens normativas do que deve ser um comportamento econômico "humano". Este seu novo objeto corresponde às justificações das condutas econômicas ou, mais exatamente, às *éticas* dos agentes sociais, enquanto desencorajam ou encorajam neles determinadas atitudes econômicas. Da mesma forma, Norbert Elias, em sua obra *A sociedade de corte*, uma vez tendo tornado enigmática a dominação exercida pelo monarca, foi levado a construir um objeto novo, denominado por ele "equilíbrio das tensões" no seio da corte. Este

---

34. DURKHEIM, É. *Le suicide*. Op. cit., p. 16.

35. Esta é a proposta do cap. 6 do livro II, consagrada às "Formas individuais dos diferentes tipos de suicídios": chamar a atenção do leitor para este ponto.

36. Weber se esforça assim para mostrar os limites do conceito de "seleção" como meio de explicação do sucesso do capitalismo moderno: "Para que este modo de conduta de vida e de concepção da profissão-vocação (*Beruf*), enquanto adaptada à especificidade do capitalismo, pudesse ser 'selecionada', isto é, superar as outras, foi necessário primeiramente que ela nascesse, e não somente junto aos indivíduos singulares isolados, mas enquanto modo de ver presente em *grupos* humanos. É precisamente esta gênese que precisa ser explicada" (WEBER, M. *L'éthique protestante et l'esprit du capitalisme*. Op. cit., p. 29).

objeto novo o autorizará, recuperando parcialmente tais tensões, a superar esta dominação, bem como a ideia ingênua segundo a qual o poder do chefe de Estado moderno emana de seu carisma e de suas qualidades próprias, e a concepção meio engenhosa segundo a qual este poder não repousa *na realidade* sobre nada.

O princípio da dupla homogeneidade da explicação sociológica

Se possuísse o espírito sociológico, nosso terceiro transeunte, uma vez tendo conseguido tornar problemática a existência de janelas retangulares na rua estudada, ele também seria levado a construir seu objeto novo de estudo. Ele não poderia contentar-se com uma concepção geral daquilo que é uma janela (isto é, uma abertura numa parede), já que esta não lhe permitiria especificar a relação desigual observada nesta rua entre janelas retangulares e redondas. Poderia ele satisfazer-se mais com a definição localmente dominante sobre o que é uma janela (a saber: uma abertura de *forma retangular* numa parede)? Neste caso, ao invés de manter unido, ele seria constrangido a imputar a outro plano analítico o fato empírico contraditório que lhe serviu para fundar seu enigma (isto é, a existência de janelas redondas). Para sair destes impasses, convir-lhe-ia efetuar, em relação a estes dois tipos de abordagens, um deslocamento permitindo-lhe apreendê-los em um mesmo plano. É esta operação de deslocamento que costumamos denominar, em sociologia, "construção do objeto". No caso presente, o pesquisador transeunte, por exemplo, atribuir-se-ia por tarefa a de estudar, nesta rua, as *práticas sociais* consistindo em decidir sobre uma abertura numa parede, e em realizá-la.

Ora, um dos pontos essenciais neste deslocamento assim operado é o seguinte: o novo plano analítico (o das práticas de produção de janelas) doravante permite buscar uma explicação, *indiferentemente* da existência de aberturas retangulares, redondas ou comportando outra forma qualquer. Com isso o pesquisador se imunizaria contra a tentação de deduzir, do fato da existência de uma diferença gritante entre janelas retangulares e redondas, que seria necessária a existência de uma diferença na maneira de explicar a existência respectiva destas janelas. Contrariamente teria surgido a perspectiva de uma explicação sociológica homogênea da diferença observada: se as janelas são diferentes, é porque elas têm por origem *comum* as práticas sociais de produção das janelas. É que, dito diferentemente, elas possuem uma *mesma* causa social. Eis o que se opõe radicalmente ao resultado que obteríamos se retomássemos por conta própria a abordagem localmente dominante do que é uma janela: se partíssemos efetivamente do princípio que somente as janelas retangulares são "naturais", facilmente poderíamos pensar que as janelas redondas devessem se explicar por práticas não naturais, isto é, sobrenaturais. Contentar-nos-íamos então em dizer que elas têm por causa, por exemplo, a fantasia pessoal ou a doença mental do proprietário da 25ª casa.

O sociólogo David Bloor teorizou assim a necessidade de explicar, de maneira homogênea, o que, em um fenômeno, se nos aparece como natural ou normal de um lado, e o que se nos aparece como não natural ou anormal de outro. "Princípio de simetria" é o nome que ele dá a esta exigência que agrega valor ao estudo sociológico das controvérsias científicas[37]. Bruno Latour e Michel Callon estenderam o princípio de simetria mais geralmente ao estudo das controvérsias sociotécnicas[38]. Vemos aqui em quê o princípio de simetria da explicação é uma cláusula cuja validade *geral* pode ser reconhecida em ciências sociais: sua "satisfatoriedade" resulta efetivamente de uma reconstrução correta do objeto a ser estudado, sendo que deste objeto ela é, de alguma forma, o emblema. Sempre que a reconstrução do objeto é imperfeita, efetivamente ela faz aparecer uma naturalização ou uma normalização dos aspectos julgados naturais ou normais do fenômeno estudado e, em pé de igualdade, uma "desnaturalização" ou uma "anormalização" dos aspectos julgados não naturais ou anormais[39].

O princípio de simetria de Bloor soma-se ao que se convencionou denominar "cláusula de homogeneidade da explicação", formulada por Durkheim, no capítulo 5 da obra *Les règles de la méthode sociologique* (As regras do método sociológico). Esta cláusula faz referência à afirmação segundo a qual "os fatos sociais só podem ser explicados por fatos sociais"[40]. Poderíamos distinguir, a este respeito, *homogeneidade horizontal* (fatos e contrafatos) e *homogeneidade vertical* (todo fato social deve ser explicado por outro fato social). Mas estes dois tipos de homogeneidade, na realidade, são indissociáveis e formam um sistema. Isso porque, a partir do momento que um fato e seu contrafato são submetidos ao mesmo tipo de explicação *sociológica* (homogeneidade horizontal), por definição cada um deles encontra-se referido a uma causa social (homogeneidade vertical). Assim a aplicação do princípio de simetria de Bloor necessariamente leva a satisfazer o princípio durkheimiano consistindo em tratar os fatos a serem explicados, bem como os fatos explicativos, enquanto fatos sociais – e não enquanto fenômenos psicológicos ou materiais. Consequentemente, nosso sociólogo transeunte não tem nenhuma chance de conseguir explicar socio-

---

37. BLOOR, D. *Sociologie de la logique ou les limites de l'épistémologie*. Paris: Pandore, 1982.

38. Cf. CALLON, M. (org.). *La science et ses réseaux* – Gènese et circulation des faits scientifiques. Paris: La Découverte, 1989. • LATOUR, B. *Nous n'avons jamais été modernes* – Essai d'anthropologie symétrique. Paris: La Découverte, 1991.

39. Ora, como foi dito, tornar a realidade problemática consiste exatamente numa operação inversa: trata-se de tornar não naturais e anormais os aspectos julgados ordinariamente os mais naturais ou os mais normais do fenômeno estudado. Quanto à construção do objeto sociológico e à pesquisa empírica que se segue, poderíamos dizer que seu objetivo é acima de tudo tornar natural e normal os aspectos julgados inicialmente os mais não naturais ou os mais anormais do fenômeno estudado.

40. DURKHEIM, É. *Les règles de la méthode sociologique*. Paris: PUF, 1987, p. 147 [1. ed., 1895]. Cf. tb. p. 109: "A causa determinante de um fato social deve ser buscada entre os fatos sociais antecedentes, e não entre os estados da consciência individual".

logicamente as janelas redondas por fatores psicológicos, funcionais, étnicos ou climáticos: ele não somente provocará uma ruptura com o princípio de homogeneidade horizontal, mas também, indissociavelmente, com o princípio de homogeneidade vertical, demonstrando assim, sobretudo, que seu objeto sociológico foi malconstruído.

Box 2

O princípio de dupla homogeneidade da explicação em Max Weber

Quando Max Weber assumiu explicar o surgimento do "capitalismo empreendedor burguês" ocidental do século XVII em termos sociológicos, parecia-lhe impossível explicar a não emergência deste tipo particular de capitalismo nas cidades chinesas da época, senão por razões outras que sociais ou históricas. Suponhamos, por exemplo, que ele tivesse imaginado que este tipo de capitalismo não se desenvolveu na China, não obstante a civilização chinesa conhecesse um nível de prosperidade econômico-mercantil elevada, sobretudo por causa da psicologia dos comerciantes chineses, ou em razão das características topográficas ou climáticas da China: neste caso ele teria perdido o que denominamos acima "espírito sociológico". E isso por duas razões: 1) Porque não foi assim (com este tipo de fatores) que ele, aliás, explicou a emergência do capitalismo no Ocidente (ruptura com o princípio de homogeneidade horizontal). 2) Porque a ausência de capitalismo enquanto fenômeno sócio-histórico não podia ser explicada única e essencialmente por fatores psicológicos, climáticos ou geográficos (ruptura com o princípio de homogeneidade vertical).

Na perspectiva em que se situa Max Weber, a psicologia dos comerciantes chineses merece, obviamente, da parte do sociólogo, uma atenção redobrada, mas ela jamais é parte indispensável dos explicativos: longe de ser o que explica a não emergência do capitalismo na China, ela é antes o que deve ser explicado por causas sócio-históricas, através, notadamente, da noção de *ethos* – noção que depende da sociologia, não da psicologia individual. Da mesma forma, na ótica weberiana, as características geográficas ou climáticas são incapazes de explicar *por si mesmas* um fenômeno sócio-histórico, seja ele qual for, à medida que este último não pode ser *deduzido* mecanicamente delas. Estes fatores sem dúvida não deixam de influir, mas o sociólogo não saberia apreender o papel deles senão partindo do fenômeno sócio-histórico ele mesmo antes que considerar tais fatores como uma espécie de mecanismo determinante do exterior das condutas sociais.

O que fazer com as explicações profanas

No fundo, construir um objeto sociológico consiste em configurar o conjunto dos fatos de forma que o enigma colocado não possa aceitar respostas extrassociológicas. Isso pode ser afirmado a partir da referência à cláusula durkheimiana de homogeneidade da explicação sociológica (homogeneidade vertical), bem como a partir da afirmação, indissociável, de um princípio de simetria (homogeneidade horizontal), muito caro a David Bloor. Em todos os casos, a construção do objeto se apresenta como um trabalho crítico enquanto constringe o pesquisador a romper com as definições naturais do objeto a ser estudado – isto é, com as prenoções ligadas a este objeto – a fim de tornar possível a explicação sociológica duplamente homogênea investigada. Mas ela leva igualmente, pela mesma razão, a desqualificar *a priori* determinadas respostas ao enigma inicial: de cara podem ser efetivamente descartadas as explicações espontâneas que implicariam infringir o princípio de dupla homogeneidade da explicação sociológica.

É assim que vemos um autor como Durkheim, no início de cada uma de suas obras (*De la division du travail social* (Da divisão do trabalho social); *Le suicide* (O suicídio); *Les formes élémentaires de la vie religieuse* (As formas elementares da vida religiosa)), desfazer meticulosamente, uma após outra, as explicações "falsas" do fenômeno social que ele entende estudar: não, o suicídio não se explica pela raça; não, ele não se explica pela hereditariedade; não, ele não se explica pelo clima; não, ele não se explica pela imitação. Por qual razão? Simplesmente porque estas diversas explicações revelam não ser homogêneas com o fato social a ser explicado. Desse fato, exclui-se que elas possam ser verdadeiras *do ponto de vista sociológico*. Importa sublinhar aqui que a eliminação das explicações "falsas" não se deduz do objeto sociológico, como se *a priori* este tivesse imposto ao pesquisador as condições de veracidade. Esta eliminação deve antes ser vista como *uma operação* que contribui por si mesma na construção do objeto sociológico. Ela leva a testar se a explicação candidata estará à altura de satisfazer as exigências de dupla homogeneidade que a explicação sociológica *deve respeitar*. É desta forma que, por exemplo, Durkheim se esforça para mostrar, *apoiado em quadros estatísticos*, que nenhum dos fatores supracitados (raça, hereditariedade, clima, imitação) revela-se à altura de tornar previsível e explicável o fenômeno social do suicídio. Através desta operação ele emoldura passo a passo o suicídio enquanto objeto sociológico, isto é, enquanto objeto que não pode aceitar como causas explicativas senão causas que sejam homogêneas com o fato social que ele efetivamente é.

Os objetos sociologicamente construídos se distinguem assim dos objetos socialmente recebidos pelo fato que, diferentemente destes últimos, os primeiros possuem a faculdade de tornar possível uma explicação sociológica simétrica e homogênea. Isso significaria afirmar que as explicações que não resultam de tal construção – em particular, as explicações "profanas" dos fenômenos sociais – devem ser sistematicamente consideradas falsas pelo sociólogo? Sem dúvida seria mais justo dizer que elas devem ser vistas como *inadequadas* ao projeto de explicação sociológica. Por um lado, de fato, é óbvio que enquanto não satisfazem o princípio de dupla homogeneidade da explicação, estas explicações profanas só podem fracassar ao tentar fornecer ao mundo social uma interpretação propriamente sociológica. A lógica que elas propõem não nos protege da tendência em designar como causa de um fenômeno social (p. ex., a delinquência) um fenômeno que não o é (p. ex., o fenótipo das pessoas)[41]; nem contra a tendência de invocar, para explicar um fenômeno socialmente transgressivo (p. ex., a delinquência juvenil), uma causa diferente da invocada para explicar um fenômeno "normal" correspondente (p. ex., a recusa de alguns jovens de aventurar-se em uma carreira delinquente)[42]. O fato é que muito frequentemente estas diversas explicações tendem a naturalizar as diferenças sociais e a normalizar os fenômenos sociais que somente são normais à medida que lhes dedicarmos um esforço significativo para efetivamente torná-los enigmáticos. De outro lado, tais explicações profanas comportam evidentemente algo de verdadeiro, e isso à medida que elas são compartilhadas e, até certo ponto, validadas socialmente. Sua existência social e seu prestígio atestam o fato de não serem destituídas de fundamento. Deste fato pouco sociológico não podemos concluir que elas seriam aberrações mentais, ou explicações absurdas do mundo social, ou erros coletivos. A tarefa sociológica que elas demandam é muito mais exigente: ela consiste em prestar contas de seu fundamento social. Ela requer, em outros termos, que as consideremos como uma *parte do objeto* que, por tarefa, nos atribuímos estudar[43].

Box 3

As explicações profanas possuem um fundamento racional?

Uma forma doravante corrente de levar em conta o fato que as explicações profanas ligadas ao objeto sociológico estudado fazem parte integrante deste último consiste em invocar seu poder de "construção da realidade": crenças e representações a respeito do objeto contribuem, diz-se, a construir socialmente o objeto de pesquisa. Assim, por exemplo, crer na validade das explicações astrológicas poderia induzir um ator a interpretar sua perda de emprego como consequência de uma má conjunção astral antes que considerá-la uma injustiça social cometida contra ele. Com efeito, a astrologia como recurso explicativo profano não pode ser desconsiderada na explicação sociológica do comportamento deste ator[1]. Esta abordagem construtivista tem

---

41. Para reivindicar a função de sociólogo, urge assumir o princípio de dupla homogeneidade da explicação, estudando não o fenótipo das pessoas, mas antes a maneira com a qual ele é socialmente interpretado (ou não) como um sinal tornando previsíveis algumas tendências delinquentes.

42. Estas explicações assimétricas basear-se-iam, p. ex., na ideia de que os jovens delinquentes desperdiçariam seu tempo com a imoralidade, enquanto os jovens não delinquentes orientar-se-iam por uma forte consciência moral. Para reivindicar a condição de sociólogo, urgiria, ao contrário, assumir o princípio de simetria (homogeneidade horizontal), pesquisando qual seria a moral própria a cada uma destas duas populações.

43. P. ex., o fato de imputar ao fenótipo das pessoas de tendências delinquentes reenvia às chances muito desigualmente distribuídas de tornar delinquente segundo a condição social dos pais – na França, as populações emigradas são ao mesmo tempo as mais pobres e as mais presentes na prisão. Da mesma forma nos Estados Unidos, os negros. Aliás, a resistência de determinadas crianças dos meios populares à tentação de engajar-se em uma carreira delinquente, enquanto seus camaradas escolhem uma, reenvia a ligeiras diferenças de socialização e de integração. As explicações profanas destes fenômenos, se sociologicamente são inaceitáveis, nem por isso deixam de ter um fundamento.

por mérito acentuar o fato que as explicações profanas resultam de um trabalho coletivo de validação no seio de uma comunidade ou de um grupo social, e constituem, portanto, fenômenos sociais enquanto tais – não fenômenos cognitivos "naturais". O limite desta abordagem vincula-se ao fato que ela geralmente trata estas explicações profanas sob a ótica de seus *efeitos sociais* e não em suas causas. É por essa razão que tais explicações podem aparecer exclusivamente, na ótica dos autores construtivistas, como crenças anticientíficas, o que implicaria ver nelas tão somente erros a ser combatidos. Trata-se mais de um interesse das abordagens praxiológicas de inspiração etnometodológica[2] ou pragmática[3]; mas também, por exemplo, da abordagem boudoniana em termos de "boas razões" para se acreditar em ideias falsas[4], antes que de um interesse em convidar o pesquisador a considerar que as explicações não sociológicas do mundo social possuem um fundamento na *prática* dos atores – fundamento que, desde então, torna-se um objeto da pesquisa. As explicações profanas não parecem perpetuar-se, pois, somente porque regularmente são validadas coletivamente, não obstante a falsidade científica, mas ainda, e mais fundamentalmente, porque se reproduzem nas práticas coletivas que continuam dando a tais explicações uma evidência e uma ancoragem "natural" e racional.

[1] Cf. ADORNO, T. *Des étoiles à terre* – La rubrique astrologique du "Los Angeles Times". Paris: Exils, 2000 [1. ed., 1975].

[2] Cf. GARFINKEL, H. *Recheches en ethnométhodologie*. Paris: PUF, 2007 [1. ed., 1967].

[3] Cf. LAGRANGE, P. "Enquêtes sur les soucoupes volantes – La construction d'un fait aux États-Unis (1947) et en France (1951-1954)". *Terrain*, n. 14, mar./1990, p. 92-112. • CLAVERIE, É. *Les guerres de la Vierge* – Une anthropologie des apparitions. Paris: Gallimard, 2003.

[4] Cf. BOUDON, R. *L'idéologie ou l'origine d'idées reçues*. Paris: Fayard, 1986.

Em sociologia, portanto, o estatuto das explicações profanas só pode ser o de um objeto ou o de uma parte do objeto estudado. Este objeto, ou parte dele, no entanto, deve ser levado a sério, já que o raciocínio sociológico plenamente reflexivo impõe ir além de uma simples desqualificação da forma com a qual os profanos se explicam o mundo social onde evoluem. Ele obriga primeiramente a apreender os efeitos sociais deste tipo de explicações sobre o objeto que nos preparamos para estudar: Quais obstáculos epistemológicos tais explicações profanas endereçam à construção de um objeto sociológico? Dito de outra forma: Em quê exatamente elas contradizem a aplicação do princípio de dupla homogeneidade da explicação sociológica? Trabalho tanto mais importante a realizar que ele poderia levar ao reconhecimento daquilo que seríamos tentados a denominar *instituições sociológicas profanas*: em alguns casos, com efeito, a explicação profana está muito perto de respeitar a cláusula de dupla homogeneidade da explicação sociológica[44]. Ao localizar o que ainda lhe falta

---

44. A eventualidade de explicações profanas satisfazendo plenamente este princípio, portanto, não tem razão de ser descartada *a priori*. No entanto, no caso em que esta eventualidade se realiza, nada mais distinguindo estas explicações das hipóteses explicativas propriamente sociológicas, o problema entre as duas, ao qual nos reportamos aqui, desaparece.

para respeitar totalmente esta cláusula (p. ex., uma reformulação sociológica de considerações impregnadas de psicologia individual), o pesquisador pode construir seu objeto sociológico tirando proveito da experiência dos atores, ao invés de tentar contestá-la.

Num segundo momento, ir além da desqualificação das explicações profanas pode não implicar mais a análise dos efeitos sociais, mas as *causas sociais* das explicações. A partir de então, o fundamento que elas encontram na prática dos atores transforma-se em elemento de pesquisa, e o pesquisador deverá empenhar-se para precaver-se contra o fato que, longe de simplesmente serem destituídas de raciocínios abstratos ou arbitrários, as explicações profanas se beneficiam de uma ancoragem "natural" e racional na organização das práticas sociais. O que lhe é então suscetível de aparecer não é mais o obstáculo que tais questões endereçam ao projeto sociológico, mas antes, as resistências políticas e morais que alguma organização das práticas sociais instala em face ao poder de convicção das explicações sociológicas do mundo social[45].

A empiricidade necessária

Nem o tornar enigmático, nem a construção de um objeto sociológico podem ser realizados sem um mínimo de confrontação com os dados empíricos. O tornar enigmático procede efetivamente da dramatização de uma contradição entre as expectativas (constatações reconhecidas, crenças compartilhadas) e os fatos sobre os quais urge imediatamente recolher informações. São estes mesmos fatos contraditórios que levam a construir um objeto sociológico, isto é, a abrir o plano de uma explicação sociológica duplamente homogênea, capaz de recapturá-los em um único conjunto com os fatos que os contradizem. Seria, por consequência, errado afirmar que a pesquisa sociológica empírica só começa após a proposição de um enigma e após a construção de um objeto. Desde o início, estas três operações se entrelaçam. A terceira, a pesquisa sociológica empírica, não é menos *logicamente* solicitada e justificada pelas duas primeiras. Ela efetivamente comporta um ar de necessidade técnica para quem quer aportar ao enigma colocado uma resposta que não decorra do pensamento ordinário, mas que, ao contrário, se instala no plano que abriu a construção do objeto

---

[45]. Muitos sociólogos costumam lamentar-se porque suas pesquisas e explicações nunca são compreendidas, implementadas ou aceitas pelos atores nelas implicados. É que eles abordam a questão das explicações profanas unicamente em termos de obstáculo epistemológico, isto é, vendo nelas ideias falsas do ponto de vista sociológico, a "resistência" dos atores às explicações "verdadeiras" tornando-se desde então sinal de irracionalidade de tais atores. Estudar em quê a organização das práticas sociais vincula política e moralmente os atores às explicações profanas, a partir do fato que esta organização torna tais explicações muito mais "naturais" e "evidentes" que as explicações "verdadeiras" do sociólogo, sem dúvida é uma atitude mais conforme à ambição da sociologia; mas isso também poderia advir do fato que o pesquisador não se sente obrigado a atribuir aos atores uma irracionalidade maior que a atribuída a si mesmo.

sociológico. Pois, se o específico das explicações profanas é o fato de elas serem *dedutíveis* dos fatos a explicar (que esta menina prefere brincar com bonecas ao invés de brincar com os pequenos soldados, se explica pelo fato que ela é uma menina), o específico das explicações sociológicas é justamente o de não sê-lo. Com efeito, a causa *comum* aos fatos (a maioria das meninas prefere as bonecas e não os pequenos soldados) e às simulações (algumas preferem os pequenos soldados), por definição é exterior a estes diferentes fatos eles mesmos, e a causa não pode ser deduzida de nenhum deles; o fato de ser uma menina não implicando *necessariamente* a preferência pelas bonecas. Em outros termos: a partir do momento que o sociólogo construiu seu objeto, o deducionismo, visto frequentemente como uma maneira de pensar bastante eficaz na vida corriqueira, torna-se para ele um método impossível. No máximo ele pode arquitetar hipóteses explicativas – tomando o cuidado para que elas respeitem a cláusula de dupla homogeneidade –, mas estas merecem em cada caso ser devidamente confrontadas com o real.

Parece assim que o grau de necessidade técnica experimentada pelo pesquisador na condução de uma pesquisa empírica almejando alcançar uma resposta ao enigma por ele colocado constitui-se em excelente indicador da qualidade sociológica, e de seu enigma, e da construção de seu objeto[46].

Box 4

Um traço de união entre construção do objeto e pesquisa: a definição prévia

O vínculo entre construção do objeto e pesquisa empírica pode ser lido no conceito durkheimiano de "definição prévia", ao qual corresponde, com diferenças não obstante notáveis, a noção weberiana de "ilustração provisória"[1]. Definir, escreve Durkheim, "é delimitar o círculo dos fatos sobre os quais vai incidir a pesquisa, indicar por quais sinais os reconhecemos e como eles se distinguem daqueles com os quais poderiam ser confundidos"[2]. Esta definição é criteriológica e, portanto, concebida, inicialmente, como um instrumento *ao serviço da pesquisa empírica*. Aliás, esta é a razão pela qual ela é convidada, ao termo desta pesquisa, a ceder seu lugar a uma definição última, mais exata, já que assentada então na explicação sociológica desvelada ao longo da pesquisa. Imediatamente, no entanto, percebe-se o vínculo que une esta definição prévia ao objetivo de construir um objeto sociológico. Pois os critérios

---

46. Encontramos aqui o que mais acima denominamos teste de empiricidade necessário: quanto menos a pesquisa empírica parece tecnicamente necessária para responder à questão colocada, tanto mais podemos estar seguros de que esta questão é tipicamente escolástica – neste caso, os fatos contraditórios que a pesquisa poderia fornecer são negligenciados antecipadamente em favor de um raciocínio abstrato que *deduz* determinadas conclusões lógicas dos fatos já disponíveis. Encontramos igualmente, neste estágio, o teste de recusa da exaustividade: quando nenhum enigma foi posto e o objeto, deste fato, não pôde ser construído sociologicamente (questão descritiva), a pesquisa empírica se apresenta como um simples exercício de coleta de informações visando a ser a mais completa possível, e não como um *imperativo técnico* ligado à pesquisa sistemática de uma explicação.

que ela oferece ao pesquisador para reconhecer na profusão do real o que participa do "círculo dos fatos" sobre os quais ele pesquisa não são independentes do objetivo de instalar-se num plano de explicação sociológica duplamente homogênea – desde que eliminando, por exemplo, do fenômeno a ser estudado, tudo aquilo que depende da psicologia individual ou da psicologia. A definição prévia não deve ser confundida, portanto, com a construção do objeto sociológico, sendo antes um instrumento prático que serve para inaugurar a fase da pesquisa. Não obstante isso, ela não deixa de ser importante nesta fase de construção sociológica.

[1] Cf. WEBER, M. *L'éthique portestante et l'esprit du capitalisme*. Op. cit., p. 21. Para Weber, a ilustração (*Veranschaulichung*) provisória se opõe à "definição conceitual", e não é congruente com a forma com a qual Durkheim, por sua vez, concebe a "definição prévia". Ocorre que a ilustração weberiana é um procedimento que preenche a mesma função da definição prévia de Durkheim, a saber: permitir "estender-se sobre o objeto da pesquisa" (ibid.).

[2] DURKHEIM, É. *Journal sociologique*. Paris: PUF, 1969, p. 140.

Não nos alongaremos mais a propósito da pesquisa empírica em sociologia; sobre suas exigências e seus métodos, vários capítulos desta obra são dedicados a estas e a outras questões. Nosso objetivo aqui, o de indicar como conduzir uma pesquisa empírica, é uma *necessidade* convocada pela produção de uma problemática autêntica e pela construção de um objeto, à medida que estes exigem uma reposta que *não pode ser evidente* – uma resposta, dito diferentemente, que não pode ser *deduzida* do círculo dos fatos já conhecidos. A posição aqui defendida não poderia consequentemente ser confundida com um arrazoado de empirismo raso, se por isso entendemos a crença segundo a qual coletar fatos de forma metódica seria suficiente para apresentar um trabalho com ares científicos. A isso a ciência se opõe totalmente, já que ela afirma que a pesquisa empírica, quando efetivamente faz-se necessária, não constitui jamais um fim em si, mas somente um meio – o único disponível – para dar ao enigma colocado uma resposta cientificamente satisfatória. Assim, a resposta que finalmente Durkheim aporta à questão de saber se a taxa social dos suicídios é precisamente previsível teve que passar obrigatoriamente pelo exame de inúmeras variações estatísticas em função de diversos "concomitantes sociais" – exame sem o qual o vínculo entre grau de integração social e imunização ao suicídio não poderia ter vindo à tona. Da mesma forma, Weber não teria conseguido explicar a emergência de um "espírito do capitalismo", transgressivo em relação aos comportamentos econômicos até então dominantes, senão após o exame detalhado dos textos fundadores de inúmeras seitas pietistas, metodistas e batistas do século XVII, incluindo os que expõem as condutas de vida prescritas pelos primeiros capitalistas modernos, como Benjamin Flanklin. Quanto ao sociólogo transeunte mencionado neste capítulo, é somente conduzindo uma pesquisa aprofundada sobre o proprietário da 25ª casa e seu lugar no seio da comunidade local, assim como sobre a evolução das práticas locais em matéria de relações de vizinhança, de construção de casas individuais e de comércio entre arquitetos, promotores imobiliários e clientes, que ele teria alguma chance de encontrar alguma explicação propriamente sociológica ao fato – surpreendente – de 4% das janelas daquela rua possuírem formas redondas, e não, como era de se esperar, retangulares.

3
Escolha e limites do modo de objetivação

Serge Paugam

Para o sociólogo, a construção de um objeto de estudos passa por um conjunto de distanciamentos em relação a si e à escolha inicial do tema de pesquisa, mas também em relação às prenoções e à demanda social e institucional endereçadas a ele. O objeto de estudos corresponde neste sentido a uma problematização sociológica da qual geralmente decorrem as hipóteses. Estas últimas podem ser reexaminadas, enriquecidas e às vezes transformadas ao longo da pesquisa. As primeiras experiências de campo frequentemente levam o sociólogo a inflectir seu questionamento inicial. As comparações oriundas da pesquisa podem também fazer surgir novas interrogações que convém então acrescentar às primeiras. Enfim, às vezes já num estágio avançado da pesquisa, urge elaborar modelos-ideais que servem de matriz à formulação de novas hipóteses e, em seguida, coletar dados empíricos suplementares. Este trabalho frequentemente longo, que visa a construir um objeto de estudos e a fazê-lo evoluir ao largo do processo de pesquisa, deve ser acompanhado por uma reflexão sobre o modo de objetivação o mais apropriado e por uma interrogação sobre os limites deste modo.

Neste capítulo estudaremos as escolhas metodológicas prévias que o sociólogo deve fazer antes de engajar-se em seu campo de pesquisa. Tratar-se-á de examinar os procedimentos a serem respeitados no momento de entrar em relação com a população pesquisada, abordando as principais questões que se impõem neste estágio preliminar da pesquisa. Mostraremos igualmente que a escolha do modo de objetivação também deve ser questionada a respeito dos limites inevitáveis do próprio processo de objetivação.

As escolhas metodológicas prévias

Quando elabora um projeto de pesquisa, o sociólogo delimita seu objeto de estudos inscrevendo-o numa problemática sociológica, como o vimos na primeira parte deste livro. Um projeto de pesquisa comporta igualmente precisões sobre a natureza da pesquisa vislumbrada. Em geral, o sociólogo não pode responder antecipadamente a todas as questões que a pesquisa de campo vai suscitar, mas ele pode antecipar algumas delas, desde que, em função da pesquisa assumida, estas o auxiliem num determinado número de opções ou escolhas metodológicas prévias.

Junto a quem? Onde? Como?

As escolhas metodológicas relativas ao tipo de pesquisa a assumir dependem em grande medida do objeto de estudos, mesmo se a definição deste não seja definitiva neste estágio da pesquisa e se o sociólogo se reserve a possibilidade de inflecti-la em um sentido ou outro em função de suas primeiras constatações de campo. Geralmente o sociólogo se coloca três questões prévias: Junto a quem realizar a pesquisa? Em qual lugar? Segundo qual abordagem?

O sociólogo estuda os fatos sociais que podem ser concebidos de forma global ou específica. De acordo com a problemática assumida, poderia ele considerar ser mais judicioso levar em conta o conjunto da população implicada no fato social em questão ou acentuar, ao contrário, uma parcela escolhida desta população? Tomemos o exemplo de uma pesquisa que implicaria os efeitos sociais do divórcio. A pesquisa pode concernir o conjunto das categorias socioprofissionais ou somente uma delas. Poderíamos levantar a hipótese de que a experiência do divórcio das categorias populares é singular em relação à experiência de outras categorias, e que urgiria estudá-la enquanto tal ou fazer uma comparação entre várias categorias determinadas. Poderíamos igualmente decidir estudar os efeitos do divórcio examinando de forma específica a trajetória profissional de mulheres divorciadas pouco escolarizadas que sentem o peso do sustento de seus filhos. Esta escolha poderia ser justificada pela hipótese de uma forte precariedade econômica e social desta parcela da população. O sociólogo poderia enfim decidir estudar o efeito do divórcio considerando um período determinado do ciclo de vida. Sociologicamente poderia ser efetivamente interessante interrogar-se mais particularmente sobre o divórcio de jovens casais ou, ao contrário, sobre casais mais idosos, próximos da aposentadoria. O sociólogo poderia também consentir que o mais apropriado é o estudo enquanto tal das variações da experiência do divórcio, e que seria preferível neste caso não restringir seu objeto a uma parcela específica da população.

Seria igualmente importante determinar antecipadamente o lugar onde vai ser realizada a pesquisa. Se o objeto de estudos é a experiência vivida do desemprego, o sociólogo poderia optar pelo estudo deste tema em uma região específica fortemente atingida pela supressão massiva de empregos em razão da falência ou do deslocamento de uma ou várias empresas; ou, ao contrário, optar por não limitar sua pesquisa a uma zona geográfica particular, analisando o desemprego de uma forma mais global, da forma como ele se apresenta, por exemplo, em tal ou tal país. Tomemos outro exemplo. Se o objeto de estudos diz respeito aos fatores sociais da angústia psicológica da população urbana, a escolha do campo de pesquisa é seguramente determinante. Convém efetivamente escolher fazer a pesquisa em tal ou tal cidade, e, no seio da cidade escolhida, em tal ou tal bairro, em função de hipóteses precisas. O pesquisador poderia efetuar sua escolha examinando toda uma série de indicadores selecionados a partir de diversas fontes administrativas ou de dados oriundos do recenseamento geral da população. Determinar o lugar da pesquisa nem sempre é fácil, sobretudo quando várias possibilidades se apresentam. Os critérios de custo da pesquisa e de comodidade de acesso podem entrar no cômputo, mas o sociólogo não pode, neste estágio, fazer economia de uma escolha racional.

Enfim, a terceira questão incide sobre o tipo de abordagem que o sociólogo deseja privilegiar. Ele poderia efetivamente decidir recolher dados fatuais, ditos objetivos, ou dados mais subjetivos. Os primeiros se traduzem frequentemente por uma medida quantitativa: o montante da renda e das despesas, o número de contatos por dia ou por semana, a diversidade das formas de sociabilidade, o modo de vida etc. Os segundos reenviam aos sentimentos, às experiências vividas, às opiniões. O sociólogo seguramente poderia coletar os dois tipos de dados na mesma pesquisa, mas, na prática, ele geralmente é levado a fazer escolhas aclaradas por seu objeto de estudos. O sociólogo poderia igualmente escolher pesquisar por observação participante, por entrevistas semidiretivas ou ainda pela distribuição de um questionário. Estes diferentes tipos de pesquisa apresentam vantagens e inconvenientes sobre os quais urge ter consciência. Não existe uma abordagem incondicionalmente superior às outras. É a razão pela qual urge escolher aquela comandada pelo objeto de estudos e pela problemática elaborada. A escolha prévia do modo de objetivação não é aleatória. Ela é incontornável.

O exemplo das pesquisas sobre o desemprego

Pelo fato de frequentemente ser considerado uma das causas maiores da degradação do vínculo social, o desemprego mobiliza os pesquisadores em ciências sociais, e notadamente os sociólogos. Ele foi frequentemente estudado como um processo de acúmulo progressivo de degradações. As pesquisas acentuaram a degradação do nível de vida, mas também o enfraquecimento da vida social e a marginalização em relação aos outros trabalhadores. É possível distinguir ao menos três tipos de pesquisas sobre o desemprego: 1) A pesquisa de caráter monográfico, cujo exemplo mais célebre é o estudo que Paul Lazarsfeld e sua equipe realizaram em 1930, em Marienthal, na Áustria[47]. 2) A pesquisa

---

47. LAZARSFELD, P.; JAHODA, M. & ZEISEL, H. *Marienthal*: The Sociology of an Unemployed

compreensiva fundada em entrevistas aprofundadas, cuja *L'épreuve du chômage* (A provação do desemprego), de Dominique Schnapper constitui a ilustração mais perfeita[48]. 3) A pesquisa por questionário junto a uma amostra representativa da população geral de um país ou de um conjunto de países, cujos modos de exploração e os principais resultados podemos encontrá-los no livro coordenado por Duncan Gallie e Serge Paugam[49]. Cada uma destas pesquisas responde a uma problemática específica e depende de escolhas metodológicas justificadas. Busquemos ver quais são as escolhas operadas em cada uma delas (cf. tabela 1).

Para estudar a experiência do desemprego, Paul Lazarsfeld e sua equipe escolheram um método permitindo satisfazer plenamente o vazio que à época constataram entre as estatísticas oficiais e as reportagens de caráter social feitas por jornalistas ou por escritores. "Nós procurávamos, escrevem eles, afinar um método de representação associando a utilização de um material cifrado próprio a uma observação participante. Para tanto, devíamos, por um lado, estabelecer com a população de Marienthal contatos muito estreitos para poder apreender os detalhes mais íntimos de sua vida e, por outro lado, ter de cada jornada uma percepção que lhe permitisse uma formulação objetiva; enfim, o todo devia culminar numa síntese onde cada elemento se conectaria a um número maximamente reduzido de fatos significativos"[50].

O objetivo era conduzir uma pesquisa a mais precisa e a mais exaustiva possível sobre a vida cotidiana dos desempregados. Os autores, aliás, afirmavam ter-se esforçado o máximo possível para culminar num "inventário completo da vida em Marienthal"[51]. "A experiência do desemprego é descrita nas narrações dos próprios desempregados: em suas conversas espontâneas, em suas respostas detalhadas às nossas questões, nas narrações dos funcionários municipais, e, ocasionalmente, nas cartas e nos jornais íntimos. Os dados objetivos, em parte, já estavam disponíveis junto à cooperativa, à prefeitura, às associações. Quando eles não existiam, tínhamos que elaborá-los nós mesmos sob forma de menus, de orçamento-tempo, de relatórios de observação etc."[52]

Community. Londres: Tavistock, 1933 [Trad. em francês: *Les chômeurs de Marienthal*. Paris: De Minuit, 1981).

48. SCHNAPPER, D. *L'épreuve du chômage*. Paris: Gallimard, 1981 [Red., "Folio", 1994].

49. Cf. GALLIE, D. & PAUGAM, S. (org.). *Welfaire Regimes and the Experience of Unemployment in Europe*. Oxford: Oxford University Press, 2000.

50. Cf. *Les chômeurs de Marienthal*. Op. cit., p. 23.

51. Ibid., p. 24.

52. Ibid.

Tabela 1 Comparação das escolhas efetuadas em três pesquisas

	Os desempregados de Marienthal (1933)	*Provação do desemprego* (1981)	*Welfare Regimes and the Experience of Unemployment in Europe* (2000)
Objeto de estudos (efeito social estudado).	Multidimensional (inventário da vida em Marienthal).	Trajetória profissional, percepção do tempo, integração social, relação como o trabalho, perspectivas de futuro.	Multidimensional (estudo das condições de vida).
Tipo de população.	Operários de uma fábrica de fiação de algodão.	Várias categorias socioprofissionais.	Amostragem representativa da população geral dos países europeus.
Tipo de lugar.	Um vilarejo industrial situado a uma hora de Viena.	Várias cidades francesas: Paris, Saintes, Angoulême, Lille, Valenciennes, Reims...	País da União Europeia.
Tipo de abordagem.	Observação participante e entrevista aprofundada.	Entrevistas aprofundadas.	Questionário.
Tipos de dados recolhidos (além das características demográficas e sociais da pessoa entrevistada).	Objetivos e subjetivos.	Essencialmente subjetivos.	Principalmente objetivos.

Os autores desta pesquisa não puderam, apesar disso, estudar todos os aspectos do desemprego – eles inclusive afirmam ter descartado os aspectos desajustados e psicopatológicos –, mas a abordagem deles foi deliberadamente multidimensional[53]. O objetivo primeiro por eles perseguido foi o de estudar o vilarejo desempregado e não o desempregado isolado. Neste caso, a definição do objeto de estudos fundamenta-se, pois, menos na delimitação *a priori* daquilo que deve ser observado e analisado do que na escolha da população e do lugar implicados na pesquisa. Eles especificaram, aliás, que esta opção metodológica prévia teve por efeito impedir-lhes qualquer generalização. "Trata-se, precisam eles, unicamente de trabalhadores manuais desempregados, num ramo industrial dado, estudados em um dado momento do ano, com as vantagens e os inconvenientes associados a tal estudo de caso. Um dos limites pareceu-nos ter consequências particularmente importantes: nós tínhamos que nos haver com uma comunidade assolada pelo desemprego em sua totalidade. Por falta de pesquisas comparáveis, não podemos afirmar com certeza em que medida o desempregado que convive com pessoas tendo um emprego – numa grande cidade, por exemplo – se distingue do desempregado que vive exclusivamente com outros desempregados"[54].

Enfim, os dados colhidos são ao mesmo tempo objetivos e subjetivos. Os autores dizem, no entanto, que por um lado tentaram "traduzir os dados psicológicos complexos em dados objetivos e quantificáveis", e por outro "reduzir ao mínimo os elementos subjetivos inerentes a toda descrição de uma situação social, rejeitando em seguida toda impressão não confirmada pelos dados quantificados"[55].

A obra de Dominique Schnapper marcou na França o início de uma nova fase das pesquisas sobre o desemprego. Ela ainda hoje constitui uma referência tanto por seu conteúdo – mesmo se a conjuntura econômica não é mais a mesma – quanto pelo interesse metodológico que ela representa. Ela, com efeito, permite aos estudantes de sociologia confrontar-se com a pesquisa qualitativa por entrevistas semidiretivas e aprender a elaborar uma tipologia das experiências vividas[56]. É a razão pela qual os professores continuam, mais de vinte anos após sua primeira aparição, recomendando sua leitura.

A pesquisa de Dominique Schnapper fundamenta-se em 100 entrevistas livres. Não se trata, como na obra *Les chômeurs de Marienthal* (Os desempregados de Marienthal), de uma monografia, mas de uma pesquisa qualitativa na qual a escolha das pessoas interrogadas foi feita visando a obter uma amos-

---

53. Cf. a enumeração de conjunto dos dados recolhidos. Ibid., p. 26-28.
54. Ibid., p. 25.
55. Ibid., p. 24.
56. Dominique Schnapper explicou este método retornando notadamente à *L'épreuve du chômage* em seu livro *La compréhension sociologique*. Paris: PUF, 1999 [Red. "Quadrige Manuels", 2005].

tra diversificada dos desempregados segundo o sexo, a idade, a categoria socioprofissional e a cidade ou a região de residência. O objeto de estudos não é primeiramente descrever ou inventariar o conjunto das dimensões da vida dos desempregados – mesmo que a pesquisa permita estudar várias delas –, mas mais precisamente o de compreender o sentido que indivíduos desempregados dão às suas experiências vividas.

Dominique Schnapper sublinha que este tipo de método apresenta a vantagem de desvencilhar as respostas da imagem estereotipada do "bom desempregado", à qual os desempregados sempre correm o risco de reportar-se ao serem sumariamente interrogados nas sondagens de opinião. "Ela permite, graças à confiança do entrevistado, obter senão a experiência vivida, por definição inacessível, ao menos uma expressão que lhe é próxima. É mais fácil fazer admitir, ao longo de uma extensa entrevista amistosa, as vantagens do desemprego ou simplesmente fazer exprimir e analisar os sentimentos daqueles que, por seu estilo pessoal ou sua pertença social, se mostram menos propensos a fazê-lo"[57].

Mas nem por isso a vantagem inegável deste método elimina seus limites. "Este material autoriza uma análise puramente qualitativa, permitindo precisar os diversos elementos da experiência vivida do desemprego, explicar os fatores que influenciam esta experiência, sem que se possa avaliar o peso relativo destes fatores. Ele certamente permite elaborar modelos abstratos, mas independentemente de sua representação estatística na população global dos desempregados. Ele não autoriza avaliar a parte dos desempregados inscritos na Anpe que vivem tal ou tal forma de desemprego. [...] É inclusive impossível estabelecer um vínculo entre as análises que nós apresentamos e as pesquisas estatísticas que existem por outros motivos senão pelo intermediário da categoria socioprofissional"[58].

O estudo a partir de uma pesquisa por questionário feita por amostra representativa permite estudar o efeito do desemprego comparando a população de desempregados com outra que dispõe de um emprego. Quando este tipo de pesquisa concerne a uma vasta amostra, é possível realizar análises mais precisas sobre os efeitos próprios desta experiência, mas também compará-los de uma região à outra ou, se para tanto os dados se prestam, entre países. Ao longo de vários anos as comparações internacionais da experiência do desemprego na Europa permaneceram bastante limitadas, visto que os meios de realizá-las frequentemente esbarravam em dificuldades técnicas de homogeneidade dos dados. Na falta de verdadeiras comparações, o mais frequentemente julgava-se suficiente fazer uma justaposição das monografias nacionais.

O Painel Comunitário dos Casais, cuja primeira 'onda' teve lugar em 1994, no entanto, permitiu realizar pesquisas comparativas mais aprofundadas, nota-

---

57. Cf. *L'épreuve du chômage*. Op. cit., p. 59.
58. Ibid., p. 60.

damente no quadro da pesquisa coordenada por Duncan Gallie e Serge Paugam. O painel em questão é uma fonte excepcional. Ele foi realizado de 1994 até 2001 (ou seja, oito ondas) junto a uma amostra de casais representativa de cada um dos 12 países da União Europeia. Por ocasião da primeira onda, a amostra total comportou 60.500 casais, ou seja, aproximadamente 130.000 adultos com idade acima dos 16 anos. Esta fonte não foi elaborada para estudar especificamente o desemprego, mas ela comporta inúmeras questões sobre a experiência profissional, a relação com o trabalho, as condições de vida do casal e alguns elementos sobre as solidariedades familiares, a vida social (relações com os amigos, vizinhos, participação na vida associativa). No entanto, o mais frequentemente trata-se de questões objetivas. As opiniões, as representações e as experiências subjetivas não são abordadas. Em contrapartida, o caráter europeu e longitudinal desta pesquisa permite fazer comparações entre países e estudar os efeitos do desemprego ao largo do tempo.

O estudo da experiência do desemprego na Europa é igualmente estimulante tanto para a pesquisa fundamental quanto para a pesquisa aplicada, já que ele se insere em um vasto campo de reflexão sobre os modos de regulação das sociedades europeias. Esta pesquisa permitiu notadamente verificar que o processo de acúmulo de desvantagens que acompanha a experiência do desemprego assume formas diferentes de país a país segundo o sistema de indenização dos desempregados e as políticas de emprego em vigor em escala nacional, mas também segundo os modos de integração social dos desempregados e particularmente segundo a função da família. Esta análise leva a propor um quadro teórico fundado na distinção de três modelos de regulação social do desemprego.

Estas três pesquisas que recordamos são, portanto, em vários aspectos, muito diferentes uma da outra, mas todas permitem, com instrumentos específicos, analisar a relação entre o desemprego e outros fenômenos sociais, notadamente o risco de pobreza econômica e o isolamento social. As três abordagens que as caracterizam – observação etnográfica, entrevista aprofundada e questionário – na realidade são complementares. Cada vez que o sociólogo dispõe da possibilidade, é de seu interesse articulá-las na mesma pesquisa, no entanto, já que frequentemente os meios que ele dispõe são contrafeitos, ser-lhe-á necessário fazer escolhas as mais apropriadas em função de seu objeto de estudos e de sua problemática.

Os limites da objetivação

Se a escolha do modo de objetivação constitui, após o trabalho preliminar de distanciamento, a primeira etapa da prática sociológica, convém conservar um olhar crítico sobre este processo e ter consciência dos limites inevitáveis da objetividade. Raymond Aron é sem dúvida o sociólogo francês que mais avançou na crítica ao pensamento sociológico. Ele introduziu no debate epistemológico uma distinção analítica fundamental entre neutralidade e equidade, cujos argumentos se encontram no artigo intitulado "Science et conscience de la société" (Ciência e consciência da sociedade), publicado inicialmente em 1960 nos *Archives européennes de sociologie*[59].

Os modos de parcialidade sociológica

Neste texto, ele se interroga sobre a função social da sociologia e tenta tirar conclusões sobre as relações entre sociedade e sociologia. Partindo de pesquisas sobre as classes sociais, que constituíam um dos objetivos centrais da sociologia dos anos de 1960, Aron considera cinco modos de parcialidade sociológica: 1) A seleção arbitrária dos fatos. 2) A confusão, ao nível da teoria, entre a definição convencional e a definição exprimindo os resultados da pesquisa (Aron sublinhava que os sociólogos, notadamente Gurvith, geralmente definiam a classe social a partir de critérios não demonstrados empiricamente). 3) A pretensão de conhecer com certeza e precisão fenômenos que, por sua própria natureza, são equívocos. 4) A determinação arbitrária do que é importante ou essencial. 5) A projeção na própria sociedade do julgamento do observador sobre os méritos ou deméritos da ordem social. A seus olhos, mesmo a sociologia empírica norte-americana de então, assumia julgamentos de valor em razão da própria atualização dos fatos não ser neutra, já que atribuída ao desejo de justificar ou criticar. Mesmo quando o sociólogo constrói seu objeto de estudos tentando distanciar-se das prenoções, no sentido de Durkheim, ele não deixa de ter preferências e, às vezes de maneira inconsciente, ele integra em seus esquemas de análise das hipóteses socialmente construídas aquilo que geralmente o induz a resultados cuja objetividade não é senão parcial. Aron conclui que "para fugir da parcialidade, portanto, urge um triplo esforço de exatidão empírica, de teoria ou de crítica, enfim, de referências aos valores, implícitos na sociedade e na ciência"[60].

Se os sociólogos tendem a crer que todo pensamento filosófico é socialmente constituído – o que certamente comporta uma parte de verdade –, Aron não cessa de lembrar-lhes que seus trabalhos o são igualmente, e talvez de uma forma mais radical ainda. Isso não significa dizer que todas as sociologias são ideológicas e partidárias, que os sociólogos não são capazes de neutralizar seus sentimentos, que são incapazes de rechaçar suas paixões. A crítica que lhes dirige Aron é a de não tomarem suficientemente consciência de suas preferências e das implicações sociais e políticas de seus trabalhos: "Disso não concluiria, afirma Aron, que o sociólogo deva evitar os julgamentos de valor, mas ele deve esclarecer aqueles, difusos e implícitos, de seu meio, assim como precisar os valores assumidos por

---

59. Reed. na coletânea de textos de Raymond Aron: *Les sociétés modernes*. Paris: PUF, 2005 ["Quadrige"].

60. Ibid., p. 64.

ele mesmo"[61]. Quando o sociólogo estuda fenômenos como a mobilidade social, ele não pode dissimular uma neutralidade completa. Ao invés de aspirar à indiferença, é preferível, segundo Aron, analisar a significação ideológica ou política dos resultados do trabalho empírico. Aliás, ele recomenda que o sociólogo não ignore os julgamentos de valor que espontaneamente seus leitores encarnam. "O sociólogo não difere do homem político ou do homem da rua no sentido de ele não ter preferências ou de eximir-se de opiniões. Ele deveria diferenciar-se pela consideração de conjunto, pela recusa de exaltar ou de denegrir sistematicamente, pela confissão dos defeitos inseparáveis do regime que ele escolhe, pelo reconhecimento dos méritos próprios ao regime que ele combate"[62].

Neutralidade e equidade

Aron já se ocupava disso em sua tese sobre *As regras do método sociológico*, colocando em dúvida a possibilidade de distinguir as características e os procedimentos da causalidade propriamente sociológica e a opinião fundamental estabelecida por Durkheim entre história e sociologia. Percebe-se facilmente em "Science et conscience da la société" que ele distingue-se ainda, ao menos implicitamente, da epistemologia durkheimiana, no sentido de parecer-lhe ilusório tratar com perfeita neutralidade os fenômenos sociais como coisas. Ele se distingue igualmente de Max Weber, mesmo se, como o vimos, a obra deste último o inspirou profundamente. Ele reprova efetivamente este último de haver crido garantir a neutralidade impondo ao sociólogo uma espécie de ascese, interditando as tomadas de posição políticas e os julgamentos de valor. Esta interdição é impossível de ser respeitada, e Max Weber, ele mesmo, não se ateve a esta regra, já que a sociologia que se interessa pelas instituições políticas e sociais não pode abster-se de louvar ou de condenar:

> A sociologia louva e condena mesmo quando ela finge não fazê-lo, porque o estudante ou o leitor interpreta os fatos ou as relações em vista de seus próprios valores e em vista daqueles da coletividade, testemunhando, desta forma, tanto aprovação quanto menosprezo. Os homens julgam espontaneamente os fenômenos sociais e possuem um sentimento vago, mas forte, do justo e do injusto. Este sentimento faz parte da realidade ela mesma. Apresentando os fatos ou as explicações causais em estilo neutro, como que abstendo-se de apreciá-los, o sociólogo finge não ser um homem como os outros, finge ignorar o sentido profundo de suas interpretações, como se a realidade social pudesse autenticamente ser compreendida, abstração feita das exigências que os cidadãos enunciam acerca de sua cidade[63].

---

61. Ibid., p. 65.
62. Ibid.
63. Ibid., p. 67-68.

Convencido que a neutralidade é impossível e que a única verdade dos fatos não garante a objetividade, Aron propõe ao sociólogo tentar alcançar a equidade na localização dos fatos e na composição da imagem intelectual, conceitualmente clarificada, da sociedade. É assim que ele estabelece uma distinção analítica fundamental entre neutralidade e equidade. O raciocínio que ele propõe apoia-se numa sequência lógica de encadeamentos de três proposições: "1) A interpretação sociológica é objetiva à medida que ela é 'compreensiva'. 2) Não pode haver compreensão senão após o discernimento conjunto do equilíbrio dos elementos, a localização dos fenômenos, a percepção da originalidade própria a uma espécie de ordem social em relação às outras espécies no interior do mesmo gênero; 3) Esta compreensão não é neutra em relação às ideologias dos partidos políticos, embora ela não se confunda com nenhuma delas".

Para Aron, em sociologia e mais geralmente nas ciências sociais, somente a equidade pode garantir a autenticidade da postura científica. Aron convida os sociólogos não a renunciar às suas teorias, mas a refletir sobre as condições de sua produção e de seu saber sobre a sociedade. "As sociedades modernas, afirma ele, se parecem sempre com a imagem que lhes oferece a sociologia analítica, usando conceitos de *status* e de função. Mas a sociedade do século XX não era composta de *homines oeconomici*, e somente a comparação histórica nos permite discernir como cada sociedade assimila, rechaça, deforma ou transfigura a imagem que a sociologia lhe apresenta dela mesma"[64].

Em sua lição inaugural no Collège de France, Raymond Aron definiu de forma mais precisa ainda o trabalho do sociólogo pela pesquisa do sentido latente, para além dos sentidos imediatamente oferecidos à consciência dos atores ou revelados por sua proposição. Para ele, toda teoria sociológica carrega em si, de forma implícita, uma filosofia da história, já que a mediação desta última é indispensável para que a passagem do sentido latente para o sentido manifesto coincida com a aparição de uma verdade. Por outro lado, Aron sublinha que se o procedimento que consiste em construir um objeto científico distinto do sentido imediato que os atores espontaneamente dão aos acontecimentos ou aos fatos da vida em sociedade surge como uma etapa essencial no processo de pesquisa sociológica, nem por isso se deve esquecer que ela comanda a espécie de sentido a ser desvendado. Dito de outra forma: Aron convida os pesquisadores a refletir sobre as condições sociais e históricas de suas produções, o que implica desenvolver, acerca de suas próprias pesquisas, o mesmo espírito crítico que eles exibem para compreender e dar um sentido à sociedade.

Pode parecer um pouco surpreendente defender no mesmo capítulo o processo de objetivação que passa inevitavelmente pela escolha refletida do modo de pesquisa o mais apropriado e, ao mesmo tempo, proteger o leitor contra as

---

64. "Sociologie allemande sans ideologie?" *Archives Européennes de Sociologie.* T. 1, 1960, p. 175.

derivas possíveis às quais conduz a crença ilimitada na infalibilidade da objetividade sociológica. Entretanto, é desejável que o sociólogo que empreende uma pesquisa saiba simultaneamente escolher conscientemente o melhor modo de objetivação tendo em mente, seja qual for a solução vislumbrada, que a objetividade em sociologia é um processo ou um horizonte ao qual se aspira, sem jamais, no entanto, ter-se a certeza de atingi-lo inteiramente. A consciência dos limites da objetividade deve traduzir-se por uma vigilância ainda maior no momento da escolha do modo de objetivação. É a este preço que a sociologia poderá ser considerada uma ciência fecunda, mas também socialmente útil.

Parte II
As técnicas de pesquisa

4
Construir uma amostra

Jean-Marie Firdion

As pesquisas estatísticas, hoje largamente difundidas, constituem um instrumento de conhecimento para a pesquisa, para a administração, para as empresas, para as mídias etc. Elas auxiliam nas decisões, notadamente em matéria de políticas sociais, e esclarecem nossa percepção do mundo presente e passado. As cifras adquiriram um valor de argumento; sua produção e significação se transformam, pois, numa aposta importante, para além do conhecimento científico, já que podem influenciar a opinião (do consumidor, do eleitor, do deputado etc.) e, portanto, mudar o "curso das coisas". Uma amostra malconcebida corre o risco de levar a falsas representações. Sua qualidade é, portanto, um imperativo maior. Durante séculos, a pesquisa tanto foi qualitativa, isto é, sob forma de monografias, quanto quantitativa, compreendida então como coleta exaustiva de dados sobre um domínio preciso (uma área geográfica, uma cidade, um tipo de empresa etc.); tratava-se, pois, de recenseamento ou de inventário. Foi necessário esperar o início do século XX e os progressos da estatística para que nascesse a ideia de que o bom conhecimento de uma parte de um domínio, que denominaremos *échantillon* (amostra), permitisse um bom conhecimento do todo deste domínio, reduzindo consideravelmente o custo de uma postura exaustiva, ou simplesmente tornando a operação possível, evitando assim o assédio estatístico da população. Dizer que os resultados obtidos sobre uma amostra são válidos para o conjunto significa pretender que as características, opiniões etc., de algumas pessoas interrogadas representam aproximativamente as da população sobre a qual incide determinado estudo; isso se denomina amostra *representativa*. Esta pretensão é ousada e, desde a origem, a questão da generalização esteve no centro de debates científicos apaixonados (cf. box 1).

Espontaneamente, na vida cotidiana, todos praticam generalizações abusivas ("todos os ingleses são ruivos") que, em geral, não possuem qualquer efeito nefasto, mas que igualmente nada têm a ver com o conhecimento. Para autorizar-se tal generalização da parte pelo todo e, portanto, para ser fiel à realidade, o método de constituição de uma amostra deve preencher um determinado número de exigências e contornar obstáculos que levam diretamente ao erro de medida, caso não haja vigilância. Uma das exigências evidente para este gênero de pesquisa é que ela deve ser replicável para pretender aportar uma resposta científica à nossa questão de partida. Isso significa que cada etapa da pesquisa deve ser descrita precisamente em sua totalidade. Se eu interrogo os habitantes de um vilarejo selecionando as casas ao bel-prazer de meus humores, minha pesquisa não será replicável. Contrariamente, se sigo um itinerário preciso e documentado, ela o será. Muitas outras exigências incidem sobre a constituição de amostras e, para responder à demanda, métodos foram desenvolvidos. Este capítulo se pretende uma introdução aos métodos de amostragem e de extração de amostras no domínio das ciências humanas. Evitaremos maximamente possível as fórmulas matemáticas, remetendo os leitores que desejam aprofundar estas noções às bibliografias recomendadas nas notas de rodapé.

Box 1

Os primeiros debates sobre a representatividade (1895-1925)

O debate sobre a representatividade desenvolveu-se principalmente no quadro das associações de estatística criadas ao longo da segunda metade do século XIX, e particularmente no seio do Instituto Internacional de Estatística (IIS)[1]. O ponto de partida mais significativo remonta à palestra do diretor do Bureau Central de Estatística da Noruega, Anders Kiaer, proferida ao longo do Congresso do IIS de 1895. Ele ali apresentou duas experiências norueguesas de pesquisas "parciais" permitindo uma "enumeração representativa especial". Este discurso foi recebido por inúmeras críticas, mas alguns raros científicos acolheram com benevolência esta inovação, interrogando-se como Émile Levasseur, universitário geógrafo: "[Entre o recenseamento e a monografia] não haveria espaço para [outro] procedimento, a exploração estatística [...] auxiliada pelos instrumentos da estatística aplicada não à totalidade [...], mas a um número determinado e restrito?" No congresso de 1897 Kiaer especificou que "o método representativo demanda um grande número de unidades de observação dividas de tal forma que [as unidades] de diferentes características sejam maximamente representadas nas mesmas relações existentes no conjunto". A ideia progredia, e no congresso de 1903 o diretor da Estatística Geral da França, Lucien March, apoiou o método. O estatístico britânico Arthur Bowley desenvolveu uma amostragem aleatória e muitas outras técnicas. No congresso do IIS de 1925, a questão não era mais a legitimidade da pesquisa sobre a amostra, mas "como extrair uma amostra" para pretender à representatividade. Outros científicos contribuíram para o progresso desta nova disciplina (Neyman, Cochran...). No início do século XX, os Estados Unidos se tornaram o berço das sondagens de opinião. Uma previsão exata no fim das eleições presidenciais de 1916 (F. D. Roosevelt) permitiu assentar a credibilidade da pesquisa sobre a amostra "representativa", construída aos moldes das regras científicas de uma "América em microcosmo".

DROESBEKE, J.-J. et al., *Les sondages*. Paris: Economica, 1987. • KRUSKAL, W. & MOSTELLER, F. "Representative sampling: The history of the concept in statistics, 1895-1939". *International Statistical Review*, vol. 48, 1980, p. 169-195.

As propriedades de uma amostra

Como definir as propriedades de uma amostra? Se desejarmos explorar um domínio em grande parte desconhecido ou aprofundar um aspecto particular da trajetória social ou a vida de agentes sociais, uma amostra não representativa seria a mais adaptada, velando para que ela inclua a maior variedade de casos possível, de forma a obter conhecimentos sobre a maioria dos tipos de populações que a compõem. Para melhorar os conhecimentos sobre um domínio, descrevendo sua estrutura e suas particularidades, construiríamos antes uma amostra *representativa* a fim de produzir *estimativas* (média, porcentagem, total) e testar hipóteses de independência. Retomarei aqui a metáfora da maquete e seu modelo. Suponhamos que um Inuit da Groelândia quisesse estudar um grande barco do século XVII tendo percorrido a fábrica de barcos real a fim de compreender as funções de cada parte do barco e a economia do conjunto. Ao invés de ir a uma festa de velhos cordames em Brest, ser-lhe-ia mais fácil observar a maquete de tal barco em um museu de Nuuk[1]. *Se* a maquete tiver sido bem-feita, com todas as partes presentes, bem-proporcionadas, elas simplesmente seriam menores, portanto, com menos detalhes. O "se" é muito importante: e se tivermos que nos haver com investigadores distraídos, e se as instruções formais forem inapropriadas ("medir todos os 50 passos percorrendo o tombadilho"), e se pedaços do navio tiverem sumido de sua réplica em modelo reduzido... Assim, uma má organização da coleta de dados pode culminar no fato de nenhum investigador mencionar a presença do mastro, mas somente a da escota e a das adriças atadas aqui ou acolá. Observando esta maquete, que se resume em um casco, nosso Inuit teria dificuldades de compreender o que propulsava tal navio. Não obstante isso, tudo ali é reproduzido de maneira fiel, salvo esta parte cuja ausência torna incompreensível o conjunto. Uma ausência dessas é denominada *obliquidade*, isto é, enviesada em relação à direção principal.

Esta construção de uma amostra apoia-se em métodos e técnicas, mas também em outros aspectos da pesquisa, como a definição da população a ser pesquisada (*universo teórico*, isto é, a melhor situada em relação ao objeto de pesquisa), o modo de coleta de dados considerado (face a face, por telefone, pela internet etc.), o orçamento financeiro, a concepção do questionário, o modo de análise dos dados. Tomemos o exemplo da definição da população de beneficiários da Renda Mínima de Inserção e perguntemo-nos: nosso universo seria o das pessoas recebendo a RMI individualmente (para conhecer sua trajetória social, suas opiniões etc.), ou o dos casais nos quais ao menos uma pessoa receberia uma RMI (de forma a estimar suas rendas disponíveis, suas condições de vida etc.)? Em um caso, a pesquisa incide sobre uma única pessoa, em outro, sobre o conjunto de pessoas com idade apta ao trabalho, representado pelo casal.

---

1. Também denominada Godthaab, esta cidade é a capital da Groenlândia.

Os ajustamentos indispensáveis entre as coerções do mundo real e as exigências científicas nos levam a concessões recíprocas quanto à definição da população efetivamente pesquisada, que denominamos *universo prático* (ou *população visada*), isto é, uma aproximação do universo teórico. Nossa tarefa então é a de precisar de maneira não ambígua as situações levadas em conta na pesquisa a fim de sabermos a qual "modelo" esta "maquete" se reporta. A mesma preocupação de levar em conta o real orienta a escolha do método de amostragem (concepção da amostra), o modo de elaboração da amostra (sorteio ao acaso dos pesquisados) com os métodos de cálculo de precisão associados, o reajustamento (correção da amostra coletada), e todos os elementos constituindo o *plano de sondagem*. Método de amostragem mal-adaptado, erros de coleta por falha de protocolo, excessiva confiança no acaso que dissuade a corrigir os dados colhidos: tudo isso pode induzir a resultados catastróficos em termos de qualidade. Felizmente dispomos de instrumentos para conceber boas maquetes (ou seja, fiéis ao seu modelo).

Diferentes tipos de amostra

As amostras representativas são denominadas *amostras probabilistas,* já que, neste caso, a teoria estatística é passível de ser aplicada; a outra categoria é constituída de amostras não probabilistas. As primeiras permitindo a generalização da parte pelo todo, autorizam, pois, o cálculo de estimativas (com seus intervalos de confiança) e notadamente permitem os testes estatísticos e as modelações. As segundas não permitindo a generalização, são úteis à análise de dados (análise fatorial, classificação, análise discriminatória linear). Neste capítulo falaremos essencialmente das amostras probabilistas por serem as mais complexas em termos de consecução, e evocaremos brevemente os outros tipos de amostras não probabilistas.

Existem três tipos de amostras probabilistas: a amostra aleatória simples, a amostra aleatória estratificada, a sondagem em vários níveis. Todas estas amostras têm em comum o fato da extração dos indivíduos ser feita ao acaso (*indivíduo* entendido no sentido de unidade elementar levada em conta na extração, podendo corresponder a um número de dossiê do beneficiário da RMI, um endereço residencial ordinário etc.) e a necessidade de definir a probabilidade *a priori* de figurar na amostra de cada indivíduo deste universo. Os principais modos de extração (ou sorteio) são: a extração sistemática e a extração proporcional. Estariam os resultados obtidos a partir de uma amostra probabilista próximos dos resultados que poderiam ser obtidos a partir de uma pesquisa exaustiva? Para responder a esta questão os estatísticos se apoiam em uma lei matemática antiga: a *lei dos grandes números*. Esta lei aplicada às amostras aleatórias, significa que se de um universo dado extrai-se um número infinito de amostras aleatórias de igual proporção *n* (substituindo, pois, a amostra extraída do universo antes da próxima extração), a distribuição de uma variável medida nestas amostras corresponde a uma distribuição normal, indicando que a média das estimativas desta variável (sobre cada amostra) tende na direção do valor observado da mesma variável dentro do universo considerado: esta avaliação, portanto, não comporta obliquidade. Existem fórmulas permitindo calcular a variante de uma variável de amostra para cada tipo de estimativa considerada (porcentagem etc.). Estas fórmulas indicam que a precisão das estimativas depende essencialmente da proporção n da amostra.

A amostra aleatória simples

A amostra aleatória simples nos servirá de referência para os outros tipos de amostras probabilistas. Em regra geral cada indivíduo da população visada deve ter uma chance igual (e conhecida) de fazer parte da amostra extraída, o que significa dizer que, idealmente, nenhuma obliquidade de seleção afeta o processo de escolha dos indivíduos a pesquisar. As informações disponíveis sobre o universo prático da pesquisa devem nos permitir a elaboração de uma lista exaustiva dos indivíduos dentre os quais será extraída a amostra: trata-se da *base de sondagem*. A extração ao acaso no seio desta base permite situar-nos no quadro da teoria das sondagens. Se, por exemplo, vislumbramos montar uma amostra aleatória de segurados sociais para estudar seu acesso aos cuidados, podemos imaginar ao nosso dispor uma grande urna para nela depositar pequenas cédulas sobre as quais previamente inscreveríamos os nomes destas pessoas (transmitidos pelas caixas de seguridade sociais). O passo seguinte seria extrair da urna um número de cédulas equivalente ao tamanho da amostra desejada. Mas seria este método simples realista, fiável? Urge reconhecer que anotar sem erros (e num tempo relativamente curto) os nomes de milhões de segurados é ilusório, sem mencionar a necessidade de misturar bem as cédulas na urna a fim de que os nomes iniciando pela letra Z (últimos introduzidos) não sejam sub-representados na amostra extraída (contrariamente constataríamos uma parte importante de pessoas originárias da Europa Oriental em nossa amostra, o que seria fonte de obliquidade se elas apresentassem especificidades no domínio da saúde). Abandonando nossa falsa boa ideia, utilizaremos então um método de extração mais eficaz, como o recurso a uma lista informática de segurados sociais na qual designaríamos ao acaso as pessoas a pesquisar, auxiliados por uma tabela de números aleatórios, ou por uma técnica mais complexa. A amostra aleatória simples, portanto, consiste em extrair sem reposição no universo de partida[2], de tamanho N, uma amostra de tamanho n, de forma que cada indiví-

---

[2]. É possível realizar extrações "com reposição", o que significa dizer que cada cédula extraída é recolocada na urna antes da extração seguinte. O cálculo, p. ex., da variância de uma média (estimada na amostra), é maior no caso da extração com reposição, já que sempre um fator inferior a 1 desaparece então da fórmula.

duo tenha a mesma probabilidade de ser incluído (que é igual à n/N), e isso sem organizar o agenciamento do universo (prático) nem segmentá-lo.

Existem fórmulas que permitem calcular médias, porcentagens, totais (neste domínio fala-se em *estimadores*, que prestam contas da amostragem), bem como suas variâncias e intervalos de confiança. Não detalharemos aqui estas fórmulas, mas simplesmente assinalaremos que estas variâncias comportam o fator $1/n$, o que significa dizer que a precisão de nossas estimativas aumenta em proporção igual ao tamanho da amostra. Isso nos leva a querer disponibilizar de um grande número de indivíduos pesquisados, não tanto para aumentar a *taxa de sondagem* (que corresponde à proporção da população pesquisada no seio do universo prático), mas para diminuir a variância das estimativas. Infelizmente, trabalhar com uma proporção importante implica custos igualmente importantes (financeiros, humanos, e em termos de duração da pesquisa), o que geralmente leva a relativizar este objetivo e a melhor organizar a amostragem a fim de diminuir sua variabilidade sem aumentar seu tamanho, permanecendo dentro de um quadro teórico idêntico.

A *amostra estratificada*

A base de sondagem, como o vimos, é utilizada tal como no caso da amostra aleatória simples. Suponhamos agora interessar-nos pelo estudo sobre as atividades lúdicas dos estudantes. As universidades e as grandes escolas podem disponibilizar a lista de alunos de uma determinada região. Infelizmente uma extração rigorosamente aleatória não nos garante que todas as turmas sejam bem-representadas na amostra final, muito embora possamos desejar testar hipóteses de comportamentos de lazer diferentes segundo as turmas. Para responder a tais preocupações, o método preconizado consiste em reagrupar em subconjuntos denominados *estratos* os indivíduos tendo alguns traços em comum (aqui a turma de formação). A regra geral é a de que todo indivíduo deve pertencer a um estrato (estratos complementares), e que cada indivíduo não pode pertencer a mais de um estrato (estratos independentes). Procede-se então à extração aleatória de cada estrato separadamente; desta forma cada grupo terá representatividade no universo prático. Uma análise das fórmulas de variância dos estimadores mostra que uma amostra estratificada tem todas as chances de ser mais precisa que uma amostra aleatória simples (na pior das hipóteses ela terá a mesma variância) e que os estimadores estão isentos de obliquidade. Isso explica a razão das amostras estratificadas serem as mais utilizadas.

Para uma "boa" estratificação, urge realizar estratos os mais *homogêneos* possíveis, segundo uma ou duas variáveis vinculadas ao fenômeno estudado (o que permite obter um ganho de variância e, portanto, de precisão). Seguramente, convirá operar uma escolha delicada entre os diferentes critérios desejáveis para esta estratificação, já que um critério pode ser competitivo para uma variável de interesse, mas muito pobre para outra. Por outro lado, é possível combinar vários critérios. Em uma pesquisa junto aos assalariados licenciados de Moulinex, os pesquisadores tiveram a ideia de usar as informações disponíveis no fichário de células de reclassificação, o que lhes permitiu estratificar a população a ser pesquisada segundo o sexo, a presença ou não de uma medição social da "idade", do nível de qualificação, da zona de reclassificação[3]. Esta escolha de variáveis apoiou-se na problemática de estudo, mas ela também se vinculava ao fato destas informações serem bem-documentadas na base de dados. De uma maneira geral, injetar informações no modo de amostragem traduz-se em ganho de precisão. Outra vantagem da amostra estratificada vincula-se à possibilidade de optar não por uma extração uniforme (amostra estratificada *proporcional*), mas por um maior número de indivíduos de determinados estratos que compõem uma subpopulação de interesse (que é comparada com a população geral dos outros estratos), ou por destacar uma população mal-conhecida (injetando-se assim mais luz em lugares menos iluminados). Neste caso da amostra estratificada *não proporcional*, o ganho em precisão desaparece (em relação à extração aleatória simples), mas este tipo de amostragem fornece então um efetivo presumido para grupos sociais minoritários sobre os quais se pretende fazer uma análise.

Se considerarmos a amostragem da pesquisa Sirs[4], logo se percebe que os responsáveis optaram por uma amostra estratificada não proporcional. De um lado, uma repartição de quarteirões por estrato foi feita em função de duas características cruzadas, uma traçando o perfil socioeconômico de seus habitantes (segundo a tipologia de Edmond Préteceille[5]), outra sublinhando a pertença ou não a uma ZUS. De outro, a taxa de sondagem entre os estratos ZUS (não importando seu perfil) foi duas vezes e meia mais importante, e a taxa de sondagem entre os estratos de população "operária" (não ZUS) foi uma vez e meia mais importante que a dos estratos restantes. Esta pesquisa respondia ao objetivo particular de preocupação com as dificuldades encontradas pelas populações desfavorecidas[6]. Ponderações (por estrato) são então atribuídas aos indivíduos extraídos de forma a prestar contas desta probabilidade desigual de inclusão na amostra. Se os critérios de estratificação são demasiadamente numerosos, e às vezes incompatíveis, para uma implementação eficaz deste método, é possível então intervir na organização interna da base de sondagem a fim de considerar um critério (ou

---

3. ROUPNEL, M. "Moulinex: une enquête quantitative le temps d'une thèse". In: LAVALLÉE, P. & RIVEST, L.-P. (org.). *Méthodes d'enquêtes et sondages* – Pratiques européenne et nord-américaine. Paris: Dunod, p. 254-258 ["Sciences Sup"].

4. Saúde, desigualdades e rupturas sociais.

5. PRÉTECEILLE, E. *La division sociale de l'espace francilien* – Typologie socioprofessionelle 1999 et transformation de l'espace résidentiel 1990-1999. Paris: OSC, 2003.

6. CHAUVIN, P. *Santé, inégalités et ruptures sociales* – Une enquête auprès d'un échantillon représentatif de 3.000 ménages franciliens. Paris: Inserm, 2005.

vários) que não foi apreendido pela definição de um estrato: trata-se de uma *estratificação implícita*. No caso de nossos estudantes para os quais definimos estratos por turma e grande modelo de aglomeração, é possível ordenar a lista dos números de estudantes pelo sexo de cada estudante. Assim todos os números das estudantes (moças) são colocados em sequência, seguidos de todos os números de estudantes (rapazes). Desta forma premunir-nos-íamos contra o infortúnio de principalmente extrair estudantes de um dos dois sexos. A organização de uma lista utilizada para uma extração aleatória deve ser considerada cuidadosamente a fim de transformá-la em aliada na qualidade da amostra. Esta estratificação implícita é abundantemente utilizada na otimização das extrações.

A sondagem em vários níveis

Uma amostra estratificada é frequentemente uma sondagem em vários níveis, já que esta última, num primeiro tempo, consiste em obter uma amostra de subpartes do conjunto e, em seguida, extrair indivíduos de cada subconjunto. Assim, na pesquisa Sirs, ao primeiro nível, quarteirões foram extraídos do seio de cada estrato (*unidades primárias*), ao segundo nível, moradias foram extraídas de cada quarteirão (*unidades secundárias*), ao terceiro nível, uma pessoa foi extraída do seio de cada casal[7] (*unidades terciárias*). Esta filosofia de amostragem responde a várias exigências: de um lado à qualidade da amostra representativa (isso graças aos estratos os mais homogêneos possíveis), de outro à realização da coleta, visto que as moradias não são divdas senão em algumas zonas da aglomeração, sendo então a gestão dos pesquisadores aprimorada ao minimizar seus custos de deslocamento e supervisão. Em uma sondagem em vários níveis pode existir em cada nível uma estratificação explícita ou implícita (cf. box 2).

É possível não optar por uma extração aleatória do seio de uma unidade e pesquisar exaustivamente todos os indivíduos da unidade extraída: trata-se então de uma *sondagem por cacho*. No caso da pesquisa junto aos segurados sociais evocada, as unidades primárias são os departamentos, as unidades secundárias os números dos segurados sociais das caixas de seguro-doença destes departamentos; para cada número de segurado social extraído, todos os beneficiários vinculados à pessoa garantida por este número são pesquisados (é o "cacho seguro")[8]. Um método desses é recomendado para determinados tipos de análise de modelo multinível[9], como aqui, ou para economizar em custo de coleta (até

---

7. Podemos traçar a pesquisa, no seio do casal, por diferentes métodos como a data do último aniversário desejado, ou pelo método aleatório dito "Kish".
8. MISRAHI, An. & MIZRAHI, Ar. "Premiers sondages français dans les dossiers de sécurité social et appariement avec les enquêtes auprès des ménages". In: LAVALLÉE, P. & RIVEST, L.-P. *Méthodes d'enquêtes et sondages*. Op. cit., p. 125.
9. Tal análise explora os vínculos entre um nível, aqui o seguro principal, e outro nível, aqui o conjunto dos beneficiários.

se pesquisar todos os indivíduos contidos numa unidade extraída). No entanto, este método apresenta inconvenientes em termos de aumento de variância de amostragem (e de risco de obliquidade), defeito que pode ser minimizado pelo pequeno porte dos cachos, pela forte heterogeneidade dos indivíduos de cada cacho (de forma a poder representar os dos cachos não selecionados), e pelo tamanho de amostra mais elevado. Este *efeito de cacho*, que é uma perda de precisão, igualmente pode ser combatido por uma melhor estratificação. Se extrairmos endereços de moradias em meio urbano e questionarmos o cacho dos casais habitando nestes endereços, poderíamos topar com uma casa de um pavimento, bem como um prédio de 30 andares, o que culminaria numa forte variância de amostragem. Isso pode ser minorado injetando-se novas informações na base de sondagem, como o tipo de moradia (prédio ou casa de um pavimento), de forma a reagrupar num estrato os endereços de casas e num outro os endereços de pequenos prédios (e num terceiro espigões acima de 10 andares).

Box 2

Uma amostra representativa de pessoas sem domicílio

Como constituir uma amostra representativa de pessoas sem domicílio, já que não podemos nos apoiar numa base de sondagem constituída por uma lista de endereços, nem numa lista de números de telefone ou de dossiês administrativos? Em seus trabalhos sobre os pobres, Georg Simmel constatou que os "pobres" não correspondiam a um grupo social, muito menos a uma classe social; era desta forma que estas pessoas eram designadas pelos serviços de ajuda que delas se ocupavam[1]. O caso das pessoas sem domicílio lhe é bastante próximo: serviços (principalmente) lhes são prestados, e é possível fazer um inventário destes serviços; além disso, estes serviços podem disponibilizar dados sobre o número de prestações feitas por dia ou por noite. O universo prático, portanto, pode corresponder às pessoas beneficiadas pelos serviços de ajuda aos sem domicílio. Desta forma é possível extrair de uma aglomeração, como unidade primária, serviços de ajuda, e ao segundo nível pessoas do serviço de ajuda[2]. O primeiro nível é estratificado por tipo de serviço (hospedagem, alimentação gratuita, acolhimento diurno). Resta uma dificuldade: os estratos são bastante independentes e homogêneos (um leito é bastante diferente de uma tigela de sopa e de uma poltrona de um centro de acolhimento diurno), mas as pessoas, que extraímos ao segundo nível, podem ser usuárias de três tipos de serviços num mesmo dia (dormir num centro de hospedagem, almoçar num restaurante social, passar a tarde num centro de acolhimento). Existe, pois, um risco de obliquidade, visto que os multiusuários possuem duas ou três vezes mais chances de serem sorteados ao acaso em relação aos outros. No entanto, aquele que é sorteado ao primeiro nível é uma prestação de serviço (uma cama, uma tigela de sopa, uma poltrona) e ao segundo nível uma pessoa. Para passar de um ao outro, faz-se necessária uma chave, que é o número de serviços frequentados pela pessoa no mesmo dia (número de vínculos entre prestações e pessoa). Ao atribuir-se a cada pessoa o número de seus vínculos torna-se, pois, possível prestar contas deste multiuso. Este método foi utilizado ao nível nacional (cidades com mais de 20.000 habitantes), em 2001, pelo Insee[3]. Esta amostra não levou em consideração as pessoas que não recorreram a nenhum serviço durante o período da pesquisa; uma equipe estudou este último aspecto e mostrou que esta parte da população, felizmente bastante minoritária, necessitava de meios de investigação específicos e pouco adaptados à constituição de uma amostra representativa em grande escala[4]. Este método (amostragem de usuários de serviços) foi aplicado a outras populações, como os usuários de drogas (*enquête Coquelicot*)[10] ou a população soropositiva (*enquête Vespa*)[5].

[1]SIMMEL, G. *Les pauvres*. Paris: PUF, 1998 ["Quadrige"] [1. ed., 1907].

[2]BROUSSE, C.; FIRDION, J.-M. & PARPSAT, M. *Les sans-domicile*. *Paris:* La Découverte, 2008 ["Repères"].

[3]Cf. o número especial de *Économie et statistique* (n. 391-392, 2006), consagrado aos sem domicílio.

 MARPSAT, M. et. al., "Les sans-domicile et les services itinérants". *Le rapport de l'observatoire national de la pauvreté et de l'exclusion sociale 2003-2004*. Paris: La Documentation Française, 2004, p. 255-290.

[4]JAUFFRET-ROUSTIDE, M. et al., "Estimation de la séroprévalence du VIH et du VHC et profils des usagers de drogues en France, étude Coquelicot 2004". *Bulletin Épidémiologique Hebdomadaire*, n. 33, 2006, p. 244-247.

[5] PERETTI-WATEL, P. "Comment enquêter la population séropositive en France? – L'enquête Vespa 2003". *Population*, 2005, vol. 60, n. 4, p. 525-550.

A amostra não probabilista

Suponhamos querer produzir estimativas, mas cuja base de sondagem é inencontrável. Se dispuséssemos de dados de enquadramento precisos, tornar-se-ia possível constituir uma amostra pelo *método das cotas,* que é bastante próximo da amostra representativa. Para tanto, estabeleceríamos uma lista de "variáveis de controle" garantindo que os principais grupos sociais (ou segmentos de população pertinentes em relação ao tema da pesquisa) se fizessem representar em uma amostra. Por meio deste método, as pesquisas são escolhidas ao acaso pelos pesquisadores (p. ex., na saída de um local contendo urnas de votação), e de acordo com uma tabela de cotas a preencher, cada célula contendo o número das pessoas a interrogar, todas comportando um determinado perfil (p. ex., sexo feminino, categoria de nível superior, idade entre 30 e 40 anos); os pesquisadores, portanto, selecionam os entrevistados em função dos perfis ainda não saturados. Este método precisa apoiar-se em proporções conhecidas destas características: a cota é obtida pelo efetivo da população visada, multiplicada pela taxa de sondagem e pela porcentagem do perfil implicado (em nosso exemplo trata-se do cruzamento de diversas variáveis). Esta é uma maneira de controlar a opção dos pesquisados pelos pesquisadores, embora este método

---

10. JAUFFRET-ROUSTIDE, M. et al., "Estimation de la séroprévalence du VIH et du VHC et profils des usagers de drogues en France, étude Coquelicot 2004". *Bulletin Épidémiologique Hebdomadaire*, n. 33, 2006, p. 244-247.

seja particularmente sensível às obliquidades de coleta. Por consequência, ele requer um cuidado particular na escolha dos perfis (as cotas não devem ser excessivamente "fins", ou seja, sem muitos cruzamentos de variáveis, sob pena de tornar a seleção dos pesquisados demasiadamente laboriosa), nos registros e no protocolo de coleta (para controlar os efeitos de contexto), e na supervisão do campo de pesquisa. Este método é abundantemente utilizado pelos institutos de sondagem em razão de sua fácil implementação (dispensando uma base a ser constituída, a coleta podendo ser feita em zonas limitadas) e por ser menos oneroso, muito embora neste caso a teoria das sondagens não possa ser aplicada com o rigor necessário (cálculo dos intervalos de confiança). Ele parece bastante adaptado às pequenas amostras de estrutura simples.

O que acontece quando não se dispõe nem de base de sondagem, nem de dados de enquadramento? É o caso quando se explora um novo campo (como o das minorias sexuais), ou quando se trata de populações pouco comuns ou submersas (como a grande burguesia), ou ainda populações de difícil contato (como os pais de crianças com doenças raras). Um dos métodos é apelar para *voluntários* (p. ex., por meio de um encarte num jornal), o que apresenta um interesse em uma postura exploratória, notadamente para testar um questionamento, mas com fortes riscos de obliquidade. Outra postura consiste em construir uma *amostra bola de neve*: num primeiro tempo identificam-se algumas pessoas pertencendo à população visada, solicitando-lhes as coordenadas de outras pessoas (dessa população visada) com as quais elas têm contatos, e assim sucessivamente. Pouco a pouco é possível construir uma amostra não negligenciável de pessoas tendo em comum os traços pesquisados. Muitos outros métodos ainda são possíveis, impossíveis de detalhar aqui[11], mas, para concluir, evidenciaremos o estudo por amostras emparelhadas. Trata-se de duas amostras para as quais existe uma relação dois a dois entre os indivíduos das duas amostras no plano de determinadas características sociodemográficas. Por exemplo: se pretendêssemos estudar o ambiente familiar de jovens sem domicílio, primeiramente extrairíamos uma amostra de jovens acolhidos em um centro de hospedagem, em seguida constituiríamos uma segunda amostra de jovens da mesma idade alojados em moradia ordinária, habitando os mesmos bairros de origem dos primeiros, permitindo assim emparelhá-los dois a dois[12].

---

11. Leituras aconselhadas: ARDILLY, P. *Les techniques de sondage*. Paris: Technip, 2006. • DUSSAIX, A.-M. & GROSBRAS, J.-M. *Les sondages*: principes et méthodes. Paris: PUF, 1996 ["Que sais-je?"]. • KALTON, G. *Introduction to Survey Sampling*. Londres: Sage, 1983 ["Quantitative Applications in the Social Sciences"]. • Lavallée, P. & RIVEST, L.P. (orgs.). *Méthodes d'enquêtes et sondages* – Pratiques européenne et nord-américaine. Paris: Dunod, 2006 ["Sciences Sup"]. • TILLÉ, Y. *Théorie des Sondages* – Échantillonage et estimation en populations finies. Paris: Dunod, 2001 ["Sciences Sup"].

12. WOLFE, S.M.; TORO, P.A. & McCaskill, P.A. "A comparison of homeless and matched housed adolescents on family environment variables", *Journal of Research on Adolescence*, vol. 9, n. 1, 1999, p. 53-66.

Como constituir uma boa amostra?

Trata-se agora de abordar os diferentes pontos necessários à constituição de uma boa amostra: a base de sondagem, o tamanho da amostra, os modos de extração e as técnicas de correção e de imputação.

A base de sondagem

Para selecionar indivíduos ao acaso, precisamos dispor de uma lista (um fichário de beneficiados, um anuário telefônico etc.) reunindo todos os indivíduos do universo prático considerado. Esta lista deve reunir informações que permitam identificar sem ambiguidade cada indivíduo e localizar tal indivíduo a fim de realizar a pesquisa (endereço etc.). Convém prestar atenção ao fato de cada indivíduo poder figurar uma única vez nesta base, do contrário ele disporia de duas (três...) vezes mais chances que os outros de ser sorteado. As informações igualmente devem ser pertinentes, isto é, por exemplo, os endereços devem ser recentes. Assim, um fichário oriundo do recenseamento geral da população pode servir de base de sondagem para sortear aleatoriamente casais, mas se a pesquisa ocorrer vários anos após o recenseamento, provavelmente novas hospedagens tenham sido construídas, não figurando assim nesta base de dados. As pesquisas do Insee junto aos casais geralmente se apoiam em uma *amostra mestra*, que é uma lista de moradias de uma amostra de comunas estabelecidas a partir do último recenseamento da população, e esta amostra é completada por uma atualização anual a partir da Base de Sondagem de Alojamentos Novos (BSLN), que repertoria as casas construídas a cada ano[13].

Voltemos um instante ao exemplo dos segurados sociais: a base de sondagem seria constituída a partir de fichários das caixas nacionais de seguro-doença[14] (conquanto haja autorização). Um tratamento informático destes fichários permitiria então efetuar um sorteio aleatório eficaz e rápido. Uma das bases de sondagem mais utilizadas é o *anuário dos assinantes de telefone fixo*. Uma lista dessas (que deve ser comprada) permite um sorteio aleatório dos números de telefone e, portanto, dos casais. Uma ampla maioria das famílias francesas dispõe de uma linha telefônica em sua casa, o que permite uma grande cobertura da população geral a partir do anuário telefônico France-Telecom. Entretanto, esta situação se complica cada vez mais em razão dos telefones celulares (que dependem de várias operadoras), da telefonia via internet, dos números da "lista vermelha", que não constam na lista comerciali-

---

13. Para a evolução recente deste método, cf. CARON, N. & CHRISTINE, M. "Les échantillons des enquêtes ménages fondés sur le nouveau recensement français". In: LAVALLÉE, P. & RIVEST, L.-P. *Méthodes d'enquêtes et sondages*. Op. cit., p. 175-181.

14. Cf. MIZRAHI, An. & MIZRAHI, Ar. "Premiers sondages français dans les dossiers de sécurité sociale et appariement avec les enquêtes auprès des ménages". In: LAVALLÉE, P. & RIVEST, L.-P. *Méthodes d'enquêtes et sondages*. Op. cit., p. 117-128.

zada etc. Portanto, urge estudar precisamente em quê tal lista é adaptada a tal pesquisa, e vislumbrar medidas para contornar seus limites[15]. Muitos fichários podem ser utilizados para a constituição de uma amostra adaptada a uma pesquisa, mas nem sempre é possível acessá-los, já que o fichário de informações nominativas foi constituído para fins diferentes daqueles da pesquisa que nos ocupa. Deste fato, urge conseguir uma autorização da Comissão Nacional Informática e Liberdades (CNIL) e do proprietário da base de dados; em geral compra-se um direito de acesso. Portanto, nem sempre é fácil encontrar uma base de sondagem e, quando encontrável, nada garante que possamos fazer uso dela, o que pode nos obrigar a constituir nossa própria base de sondagem. Constituir uma base de sondagem é, portanto, um trabalho em si, com uma fase de coleta de informações pertinentes, uma fase de elaboração da base, uma fase de verificação e formatação, a fim de adaptá-la à amostragem. As estatísticas descritivas oriundas da base de sondagem permitirão em seguida controlar *ex post* a qualidade da amostra realizada e, portanto, implementar um procedimento de correção e de retificação.

O tamanho da amostra

O tamanho da amostra depende de inúmeros parâmetros, como o orçamento da pesquisa, o método de amostragem, o tipo de coleta (face a face, por telefone etc.) etc. A isso acrescentaríamos critérios ligados aos resultados que desejamos estabelecer a partir destes dados empíricos. Sua precisão (esperada) será determinante para estabelecer o tamanho da amostra. Para tanto, podemos nos apoiar em instrumentos permitindo estimar o tamanho mínimo (ideal) da amostra segundo a precisão esperada, o valor da variável de interesse principal e o limiar de significação que desejamos utilizar para rejeitar a hipótese de independência. Por exemplo: se nos interessamos pelas porcentagens das intenções de voto, para as eleições presidenciais americanas de 2008, em favor de B. Obama ou de J. McKain, podemos supor que os resultados serão em torno de 50% (p) para cada candidato, o que exigiria uma boa precisão da sondagem para evidenciar um favorito; suponhamos então que uma distância de um ponto (e) permita uma diferença significativa no limiar α de 5%[16]. Obteremos então o tamanho de nossa amostra pela seguinte fórmula:

$$n = (p)(1-p) / (e/z_x)^2 = (0,5)(0,5) / (0,01/1,96)^2 = 9.604 \text{ pessoas.}$$

---

15. BECK, F. et. al., "L'avenir des enquêtes téléphoniques face à l'évolution des télécommunications". In: DROESBEKE, J.-J. & LEBART, L. (org.). *Enquêtes, modèles et applications*. Paris: Dunod, 2001, p. 285-293 ["Théories Économiques"].

16. Um valor crítico para uma distribuição *normal* para $\alpha = 0,05$ é de 1,96.

Fórmulas mais complexas aplicam-se a outros casos, como na comparação entre as estimativas de duas variáveis. A partir destas fórmulas torna-se óbvio que é insuficiente duplicar o tamanho da amostra para dobrar a precisão. A precisão da sondagem é proporcional à raiz quadrada do inverso do tamanho da amostra. Esquematicamente, para multiplicar por dois a precisão, é necessário multiplicar por quatro o tamanho da amostra. Um alerta: uma grande proporção de amostra não garante uma boa qualidade, se o método for medíocre. Por ocasião da "Consulta nacional dos jovens" (organizada em 1994 junto aos alunos dos Liceus e aos universitários), os questionários foram enviados ao domicílio destes alunos, sendo que 1 milhão e meio de questionários (sobre mais de 9 milhões distribuídos) retornaram. Dado que os elaboradores da pesquisa negligenciaram a coleta de informações de forma a saber quais categorias de jovens responderam ou deixaram de responder aos questionários (segundo as turmas etc.), tornou-se impossível garantir a representatividade da amostra realizada, e, portanto, produzir qualquer estimativa fiável a partir desta pesquisa onerosa, ao passo que uma amostra bem-concebida de alguns milhares de alunos teria permitido produzir resultados com uma precisão aceitável[17].

A extração da amostra

O modo de extração dos indivíduos constitui uma etapa crucial da concepção da pesquisa e implica fortes consequências sobre seu desenvolvimento e sua exploração, já que dele dependerão a possibilidade e os limites da generalização. A seleção mais simples é a *extração sistemática*. Suponhamos querer conduzir uma pesquisa sobre os residentes de casas de convalescença. Desta forma pesquisaremos a lista dos residentes dos estabelecimentos da região, restando-nos extrair um número de indivíduos correspondendo à taxa de sondagem. Para tanto, podemos optar por números aleatórios de uma tabela, o que é muito trabalhoso, visto que é necessário atribuir um número por residente e prestar contas dos limites destes números para a seleção na tabela. Um método mais simples, segundo o tamanho da população e da amostra desejada, consiste em deduzir um *passo* (número de indivíduos a contar antes de selecionar um), por exemplo: extrai-se um residente para cada 10 residentes (passo = 10). Falta escolher um número aleatório (aqui compreendido entre 1 e 10) para a primeira extração, em seguida acrescenta-se a cada vez um passo, e sorteia-se então o residente assim designado. Tal sorteio aleatório não leva em consideração a estrutura de nosso universo (p. ex., a especialização dos estabelecimentos: cardiologia, medicina física etc.), o que pode levar a uma má representatividade deste ponto de vista. Para au-

---

17. MAUGER, G. "La consultation nationale des jeunes – Contribution à une sociologie de l'illusionisme social". *Genèse*, n. 25, 1996, p. 91-113.

xiliar o acaso, pode-se utilizar uma estratificação implícita ordenando a lista de residentes segundo a especialidade do estabelecimento. Assim garante-se a presença, na amostra, de pacientes de cada tipo de estrutura.

O que acontece com a extração em vários níveis? Se as unidade (primárias, secundárias etc.) não possuem tamanhos homogêneos (em número de indivíduos), temos todas as chances de não conservar as boas proporções da população segundo estas unidades. Convém então utilizar um modo de *tiragem proporcional*, que permite extrair indivíduos pertencendo a unidades de tamanhos diferentes proporcionalmente ao tamanho destas. Suponhamos querer pesquisar alunos por classes de colégio. Na tabela 1 a seguir encontramos uma distribuição teórica das capacidades (em número de alunos) de 10 estabelecimentos; eles acolhem ao todo 22.560 alunos. Para obter uma amostra de 1.000 pesquisados, a taxa de sondagem será de 0,0443. Interessa-nos conservar as boas proporções de alunos segundo o tamanho do estabelecimento (com mais de 2.000 alunos, com menos de 2.000), já que as condições de ensino estariam em relação direta com estas. Para economizar os custos de coleta somente pesquisaremos um estabelecimento sobre dois, o que implica a supressão de 5 estabelecimentos. Eis um método de extração proporcional de fácil implementação. Em cada estabelecimento escolhido, extraí-se: 1000/5 = 200 alunos. Calcula-se então o passo: 22.560/5 = 4.512, calcula-se igualmente um número aleatório entre 1 e 4.512 (*origem escolhida ao acaso*) para a primeira tiragem, digamos 1.100, em seguida acrescenta-se cada vez o passo para obter as 4 tiragens seguintes. Desta forma são obtidos cinco números: 1.110, 5.612, 10.124, 14.636, 19.148. Resta ainda comparar estes números com os tamanhos acumulados das unidades figurando na tabela, e identificar as unidades das quais serão extraídos os grupos de 200 alunos.

Verificaremos assim que as proporções de pesquisados são aceitáveis em cada tipo de estabelecimento: 60% nos grandes estabelecimentos e 40% nos pequenos. Se tivéssemos selecionado simplesmente um estabelecimento sobre dois, teríamos obtido o inverso destas proporções (40% e 60%), e os alunos dos pequenos estabelecimentos teriam sido, portanto, sub-representados na amostra.

Tabela 1 Extração de uma amostra de 1.000 alunos

Unidades	1	2	3	4	5	6	7	8	9	10
tamanho	4000	3800	3000	2100	1850	1760	1600	1550	1500	1400
acúmulo	4000	7800	10800	12900	14750	16510	18110	19660	21160	22560
extração	1	1	1	0	1	0	0	1	0	0
Pesquisados	200	200	200	0	200	0	0	200	0	0

Ajuste e imputação

Toda amostra realizada se acompanha inevitavelmente de defeitos. Alguns são devidos às *flutuações de amostragem* (como quando constituímos nossa amostra de alunos de colégio). Outros defeitos são devidos às *não respostas totais*: determinadas unidades (secundárias ou terciárias etc.) extraídas não puderam ser mais pesquisadas por causa de uma recusa (de um chefe de estabelecimento, da pessoa de referência de um casal etc.), ou porque determinadas pessoas selecionadas não aceitaram ser entrevistadas. Por outro lado, igualmente somos confrontados com *não respostas parciais*, o que advém quando a pesquisa não responde a determinadas perguntas do questionário. A representatividade de nossa amostra encontra-se então em perigo, de modo que, se nenhuma medida for tomada, as estimativas extraídas correm o risco de mediocridade qualitativa. As flutuações de amostragem e as não respostas totais, quando numerosas, têm por efeito deformar a estrutura da amostra em relação ao universo de referência. Mais grave ainda: as não respostas totais não atingem indiferentemente todos os pesquisados. Por exemplo: os casais ativos em zona urbana negam-se a responder com mais frequência que os outros, e assim a amostra realizada sofrerá de obliquidade. Felizmente é possível ponderar a fim de que a estrutura da população pesquisada, segundo determinadas características, corresponda à desejada por nosso universo (uma variável *ponderável* é então atribuída a cada pesquisa, e levada em conta nos cálculos estatísticos). Esta operação denomina-se *ajuste*; ela tem por objetivo compensar a obliquidade introduzida pela não resposta e reduzir o maximamente possível as flutuações de amostragem (portanto, a variância de amostragem). Antes que deixar os pesquisados "medianos" substituir os pesquisados faltantes, opta-se por efetuar esta substituição por pesquisados (tendo respondido) que possuam características próximas às dos ausentes. Por exemplo: ajusta-se a amostra a partir de algumas características (cuja distribuição é conhecida a partir do universo prático), como sexo, idade, categoria socioprofissional, tipo de comuna de residência..., isto é, a partir de variáveis julgadas cruciais para a análise. Instrumentos para tanto existem, como o programa Calmar proposto pelo Insee, que permite uma *calagem sobre margem* (isto é, que garante que as distribuições das margens da tabela cruzada dos *i* variáveis considerados correspondam às distribuições na população de referência). Esta operação de ajuste, de um lado, é limitada pelo conhecimento que se tem do universo (é necessário dispor de dados de enquadramento pertinentes), de outro, pelo número de variáveis utilizadas por ocasião desta calagem. Com efeito, quanto mais variáveis houver, tanto mais células existirão na tabela, e menos os efetivos que ali figurarão serão elevados. Por consequência, as ponderações calculadas correm o risco de ser importantes, já que incidem sobre poucos indivíduos: o caso extremo sendo o de um pesquisado julgado representar dezenas de não respondentes, o que fragiliza os resultados, já que sua similitude com os ausentes não é senão aproximativa. Por outro lado, uma escolha de variáveis de ajuste pode ser eficaz a propósito do estudo de uma variável de interesse, mas não *vis-à-vis* de outra variável. Urge, portanto, encontrar um acordo obtido por concessões recíprocas para que as principais estruturas (a propósito do fenômeno estudado) sejam fiéis ao universo de referência, sem que as ponderações tenham demasiada variância.

Quanto às não respostas parciais, não levá-las em conta geralmente penaliza a exploração da pesquisa. É possível fazer delas uma modalidade particular, com uma real dificuldade de interpretação desta modalidade (a causa da recusa raramente é informada), ou imputar-lhes um valor a partir da resposta de pessoas com um perfil próximo, tendo desta vez ainda por objetivo o de evitar uma obliquidade. Existem dois métodos principais de *imputação*: o método *estocástico hot deck*, que consiste em escolher a resposta da pessoa (que respondeu a esta questão) mais "próxima" segundo um conjunto de características, e o método determinista por *modelação* (regressão), que consiste em construir um modelo (a partir dos respondentes) permitindo calcular a resposta (ausente) do não respondente parcial segundo algumas de suas características. Estes dois métodos são imperfeitos visto que se baseiam somente em pessoas que responderam às questões, mas eles, no entanto, são indispensáveis quando variáveis importantes são omitidas: por exemplo, a idade do pesquisado.

Se dermos um martelo a uma criança de 3 anos, esta julgará que todo objeto merece uma martelada. Embora tenhamos vangloriado os méritos da amostra probabilista, nem toda postura empírica necessita forçosamente deste método. E toda amostra não probabilista também não é forçosamente a melhor solução em caso de ausência aparente de base de sondagem. A situação é mais complexa, e o compromisso às vezes é difícil de ser estabelecido em função das múltiplas coerções científicas presentes, visto que pressões vão se exercer sobre sociólogos, demógrafos, estatísticos, epidemiologistas..., e sobre responsáveis por pessoas que estão à origem da demanda: financiadores, institutos de sondagem etc. O objetivo deve continuar sendo a qualidade dos dados coletados e o conhecimento de seus limites de validade. O vínculo forte entre métodos (amostragem, tiragem, ajuste, imputação), coerções (custos, expectativas do financiador, base de sondagem disponível e utilizável etc.) e resultados estimula a velar para que este trabalho de elaboração de um plano de sondagem seja o mais adaptado a uma questão dada. No entanto, para cada problema resolvido, colocar-nos-emos a questão de saber se a opção feita responde às coerções científicas, éticas, técnicas, ou se outras considerações menos legítimas interferiram nas primeiras.

5
A pesquisa por questionário

Isabelle Parizot

A pesquisa por questionário, aos olhos de alguns, é tida por modelo padrão, ou seja, um modelo ideal para uma pesquisa científica em ciências sociais, dado o caráter estatístico de sua exploração. Inversamente, este tratamento estatístico às vezes aterroriza estudantes e pesquisadores pouco familiarizados com os métodos quantitativos, que se negam a assumir este modo de coleta de informações. Estas posturas, uma e outra, são prejudiciais. Seria efetivamente lamentável descartar *a priori* uma importante parcela de instrumentos aos quais a sociologia poderia recorrer..., mas convém também ter presente que de forma alguma as estatísticas garantem a qualidade de uma pesquisa – em particular se os dados utilizados foram malcoletados e malconstruídos.

O interesse principal da pesquisa por questionário é o de reunir uma grande quantidade de informações, tanto factuais quanto subjetivas, junto a um número importante de indivíduos – a representatividade desta amostra autorizando inferir a um conjunto da população de estudo (cf. o cap. de Jean-Marie Firdion e Marion Selz) os resultados obtidos junto aos pesquisados. O objetivo de tais pesquisas pode ser o de medir a frequência de características (situações, comportamentos, opiniões ou atitudes...) em uma população dada, mas em ciências humanas e sociais ele visa principalmente a analisar as relações entre estas características. Tratar-se-á, por exemplo, de interrogar pessoas sobre seu estado de saúde e sobre sua situação social a fim de descrever as desigualdades sociais em termos de saúde e analisar os vínculos existentes entre saúde e ambiente social; ou ainda recolher as informações necessárias para estimar em qual medida a situação familiar influencia os modos de sociabilidade no seio do bairro de residência. Todas as temáticas e problemáticas podem *a priori* ser objeto de uma pesquisa por questionário. A opção de recorrer a este expediente ou não depende principalmente da maneira como é colocada a questão da pesquisa – bem como a população estudada. Sublinhamos, além disso, que o tamanho relativamente importante da amostra não é somente um trunfo, mas também uma condição necessária a esta metodologia. Não é adequado, por exemplo, considerar tal pesquisa se não for possível interrogar mais de 200 pessoas. As análises relativas a um pequeno número de indivíduos, com efeito, raramente permitem obter resultados estatisticamente significativos (lembramos que teoricamente é incorreto calcular porcentagens para um conjunto inferior a 100 pessoas).

A pesquisa por questionário, aliás, repousa sobre o princípio da padronização. As respostas similares dadas por pesquisados diferentes são, por ocasião da análise, consideradas equivalentes. Convém desde então colocar precisamente as mesmas questões ao conjunto das pessoas interrogadas, mas também homogeneizar as condições de sua elaboração – que sempre são suscetíveis de influenciar as respostas. Esta padronização é essencial para garantir a comparabilidade das respostas entre os pesquisados. Ela corresponde ao fundamento da metodologia.

Às vezes critica-se este tipo de pesquisa por ela não refletir suficientemente sobre o que as pessoas fazem ou pensam. Alguns insistem no fato de determinadas questões induzirem fortemente as respostas. O que é verdade. Outros evocam o fato que as pessoas não responderiam de forma sincera ou deformariam mais ou menos voluntariamente a realidade. Lá ainda, estas reações podem existir. Toda arte de construir a pesquisa e de redigir o questionário consiste precisamente em contornar estes obstáculos, a fim de que as respostas obtidas reflitam maximamente a situação das pessoas interrogadas.

Não existem, para este fim, regras metodológicas imutáveis. Sendo cada pesquisa particular, urge frequentemente adaptar os instrumentos – e até mesmo adotar uma atitude inversa ao que é comumente prescrito. Neste capítulo, portanto, não encontraremos "receitas" estabelecidas nem regras a aplicar de forma sistemática, mas antes alguns princípios gerais podendo guiar a elaboração de um questionário. O objetivo é o de sublinhar as principais dimensões que exigem uma atenção particular, a fim de reduzir as fontes de obliquidade e de obter dados os mais fiáveis possíveis.

Diferentes tipos de pesquisas por questionário

Podemos distinguir dois grandes tipos de pesquisa: um tipo onde o questionário é aplicado por um pesquisador, outro onde o próprio pesquisado preenche as respostas (fala-se então em questionário autoadministrado). É precisamente em função dos meios materiais e financeiros disponíveis que se decide qual deles aplicar. A intervenção de pesquisadores competentes e bem-formados efetivamente é dispendiosa (e mais ainda quando o número de entrevistas a realizar for elevado e a lista de perguntas for muito extensa). Mas ela geralmente melhora a taxa de participação – o pesquisador podendo desenvolver seus argumentos para encorajar as pessoas a participar – e paralelamente diminui o número de questões não respondidas. A representatividade da amostra de uma parte, e a qualidade das respostas de outra, encontram-se desde então majoradas. A escolha do modo de elaboração das perguntas igualmente pode depender das características da população estudada e, em determinados casos, do objeto de estudo: trata-se de descartar as metodologias que introduziriam excessivas obliquidades ou que diminuiriam demasiadamente a qualidade das respostas obtidas.

A presença física de um pesquisador, por ocasião de uma pesquisa "face a face", autoriza uma grande interação com o pesquisado – o que se revela útil quando este não compreende uma questão, quando ele deseja interromper a entrevista ou quando se deseja acompanhar o questionário de documentos tais como fotos ou gráficos. Este procedimento oferece igualmente a possibilidade de observar o ambiente do pesquisado (seu lugar de residência, seu trabalho etc., de acordo com o lugar em que a pesquisa é realizada). Hoje o computador substitui cada vez mais o "questionário impresso" pela registro, da parte do pesquisador, das respostas aportadas. É o que se denomina método Capi (*Computer Assisted Personal Interview*). O grande interesse é o de suprimir a fase longa, custosa e fastidiosa de digitalização informática *a posteriori* dos dados. Mas a presença de um computador por ocasião da entrevista não é neutra, e convém interrogar-se se as representações que os pesquisados se fazem (em termos de modernidade, de meios financeiros, de domínio das tecnologias etc.) correm o risco ou não de perturbar suas relações com o pesquisador ou se interferem na orientação de suas respostas. Assim, segundo a população pesquisada e segundo o objeto de estudo, às vezes será preferível utilizar os "questionários impressos"[18]. Convirá igualmente levar em conta as coerções ligadas à utilização de computadores, no plano material, em termos de transmissão e segurança das informações coletadas etc.

Pesquisar por telefone permite beneficiar-se da intervenção de um pesquisador, reduzindo os custos do próprio levantamento de dados e contornar notadamente certos problemas ligados à eventual dispersão geográfica dos pesquisados. Lá ainda é possível registrar diretamente as respostas no computador (trata-se do método Cati: *Computer Assisted Telephone Interview*), o que reduz os custos de digitalização e diminui os riscos de erros por ocasião do registro definitivo dos dados. A pesquisa por telefone supõe, no entanto, certas condições em termos de amostragem, que não desenvolveremos aqui[19]. Outro inconveniente é que é mais difícil, quando não se vê seu interlocutor, detectar nele sinais de uma eventual lassidão – o que aumenta o risco de desistência ao longo do questionário. O questionário utilizado deverá ser mais curto do que o

---

18. Uma solução poderia residir no desenvolvimento atual de tecnologias permitindo a utilização de papéis e estiletes eletrônicos.

19. No caso de pesquisas de populações em geral, palia-se às vezes a ausência de base de sondagem gerando de forma aleatória números de telefone fixos e móveis.

previsto numa entrevista face a face: considera-se que ultrapassando os quinze ou vinte minutos, a pesquisa por telefone é inadaptada. As questões colocadas, portanto, serão mais simples e compreenderão menos itens.

Seja qual for o método adotado, uma atenção particular será reservada às condições de execução da coleta de dados, para além dos "efeitos pesquisadores"[20], que podem orientar ou influenciar as respostas. Uma das preocupações no momento das pesquisas telefônicas, aliás, é o difícil domínio destas condições, o pesquisador dificilmente podendo controlar se o pesquisado está sozinho ou não e se a presença de um terceiro perturba ou não suas respostas[21]. O domicílio do pesquisado em geral aparece como um bom lugar para se realizar uma pesquisa, já que ali ele geralmente sente-se mais à vontade e menos coagido pelo tempo. Mas, assim como para o conjunto das etapas da pesquisa, nenhuma opinião é *a priori* a melhor. Um questionário sobre a violência doméstica, por exemplo, talvez seja mais frutuoso fora do recinto familiar. Outro exemplo: uma comparação das respostas entre duas pesquisas sobre o consumo de drogas ilícitas junto aos adolescentes mostrou que o uso de tais substâncias é menos declarado em uma pesquisa por telefone e a domicílio do que através de um questionário autoadministrado em ambiente escolar[22].

Interrogar-nos-emos, portanto, sistematicamente, sobre o lugar e as condições da realização da coleta de dados mais apropriadas para facilitar a aceitação da pesquisa, para transmitir confiança à pessoa e suscitar respostas sinceras. O mesmo vale para a intervenção ou não de um pesquisador.

A presença de um pesquisador nem sempre é efetivamente necessária: Ela melhoraria ou, ao contrário, perturbaria a coleta de dados? As pesquisas autoadministradas reduzem as obliquidades ligadas à presença de um pesquisador e apresentam a vantagem de custos de execução menores. Quanto aos temas sensíveis, elas às vezes são percebidas como menos indiscretas. Inversamente, elas supõem que os pesquisados possam ler e compreender as instruções indicando como responder – sabendo, além disso, que nenhum pesquisador está presente para corrigir eventuais incompreensões. Quer se trate de um "questio-

---

20. Trata-se do fato de muitas respostas dos pesquisados serem em parte influenciadas não somente pelo comportamento dos pesquisadores, mas também por suas características (sexo, idade etc.). Não desenvolveremos aqui esta questão, reenviando-a aos inúmeros estudos sobre os "efeitos dos pesquisadores", p. ex., a recensão feita em VAN METER, K.M. "Studying survey interviewers: A call for research and an overview". *Bulletin de Méthodologie sociologique*, n. 88, out./2005, p. 61-71. Sublinhamos igualmente a importância do profissionalismo dos pesquisadores em geral e a necessidade de uma formação específica para cada pesquisa a fim de minimizar estes "efeitos pesquisadores".

21. Pensamos, p. ex., numa situação em que o pesquisado, localizado por uma chamada de celular, se encontra em um transporte público e é solicitado a responder ao questionário.

22. BECK, F. & PERETTI-WETEL, P. "Les usages de drogues illicittes déclarés par les adolescents selon le mode de collectes". *Population*, vol. 56, n. 6, 2001, p. 963-985.

nário impresso" enviado pelo correio ou transmitido diretamente à pessoa (em domicílio, no local de trabalho, num centro de saúde etc.), ou de um questionário "on-line" a preencher via internet, um dos principais limites é a fraca taxa de participação nestas pesquisas autoadministradas[23]. A carta de apresentação acompanhando o questionário deverá, pois, de forma mais crucial ainda que para outros modos de repasse da pesquisa, antecipar de forma breve e clara os argumentos que não somente garantam, mas motivem as pessoas a responder. O caráter anônimo e confidencial do tratamento dos dados, bem como os resultados, deve estar claramente anunciado nesta carta[24].

Alguns pesquisados preferem pesquisas autoadministradas: seja por nelas encontrarem uma maior liberdade de escolher quando responder (eventualmente retornando às questões várias vezes), ou por se sentirem mais à vontade na abordagem de temas pessoais não precisando dirigir-se diretamente a um pesquisador. Em contrapartida, dever gerir sozinho este exercício pode inquietar a outros que, por essa razão, recusar-se-ão a participar da pesquisa. Trata-se lá de uma fonte de obliquidade potencial à medida que a amostra corre o risco então de sub-representar as pessoas pouco familiarizadas com o uso da escrita – para além mesmo das pessoas analfabetas, dominando mal a língua materna ou tendo importantes problemas de visão... Estas pesquisas não permitindo, além disso, controlar as condições de transmissão do questionário. Não podemos saber quem realmente respondeu nem se as respostas foram produzidas sob a influência de um próximo... A decisão de recorrer ou não a tal metodologia deverá levar em conta o impacto eventual destes problemas sobre as respostas obtidas, em função dos temas de pesquisa e da população estudada.

A construção de um questionário

A redação de um questionário não pode ser a primeira etapa de uma pesquisa. Ela pode ser feita após um consequente trabalho de construção do objeto e da problemática de pesquisa (mesmo se, na realidade, ela frequentemente se transforme em ocasião de aprofundamento da problemática, desconstruindo sempre mais o senso comum e os *a priori* do pesquisador). Ela supõe igualmente um conhecimento prévio do "terreno", isto é, da população estudada e do domínio da pesquisa. Daí o interesse por uma pré-pesquisa qualitativa a fim de precisar o que se deseja interrogar e como fazê-lo. Isso permite igualmente discernir o sentido das palavras, as conotações que lhes são vinculadas e o uso que a população estudada faz delas.

A qualidade das respostas obtidas dependendo seguramente ou ao menos em parte das questões colocadas, a redação é uma etapa primordial, requerendo

---

23. Lembramos que uma taxa de respostas fraca atenta contra a representatividade da amostra.
24. Esta observação valendo para todos os tipos de pesquisa.

um tempo importante (várias versões sucessivas sendo sempre necessárias antes de culminar numa versão satisfatória do questionário). Ela é tanto mais complexa que não existe uma metodologia que indique automaticamente como preceder, mas unicamente determinados princípios devendo guiar a redação a fim de evitar os erros principais – os evocados por Rodolphe Ghiglione e Benjamin Matalon ao se referirem à "metodologia negativa"[25]. A construção do instrumento necessita de uma atitude reflexiva, do bom-senso e de uma interrogação sistemática sobre os efeitos potenciais de cada opção adotada.

A busca dos indicadores

Redigir um questionário consiste em traduzir as questões de pesquisa em indicadores e, num segundo tempo, em questões que serão repassadas aos pesquisados. Tomemos o exemplo de uma pesquisa interessando-se pelas relações que os habitantes mantêm com seu bairro segundo sua situação social. É claro que não podemos perguntar diretamente às pessoas: "Qual é a sua relação com o seu bairro de residência?", ou, "Qual é a sua situação social?" Buscar-se-á, pois, num primeiro momento, uma série de indicadores permitindo aproximar a noção de "relação com o bairro" e a de "situação social". Esta etapa não é neutra, embora muitos não lhe dediquem nenhuma atenção. Ela efetivamente engaja escolhas, mais ou menos embasadas em um ponto de vista teórico, que terão necessariamente consequências no momento da análise sociológica dos dados. Assim, para apreender a posição social das pessoas, pode-se considerar seu nível de estudo, sua situação a propósito do emprego, sua categoria socioprofissional, sua renda, sua nacionalidade, seu estatuto de residência etc. Interrogar estes indicadores, uns antes que outros, marcará os resultados que se pretende obter.

As noções centrais para a pesquisa são geralmente apreendidas a partir de vários indicadores. Isso permite discernir melhor o objeto de estudo e reenvia, como o sublinha François de Singly, a dois princípios: "À imperfeição da medida, dadas as condições do desenrolar de toda pesquisa; à imperfeição do indicador, devido ao fato que nenhuma questão jamais pode aproximar de maneira inteiramente satisfatória a noção"[26]. Continuando nosso exemplo, a relação com o bairro de residência poderá assim ser interrogada através de várias dimensões: o tipo de atividade realizada no bairro; a frequência e a natureza dos contatos com os outros habitantes; a opinião manifestada sobre diferentes aspectos da vida no bairro; o sentimento de bem-estar ou de mal-estar de viver ali; o fato de desejar ou não mudar-se para outro local etc. Cada um destes indicadores poderá ser estudado separadamente, aportando informações interessantes em

---

[25]. GHIGLIONE, R. & MATALON, B. *Les enquêtes sociologiques* – Théories et pratique. Paris: Armand Colin, 1998.

[26]. SINGLY, F. *L'enquête et ses méthodes* – Le questionaire. 2. ed. Paris: Armand Colin, p. 28 ["Collection 128"].

si mesmas; mas eles poderão igualmente ser reagrupados (agregados) a fim de analisar a relação com o bairro de forma mais global.

Uma vez determinadas as dimensões e os indicadores que se deseja estudar, resta formular e organizar as questões que permitem apreendê-los.

A forma das questões

As questões de um questionário podem assumir várias formas. Dois tipos são geralmente distinguidos: as questões fechadas, que demandam ao pesquisado sua (ou suas) resposta(s), optando dentre as modalidades predefinidas; as questões abertas, onde nenhuma resposta é prevista *a priori*, deixando o pesquisado livre para responder o que ele desejar.

As questões abertas apresentam o interesse de recolher a informação tal qual o pesquisado a percebe e a exprime. Mas elas são mais complexas a explorar, já que implicam uma fase mais longa de apreensão, e demandam, após a fase de pesquisa de campo, um inventário das respostas a fim de elaborar uma regra de recodificação permitindo reduzir a diversidade das respostas em algumas categorias estatisticamente analisáveis[27]. Elas são também mais submetidas ao "efeito pesquisador" à medida que os pesquisadores raramente reproduzem o conjunto exato das conversas enunciadas pelos respondentes. Uma vez que eles traduzem em alguns termos a resposta aportada, o risco é o de recolher as categorias de pensamento e de expressão do pesquisador antes que as do pesquisado. Nas questões abertas, além disso, as informações fornecidas podem parecer muito vagas, dispersas e reenviando à dimensões muito divergentes para que elas possam responder às hipóteses do pesquisador. Em uma pesquisa sobre a saúde, por exemplo, propusemos a seguinte questão fechada: "A seu ver, hoje, será que algumas coisas prejudicam sua saúde física, psicológica ou sua moral?", seguida de uma questão aberta dirigida às pessoas que respondiam afirmativamente: "Se sim, quais?" Vários responderam: "Minhas condições de vida...", o que se mostrou excessivamente vago para a análise que desejávamos fazer em distinguindo as pessoas cuja saúde é afetada por tensões no quadro familiar, profissional, residencial etc. Talvez tivesse sido mais útil perguntar diretamente aos pesquisados se sua situação familiar de um lado, sua situação profissional de outro, sua situação em relação à moradia igualmente, prejudicavam a própria saúde...

As questões fechadas serão, portanto, privilegiadas (uma pesquisa por questionário não é absolutamente uma pesquisa por entrevista!), mesmo se elas às vezes correm o risco de provocar incompreensões e um sentimento de mal-estar,

---

27. Jean-Paul Grémy sublinha que a forma das questões, aberta ou fechada, afeta o conteúdo das respostas quando estas reenviam a atitudes ou a opiniões (mas teria menos influência em relação a fatos e comportamentos). Cf. GRÉMY, J.-P. "Les expériences françaises sur la formulation des questions d'enquête – Résultats d'un premier inventaire". *Revue Française de Sociologie*, vol. 28, n. 4, 1987, p. 567-599.

junto aos pesquisados, em razão destes terem que situar-se em relação a itens que nem sempre refletem a complexidade da própria situação. Estas questões, aliás, não permitem apreender acontecimentos não considerados previamente. Daí a necessidade de uma pré-pesquisa qualitativa e/ou por questionário, com inúmeras questões abertas, a fim de localizar o leque de respostas possíveis. Convém efetivamente que as modalidades de resposta propostas cubram o conjunto das situações potencialmente vividas pelos pesquisados. Por outro lado, quando a questão implica uma resposta única[28], as modalidades propostas deverão ser exclusivas, umas e outras, para que uma mesma realidade possa se traduzir por uma única e mesma resposta[29].

Notar-se-á que determinadas questões podem ser "filtradas", isto é, que elas somente são feitas em determinadas condições – geralmente em função de uma resposta dada precedentemente. É o caso mencionado acima, da questão "se sim, quais?", que somente foi proposta às pessoas estimando que algumas coisas na vida prejudicavam sua saúde. O uso de filtros permite adaptar o questionamento às características (ou opiniões) das pessoas. Ele evita assim interrogar todos os pesquisados sobre um tema que só diria respeito a uma parte deles. No entanto, deve-se limitar o número destas questões à medida que elas complicam a aplicação do questionário, particularmente por ocasião de pesquisas autoadministradas. Destinadas a uma subamostra da população, além disso, elas reduzem o efetivo de respondentes, tornando-os às vezes demasiadamente restritos para se extrair análises estatísticas significativas.

A escolha dos termos

Uma das principais dificuldades, por ocasião da redação de um questionário, reenvia à significação que os pesquisados dão às questões que lhes são feitas. O conjunto das questões não deve ser somente compreensível para cada entrevistado, mas sê-lo da mesma forma para todos. Este objetivo geralmente é mais difícil de alcançar. Os termos e as expressões nem sempre têm o mesmo sentido, nem as mesmas conotações, em todos os grupos sociais. Além disso, o pesquisador familiarizado com seu domínio de estudo às vezes esquece que seu vocabulário depende da especialidade (do "jargão") e não do senso comum.

A escolha dos termos será, pois, feita com prudência – privilegiando um vocabulário acessível à maioria. As frases longas e complexas serão igualmente descartadas em favor de formulações simples e breves, cujo nível conceitual é

---

28. Segundo o objeto da questão, este pode ser por escolha única (uma única resposta possível) ou por múltipla escolha (o pesquisado podendo então dar várias respostas).
29. Imaginemos a seguinte questão: "Que idade você tem? Menos de 18 anos; entre 19 e 40 anos; entre 40 e 60 anos". As respostas propostas não permitem a um pesquisado de 18 anos de se situar (lista não exaustiva); e os respondentes de 40 anos poderão optar pelo segundo, mas também pelo terceiro item (modalidades não exclusivas).

adaptado à população estudada. Quando a utilização de termos técnicos é inevitável, estes devem ser acompanhados de uma breve definição. Em uma pesquisa sobre a saúde, por exemplo, nós acrescentamos à questão "Você já fez uma mamografia?", a precisão, "isto é, uma radiografia dos seios". Trata-se, pois, de suprimir todo termo potencialmente ambíguo e de adotar a formulação mais clara, concisa e precisa possível. Para tanto, antes de realizar uma pesquisa propriamente dita, "testa-se" (em caso de necessidade, várias vezes) o questionário junto a uma população similar à estudada, a fim de garantir uma compreensão satisfatória.

No entanto, nunca é possível ter-se a certeza de que as questões possuem o mesmo sentido para todos os pesquisados, e sublinhamos que este risco é ainda mais acentuado por ocasião de pesquisas comparando grupos sociais ou culturas muito diferentes. Isso, obviamente, não impede a realização de pesquisas comparativas, mas obriga a questionar sistematicamente, no momento da redação do questionário como no momento da análise, as eventuais diferenças de interpretação das questões.

Urge vigiar, no entanto, para que uma única questão por vez seja feita. Alguns, com efeito, buscando ser precisos, multiplicam adjetivos e ideias, correndo o risco de interrogar várias dimensões ao mesmo tempo. Quando perguntamos, por exemplo, "Seus vizinhos são discretos e respeitosos?", efetivamente são duas questões que colocamos: uma sobre a discrição e outra sobre o respeito. Mesmo visando a precisar a fala, o acréscimo do termo "respeitoso" na realidade embaralha a questão – e, portanto, a resposta do pesquisado, ficando-se sem saber a qual dos dois adjetivos a resposta reenvia. Alguns poderão certamente estimar, neste exemplo, que estes dois adjetivos são próximos e se esclarecem mutuamente..., mas esta estimativa não é necessariamente compartilhada por todos e, mais problemático ainda, ela corre o risco de variar segundo as características dos indivíduos e segundo o contexto (e, subsequentemente, de falsear a análise). Este tipo de erro (o fato de existir várias ideias ou várias interrogações numa mesma questão) é na realidade muito frequente, tanto mais que ele reenvia aos pressupostos do pesquisador (no caso presente, no exemplo dado, ao fato de considerar que a discrição é um sinal de respeito). Mas sabe-se também que dedicando tempo e atenção suficiente a este fato, a redação de um questionário pode tornar-se uma ocasião suplementar para o pesquisador interrogar suas próprias representações do objeto de estudo e aprofundar sua problemática de pesquisa.

A precisão das questões passará, pois, por aquela dos termos empregados. Ela passará igualmente por indicações explícitas quanto aos períodos de tempo, ao espaço, às pessoas abordadas etc. A questão "Qual é vossa renda?", por exemplo, é muito imprecisa e não saberia recolher informações exploráveis: estamos falando da renda da pessoa interrogada ou da renda cumulativa do casal?

Das rendas do trabalho ou do conjunto das fontes de renda? Da renda bruta ou líquida, antes ou depois de descontados os impostos etc.

A fim de minimizar o efeito de sugestão que determinadas questões podem ter, o vocabulário será igualmente escolhido privilegiando termos neutros ao invés de termos excessivamente conotados (de forma positiva ou negativa) que correriam o risco de engendrar uma atração ou, ao contrário, uma rejeição a determinadas modalidades de resposta. Se, de uma maneira geral, é prejudicial utilizar termos com uma forte conotação afetiva, pior seria se eles somente fossem empregados em uma (e somente uma) das modalidades propostas. Trata-se igualmente de deixar o pesquisado à vontade, evitando termos que o constrangem. A expressão "sem visto de estadia válido", por exemplo, é mais simpática que "estrangeiro clandestino" ou "ilegal". A formulação das questões, além disso, pode influenciar a propensão a declarar atitudes ou comportamentos desvalorizados, isto é, reprovados socialmente. Perguntar às pessoas se elas "trabalham clandestinamente" geralmente engendra uma subdeclaração deste tipo de atividade. Preferir-se-á então uma declaração deste tipo: "Você exerce sua profissão...: 1) Como autônomo; 2) Como assalariado; 3) Auxiliando um próximo em seu trabalho sem ser assalariado; 4) Sem contrato de trabalho". O princípio é o de utilizar a expressão a mais neutra possível para designar o comportamento ou a atitude a apreender, e de integrá-la à questão enquanto modalidade de resposta equivalente às outras; e, seja como for, as questões referindo-se aos temas ditos sensíveis não devem ser colocadas em início de questionário.

A ordem das questões

A ordem das questões é igualmente importante. De um lado, trata-se de deixar o pesquisado à vontade e confiante. Para tanto, as questões difíceis ou sensíveis, as que imaginamos suscitar algumas reticências (na França, é o caso, p. ex., das questões sobre o montante de rendas), não serão feitas no início da entrevista. Começar-se-á antes por temas que simultaneamente interessam aos pesquisados e que não os implicam de maneira demasiadamente íntima ou pessoal.

De outro lado, a ordem das questões é suscetível de influenciar as respostas – notadamente porque cada uma assume um sentido particular em função de seu contexto, isto é, das questões abordadas previamente. Os temas evocados precedentemente, assim como as respostas dadas, colocam, acima de tudo, os pesquisados num certo estado de espírito e influenciam (de forma geralmente inconveniente) suas respostas ulteriores. Além disso, as pessoas tendem geralmente, e sem necessariamente ter consciência, a dar uma determinada coerência a suas falas. Tomemos, por exemplo, a questão: "Hoje, você se sente bem em seu bairro?" Provavelmente as respostas dadas serão globalmente diferentes se colocadas na introdução do questionário ou após uma série de questões sobre a vida no bairro. Não existem, obviamente, opções ótimas *a priori*. Decidir-se-á em função daquilo que se busca: obter uma apreciação geral e quase "espontânea" sobre o bairro, ou uma apreciação mais refletida que considera as diferentes dimensões sobre as quais o pesquisado já foi previamente interrogado (p. ex., as relações com os vizinhos, a oferta de serviços no bairro, as instalações culturais e esportivas, a limpeza das ruas etc.).

É preferível distanciar (intercalando outras questões) duas questões, quando a primeira corre o risco de influenciar fortemente a resposta da segunda. Mas isso nem sempre é possível – particularmente porque convém prestar atenção à outra exigência: que as questões sejam agrupadas por grandes temas a fim de preservar uma determinada lógica no questionamento e para que o pesquisado não tenha o sentimento de responder às mesmas interrogações várias vezes. De uma maneira geral, com efeito, o questionário será tanto mais aceito quanto mais as pessoas perceberem em seu desenrolar uma continuidade e uma coerência – não tendo o sentimento de "saltar de galho em galho" ou voltar sem cessar a temas já abordados.

Seja como for, guardaremos ao espírito este efeito de "entorno" das questões não somente por ocasião da concepção do questionário, mas igualmente por ocasião da análise dos dados. É particularmente relevante pensar nisso quando se compara as respostas a uma mesma questão feita em pesquisas diferentes: embora redigida de forma estritamente similar, nunca se trata verdadeiramente da mesma questão quando seu contexto difere[30].

A formulação das questões

Algumas regras na formulação das questões podem, por outro lado, limitar o que L. Mucchielli chama de "deformações involuntárias" da realidade pelos respondentes. Diferentes trabalhos, conduzidos notadamente por psicólogos e psicossociólogos, sublinharam a tendência, mais ou menos inconsciente, dos pesquisados em de responder mais em função daquilo que imaginam que o entrevistador (ou o pesquisador) espera deles, ou em função daquilo que pensam que este valoriza. Paralelamente, suas falas sempre correm o risco de ser manchadas por uma "obliquidade de desejabilidade social": preocupados em aparecer como normais – leia-se, em valorizar-se –, eles tenderiam (lá ainda de maneira mais ou menos intencional) a minimizar determinadas características desacreditadas ou embaraçosas. Outra dificuldade vincula-se à "obliquidade de aquiescência" – isto é, à tendência de responder mais frequentemente pela afirmativa que pela negativa, e a ser mais frequentemente concordes que discordes em relação às proposições submetidas.

---

30. Cf., p. ex., as diferentes hipóteses avançadas por Michel Gollac para explicar a evolução importante das respostas dadas, com sete anos de intervalo, a uma mesma questão sobre as condições de trabalho: GOLLAC, M. "Des chiffres insensés? – Pourquoi et comment on donne un sens aux données statistiques". *Revue Française de Sociologie*, vol. 38, n. 1, 1997, p. 5-36.

Nestas condições, a formulação mesma das questões (assim como sua enunciação pelo entrevistador eventual) tenderá de um lado a não indicar nenhuma expectativa particular, e de outro a não deixar transparecer nenhuma hierarquia das respostas. Em outros termos: nenhuma modalidade de resposta proposta aparecerá como desacreditada ou favorecida.

Isso passa notadamente pelo equilíbrio das questões e por aquele das respostas pré-codificadas. A lista dos itens propostos como modalidades de resposta não é efetivamente neutra. Os pesquisados, conscientemente ou não, interpretam. Ali eles podem perceber indicações quanto às modalidades legítimas e ilegítimas – ou indicações sobre o que o entrevistador (ou pesquisador) espera. Consideremos, no box abaixo, a formulação A. Propondo quatro adjetivos positivos e um único negativo (ademais, situado por último), a questão corre o risco de fazer pensar que o pesquisador estima anormal ter uma opinião negativa sobre seu médico. Sobretudo, esta formulação oferece menos possibilidades de exprimir descontentamento que satisfação[31].

Urge, portanto, fazer com que a lista das respostas propostas reflita tanto as opiniões favoráveis quanto as desfavoráveis à questão colocada – tanto itens positivos quanto negativos, tanto modalidades concordes quanto discordes com a proposição. Vários pesquisadores recomendam, quando uma série de proposições é submetida ao pesquisado, alternar as proposições favoráveis e desfavoráveis ao objeto questionado. Tratar-se-á, portanto, de privilegiar a formulação C à formulação B. Isso, de um lado, permite não instaurar um clima que leve a pensar que é *normal* estar satisfeito com seu médico e, de outro, opor-se à tendência à aquiescência. Isso encoraja enfim o pesquisado a refletir sobre cada proposição antes que "instalar-se em uma rotina" onde suas respostas se tornam sistemáticas (sempre concordes ou sempre discordes com as frases apresentadas).

Box

Formulação A

"Qual é ou quais são as características principais de seu médico de família?

1) Competente

2) Amável

3) Devotado

4) Pontual

5) Austero

6) Outra

---

[31]. Para além deste problema, esta questão mostra-se extremamente malformulada por muitas outras razões, notadamente porque ela reenvia a várias dimensões (heteróclitas e não exaustivas) da relação com o médico, mas não permite emitir um parecer desfavorável senão em uma dentre elas. Todas as posições em relação ao objeto questionado, portanto, não podem ser manifestadas.

Formulação B

Eis uma série de proposições relativas ao seu médico de família. Para cada uma delas, você diria estar totalmente de acordo, de acordo, em desacordo, ou completamente em desacordo com ela?

Seu médico de família é amável
1) Totalmente de acordo; 2) Antes de acordo; 3) Antes em desacordo; 4) totalmente em desacordo

Seu médico de família é competente
1) Totalmente de acordo; 2) Antes de acordo; 3) Antes em desacordo; 4) Totalmente em desacordo

Seu médico de família passa suficientemente tempo com você por ocasião das consultas
1) Totalmente de acordo; 2) Antes de acordo; 3) Antes em desacordo; 4) Totalmente em desacordo

Você tem boas relações com seu médico de família
1) Totalmente de acordo; 2) Antes de acordo; 3) Antes em desacordo; 4) Totalmente em desacordo

Seu médico de família é facilmente acessível
1) Totalmente de acordo; 2) Antes de acordo; 3) Antes em desacordo; 4) Totalmente em desacordo

Formulação C

Eis uma série de proposições relativas ao seu médico de família. Para cada uma delas, você diria estar totalmente de acordo, de acordo, em desacordo, ou completamente em desacordo com ela?

Seu médico de família é competente
1) Totalmente de acordo; 2) Antes de acordo; 3) Antes em desacordo; 4) Totalmente em desacordo

Seu médico de família nem sempre é amável
1) Totalmente de acordo; 2) Antes de acordo; 3) Antes em desacordo; 4) Totalmente em desacordo

Seu médico de família passa suficientemente tempo com você por ocasião das consultas
1) Totalmente de acordo; 2) Antes de acordo; 3) Antes em desacordo; 4) Totalmente em desacordo

Você tem boas relações com seu médico de família
1) Totalmente de acordo; 2) Antes de acordo; 3) Antes em desacordo; 4) Totalmente em desacordo

Seu médico de família é dificilmente acessível
1) Totalmente de acordo; 2) Antes de acordo; 3) Antes em desacordo; 4) Totalmente em desacordo

A fim de minimizar os efeitos da atração pelas respostas positivas ("sim", "de acordo"...), deve-se evitar as questões sugerindo como resposta "sim" ou "não", preferindo as que propõem no título opções simétricas. Por exemplo, antes que perguntar: "Sua relação com seu médico de família é boa? sim/não", optar-se-á por um enunciado do tipo: "Você diria que sua relação com seu médico de família é: totalmente boa, antes boa, antes ruim ou totalmente ruim?" Esta operação exige prudência, pois, se aparenta ser fácil encontrar o oposto do termo "bom", o mesmo não ocorre para todos os nomes ou adjetivos que gostaríamos de interrogar. Ora, se os dois termos propostos não são na realidade antônimos um do outro, de fato são duas questões que estamos colocando em uma só – o que é, como vimos, prejudicial à análise.

Geralmente é oportuno propor respostas nuançadas, como aqui com a distinção entre "totalmente" e "antes". Esta nuança pode ser introduzida em termos de intensidade, mas também em termos de frequência ("sempre, frequentemente, de vez em quando, raramente ou jamais"), ou em termos de grau de acordo ("totalmente de acordo, antes de acordo, antes em desacordo, totalmente em desacordo"). Mesmo se, no momento da análise, os dados geralmente são reagrupados em duas modalidades ("totalmente ou antes de acordo" de um lado e "totalmente ou antes em desacordo de outro), uma gama de itens mais vasta e incluindo opiniões mais nuançadas permite aos pesquisados que não teriam uma opinião categórica de exprimir-se. Tomemos o exemplo de uma pessoa pouco segura de si ou não tendo críticas radicais a emitir contra seu médico. Sem dúvida lhe será mais difícil de emitir uma opinião desfavorável sobre sua relação se sua escolha se limita a "boa" o "ruim", antes que se ela pudesse responder "antes ruim" ou "totalmente ruim".

A nuança dos itens propostos apresenta igualmente o interesse em favorecer respostas constituindo objeto de desaprovação social (ou se os pesquisados pensam que tais respostas os desvalorizam). É menos penoso para o pesquisado admitir um comportamento estigmatizado quando ele pode precisar que isso lhe ocorre "às vezes", ou "de vez em quando"... Outro meio para facilitar a manifestação de atitudes ou de comportamentos desvalorizados: pode-se também considerar, em determinados casos, introduzir a questão por uma frase visando a descomplexar esta expressão. Precisar-se-á então, por exemplo: "Ocorre a diferentes pessoas de completar suas rendas por pequenos serviços sem contrato de trabalho..." antes de pôr a questão: "Você mesmo, ao longo dos últimos doze anos, já lhe ocorreu de trabalhar sem contrato de trabalho?"

O grau de esforço exigido aos respondentes

Responder a uma pesquisa não é uma postura anódina. Independentemente de tudo o que reenvia à situação da conversação, onde o entrevistado confia informações pessoais (diretamente ou por meio de um questionário autoadministrado) a uma pessoa desconhecida possuindo um estatuto particular, o exercício demanda aos respondentes um determinado esforço cognitivo que convém considerar não somente no momento da elaboração do questionário, mas também por ocasião da análise dos dados.

Mesmo tendo boa vontade, sendo sincero e cooperativo, o entrevistado não sabe necessariamente responder às questões que lhe fazemos. É frequentemente o caso das sondagens de opinião, já que o entrevistado pode não ter nenhuma opinião sobre o tema a respeito do qual é interrogado. Mas este pode ser também o caso das pesquisas relativas à própria vida do entrevistado. As questões que demandam uma resposta cifrada, em particular, às vezes suscitam longas hesitações, já que a pessoa nem sempre tem presente o conjunto dos elementos que lhe permitiriam responder de forma exata. O domínio de interesse do pesquisador, com efeito, não interessa necessariamente ao pesquisado, e este nem sempre calcula regularmente aquilo que o pesquisador gostaria de quantificar.

As respostas dadas devem assim ser apreendidas com prudência. Seu grau de precisão pode ser variável – de uma questão à outra, de um indivíduo à outro, de um grupo social à outro... Embora, para certas questões, as respostas obtidas não devam ser vistas como fatos objetivados, mas antes como uma opinião subjetiva dos respondentes sobre um fato dificilmente quantificável. Pense-se, por exemplo, na questão evocada por Nicole Berthier: "Quantos livros você tem em sua biblioteca?"[32] É raro que as pessoas saibam precisamente quantos livros possuem... As questões retrospectivas igualmente são submetidas a eventuais obliquidades de memória (sem falar da reconstrução e da racionalização que cada indivíduo faz dos acontecimentos do passado). Os fatos antigos ou pouco marcantes são particularmente suscetíveis de ser mal-informados, já que em parte esquecidos[33].

A elaboração do questionário esforçar-se-á, portanto, no sentido de ajudar o pesquisado a dar respostas as mais fiáveis possíveis. Primeiramente não exigindo maior precisão do que as pessoas podem dar (prevendo inclusive uma resposta "não sei" para as perguntas que elas não saberiam responder). Para as questões retrospectivas, além disso, o risco de erros de memória é tanto maior quanto mais extensa a distância do período de referência. Esta será, pois, determinada em função da frequência dos acontecimentos e de sua importância aos olhos dos pesquisados. Assim, se pretendemos interrogar uma pessoa sobre o número de mudanças de casa que ela viveu ao longo dos cinco últimos anos, seria supérfluo perguntar-lhe quantas vezes ela, ao longo deste mesmo perío-

---

32. BERTHIER, N. *Les techniques d'enquête en sciences sociales corrigés*. 3. ed. Paris: Armand Colin, 2006.

33. A memória dos pesquisados é igualmente exigida quando lhes apresentamos uma longa lista de modalidades de respostas pré-codificadas. Para além de quatro ou cinco itens, a lista é dificilmente memorizada, o que reforça a atração pelas primeiras e pelas últimas modalidades citadas.

do, encontrou-se com seus vizinhos. A frequência destes encontros será antes apreendida ao longo da semana, ou mesmo da jornada precedente à pesquisa.

Decompor os cálculos a realizar constitui em seguida um bom meio de aproximar as cifras investigadas. Concernindo as rendas do casal, por exemplo, seria mais eficaz não propor uma única questão global, mas interrogar separadamente cada fonte de renda potencial (os salários, os subsídios desemprego, os subsídios familiares, os auxílios sociais, os auxílios fornecidos pela família, as rendas de capital etc.), e em seguida fazer a soma. Propor "fatias" de respostas antes que querer alcançar cifras precisas pode igualmente facilitar a coleta de dados. Em uma pesquisa feita em Île-de-France[34], optamos por este modo de interrogação concernindo à frequência das relações mantidas com vizinhos, colegas, amigos e diferentes membros da família: "Com qual frequência você mantém contatos 'face a face' com seu pai? Várias vezes por semana; uma ou duas vezes por mês; todos os dois ou três meses; menos frequentemente, mas pelo menos uma vez por ano; mais raramente; nunca". Para ser mais preciso ainda e evitar obliquidades de memória, algumas pesquisas se apoiam no procedimento da "caderneta". Trata-se de fornecer ao entrevistado uma caderneta na qual ele deve anotar, diariamente, cada um dos comportamentos interrogados[35].

Redigir um questionário, seja qual for para o pesquisador, supõe fazer concessões recíprocas entre, de um lado, seus desejos relativos à amplitude e à precisão das informações a obter e, de outro, a realidade daquilo que as pessoas entrevistadas podem – e também aceitam – desvelar.

A execução de uma pesquisa por questionário é às vezes percebida como um momento prévio à pesquisa sociológica. Ela na realidade é uma de suas fases essencial. De um ponto de vista metodológico, ela o é com certeza, já que a qualidade das informações colhidas se decide por ocasião de cada uma das etapas da pesquisa. Mas igualmente e, sobretudo, ela o é de um ponto de vista científico, à medida que estas informações são fruto de um processo de construção, mais ou menos objetivado[36]. Os dados colhidos efetivamente sempre refletem um único aspecto da realidade social estudada.

Contrariamente às pesquisas por entrevistas, esta metodologia só permite obter como informações as fornecidas em resposta às únicas questões inicialmente previstas no questionário. As opções feitas por ocasião da realização deste

---

34. Pesquisa realizada no quadro do programa Sirs (Saúde, desigualdades e rupturas sociais).

35. O Irdes propõe, p. ex., este tipo de questionário para destacar o consumo de medicamentos e a compra de remédios sobre um período de um mês. O Insee também utiliza este modo de questionamento em suas pesquisas "Emprego do tempo". Esta metodologia permite obter resultados bastante precisos, mas ela é particularmente constrangedora para os entrevistados.

36. Nesse sentido, a expressão "coleta dos dados" pode ser enganosa, já que ela deixa supor que os dados se deixam apreender em estado puro, quando efetivamente são construídos: pelo pesquisador, pelo entrevistador, pelo entrevistado etc.

determinam assim que aspecto do objeto de estudo será analisado, assim como a forma com a qual ele será esclarecido. Estas opções engajam igualmente, por consequência, a natureza dos resultados que poderão ser produzidos. Desde então é essencial, antes de iniciar uma pesquisa dessas, já dispor de hipóteses e informações sobre o objeto de estudo. Por essa razão (mas também porque cada método aporta elementos de conhecimento de tipo diferente), o recurso à pesquisa por questionário se fará em complementaridade estreita com os outros tipos de instrumentos de questionamento, em particular qualitativos.

6
Conduzir uma entrevista de face a face

Janine Barbot

A pesquisa por entrevista é um modo de investigação cujo enunciado encontra dificuldades específicas. Pelo fato de ter-se largamente expandido em uma diversidade de abordagens sociológicas, hoje a entrevista não parece mais distintiva de uma corrente de pesquisa particular. Seus usos se multiplicaram e, em um bom número de pesquisas, a entrevista tornou-se uma referência padrão, suposta a prestar contas de modalidades de coleta dos materiais que, de fato, mostram-se muito heterogêneos. É difícil, no quadro limitado de um capítulo, apresentar a diversidade dos usos da entrevista e esclarecer os debates particularmente vivos suscitados[37]. Trata-se especialmente de propor uma maneira de construir uma *postura de pesquisador* na entrevista de face a face, tornando explícitas as considerações teóricas que sustentam esta postura, e de explorar suas consequências práticas.

A postura do pesquisador e a dupla "filiação" da entrevista

A postura do pesquisador na entrevista de face a face foi frequentemente abordada em referência a uma dupla "filiação". A da psicologia clínica, primeiramente, com os princípios do *client-centered-intervuew*, formulados por Carl Rogers[38]. Rompendo com a prática do interrogatório clínico que visa a recensear junto ao paciente os dados julgados necessários ao estabelecimento de um

---

37. Várias obras oferecem sobre este ponto recursos importantes, notadamente DEMAZIÈRES, D. & DUBAR, C. *Analyser les entretiens biographiques*. Paris: Nathan, 1997. Por outro lado, o estudo das reações concernindo a obra coletiva dirigida por Pierre Bourdieu (*La misère du monde*. Paris: Le Seuil, 1993 [Petrópolis: Vozes, 9. ed., 2012] dá um apanhado das implicações teóricas quanto ao uso da entrevista.

38. A referência a Carl Rogers impôs-se após a publicação, na *American Journal of Sociology*, de seu artigo intitulado "The nondirective method as a technique for social research", vol. 50, n. 4, 1945, p. 279-283.

diagnóstico, tratava-se doravante, para o terapeuta, de construir as condições mais ajustadas a fim de tornar o paciente ativo na exploração dos problemas dos quais ele era acometido. É construindo um "espelho verbal", manifestando a seu paciente uma atenção positiva e incondicional, provando empatia, que o terapeuta deve permitir-lhe o acesso "à sua própria verdade". A referência aos princípios da entrevista rogerianos contribuiu para equipar utilmente a postura do entrevistador. No entanto, é comparando os dois tipos de entrevistas que as facetas, bem particulares, da entrevista sociológica aparecem. Enquanto a relação terapêutica é iniciada a pedido do paciente, na pesquisa sociológica é o pesquisador que provoca o encontro. Assim procedendo, ele deve preparar verdadeiras *estratégias de interesse,* notadamente para obter o consentimento do entrevistado. O pesquisador deve igualmente construir o quadro de um encontro que, como ainda o veremos, não tem nada de análogo com o dispositivo colocado ao redor do gabinete médico do terapeuta. Contrariamente ao esquema da cura, a entrevista sociológica se inscreve, aliás, em uma gestão do tempo limitado, e o pesquisador deverá organizar, o mais frequentemente no espaço de um único encontro, a coleta de um material denso. Ele será confrontado com uma tensão maior entre deixar o entrevistado explorar à sua guisa o tema que lhe é proposto e tornar a enquadrá-lo, se ele parece afastar-se demasiadamente do tema. Pois a entrevista sociológica não persegue uma finalidade terapêutica, mas um objetivo de pesquisa determinado. E para tanto o entrevistador deverá estar equipado de instrumentos específicos.

A postura do pesquisador tem igualmente sido abordada em referência a uma segunda filiação da entrevista: a das grandes pesquisas sociais que, no final do século XIX, se dedicaram, na Europa e nos Estados Unidos, às condições de vida dos pobres citadinos. Rompendo com a tradição do interrogatório social pelo qual o observador "visitava" os pobres em companhia de um representante da ordem, a fim de avaliar suas condições de higiene e suas práticas educativas, a pesquisa social deslocou-se na direção das formas de interrogação mais abertas. O consentimento dos pesquisados impôs-se, lá onde a coerção reinava. E concedendo aos pesquisados um papel mais ativo na definição do sentido que eles davam às suas práticas, a entrevista surgiu como um instrumento mais ajustado que o interrogatório para obter informações não falsificadas. Mas a pesquisa social permaneceu longamente ancorada numa perspectiva bastante descritiva e os princípios da entrevista sociológica foram pouco formalizados, inclusive pela primeira Escola de Chicago que fez deles um uso intensivo[39].

---

[39]. Estas evoluções foram analisadas notadamente na obra recente de Daniel Cefaï: *L'enquête de terrain.* Paris: La Découverte, 2003.

A postura do pesquisador na perspectiva indutiva

São os promotores da *Grounded Theory* que, em ruptura com o modelo hipotético-dedutivo, vão formular os princípios da perspectiva indutiva na qual se ancora a abordagem da postura do pesquisador que aqui desenvolveremos[40]. Contrariamente ao raciocínio hipotético-dedutivo segundo o qual a pesquisa se desenvolve por etapas sucessivas (formulação de hipóteses, coleta de informações, validação), a postura indutiva responde a uma dinâmica de idas e vindas, de ajustamentos constantes entre a formulação das hipóteses de pesquisa, a elaboração das categorias conceituais, a análise e a acumulação progressiva dos dados oriundos do campo de pesquisa. Para os defensores da postura indutiva, é impossível definir *a priori* o número e as características dos pesquisados a selecionar para as entrevistas. O princípio a reter é o da *amostragem teórica*. Na escolha das pessoas a entrevistar, o pesquisador não está em busca de uma representatividade no sentido estatístico; ele busca antes identificar e explorar, à medida da acumulação dos dados e do trabalho de análise, as *situações contrastadas* que vão lhe permitir arquitetar um quadro teórico. Nesta ótica, a pesquisa se desloca à medida que cada nova situação explorada produz um conjunto de elementos pertinentes à análise. A pesquisa para, ao ponto de saturação, quando os dados novos não parecem mais inflectir o quadro teórico progressivamente elaborado. Seguindo estes desenvolvimentos, doravante o pesquisador poderá apoiar-se em um conjunto de princípios suscetíveis de orientar suas práticas. Falta, no entanto, dotar este pesquisador de instrumentos que lhe permitirão abordar concretamente seu campo de pesquisa e conduzir suas entrevistas. Trata-se então de evitar um duplo perigo.

A postura do pesquisador: evitar um duplo perigo

Urge evitar, de um lado, o *metodologismo* que, frequentemente guiado pela preocupação de neutralizar as obliquidades ligadas ao contexto de enunciação e à posição do pesquisador[41], levar à prescrição de práticas dificilmente compatíveis com este modo de investigação. Planificar estritamente o quadro de um encontro, montar o caderno de encargos dos temas a escolher, focalizar-se na matriz técnica de cada uma de suas intervenções revela-se contraproducente quando o pesquisador deve empenhar-se em tornar o pesquisado ativo e a

---

40. Os trabalhos apoiando-se em uma postura indutiva se referem o mais frequentemente ao texto "fundador" de Anselm Strauss e Barney Glaser: *The Discovery of Grounded Theory* – Strategies for Qualitative Research. Chicago: Aldine, 1967.

41. Esta preocupação com a neutralização das obliquidades foi prospectada, notadamente, por Jean Poupart ("Discours et débats autour de la scientificité des entretiens de recherche". *Sociologie et Sociétés*, vol. 25, n. 2, 1993, p. 93-110) e Loïc Blondiaux ("L'invention des sondages d'opinion: expériences critiques et interrogations méthodologiques (1935-1950)". *Revue Française de Science Politique*, vol. 41, n. 6, 1941, p. 756-780).

explorar progressivamente as perspectivas emergentes. Por outro lado trata-se, em nome da crítica ao metodologismo, de evitar enclausurar o discurso sobre a entrevista em uma perspectiva *relacional* e *experiencial* na qual o pesquisador calejado, evocando a irredutibilidade das condições do campo e a natureza específica de cada objeto de pesquisa, simplesmente empenha-se em dispensar aos noviços conselhos baseados em uma prática sempre considerada singular. As formas de generalização se limitam então em afirmar a primazia das qualidades "humanas" do pesquisador nas interações do face a face e em acentuar a experiência de campo como o único modo de aquisição de uma habilidade (*savoir- -faire*) toda pessoal. Abordaremos a postura do pesquisador como um conjunto estável e coerente de instrumentos e de práticas mobilizáveis para cada pesquisa: da definição do quadro da entrevista à sua preparação e ao seu desenrolar.

Ajustar e negociar: a definição do quadro da entrevista

Apresentar-se e apresentar seu objeto de estudo, conseguir o consentimento do pesquisado ou fixar o lugar e o momento do encontro: nos diferentes estágios da pesquisa por entrevista, a linguagem do ajustamento e a linguagem da negociação progressivamente se impuseram na qualificação da postura do pesquisador. Examinemos algumas destas operações.

Apresentar sua postura e tornar seu objeto de estudo apresentável

A maneira de apresentar-se depende das modalidades de contato com os pesquisados. Estas podem ser muito diversas. Podemos distinguir os contatos feitos, notadamente, quando o pesquisador e o pesquisado compartilham um determinado *grau de proximidade*. Esta proximidade é vinculada, por exemplo, ao fato de eles se encontrarem em lugares que constituem, para o pesquisador, locais de observações etnográficas. Neste quadro, a entrevista se inscreve em uma dinâmica particular, em continuidade de uma copresença[42]. Abordaremos aqui a situação na qual o contato é feito, ao contrário, com um *grau de distância* importante entre pesquisador e pesquisado: quando, por exemplo, o pesquisador tenta marcar um encontro, por telefone, com uma pessoa da qual ele é até então totalmente desconhecido e sem poder prevalecer-se de qualquer vínculo. Alguns manuais tentaram montar o caderno dos encargos que o pesquisador deveria então preencher para fornecer ao pesquisado todas as informações requeridas a fim de obter seu acordo para um encontro:

> Bom dia! Eu me chamo... Sou estudante de... Trabalho sobre... Gostaria de falar-lhe de... Obviamente, a entrevista será confidencial... Seu nome não será... A entrevista deve durar em torno de... Ela será gravada, mas você pode... Você aceitaria...?

---

[42]. Reenviamos aqui à obra de Stéphane Beaud e Florence Weber: *Guide de l'enquête de terrain*. Paris: La Découverte, 2003.

Podemos ficar impressionados com o grande formalismo desta apresentação. Como se a ausência de interconhecimento prévio levasse (ou reduzisse) o pesquisador a usar um procedimento padronizado para fazer contato com o pesquisado. Se, desde as primeiras palavras, o pesquisado consegue entrever o motivo de um convite, todos os elementos de um caderno de encargos não precisam ser apresentados de cara. O acordo do pesquisado sobre o princípio da entrevista não supõe uma adesão imediata a todas as modalidades da pesquisa, e geralmente será mais fácil introduzir a eventualidade de uma gravação somente a partir do momento em que o acordo for consentido e a relação da pesquisa for bem-compreendida. Assim, desde o contato feito, o pesquisador deverá tentar engajar um intercâmbio com o pesquisado. Para tanto, ele pode antecipar as questões que necessariamente vêm à mente do pesquisado, notadamente: o "Por que eu?" O pesquisador pode tentar personalizar a expectativa do entrevistado, às vezes sob a base de fracos indícios: "Eu o estou contatando porque encontrei suas coordenadas no site/internet da associação de fulano. – Você está engajado na... Eu sou sociólogo e gostaria de falar com você sobre..." No entanto, todas as razões de contatar o pesquisado não seriam igualmente *apresentáveis*, da mesma forma que a apresentação de todo objeto de estudo não transcorreria necessariamente de forma evidente. Far-se-ia necessário ajustá-las. Assim, em minha pesquisa sobre o impacto dos processos sobre as práticas dos profissionais da saúde, a fim de não induzir um discurso reativo (de não construir eu mesma o objeto que pretendia estudar), optei por fazer contato com médicos, falando de um estudo sobre as transformações das condições de trabalho em sua profissão[43].

Fazer frente às "propostas de recusa" de entrevista

Desde o momento em que um pesquisado é identificado dentre as "pessoas a contatar", o pesquisador deve empenhar-se a fim de obter seu consentimento. Não conseguindo, ele poderá tentar esclarecer as razões ou as circunstâncias de sua recusa, engajando o intercâmbio. De fato, os indivíduos não são intercambiáveis e as recusas de entrevista podem recobrir situações particulares a propósito do objeto da pesquisa[44]. Mas é importante, desde o início, que o pes-

---

43. Esta escolha apoiava-se igualmente em uma análise crítica dos métodos empregados em um bom número de trabalhos que forjaram o conceito de "medicina defensiva" para prestar contas das reações dos médicos diante dos processos judiciais nos Estados Unidos. Cf. BARBOT, J. & FILLION, E. "La 'médicine défensive': critique d'un concept à success". *Sciences Sociales et Santé*, vol. 24, n. 2, 2006, p. 7-33. • BARBOT, J. "Soigner en situation de risque judiciaire – Responsabilité médicale et refus de transfusion". *Revue Française de Science Politique*, vol. 8, n. 6, 2008, p. 985-1.014.

44. Poderíamos reenviar ao trabalho de Gérard Mauger que, apoiando-se em sua pesquisa junto aos jovens das cidades, analisou as recusas de entrevista interpretadas por ele como uma maneira dos jovens mais necessitados de fugir de uma situação de quase exame que, a seus olhos, constitui a entrevista ("Enquêter en millieu popular". *Genèses*, n. 6, 1991, p. 125-143). Em outra

quisador não considere muito precipitadamente encontrar-se diante de uma recusa, da parte do pesquisado. Embora existam sinais que não enganam (quando alguém desliga o telefone na cara, ou põe o pesquisador porta afora), o mais frequentemente os pesquisados mais sinalizam *propostas de recusa* que recusas categóricas. Quando o tom permanece cordial, diante de um "eu não acredito poder lhe aportar alguma coisa", "tudo isso não serve pra nada", "O que me acrescenta sua pesquisa?", o pesquisador nunca deve abandonar este intercâmbio. E se uma proposta de recusa se *confirmar*, e o pesquisador não conseguir exercer um papel ativo nesta confirmação? Vale lembrar que, em sua proposta de recusa, o pesquisado frequentemente fornece elementos de informações que permitem ao pesquisador ganhar um novo impulso. Assim ocorre, por exemplo, nos enunciados frequentes através dos quais as pessoas evidenciam não ter "competência para falar de...", que é melhor "dirigir-se à..." (tal sindicato, tal associação, tal perito). Estes enunciados podem ser facilmente contrariados. O pesquisador deve tentar então convencer o pesquisado: "O que me interessa realmente é saber como os médicos vivem cotidianamente em um hospital", "é a vida cotidiana das pessoas no hospital que me interessa..." etc. O pesquisador faz assim compreender que ele não situa as "competências" em uma escala social, ou em uma alternativa entre os que sabem e os que não sabem, mas que o pesquisado dispõe, para dizê-lo naturalmente, do tipo de competências requeridas pela pesquisa. Se nem sempre ele consegue convencer o pesquisado a aceitar a entrevista, o pesquisador sempre acaba dispondo de matéria para melhor compreender a recusa do pesquisado. Por isso ele não deve sentir-se petrificado *a priori* diante da inconveniência de dever insistir: a entrevista sociológica é uma forma de investigação inabitual, e é no intercâmbio com o pesquisado que o pesquisador poderá precisar melhor sua natureza. Aliás, as propostas de recusa são de ordem muito diversa, e as maneiras de insistir igualmente. Assim, em outros casos, diante de um pesquisado reticente e que não "dispõe de tempo", é frequentemente insistindo que o pesquisador *testará* certas qualidades que acabam tornando-se decisivas aos olhos do pesquisado (convicção, tenacidade, engajamento). Então, insistir ou não insistir? A não insistência não deve mascarar, a pretexto de respeito, a condescendência social ou a falta de habilidade do pesquisador. A insistência igualmente nunca deve servir-se, a pretexto de explicitação, da moralização do pesquisado ou das estratégias de intimidação.

Negociar o quadro do encontro

Uma vez a entrevista aceita, o pesquisador, outorgando, por princípio, ao pesquisado, a liberdade de fixar o quadro do encontro, o orienta de modo fle-

---

perspectiva, Muriel Darmon estabeleceu um vínculo entre a recusa de entrevista de um psiquiatra e a maneira com a qual o segmento da psiquiatria, representado pelo pesquisado, aborda o lugar da sociologia no discurso sobre a doença mental ("Le psychiatre, le sociologue et la boulangère: analyse d'un refus de terrain". *Genèses*, n. 58, 2005, p. 98-112).

xível na direção das opções que lhe parecem mais adaptadas. Desde o primeiro contato, o pesquisador evitará, com efeito, formular *prescrições* sobre o lugar, a hora e a duração da entrevista. Entretanto, ele deve empenhar-se a fim de demonstrar ao pesquisado uma certa disponibilidade e para torná-lo ativo na organização do encontro; ele manifestará suas preferências no ajustamento das datas e dos locais do encontro. É este sentido que damos ao verbo negociar. O quadro da entrevista e mais particularmente o lugar e o momento do encontro influenciam efetivamente na relação que vai se estabelecer entre o pesquisador e o pesquisado e, portanto, na natureza dos materiais recolhidos. Estes elementos foram objeto de inúmeras investigações, notadamente no domínio da psicologia experimental. Um estudo de Blanchet, frequentemente citado, abordou o efeito do lugar do encontro sobre a produção discursiva da criança[45]. Nesse estudo, crianças sorteadas ao acaso foram divididas em três grupos e entrevistadas, segundo um protocolo estrito, em três espaços escolares diferentes: na sala de aula, no gabinete médico e no pátio de recreação. O mesmo pesquisador lhes tinha pedido que falassem de sua relação com a escola, empregando rigorosamente as mesmas instruções formais e os mesmos estímulos. Os resultados mostraram diferenças importantes tanto na quantidade das falas recolhidas quanto nos temas abordados e na estrutura dos discursos. Foi igualmente feita a demonstração do impacto do momento da entrevista sobre as conversas recolhidas. Para a sociologia é inútil trabalhar na obsessão das obliquidades; uma situação de pesquisa não persegue o mesmo objetivo que um protocolo experimental visando a avaliar o impacto de um fator pela tentativa de neutralização dos que participam na definição da situação. No entanto, o pesquisador não pode fazer economia de uma reflexão, a partir de seu objeto de estudo singular, sobre o conjunto de coerções que pesam sobre o ato de assumir a palavra do pesquisado ou favorecem a enunciação e sobre as condições materiais e morais do encontro[46].

Negociar o local da entrevista: como tornar-se "convidado"

Uma vez delimitas suas preferências, como o entrevistador poderia negociar o quadro do encontro? Inúmeros são os entrevistadores iniciantes que realizam entrevistas em cafés indicados pelos entrevistados, por não terem sabido negociar outros locais. Fazendo das tripas coração, eles veem no café um lugar instaurando *em si* uma familiaridade propícia ao desbloqueio das falas. Esta expectativa se revela frequentemente decepcionante: o lugar mostra-se barulhento, as

---

45. Pesquisa citada na obra de referência de Alain Blanchet e Anne Gotman: *L'enquête et ses méthodes*: l'entretien. Paris: Nathan, 1992, p. 63-64 ["Collection 128"].

46. Michael Pollak analisa assim o que o levou a entrevistar pessoas, fugidas dos campos de concentração, em um hotel parisiense, antes que no domicílio delas ou em seu escritório da École des Hautes Études en Sciences Sociales ("La gestion de l'indicible". *Actes de la Recherche en Sciences Sociales*, n. 62-63, 1986, p. 30-53).

interrupções regulares, as entrevistas curtas e superficiais, a gravação eventual de qualidade medíocre. Por estas razões, o pesquisador não deve permanecer passivo quando o entrevistado direciona a escolha para um lugar que não lhe convém. Tomemos, por exemplo, este intercâmbio com um entrevistado que, após aceitar o princípio da entrevista, coloca-se de bom grado "à disposição" do entrevistador:

Entrevistado: "Onde você deseja fazer isso?"

Entrevistador: "Diga-me o que melhor lhe convém..."

Entrevistado: "Eu poderia vir ao seu escritório?"

Entrevistador: "Se assim o preferir..., mas eu também posso me deslocar, para um local onde ficaríamos mais à vontade".

Poderíamos entender, aqui, que a preferência do entrevistador se encaminha na direção de um encontro na casa do entrevistado. Talvez o entrevistador não disponha de um escritório, ou o divida com outros colegas. Ou talvez estime que, considerando o teor da pesquisa, seu escritório não seja o local mais propício para realizar uma entrevista: ali o entrevistado pode não sentir-se à vontade ao evocar aspectos íntimos de sua vida, sentir-se intimidado pelo local ou, ao contrário, interpelado pela pobreza da decoração e pela desordem que ali reina. O entrevistador, além disso, pode julgar que seria interessante, para sua pesquisa, observar o quadro de vida do entrevistado. Ao invés de propor-lhe de cara o desejo de ir à sua casa, no entanto, o entrevistador pode oferecer ao entrevistado um conjunto de elementos que o levarão naturalmente – se ele o desejar e se tiver a possibilidade – a ele mesmo fazer-lhe esta proposta. O entrevistador faria então figura de *convidado*, antes que de *intruso*. Neste exemplo, nota-se igualmente que ao indicar suas preferências, o entrevistador não as justifica por conveniências pessoais, mas pelas qualidades esperadas da relação ("ficaríamos mais à vontade"). Assim, negociando o quadro do encontro, o entrevistador continua definindo a natureza particular da relação que pretende estabelecer com o entrevistado.

Negociar a duração da entrevista: exemplo de um entrevistado sobrecarregado

Em inúmeros casos, o ponto mais sensível da negociação diz respeito à duração da entrevista. Assim, por exemplo, em minha pesquisa sobre a judiciarização dos serviços de saúde, os médicos hospitalares eram encontrados em seu local de trabalho. Após aceitar, sem entusiasmo, o princípio da entrevista, um médico, chefe de serviço, propôs que eu entrasse em contato com sua secretária, à qual ele passaria as instruções necessárias:

Entrevistado: "De quanto tempo você precisa?"

Entrevistador: "Isso depende de você... é verdade que isso pode levar tempo... geralmente, com seus colegas, isso nunca durou menos que uma hora... às vezes até mais... mas isso depende realmente de você".

Entrevistado: "Ora (?!). Então pedirei à minha secretária que encontre uma 'janela', no final da manhã... ou, antes, pelas 20 horas... se você ainda trabalha... às 20 horas?"

Entrevistador: "20 horas, sem dúvida é melhor... estaremos mais à vontade... 20 horas ou até mesmo mais tarde... para mim está ótimo".

É evidente que a questão "De quanto tempo você precisa?" não indica, aqui, uma grande disponibilidade do entrevistado. Para tanto, teria o entrevistador interesse de minimizar o tempo da entrevista com o risco de ser dispensado após alguns minutos? Definindo o tempo como ajustável à disponibilidade do entrevistado, o entrevistador evoca claramente a duração da entrevista. Ele não a evoca como uma coerção imposta do exterior, mas enquanto *experiência* vivida com outro entrevistado de mesma condição. Ele coloca em epígrafe o interesse aportado à sua pesquisa por colegas supostamente ocupados em igual medida que seu novo entrevistado. Por outro lado, propondo a "janela" das 20 horas, o médico parecia desafiar o sociólogo ao inscrevê-lo numa perspectiva, frequentemente encontrada em ambiente médico, que, de um lado, opõe os médicos que "não têm hora marcada para encerrar o expediente" e, de outro, a equipe administrativa extremamente exigida, mas cujo engajamento permanece circunscrito aos horários de abertura e fechamento dos escritórios. Neste caso, a escolha desta "janela" reenviava à preocupação de responder ao desafio feito pelo entrevistado.

Preparar a entrevista, preparar-se para a entrevista

Preparar a entrevista, no caso da postura indutiva, é construir instrumentos que integrarão, ao longo de toda a pesquisa, as perspectivas oriundas do campo pesquisado e a elaboração progressiva do quadro de análise. Preparar a entrevista é também construir instrumentos de pesquisa que sejam válidos para qualquer entrevistado (ou para o maior número dentre eles), e considerar a entrevista com "aquele entrevistado lá" (entrevistado *singularizável*).

A grade de entrevista: um instrumento híbrido e evolutivo

Os manuais de metodologia se posicionaram a favor ou contra o uso de uma grade ou de um guia de entrevista. Os promotores da grade encontraram nela uma maneira de explicitar os procedimentos de coleta de informações e de atestar assim a cientificidade da postura qualitativa – apresentando-a então muito frequentemente como um instrumento relativamente estático. Os detratores da grade preveniram o pesquisador contra os perigos de sua utilização: esta correndo o risco de desnaturar a relação com o entrevistado, fechando-o incidentalmente em um modo de investigação de tipo pergunta/resposta. A natureza e os usos da grade precisam, pois, ser clarificados. A grade de entrevista não é uma recensão de questões pré-formatadas, destinadas, à semelhança do questionário ou da entrevista diretiva, a serem aplicadas como tais aos entrevistados. Ela também não é um instrumento congelado que o pesquisador utilizará ao longo de toda a sua pesquisa. A grade de entrevista é um instrumento *híbrido* através do qual o entrevistador articula diferentes questões. Estas não são formuladas "para" ou "como se" devessem ser aplicadas ao entrevistado. A grade de entrevista, aliás, é um instrumento *evolutivo* no qual algumas questões presentes no início da pesquisa serão progressivamente relegadas, enquanto que outras surgirão ou a ela incorporar-se-ão. Assim, é importante guardar na memória as principais evoluções da grade, enquanto constituem os rastros dos avanços significativos da pesquisa. Um bom número de pequenos deslocamentos, no entanto, dissipar-se-á, sem com isso invalidar a cientificidade da postura. Jamais podemos "prestar contas" da pesquisa por entrevista, como na abordagem quantitativa, expondo o questionário que estruturou, de uma ponta à outra, a coleta de dados: a grade de entrevista acompanha a exploração progressiva de um campo de pesquisa e integra simultaneamente os conhecimentos que dele se originaram.

> Box
>
> **Um exemplo**
> Na pesquisa que realizei com Nicolas Dodier, em torno da reparação dos dramas sanitários, a grade de entrevista – destinada aos pais de crianças tratadas pelo hormônio de crescimento extrativo nos anos de 1980[1]– foi progressivamente elaborada sob uma forma essencialmente temática. No termo da pesquisa, ela apresentava um conjunto de temas: a relação do pesquisado com as "associações", com os "médicos", com as "mídias", com os "riscos" de contaminação, com o "processo e a ação judiciária", com a "indenização", notadamente. Cada um destes temas era equipado de dois tipos de questões. *Questões de pesquisa*, inicialmente, que são tentativas sucessivas de formulação das apostas sociológicas girando em torno do tema. Trata-se de questões do pesquisador, formuladas em uma linguagem que lhe é própria. *Questões práticas*, em seguida, que visam a traduzir cada tema na experiência concreta das pessoas. Certos temas haviam sido identificados e em parte explorados antes da realização das primeiras entrevistas. É o caso do tema "associações". Inspirado em meus trabalhos anteriores, o tema já estava organizado em um conjunto de questões de pesquisa: sobre a alçada do engajamento militante, sobre as formas de solidariedade presentes etc. Ele recenseou igualmente questões práticas: O pesquisado conhecia as associações? Quais? Quando? Onde? Como ele tinha sido colocado em contato com elas? Estas questões não tinham sido pensadas como "devendo" ser postas aos pesquisados, mas permitiram abrir o leque das modalidades possíveis de ancoragem do tema na experiência das pessoas. Outros temas foram sendo acrescentados progressivamente. É o caso da relação dos pais de crianças falecidas pela doença de Creutzfeldt-Jakob

com a questão da "indenização". Em 1993, após os primeiros exames no quadro do procedimento penal impetrado pelos pais de crianças falecidas, o Estado efetivamente decidiu indenizar, em nome da solidariedade nacional, as famílias atingidas pelo "drama". Se o tema da indenização não foi colocado de cara em nossa grade de entrevista, é sem dúvida em razão de uma reserva em abordar uma questão julgada "delicada". Esta reserva testemunha, por si mesma, as tensões morais que cercam o tema. É desde as primeiras entrevistas da pesquisa que se imporá a necessidade de explorar a questão da indenização e o lugar singular que ela ocupa na experiência das famílias. Forjar-se-á então uma maneira de engajar esta exploração, mesmo quando esta não é espontaneamente abordada pelo pesquisado.

[1]Estes tratamentos foram contaminados pelo príon [Partícula proteica infecciosa que estaria na origem da encefalopatia esponjosa [N.T.]], responsável pela doença de *Creutzfeldt-Jakob*: eles provocaram, à época, a morte de 114 crianças, jovens e adultos. Após dezessete anos de instrução, um processo penal foi instaurado em Paris, em 2008. Cf. DODIER, N. & BARBOT, J. "Identification et tentatives de réparation d'un drame médical au sein d'un collectif de parents". *L'économie morale de la réparation des préjudices liés à l'activité médicale*. Rapport Cermes-Mire/Drees, 2008, p. 77-114. • BARBOT, J. & FILLION, E. "La dynamique des victims – Reconfiguration des formes d'engagement associatif vis-à-vis du monde médical". *Sociologie et Sociétés*, vol. 39, n. 1, 2007, p. 217-247.

A instrução de partida: buscar o bom ajustamento

Ao longo da entrevista, as melhores questões são sempre as que virão inscrever-se na linha daquilo que disse o pesquisado. No entanto, o pesquisador deve prestar uma atenção particular à formulação da instrução de partida. Esta marca a entrada na entrevista, e assume frequentemente a forma de uma simples indicação: "Gostaria que você me falasse sobre..." Se a qualidade da instrução de partida não reenvia a um julgamento *ex cathedra*, o pesquisador pode dispor de alguns pontos de referência para antecipar os efeitos que poderia produzir tal ou tal formulação sobre a dinâmica da entrevista. Assim, as instruções estreitas correm o risco de implicar respostas curtas e factuais. Começar uma pesquisa, por exemplo, pela questão: "Com que idade você parou de estudar?", pode sugerir ao pesquisado que a entrevista vai se desenrolar sob a forma de pergunta/resposta. As instruções demasiadamente largas ou excessivamente impessoais correm o risco de deixar o pesquisado perplexo e inferiorizado. As instruções sugestivas, propondo ao pesquisado uma interpretação do mundo, produzem frequentemente artefatos. Em meu trabalho sobre a judiciarização dos serviços de saúde, iniciar as entrevistas junto aos médicos anestesistas por "Gostaria que você me falasse da maneira com a qual a escalada dos processos contra os médicos modificou suas práticas?", teria sugerido simultaneamente ao pesquisado que a escalada dos processos era uma realidade – e que ele podia associar-lhe legitimamente as transformações de suas práticas. As instruções igualmente não devem submeter ao pesquisado questões de pesquisa ou colocá-lo em posição de validar conceitos sociológicos ("Gostaria que você me contasse como seu engajamento militante aumentou seu prestígio social"). Determinadas instruções demasiadamente incisivas podem provocar respostas curtas e defensivas. Em *Les ficelles du métier* (As artimanhas do ofício) Howard Becker explica assim ter escolhido, no quadro de sua pesquisa sobre os fumantes de marijuana, uma instrução começando por COMO ("[...] você se tornou um fumante de marijuana?") antes que POR QUÊ[47]. Segundo Becker, o PORQUÊ corria o risco de o pesquisado elaborar respostas defensivas (a conduta em questão podendo ser objeto de uma avaliação negativa), ao passo que o COMO engajava o pesquisado à desenvolver mais largamente as circunstâncias que o levaram a esta prática. Se o pesquisado dispõe, portanto, de algumas referências, a qualidade da instrução de partida não pode ser avaliada senão em estreita ligação com o objeto da pesquisa, e de seu exame junto aos pesquisados.

Preparar-se para a entrevista com "aquele entrevistado lá"

Na pesquisa por entrevista, pode ocorrer que determinados entrevistados sejam – ou se tornem – singularizados. É o caso quando eles ocupam – ou ocuparam – posições publicamente discerníveis: eles foram presidentes de associação, fizeram as mídias falar deles etc. A preparação da entrevista supõe então que uma informação precisa seja recolhida, a montante, concernindo os entrevistados, a fim de identificar temas específicos a serem eventualmente abordados na entrevista, ou para que o entrevistador não seja desacreditado ao dar-se conta, em tempo real, de características que poderiam ser previamente conhecidas por todo pesquisador sério e bem-informado. Em determinados contextos de pesquisa, os pesquisados podem igualmente tornar-se singularizáveis através da própria progressão da pesquisa: trata-se, por exemplo, destes personagens tidos pelos outros como problemáticos, cujas intervenções são relatadas em diferentes episódios ou em anedotas reproduzidas de entrevista em entrevista. Desta forma acaba-se por assim dizer engajando uma *dinâmica interna* no *corpus* das entrevistas. Situações deste tipo são igualmente frequentes quando a pesquisa por entrevista é articulada com outros modos de investigação (observações etnográficas, trabalhos sobre *corpus* de documentos).

A atenção distribuída do pesquisador

Trata-se agora de abordar a postura do pesquisador no desenrolar da entrevista. O pesquisador, ao longo de toda a entrevista, deve estar atento e dispensar ao entrevistado uma escuta e uma disponibilidade importante, fazer intervenções ajustadas, gerir o tempo da entrevista, organizar a coleta material das in-

---

47. BECKER, H. *Les ficelles du métier* – Comment conduire sa recherche en sciences sociales. Paris: La Découverte, 2002.

formações. Com a noção de *atenção distribuída*, exploraremos a maneira com a qual o entrevistador articula estas diferentes linhas de trabalho.

A disponibilidade do pesquisador não passa de uma qualidade humana

É devido ao fato do trabalho do pesquisador operar-se em diferentes linhas que a atenção por ele mobilizada ao longo da entrevista se torna importante; esta é também a razão pela qual ele frequentemente conclui seu trabalho um tanto quanto esgotado. Neste contexto, a disponibilidade que o entrevistador pode testemunhar ao entrevistado não é unicamente uma "qualidade humana" da qual disporia ou não, e que poderia, se for o caso, ser objeto de um trabalho sobre si. Esta disponibilidade fundamenta-se também na implementação de um dispositivo que vai "torná-lo" disponível, permitindo-lhe apresentar-se ao entrevistado como ouvinte. A isso denominamos *atenção distribuída*. Neste dispositivo, o entrevistador munir-se-á de um bloco de notas, de um material de gravação, de uma grade de entrevista. Ele ajusta estes suportes segundo as características do encontro e, quando se trata de introduzir um objeto na situação, deve empenhar-se para dotá-lo de um sentido que participe da definição de sua relação com o entrevistado. A grade de entrevista é sem dúvida o suporte cuja utilização parece impor-se mais. Aconselha-se *memorizar* bem esta grade, conhecer perfeitamente seu teor, a fim de visualizar como o discurso do entrevistado a percorre. Em alguns casos, a presença mesma da grade não é necessária ao longo da entrevista. Em outros casos, o entrevistador pode querer apresentar-se com algumas anotações, a fim, por exemplo, de atestar a seriedade da postura junto a um entrevistado que é visitado em seu local de trabalho. No entanto, a leitura da instrução de partida e a consulta regular apoiada na grade devem ser evitadas: elas dão a impressão ao entrevistado que se trata de um questionário, que o *script* da entrevista já está estabelecido, que seu desenrolar é assumido pelo entrevistador, portanto, já planificado. O entrevistado assume então o lugar do "respondente" e mergulha num ritmo perguntas/respostas incompatível com a entrevista sociológica, da forma como a abordamos.

As necessidades da gravação

Na maioria dos casos, a gravação da entrevista é indispensável, as simples anotações apresentando vários limites. A anotação intensiva por parte do entrevistador pode parecer monopolizadora, levando frequentemente o entrevistado a ditar-lhe literalmente suas falas. É possível, por outro lado, sublinhar a característica seletiva da anotação. Diante da impossibilidade, para o pesquisador, de apreender a quantidade e a heterogeneidade das informações que lhe são liberadas durante a entrevista, ele tria, em tempo real, as que lhe parecem mais pertinentes. Ele mobiliza então seus conhecimentos disponíveis, as hipóteses provisórias que em um momento da pesquisa pôde estabelecer, dotando-os assim de uma consistência particular. A anotação apresenta igualmente um caráter aproximativo. O entrevistador às vezes anota ideias, oriundas de operações de tradução em uma linguagem sociológica ainda não estabilizada nem validada. Ele às vezes apreende de maneira incompleta os termos usados pelo entrevistado, sem poder inscrevê-los precisamente em um contexto de enunciação, em um encadeamento específico do discurso do entrevistado, cuja pertinência talvez surja apenas no final da análise. Enfim, as simples anotações tornam impossível o retorno ao material bruto: este está irremediavelmente perdido. O trabalho de seleção, as operações de traduções efetuadas mostram-se então *irreversíveis*. E o entrevistador guarda frequentemente a lembrança confusa das conversas tidas por tal ou tal entrevistado, malcompreendido no momento, ou julgadas pouco interessantes, que ele "deixou escapulir", mas que ele teria, ao longo da entrevista, desejado questionar novamente. A gravação da entrevista constitui, portanto, um ponto de apoio essencial na análise dos materiais recolhidos e na condução da entrevista. Desde as primeiras entrevistas, as retranscrições são úteis para avaliar a pertinência da grade e enriquecê-la. Elas constituem igualmente um instrumento para o sociólogo, em período de formação e mesmo para além dele, para avaliar e melhorar suas práticas.

Introduzir um objeto na situação

A introdução de um material de gravação suscita às vezes mais inquietação ao entrevistador que ao entrevistado. O entrevistador se inquieta quando dota o material de gravação de uma capacidade de desvelar o caráter artificial da situação, de tornar visível a assimetria da relação, de alterar a relação de confiança do entrevistado, de comprometer sua capacidade de entrar numa relação de confidência. Ele se inquieta igualmente quando, conhecendo a importância da gravação, ele mesmo sobrevaloriza a presença do material, verificando às vezes repetidamente ao longo da pesquisa que "tudo se encaminha perfeitamente bem". A presença do material deve frequentemente ser desdramatizada simultaneamente para o entrevistado e para o entrevistador. Urge dotar este material de um sentido que permita introduzir sua presença e geri-la da melhor forma. Trata-se, ao mesmo tempo, de obter o consentimento do entrevistado, lembrando as garantias de anonimato e de confiabilidade da pesquisa, mas também explicando claramente e positivamente a função do gravador na relação da pesquisa. O gravador pode ser apresentado por aquilo que ele é: um "auxílio-memória", um instrumento que não tem por vocação ser "ouvido por outros" (*terceiros potencialmente ameaçadores*), mas que encarna a vontade do entrevistador de estar realmente à escuta do entrevistado. O gravador não deve ser simplesmente aceito pelo entrevistado porque o entrevistador enuncia garantias contra seus usos abusivos, mas porque ele entende o sentido de sua presença, no seio de um dispositivo de atenção distribuída: "É importante, para mim, porque assim posso escutá-lo melhor, e isso nos deixa mais à vontade."

A anotação: organizar referências

Mesmo quando a entrevista é gravada, é útil fazer anotações. Estas anotações não têm por vocação reparar as falhas técnicas do material de gravação, tentando registrar melhor o que o entrevistado fala. A anotação, no quadro da entrevista gravada, também não é uma atividade intensiva de escrita. Ela é um instrumento precisamente concebido, fazendo parte do dispositivo de atenção distribuída. As anotações são destinadas a servir de pontos de apoio ao entrevistador na condução da entrevista. As anotações se apresentam então sob a forma de datas mencionadas em uma cronologia de termos colocados em epígrafe, reenviando às falas obscuras ou impressionantes tidas pelo entrevistado para evocar uma anedota, qualificar práticas, interpretar acontecimentos. Trata-se, para o entrevistador, de organizar no papel algumas referências que lhe permitirão seguir o fio condutor de uma narração complexa e apontar os elementos suscetíveis de ser objeto de estímulos. O entrevistador atento a não interromper o entrevistado por intervenções sistemáticas e intempestivas guarda assim em reserva os pontos sobre os quais tenta ganhar novo fôlego quando a palavra se estanca, perde fôlego, para, ou quando o entrevistado se afasta demasiadamente do tema, se satura, se repete. Entretanto, em alguns casos, as referências constituídas acabam tornando-se inúteis: o entrevistado, por si mesmo, acaba explorando e clarificando uma conversa que o entrevistador, inicialmente, a havia percebido como obscura. Em outros casos, as referências precisam ser hierarquizadas, em função da dinâmica da entrevista e da gestão às vezes apertada do tempo do encontro.

A entrevista em vias de realizar-se

A entrevista é uma interação social na qual, como em qualquer outra interação social, entra em cena um conjunto de elementos heteróclitos suscetíveis de orientar seu curso (imprevistos, incidentes etc.). Os desenvolvimentos que seguem incidirão somente sobre a exploração da "caixa de ferramentas" que o entrevistador geralmente é levado a utilizar – na dupla ótica de *seguir o entrevistado*, mas também (e por que não?), de *interpelá-lo*.

Técnicas para seguir o entrevistado

A escuta ativa, o estímulo, o silêncio são as técnicas prediletas do entrevistador. Elas lhe permitem *seguir o entrevistado*. Seguir o entrevistado é acompanhá-lo no desdobramento de sua narração e de suas opiniões. Seguir o entrevistado é empenhar-se na compreensão dos elementos que ele julga pertinentes para dar um sentido a uma situação, para interpretar os acontecimentos, para formular as expectativas. Seguir o entrevistado supõe um grau de abertura importante do entrevistador a tudo aquilo que o entrevistado poderá mobilizar em seu discurso. O entrevistador frequentemente pode conceder-se o risco de deixar o entrevistado distanciar-se do tema, digressionar; antes que perder, em enquadrando-o, desenvolvimentos que poderiam progressivamente revelar-se pertinentes. Seguir o entrevistado, portanto, supõe uma *forma de engajamento* bem particular do entrevistador. Se ele intervém muito pouco ao longo da entrevista, privilegiando o silêncio às intervenções precipitadas, o entrevistador pode não estar nem passivo nem acuado. Algumas formas de intervenções (os "hum, hum" e os "sim-sim") às vezes parecem ilustrar de forma caricatural a postura do ouvinte que tranquiliza o entrevistado sobre o fato dele responder bem às expectativas da entrevista. O entrevistador dispõe, entretanto, de um leque mais largo de técnicas de intervenções que lhe permitem *gerir os ritmos* da entrevista. As intervenções não verbais exercem assim um papel importante e podem frequentemente substituir vantajosamente uma fala desajeitada. Meneios de cabeça, atenção acentuada, risos compartilhados indicam uma *presença* do entrevistador que contribui ativamente na manutenção da mobilização do entrevistado. O entrevistador, por outro lado, deve buscar uma formação quanto à diversidade das intervenções verbais. O imperativo não é puramente formal: cada técnica vem efetivamente pontuar o intercâmbio de maneira diferente, colocando em epígrafe certas falas, ou acentuando determinados efeitos de dramatização.

Variações úteis para manter a atenção

Não se trata aqui de fazer o inventário das técnicas de intervenções, aliás, largamente documentadas, mas de ilustrar algumas nuanças. Assim, classicamente fala-se de *repetição em eco* quando o entrevistador repete as últimas palavras pronunciadas pelo entrevistado. A repetição em eco é particularmente apropriada quando o entrevistado se detém em uma frase, como que absorto pelo que acaba de dizer: "Esta situação foi realmente difícil...", diz o entrevistado, como para concluir um desenvolvimento que não houve; "difícil...", retoma o entrevistador, em forma de eco. Fala-se ainda de *reflexo personalizado* para descrever a intervenção que, para o entrevistador, consiste em formular o que foi dito, engajando o entrevistado a desenvolver mais precisamente sua fala: "Para você, o fato que... era..." Quando o entrevistador tenta fazer uma *reformulação* das falas do entrevistado, frequentemente ele deve usar termos próximos aos empregados pelo entrevistado. Ele poderia retomar os termos particularmente fortes, voluntariamente pejorativos ou grosseiros do entrevistado: "Você pensava que ele era um cretino, só porque não tinha..." O entrevistador deve evitar introduzir brutalmente um vocabulário manifestamente diferente daquele do entrevistado. Introduzindo repentinamente termos técnicos, ele igualmente parecerá adotar um ponto de vista saliente: "O que você quer dizer, é exatamente que...", diz o entrevistador, como para traduzir os termos julgados desajeitados ou imprecisos do entrevistado em termos que ele julga mais ajustados. Propondo ao entrevistado de validar suas interpretações sociológicas, o entrevistador apresenta igualmente provas de deslize. Mas se deve adaptar-se ao vocabulário do entrevistado, o entrevistador não tem porque simplesmente adotá-lo, isto é, insinuar que este vocabulário lhe pertence. Fala-se igualmente de *intervenções espelhadas* quando o entrevistador se apoia, para formular seu estímulo, não mais nas falas do entrevistado, mas na informação não verbal que acompanhou suas falas. Durante a entrevista, o entrevistado emite um conjunto de indicações, para além dos próprios termos, através do tom por ele empregado, das mímicas, dos gestos. Aqui, ele parece marcar sua desaprovação; acolá, provar diversão, assumir um ar irônico, agitar-se ou sentir-se pouco à vontade. A intervenção espelhada consiste, para o entrevistador, em mostrar que ele percebeu estas manifestações, e que ele encoraja o entrevistado a explicá-las: "Você não me parecia estar completamente de acordo com isso...", "Esta situação não me pareceu deixá-lo à vontade...", poderia sugerir então o entrevistador.

Ajustar as intervenções aos ritmos da entrevista

Estas técnicas de intervenções formam a caixa de ferramentas permitindo que o entrevistador mantenha a atenção do entrevistado; elas devem ajustar-se estreitamente aos ritmos da entrevista e ao mesmo tempo contribuir para impulsioná-la. A entrevista efetivamente se desenrola em diferentes ritmos. É possível, aliás, observar estes ritmos em sua retranscrição. Assim, não raro, a entrevista inicia, após a introdução pelo entrevistador da instrução de partida, por um monólogo do entrevistado, entrecortado por algumas intervenções do entrevistador (repetições em eco, reflexo personalizado etc.). Durante esta sequência de exploração aprofundada do tema pelo entrevistado, o entrevistador intervém no fio condutor do discurso do entrevistado, e anota alguns pontos de referência. Uma vez o discurso esgotado, por estimar que o entrevistado afastou-se demasiadamente do tema, o entrevistador poderá escolher, no memento oportuno, retornar ao que foi dito, mobilizando seus pontos de referência ("Ainda há pouco você dizia que..."), ou introduzir um tema da grade inexplorado, recorrendo a uma nova instrução ("Existem também, acredito, associações que se mobilizaram ao redor disso..."): a instrução iniciando potencialmente uma nova fase da explicação e consagrando o estatuto dos temas da grade como pontos de passagem obrigatórios da entrevista.

Urgiria interpelar o entrevistado?

Durante a entrevista, o princípio da naturalidade benevolente frequentemente lançou dúvida sobre certos tipos de intervenções do entrevistador. A postura do entrevistador exigiria que ele renunciasse a toda contradição do entrevistado? Estaria, pois, a expressão de qualquer forma de desacordo proscrita, por maior que seja o imperativo de compreensão? Mostrar surpresa diante das falas do entrevistado não significa necessariamente adotar um ponto de vista sobressalente. Interpelar é igualmente querer compreender melhor. A forma de interpelação, a sequência de intervenções na qual ela se exerce, o tom adotado e a atitude corporal do entrevistador (modesto, interessado) exercem aqui um papel determinante. Assim, quando a relação de pesquisa é bem-estabelecida, e quando o entrevistado já explorou "à sua guisa" um conjunto de temas, o entrevistador pode apoiar-se nesta *experiência comum* da entrevista para implementar outras formas de intervenções e estabelecer intercâmbios mais estreitos. Isso não significa dizer, no entanto, que a entrevista se transforme numa discussão ordinária na qual entrevistador e entrevistado trocam doravante seus pontos de vista. O entrevistador continua, mas sob outra forma, a aprofundar o ponto de vista do entrevistado. Para tanto, ele pode referir-se à existência de controvérsias ou de posições contrastadas ao redor de uma questão, como forma de levar o entrevistado a um posicionamento mais nítido. O entrevistador não se posiciona aqui como árbitro das colocações em presença de alguém; ele simplesmente faz-se testemunha daquilo que viu ou ouviu ao longo de sua pesquisa. Ele submete suas observações (anonimamente) ao entrevistado e o estimula, se o desejar, a comentá-las: "Eu encontrei pessoas que me diziam que elas..." As falas do entrevistado são assim aproximadas às de outro entrevistado, e os intercâmbios acabam participando da construção de um *espaço das comparações internas* ao *corpus*.

Uma abordagem etnográfica dos tempos do encontro

No caso da pesquisa por entrevista, o encontro é *a* sequência etnográfica pertinente para a análise. Existem, em diferentes casos, diferentes tempos no encontro do entrevistador com o entrevistado: um tempo antes da entrevista, o tempo da entrevista, e um tempo após a entrevista. O entrevistador deve refletir sobre a *dinâmica temporal* na qual se perfila cada encontro. Ele deve posicionar-se diante do estatuto que ele acorda às falas do entrevistado ao longo destes diferentes tempos.

O sequenciamento do encontro

O sequenciamento do encontro em geral é estreitamente vinculado à introdução do material de gravação: seu início e seu fim contribuindo por assim dizer na definição, aos olhos do entrevistado, da própria entrevista. Mas, para além do próprio impacto da presença do material, os tempos do encontro são frequentemente condicionados por um conjunto de fatores sociais e circunstâncias locais. Assim, por exemplo, quando um pesquisador marca um encontro com um conselheiro municipal em seu escritório na prefeitura, na segunda-feira, das 10 às 11 horas, ele pode esperar que o tempo do encontro se sobreponha estreitamente ao da entrevista. Em contrapartida, quando um encontro ocorre com um recém-aposentado, em seu domicílio, no início da tarde, é provável que o tempo do encontro ultrapasse largamente o da entrevista. Se ele não necessita buscar a qualquer preço *planificar a priori* estes tempos, a organizá-los, o entrevistador, sabendo que estes tempos existem, é levado a prestar contas disso de diferentes maneiras. Primeiramente em sua organização material: é preferível que o entrevistador se reserve uma margem de manobra no campo de pesquisa, a fim de evitar o atraso de uma entrevista ou para fazer frente, ao contrário do que se esperava, a um convite de acompanhar a discussão de um entrevistado que enfrenta uma agenda lotada. A entrevista não deve, portanto, inscrever-se em uma gestão excessivamente fechada no planejamento do entrevistador: se um encontro é inviabilizado, outro deve estar programado "na sequência". Aliás, o entrevistador, antecipando determinadas características do encontro, pode considerar influenciar na organização de seu sequenciamento, investir cada tempo de uma dinâmica particular na construção da relação com o entrevistado e na coleta dos materiais.

Antes da entrevista: Não é a entrevista?

Na pesquisa sobre o hormônio de crescimento, por exemplo, o mesmo cenário retornava regularmente: a entrevista era marcada em domicílio do entrevistado, e em várias regiões da França, para as quais eu me deslocava em trem e o entrevistado vinha buscar-me de carro na estação. O trajeto de carro com o entrevistado, desde o início da pesquisa, impôs-se como uma sequência particular de encontro que precisou ser considerado. Uma viagem de carro não é, em muitos casos, nem o lugar nem o momento mais ajustado para se iniciar uma entrevista. A atenção do motorista é mobilizada pelas demandas da estrada, a situação não é propícia para uma conversa "face a face", e nestas circunstâncias torna-se difícil de introduzir um material de gravação. Assim o entrevistador pode não ter interesse em favorecer a entrada rápida no tempo da entrevista, na exploração profunda do tema que está no coração do encontro. Ele pode então tirar partido deste trajeto percorrido de carro estabelecendo uma série de intercâmbios destinados a instaurar um clima de escuta e discernir as características sociais da pesquisa. Estes intercâmbios sempre devem permanecer informais. Não se trata de aproveitar-se da viagem para preencher a "ficha identificadora" do entrevistado antes da entrevista[48]. Estes intercâmbios são frequentemente circunstanciados. Com tal entrevistado, nós evocamos, ao deixar o estaciona-

---

[48]. Esta "ficha identificadora" nem por isso é proscrita. O entrevistador, em anexo à sua grade de entrevista, poderia ter listado o conjunto das características sociais que desejaria recolher na *saída* do encontro (idade do entrevistado, sua profissão etc.). Muito frequentemente, é no final da entrevista que ele verificará, colocando questões diretas ao entrevistado, que estas informações foram suficientemente precisadas: "Você me havia tido que era professor?", "Você não é originário da região?" etc.

mento da estação de trem, os engarrafamentos no centro X..., que não têm "nada comparável aos de Paris, evidentemente!", me diz o entrevistado. Eu concordo imediatamente e acrescento que tornou-se "simplesmente impossível" descolar-se de carro em Paris. Segundo o entrevistado, os engarrafamentos na cidade X... estão ligados à "política do novo prefeito da cidade que...". Naquela ocasião compreendi que o entrevistado era professor aposentado, que ele sempre esteve engajado nas diferentes associações locais e que ele estimava, enquanto cidadão, ter "sua palavra a dizer...". Estes intercâmbios preparam simultaneamente o tempo da entrevista e produzem elementos úteis à análise.

Após a entrevista: O momento da verdade?

Raramente o encontro termina no momento em que entrevistador e entrevistado concordam com o fato de que a entrevista acabou, que "tudo foi exaustivamente dito sobre o tema", e que o gravador é desligado. O encontro pode estender-se por um tempo mais ou menos longo: se alguns entrevistados conduzem simplesmente o entrevistador à porta de seus escritórios, outros lhe propõem um café, ou o levam à estação... Após o encontro, a relação entre entrevistador e entrevistado se transforma. Ambos têm a impressão de que a tensão desfez-se, que um novo espaço de discussão se abriu. O que concluir disso? Que a entrevista foi um engodo? Que a presença do gravador, longe de ser invisível, condicionou de uma ponta à outra o discurso de entrevistado? Que enfim a palavra correu solta? Que a máscara caiu? Qual estatuto atribuir às conversas "in-off"? Propomos aqui fugir da alternativa frequentemente evocada entre "mentira e verdade", "dissimulação e revelação", para abordar a questão da articulação entre o tempo da entrevista e o tempo após a entrevista. Desta forma pode-se considerar que o fim da entrevista (simbolizado pelo desligamento do gravador) pode provocar uma oscilação nos discursos do entrevistado entre engajamento público e familiaridade. Pelo fato desta oscilação ser frequentemente limitada às questões particulares, ela é reveladora da posição que o entrevistado adota diante delas. Assim, por exemplo, alguns entrevistados poderão evocar ao longo da entrevista, de forma nuançada, as diferenças que os opõem a outros atores engajados "numa causa comum". Após a entrevista, em contrapartida, eles poderão mostrar-se muito prolixos, criticando-as ou tornando-as ridículas. Não teríamos razão em ver nisso, de um lado, hipocrisia e, de outro, a manifestação de uma verdade. A unidade pertinente para a análise será constituída das duas sequências de enunciação que traduzem a existência de uma tensão entre o que é vivido pela pessoa como uma coerção de concordância pública entre pessoas atingidas por um mesmo infortúnio e a existência de divergências de visões sobre a maneira de gerir este infortúnio. Assim, o entrevistador – já ambientado – poderá investir o tempo posterior à entrevista como um momento propício para retornar aos elementos sobre os quais ele teria sentido a entrevista criar constrangimentos: não com o objetivo de emboscar o entrevistado, mas a fim de explorar com ele aquilo que nas condições de enunciação tornava uma questão difícil de ser tratada.

Da retranscrição ao diário de campo

É pelo fato de o encontro ser a sequência etnográfica pertinente à análise que o material coletado ao longo da entrevista não se reduz à retranscrição da entrevista gravada. Se a retranscrição é uma peça maior do *corpus* de dados oriundos da entrevista, esta deve ser completada por uma série de observações registradas no *diário de campo* do entrevistador. Estas observações contemplarão simultaneamente a descrição dos locais, a ambiência do encontro, a atitude do entrevistado, mas igualmente os intercâmbios que ocorreram antes e depois da entrevista. Em seu diário de campo o entrevistador terá igualmente guardado em memória a maneira como o contato foi feito com cada entrevistado. A informação poderá ser útil, notadamente no caso dos entrevistados por "fala-escuta", para interrogar a presença e a natureza das redes de atores assim representados. Em seu diário de campo o entrevistador terá, enfim, escrito os intercâmbios (correios, comunicações telefônicas etc.) que houveram no momento da tomada de contato inicial e que, para alguns teriam culminado na aceitação do encontro, e na recusa para outros. Ele deverá anotar enfim, neste caso, as promessas feitas a cada entrevistado, concernindo à comunicação dos resultados da pesquisa.

A postura do entrevistador não pode ser abordada através do prisma estreito do *metodologismo* que, em nome da cientificidade da pesquisa, tenta neutralizar as obliquidades adotando procedimentos padronizados. Ela também não pode ser abordada através de uma perspectiva *relacional* e *experiencial* que, em nome da irredutibilidade das situações de campo e de uma habilidade (*savoir-faire*) sempre considerada singular, buscaria afastar-se de todas as formas de generalização e de enquadramento. A postura do entrevistador, da forma como a abordamos, reenvia à adoção de uma perspectiva teórica claramente explicitada, da qual decorre um conjunto coerente e estável de instrumentos e de práticas mobilizáveis em cada entrevista. Nós evidenciamos assim a maneira com a qual a adoção dos princípios da perspectiva indutiva molda a postura do entrevistador aos diferentes estágios da pesquisa de campo, e a forma de analisá-la. O entrevistador não é o executor de um procedimento de pesquisa pré-formatada, mas, de fato, ator de uma pesquisa que, ao longo das entrevistas, faz evoluir seus quadros de análise. Na conclusão destes desenvolvimentos, resta saber "quem" pode endossar a postura do pesquisador neste modo de investigação particular. Como considerar a questão da delegação na pesquisa por entrevista? Na pesquisa por questionário, a divisão das tarefas é fundada na separação estrita das diferentes etapas da pesquisa: somente após sua finalização o questionário é "administrado" em grande quantidade pelos pesquisadores. A pesquisa por entrevista, numa perspectiva indutiva, repousa sobre uma forma de organização do campo de pesquisa e da teoria totalmente diferente. A postura do entrevistador, por essa razão, seria indissociável daquela do pesquisador? As modalidades de distribuição dos papéis e das competências no quadro da pesquisa por entrevista ainda hoje demandam largas explicitações.

7
A observação direta

Sébastien Chauvin
Nicolas Jounin

Observar os seres humanos não é o apanágio da disciplina sociológica. A psicologia experimental fez desta observação seu instrumento principal, popularizado notadamente pela célebre experiência de Stanly Milgram sobre a submissão à autoridade[49]. Entretanto, se o psicólogo observa muitos indivíduos, é num quadro imposto e limitado por ele: uma experiência cujo objetivo é o de isolar mecanismos elementares da cognição e do comportamento, de analisar as reações de indivíduos confrontados a estímulos idênticos, isto é, "em igualdade de circunstâncias". Uma lógica dessas está mais próxima da análise estatística multivariada que da observação direta, tal como ela é praticada pelos sociólogos de campo[50]. A observação sociológica, ao contrário, abandona o raciocínio "em igualdade de circunstâncias" para tentar prestar contas de uma configuração global de atores e de relações. Realizada *in vivo* e não *in vitro*, ela se confronta com situações sociais reais onde múltiplas circunstâncias e "efeitos de contexto"[51] se cruzam e se influenciam. Como em qualquer pesquisa, a observação está ao serviço de uma construção do objeto: ela não seleciona da realidade senão uma porção cujos limites são traçados por uma problemática. No entanto, ela leva a apreender esta porção como uma totalidade concreta; ela convida o pes-

---

[49]. MILGRAM, S. *Soumission à l'autorité*. Paris: Calmann-Lévy, 1994. Por ocasião destas experiências feitas no início dos anos de 1960 nos Estados Unidos, os "súditos" eram convidados a enviar descargas elétricas (na realidade, fictícias) a um "aluno" (na realidade, um ator) com um suposto objetivo de aprendizagem. Milgram mediu então a maior ou menor resistência dos súditos à injunção de continuar aumentando a voltagem, apesar do sofrimento aparente do aluno.

[50]. ARBORIO, A.-M. & FOURNIER, P. *L'enquête et ses méthodes* – L'observation directe. Paris: Armand Colin, 2008 ["Collection 128"].

[51]. BURAWOY, M. "L'étude de cas élargie – Une approche réflexive, historique et comparée de l'enquête de terrain". In: CEFAÏ, D. (org.). *L'enquête de terrain*. Paris: La Découverte, 2003, p. 425-464 ["Recherches"].

quisador a se considerar um elemento desta totalidade e a analisar os efeitos de sua presença antes que tentar a qualquer preço neutralizá-los.

Se a observação direta difere das experiências de psicologia, ela se distingue também do questionário, notadamente porque ela busca eliminar os dispositivos sociais e as operações burocráticas que se interpõem habitualmente entre o pesquisador e seu objeto. Quando utiliza arquivos ou dados recolhidos por questionário, o pesquisador permanece tributário de categorias forjadas fora de sua análise, enquanto que "na observação direta, e somente nesta, o pesquisador pode definir as categorias de coleta que são adaptadas aos fins que ele persegue"[52]. Em substância é o que pretendia dizer Robert Park, em 1927, quando defendia, em uma passagem célebre em tom excessivamente intransigente, o uso da observação direta em sociologia:

> Te aconselharam a bisbilhotar na biblioteca a fim de acumular montanhas de anotações sob grossa camada de sujeira. Te pediram que escolhesses problemas para os quais podias encontrar pilhas emboloradas de dossiês monótonos oriundos de empregos do tempo trivial, preparados por burocratas fatigados e extenuados por demandantes de auxílio social recentes, por almas caridosas um pouco maníacas, ou por funcionários indiferentes. É a isso que denominam "sujar-se as mãos numa verdadeira pesquisa". Os que te aconselharam são sábios e honoráveis; as razões que eles dão são de grande valor. Mas faz-se necessária ainda outra coisa: a observação de primeira mão. Tu deves sentar-te nos salões dos hotéis de luxo e nos patamares de refúgios noturnos; nos sofás da Gold Coast como nos leitos improvisados de pocilgas; na Orchestra Hall como no Star and Garter Burlesque. Breve, tens que sujar as barras de tuas calças na verdadeira pesquisa[53].

Além disso, mais que a entrevista aprofundada, a observação direta corre o risco de impor aos pesquisados uma problemática já constituída. Embora tendo um questionário na cabeça, o pesquisador não o submete aos pesquisados sob forma de questões preestabelecidas (mesmo abertas). Antes disso, é ele que, observando sem interrogar diretamente, se submete a uma avalanche de informações, às vezes com o risco de ser tomado por um sentimento de vacuidade diante da aparente banalidade das coisas, tais como elas se desenrolam diante dele, e chegar à conclusão de que o mundo observado nada "diz" ou nada "oferece"[54].

A observação direta é um método de pesquisa propício à perda de tempo, bem como à perda de sentido. Mas ela é também um método essencial que dá

---

52. CHAPOULIE, J.M. "Le travail de terrain, l'observation des actions et des interactions, et la sociologie". *Societés Contemporaines*, n. 40, 2000, p. 5-27.

53. Apud BECKER, H. In: McKINNEY, J. *Constuctive Typology and Social Theory*. Nova York: Appleton-Century-Croft, 1966, p. 61.

54. BECKER, H.S. *Les ficelles du métier*. Paris: La Découverte, 2002, p. 160-164 ["Guides Repères"].

acesso ao que se esconde, a fim de retraçar o encadeamento das ações e das interações, ou ainda para apreender o que não se diz, ou "o que é percebido sem ser dito". A aparente instantaneidade da observação não deve fazer esquecer que ela mobiliza instrumentos que, embora mais semelhantes às "artimanhas do ofício" que a uma "metodologia" petrificada, necessitam de uma aprendizagem profissional. O breve apanhado que aqui propomos divide-se em três secções: a primeira examina diferentes usos e diferentes concepções possíveis da observação sociológica; a segunda apresenta algumas técnicas-chave concernindo à coleta e à restituição dos dados; a terceira, enfim, se interessa pelos limites inerentes à observação como método etnográfico, notadamente o ponto de vista particular sobre o objeto que ela é suscetível de impor ao observador.

Os diferentes usos da observação

Deveria a observação ser participante ou não? Poderíamos exercê-la diferentemente? Seria a observação mais frutuosa dissimulando-a ou revelando-a abertamente? Poderíamos simplesmente considerá-la um método "qualitativo"? Rapidamente abordaremos aqui estas questões.

Participante ou não

Inicialmente poderíamos afirmar que toda observação é necessariamente participante, já que o observador nunca é invisível ou inativo no ambiente que ele busca estudar: por um lado ele deve negociar seu lugar, por outro, sua presença é suscetível de influir no comportamento dos pesquisados. Se a situação de pesquisa é diferente segundo o sociólogo negocia uma posição de simples observador ou se inversamente se adéqua a um papel preexistente e participa das atividades ordinárias do ambiente estudado, a distinção é mais difícil de ser traçada nestes diferentes campos. Por exemplo: em ambiente de trabalho, existem poucas possibilidades intermediárias entre ocupar um posto de trabalho e não ocupá-lo, ao passo que uma pesquisa sobre as atividades associativas adéqua-se melhor aos comportamentos medianos ou ambíguos.

A *observação não participante* permite uma dedicação exclusiva à coleta de dados. Desta forma o pesquisador, numa espécie de lazer pessoal, sob a condição de ser autorizado, pode percorrer livremente os diferentes pontos de vista da situação que ele busca estudar. No entanto, estando mais disponível para esta coleta, suas pesquisas correm o risco de ser insuficientemente ordenadas para entrever todas as facetas de sua atividade, ou para confiar em certos tipos de informações, seja por falta de tempo ou por suspeições. No entanto, o pesquisador não participante pode apelar para diversos tipos de controladores, agentes do Estado ou responsáveis de empresas, que para os atores estudados são figuras mais familiares que o sociólogo. Este último corre então o risco de ser assemelhado, levando assim os pesquisados a "adotar *para a circunstância* um comportamento de excepcional conformidade às regras julgadas e ordenar sua prática"[55]. O observador não participante deve, pois, munir-se de formas de representação de si elaboradas, que antecipam seu desapego pessoal em relação às apostas sociais do ambiente estudado, e simultaneamente seu interesse em expressá-las. "Urge ser ao mesmo tempo suficientemente preciso [na definição oficial de seu objeto] na demonstração de seriedade, e suficientemente vago para que inflexões sejam aceitáveis", afirmam Anne-Marie Arborio e Pierre Fournier; e "esta representação deve ser delineada de forma adaptada a cada um dos interlocutores encontrados, sem deixar transparecer contradições entre estas diferentes formulações sobre as quais os atores da situação podem discutir"[56]. Entretanto, às vezes é impossível tratar com o devido respeito a todos, e o acesso a novas fontes de dados pode levar a assumir o conflito com alguns atores, como foi o caso de Gérard Althabe, na Madagascar da descolonização: "Urge romper brutalmente com todo contato com os funcionários locais, com os comerciantes e notáveis que objetivamente são membros do poder estrangeiro; impõe-se não hospedarmo-nos ou comer em suas casas e rejeitar seus convites, enquanto intérpretes dos vilarejos. [...] Este conflito é uma premência, a condição de possibilidade de continuar nossa investigação, mas igualmente perigoso, já que muito facilmente pode significar nossa expulsão da região de nosso estudo"[57].

Se o observador participante, pessoalmente, sente-se cerceado em seus movimentos, ele é também menos ilegítimo quando deve justificar seu lugar, já que este lugar, este papel, ou esta função já existiam no universo estudado. Mergulhado na temporalidade do ambiente, confrontado pessoalmente com suas exigências, suas interações, suas práticas, o observador participante recolhe dados sem poder contar com a colaboração dos pesquisados. Em determinados casos, ele inclusive pode simplesmente observar sua própria atividade e a relação com os outros que ela suscita para produzir conhecimento sobre seu objeto. A medalha tem seu reverso: o enclausuramento em um único papel, em um único ponto de vista. Em muitos casos, o participante desenvolve uma atitude e objetivos contrários aos do observador: o primeiro busca uma inserção confortável, pessoas de confiança, relações estabilizadas (portanto, seletivas); o segundo tende a multiplicar as perspectivas, a interessa-se por diferentes situações, a buscar dados contraditórios aos já coletados, a fazer emergir o sentido a partir da compilação de falas e práticas (antes que pretender selecionar uma palavra ou uma conduta "autênticas"). Enfim, o pesquisador nem sempre é capaz de participar das atividades do meio estudado. Assim, as observações participantes do trabalho

---

55. ARBORIO, A.-M. & FOURNIER, P. *L'observation directe*. Op. cit., p. 27.
56. Ibid., p. 35.
57. ALTHABE, G. *Opression et libération dans l'imaginaire*. Paris: La Découverte, 2002, p. 311-314 [1. ed., 1968].

são geralmente conduzidas desde funções subalternas, enquanto que as funções exigindo habilidades e saberes tecnicamente elevados são deixadas de lado[58].

É necessário, no entanto, guardar-se de radicalizar a distinção entre os dois modos de observação. O sociólogo participante não suprime as prevenções dos pesquisados pelo simples fato de ele ser partícipe. O observador não participante, ao contrário, pode experimentar conflitos similares aos vividos pelo participante. Sobretudo, ele é convidado a "aceitar sua entrada sem reticência em toda situação que, por menor que seja, permite intercambiar uma posição de observador exterior contra aquela de parceiro ou de ator no seio do grupo estudado"[59]. Por ocasião da observação de uma reunião militante, por exemplo, seria desajeitado recusar-se sistematicamente a exprimir seu parecer ("E tu, o que pensas disso?") em nome de uma posição de observador "neutro", está correndo o risco de parecer aos pesquisados uma atitude altiva, violenta ou hostil: vale mais exprimir suas opiniões do que correr o risco de fazê-las incidir em apostas menos importantes (p. ex., estéticas ou táticas).

Às claras ou não

Outra distinção, talvez mais decisiva, deve ser feita entre a observação às claras e a observação *incógnito*. De maneira geral, a vantagem da observação sociológica é seu caráter informal. Mesmo o observador conhecido como tal pode, à custa de paciência e de negociação, participar de atividades e conversações ordinárias, acedendo assim a dados que a entrevista formal não lhe propiciaria. "Simplesmente estando sentado e ouvindo, tive respostas a questões que nem teria imaginado colocar se tivesse buscado informar-me unicamente baseado nas entrevistas", observa William Foote Whyte, a propósito de sua observação participante em um bairro italiano de Boston nos anos de 1930[60]. Dito de outra forma: mesmo o observador à descoberto ganha em "tornar-se incógnito".

Não existe um argumento epistemológico absoluto que permita decidir observar às claras ou não: o importante é manter a perspectiva de uma postura reflexiva, atenta aos efeitos da escolha de método sobre a percepção do objeto. Se às vezes a dissimulação se revela útil, é porque o pesquisador se defronta com as dissimulações do mundo social ele mesmo, notadamente quando as práticas estudadas são suscetíveis de ser objeto de buscas legais ou de uma reprovação moral, mas também quando a acuidade das relações de poder ali manifesta-

---

58. Para uma exceção notável, cf. GODECHOT, O. *Les Traders* – Essai de sociologie des marchés finaciers. Paris: La Découverte, 2006 [1. ed., 2001]. Sobre a observação do trabalho, cf. ARBORIO, A.-M.; COHEN, Y.; FOURNIER, P.; HATZFELD, N.; LOMBA, C. & MULLER, S. (orgs.). *Observer le travail*: histoire, ethnographie, approches combinées. Paris: La Découverte, 2008, ["Recherches"].
59. SCHWARTZ, O. "L'empirisme irréductible". Prefácio à ANDERSON, N. *Les hobo* – Sociologie du sans-abri. Paris: Nathan, 1993, p. 265-305.
60. WHYTE, W.F. *Street Corner Society*. Paris: La Découverte, 2002, p. 332 [1. ed., 1943].

das impede ao pesquisador uma inserção mais transparente aos olhos de todos os atores. Em um ambiente de trabalho, por exemplo, a realização de uma observação às claras supõe advertir a direção da empresa, ou obter antes sua autorização. Diferentes obliquidades resultam disso: o aval dado pela empresa pode valer apenas para alguns segmentos da mão de obra (p. ex., os assalariados que ela emprega diretamente, impedindo o acesso aos segmentos intermediários ou terceirizados); o pesquisador, quando introduzido desta maneira junto aos assalariados, corre o risco de ser percebido como um agente da direção, suscetível de "inflar" as informações (as demandadas expressamente pelas hierarquias). A este respeito, o fato de garantir aos pesquisados o anonimato não suprimiria a prevenção, já que os dados sobre o desenrolar real do trabalho, mesmo tornados anônimos, são potencialmente usáveis pelas direções com fins, por exemplo, de reorganização.

Se uma observação "mascarada", *incognito* (p. ex., quando o pesquisador faz-se empregar em uma empresa pelos procedimentos habituais) permite, por sua vez, eliminar determinadas dificuldades ligadas à observação às claras, e cria outras. Primeiramente, ela corre o risco de confinar o pesquisador ao seu papel de "participante". Como o observa Damien Cartron a propósito de sua pesquisa num McDonald's® da região parisiense, "a observação participante dissimulada impele a um forte engajamento na ação, já que o observador deve simultaneamente ser reconhecido como 'bom' lá onde ele observa, sem poder sair do jogo, e ao mesmo tempo ele deve levar a bom termo seu estudo, observando e anotando o máximo de informações"[61]. Em seguida, ela torna mais difícil o desvendamento da pesquisa, que permitiria estabelecer com os atores de outras "situações de palavras" senão as oriundas dos papéis fixados. Enfim, de um ponto de vista pessoal, constrangendo o observador a uma determinada reserva, isto é, a uma mentira, ela o submete mais fortemente ainda ao duplo desejo revelado por Raymond Gold, seja o de exprimir seu "verdadeiro" eu, que em seu papel adotado ele abafa, seja o de "virar um nativo" (*Go native*) e "incorporar o papel à suas concepções pessoais"[62].

A observação *incognito*, além disso, coloca um problema deontológico, já que ela priva os atores de um consentimento informado de sua participação na pesquisa. As informações colhidas sobre eles são feitas à revelia. Esta recriminação clássica feita à observação dissimulada, não pode, no entanto, ser mantida senão radicalizando sua especificidade e exagerando o caráter informado do consentimento dos pesquisados em outros métodos. Na realidade, uma observação completamente às claras é praticamente impossível, salvo se o meio estuda-

---

61. CARTRON, D. "Le sociologue pris en sandwich! – Retour sur une observation participante au McDonald's". *Travail et emploi*, n. 94, 2003, p. 210.

62. GOLD, R. "Jeux de rôles sur le terrain – Observation et participation dans l'enquête sociologique". In: CEFAÏ, D. (org.). *L'enquête de terrain*. Op. cit., p. 340-362.

do for um recinto social com poucas pessoas e pouco transitado: o pesquisador geralmente não pode se declarar como tal a todas as pessoas que entram no campo de sua observação, e das quais somente descobrirá *a posteriori* quais delas vão fazer parte de sua pesquisa[63]. Em muitos casos, o caráter "a descoberto" de uma pesquisa viria a advertir principalmente aos membros do meio estudado que eles regem formalmente ou informalmente este último (inclusive em universos transgressivos, como o demonstra a maneira com a qual William Foote Whyte e Philippe Bourgois são introduzidos por informantes privilegiados em seus respectivos campos[64]).

A dificuldade, frequentemente aventada, de realizar entrevistas satisfatórias com indivíduos que dominam ou que conhecem este gênero de métodos (políticos, jornalistas, sociólogos...)[65] sublinha *a contrario* que muitas entrevistas devem seu sucesso ao seu caráter inabitual e, por conseguinte, relativamente não dominadas pelos entrevistados. Inúmeros questionários ou entrevistas são de fato nutridos por questões de pesquisa diferentes das oficialmente apresentadas aos pesquisados, notadamente quando se reportam a determinados temas presumidos "sensíveis", a respeito dos quais o pesquisador prefere "continuar dissimulado". A dissimulação e o mal-entendido cientemente conservados não se limitam, pois, à observação mascarada; eles estruturam um bom número de relações de pesquisa.

A observação, método "qualitativo"?

A profundidade da investigação, a abertura às dimensões e às interpretações que não eram consideradas à origem, a vontade de reconstituir a complexidade de um mundo dado, feito de trajetórias distintas e de atores irredutíveis, fazem da observação etnográfica um modo particular de descoberta do social que, embora sendo mais flexível, é menos reprodutível por outros métodos. Ao inverso dos questionários, ou das entrevistas realizadas com pessoas isoladas que o sociólogo "qualitativo" as considera outro tanto exemplares do grupo social ou do problema que ele estuda, não faz sentido exigir que uma observação seja "representativa": com efeito, sua lógica não é a da "amostra". De um lado, o que corrobora todo seu interesse e toda sua "universalidade" é precisamente seu caráter particular, o de um "meio" situado no tempo, no espaço físico e social, na

---

63. KATZ, J. *Ethical routes for underground etnographers* [Disponível em http//www.sscnet.ucla.edu/soc/faculty/katz/UndergroundEthnographersDraft.pdf].

64. Cf. WHYTE, W.F. *Street Corner Society.* Op. cit. • BOURGOIS, P. *Enquête de respect* – Le crack à New York. Paris: Le Seuil, 2001 ["Liber"].

65. CHAMBOREDON, H.; PAVIS, F.; SURDEZ, M. & WILLEMEZ, L. "S'imposer aux imposants". *Genèses*, n. 16, 1994, p. 114-132. • LAURENS, S. "'Porquoi' e 'comment' poser les questions qui fâchent? – Réflexions sur les dilemmes récurrents que posent les entretiens avec de 'imposants'". *Génèses*, n. 69, 2007, p. 112-127.

concretude de uma rede de interconhecimento[66]. De outro, é especificando claramente todas as coordenadas do "caso" estudado que o observador etnográfico pode em seguida compará-lo a outros casos e a outros meios, mobilizando ou construindo da mesma forma modelos mais gerais, mesmo que diferentemente especificados[67]. Importa, pois, justificar a escolha do campo observado, dizendo em quê ele é um lugar crucial de exploração da problemática, e contextualizá-lo em relação às outras cenas sociais que não fazem parte do objeto de sua observação. Para convencer o leitor, o pesquisador deve esforçar-se ao máximo na explicitação das modalidades e dos meios de sua observação.

Contentar-se com uma etiquetagem da observação como método qualitativo é, portanto, confundi-lo com formas de pesquisa distanciadas de seus objetivos, de seus procedimentos e de seus resultados. É igualmente ignorar que a observação pode prestar-se a formas de sistematização e de somatórias. Passado um primeiro momento de reconhecimento, de anotações múltiplas ou de "ambiências", o pesquisador pode decidir focalizar sua observação em determinados dados particulares. Pode-se, por exemplo, em um local de trabalho, anotar cotidianamente o lugar de assento dos assalariados por ocasião do almoço no refeitório, a fim de comparar os reagrupamentos observados no organograma oficial, como o fazia Everett Hughes em um estudo pioneiro sobre as relações entre operários negros e brancos numa fábrica[68]. A propósito de sua observação em um hospital, Jean Peneff relata que "O recenseamento dos atos e interações, a contagem dos gestos, dos doentes, do tempo (tempo de trabalho intenso, de trabalho 'normal', de pausa, de troca de informações), dos percursos, do número de ordens recebidas, do número de solicitações dos doentes, das linhas escritas: tudo isso pode ser medido"[69]. Na ausência da "coleta de informações conformes aos requisitos dos instrumentos de controle estatístico", ainda é possível, como o sugere Howard Becker, produzir "quase estatísticas" à medida que houver um esforço de "realizar observações ou de colocar questões similares para um grande número de pessoas, o que engaja a busca de instrumentos quase estatísticos permitindo medir as frequências ou as distribuições"[70].

---

66. BEAUD, S. & WEBER, F. *Guide de l'enquête de terrain*. Paris: La Découverte, 1997, p. 15.
67. Ibid., p. 293-314. • BOURDIEU, P.; CHAMBOREDON, J.-C. & PASSERON, J.-C. *Le métier de sociologue*. Paris: Mouton, 1968, p. 73-74.
68. Cf. HUGHES, E. "The knitting of racial groups in industry". *The Sociologial Eye*. New Brunswick: Trassaction Publishers, 1993, p. 265-278. • JOUNIN, N. "L'ethnicisation en chantier – Reconstruction des statuts par l'ethnique en milieu de travail". *Revue Européenne des Migrations Internationales*, vol. 20, n. 3, 2004, p. 103-126.
69. PENEFF, J. *L'hôpital en urgence*. Paris: Métaillié, p. 250.
70. BECKER, H.S. "Inférence et preuve en observation participant – Fiabilité des données et validité des hypothèses". In: CÉFAÏ, D. (org.). *L'enquête de terrain*. Op. cit., p. 350-362. Para uma crítica do prefixo "quase" nesta temática, cf. ARBORIO, A.-M. & FOURNIER, P. *L'observation directe*. Op. cit., p. 51.

Fazer observações *ou* colocar questões, diz Becker, é atingir uma especificidade importante da observação: a de diversificar os tipos de provas. Embora seja útil lembrar que a observação pode prestar-se a desmembramentos sistemáticos, seria desastroso limitar este método à coleta e à agregação de dados diretamente comparáveis, já que seu interesse reside precisamente na possibilidade de discernir *ao mesmo tempo* diferentes dimensões do social. Ações dos indivíduos, discursos dos indivíduos sobre suas ações ou sobre as ações dos outros (e discursos diversificados segundo situações em que são recolhidos): eis a função essencial da observação. Não se trata simplesmente do cruzamento de informações à maneira jornalística a fim de divulgar fatos certificados, mas também de acumular um material cuja heterogeneidade cientemente cultivada não se constituirá em freio, mas em ponto inicial da análise. Por exemplo: comparar discursos racistas ou antirracistas à prática de seus autores é um meio cuja finalidade não é a de desmascarar hipocrisias, mas um instrumento para refletir a articulação entre ações e "atitudes"[71]. Com estes últimos desenvolvimentos nota-se que a concepção da função da observação e a representação dos processos sociais que a sustentam são inseparáveis das técnicas adotadas.

As técnicas

Abordaremos aqui as três questões mais técnicas da observação: Como observar e o que observar exatamente? Como coletar dados? Enfim, como restituí-los de forma sociologicamente heurística?

Como e o que observar?

Por melhor situado que possa estar o pesquisador, é impossível que ele observe a totalidade de uma situação ou de um dado ambiente. Onde pousar então o olhar? O questionamento teórico que fundamenta a pesquisa deve orientar a resposta. No entanto, este questionamento às vezes é feito meio às cegas, e não é fatal que o seja, já que a observação é o método que mais facilmente se deixa redefinir pelos resultados que ele mesmo produz. Entretanto, acreditar que é rigorosamente possível adaptar o olhar à problemática parece ilusório. Não obstante isso, e mesmo imperfeitamente elaboradas, urge fazer opções. Por exemplo: interessar-se mais por tal pessoa e não por outra, demorar-se mais em tal localidade que alhures. Urge, pois, não perder o rastro das opções feitas, já que, por mais hesitantes que inicialmente elas possam ser, elas não são menos determinantes ao desenvolvimento e às conclusões da pesquisa. Estas opções nem sempre se valem de motivos puramente "científicos": o método de observação, à medida que confronta mais diretamente e mais carnalmente o pesquisador com seu campo de estudos, ele engaja sobremaneira sua subjetividade e de sua afetividade. Não se trata aqui de evitá-lo, mas de analisá-lo.

---

71. LaPIERRE, R.T. "Attitudes *vs* Actions". *Social Forces*, vol. 13, n. 2, 1934, p. 230-237.

O termo "observação" é enganoso, levando a crer que este método engaja somente o olhar. Na realidade, ele convoca todas as capacidades sensoriais do pesquisador. É o caso do corpo em sua totalidade, bem como o das observações participantes centradas nos processos de aprendizagem[72]. "O corpo como órgão de percepção, de movimento e de dramatização é o primeiro *medium* da pesquisa de campo", resume Daniel Cefaï[73]. A partir de sua experiência com os *Boxeadores do South Side* de Chicago, Loïc Wacquant propõe desenvolver assim uma espécie de "sociologia carnal", "sociologia não *do corpo* (como produto social), mas a partir do corpo (como energia social e vetor de conhecimento)", que representa "uma maneira de fazer etnografia extraindo um ganho epistêmico da natureza visceral da vida social"[74]. É o que ilustra Matt Desmond, ao declarar, a propósito de seus quatro verões de experiência como bombeiro no *US Forest Service*: "Meu corpo transformou-se numa observação de campo, já que, para compreender os contornos do *habitus* do bombeiro (*the firefighting habitus*), precisei tornar este *habitus* crível em meu íntimo"[75].

Mas a observação engaja igualmente, e principalmente, o uso da audição. A especificidade da observação não é, longe disso, a de menosprezar a palavra dos atores, mas a de "coletar situações". O plural é importante, já que não se trata simplesmente de registrar as conversas tidas no curso ordinário da atividade e das interações entre sociólogo e pesquisados, mas também de prestar atenção à diversidade dos contextos em que tais conversas ocorreram. Uma postura dessas convida à busca do "sentido" das palavras e das expressões não em uma definição coisificada, mas em seus usos concretos, em seu contexto prático e imediato, em seus efeitos esperados[76]. Da mesma forma, contrariamente ao caso frequente da entrevista, não se trata de fazer com que o pesquisado diga, no quadro de uma situação extraordinária, o "fundamento de seu pensamento", ou a verdade de seu percurso. Antes disso, coleta-se minuciosamente o conjunto dos discursos obtidos, deslocando-os para o momento em que eles foram proferidos. Desta forma, os indivíduos frequentemente parecem sobremaneira versáteis, contraditórios, emitindo opiniões pouco consistentes[77]. Qual seria o interesse, neste caso, em compilar tais informações? O fato é que as opiniões

---

72. WACQUANT, L. *Corps et âme*: carnets ethographiques d'un apprenti Boxur. Marseille, Agone, 2002. • FAURE, S. *Appreendre par corps* – Socio-anthropologie des techniques de danse. Paris: La Dispute, 2000. • NEWMAHR, S. "Becoming a sadomasochist: Integrating self and other in ethnographic analysis". *Journal of Contemporary Ethnography*, vol. 37, n. 5, 2008, p. 619-643.

73. CEFAÏ, D. *L'enquête de terrain*. Op. cit., p. 469.

74. WACQUANT, L. "Carnal connections: On embodiment, membership, and apprenticeship". *Qualitative Sociology*, vol. 28, n. 4, 2005, p. 441-471.

75. DESMOND, M. "Becoming a firefighter". *Ethnography*, vol. 7, n. 4, 2006, p. 387-421.

76. CHAUVIN, S. "'Il faut défendre la communauté' – Ethnographie participante d'un 'community meeting' de travailleurs journaliers aux États-Unis". *Contretemps*, n. 19, 2007, p. 59-69.

77. PENEFF, J. *L'hôpital en urgence*. Op. cit., p. 251.

contraditórias não são desprovidas de coerência; em última análise, esta coerência deve ser buscada no contexto, na atividade e nas relações sociais do momento em que foram proferidas. Estas opiniões e suas variações desenham, através de leves insinuações, o espaço das posições e das expectativas. Por exemplo: um chefe de canteiro de obras que considera turno a turno o mesmo manobreiro como "vadio", "corajoso" (ou "persistente") indica o que se espera de um manobreiro: força física, nada mais. Em sentido inverso, o manobreiro que considera alternativamente um chefe como "gentil" ou "maldoso" (enquanto não emite nenhum comentário sobre outros responsáveis) significa que, segundo ele, é este chefe que tem poder sobre ele (de sanção ou de promoção...).

A coleta de dados

Falamos aqui de "recolher", "anotar", isto é, de "registrar" fatos, peripécias, cenários, ambiências, palavras..., mas sem precisar a quê tudo isso concretamente reenvia. Na maioria das vezes, trata-se de anotações manuscritas, mas é igualmente possível recorrer a gravadores ou, hoje, a registradores numéricos, seja para o uso exclusivo do pesquisador gravando suas impressões e observações, seja para que ele possa estocar diálogos situados. Pode-se inclusive recorrer a vídeos. No entanto, quanto mais visível o instrumento, e quanto maior a técnica de captação dos comportamentos dos atores for incorporada (através da voz, da imagem, e não somente por palavras escritas), tanto maior o risco de influir na situação, afastando-a do que ela poderia ter sido sem a presença do pesquisador.

A anotação é mais ou menos facilitada segundo os universos. Quando os próprios pesquisadores são levados a fazer anotações e a trabalhar com o computador etc., eles simplesmente podem guardar estas anotações em seus cadernos de anotações, sem suscitar qualquer desconfiança particular. Em contrapartida, quando ele é o único a abertamente fazer anotações, enquanto observador declarado, grande é o risco de suscitar desconfiança. Particularmente quando ele não anota a todo instante, estimulando os atores a tentar adivinhar quais elementos foram objeto de anotações e de orientar seu comportamento em função dos interesses presumidos do pesquisador. Pode-se, pois, em situações onde as relações sociais são intensas, por exemplo, em reuniões, recomendar que se anote tudo, deixando claro que tudo é anotado, não somente porque a prestação de contas exaustiva é mais útil (sob pena de fazer uma triagem ou uma síntese tardia), mas também a fim de não causar contrariedade a ninguém e não dar demasiada influência aos pesquisados sobre a orientação da pesquisa. Outra solução consiste em "agir ardilosamente" guardando brevemente na memória o que se pretende anotar até que um tempo morto sobrevenha, por ocasião da qual a escrita não pode ser diretamente associada, do exterior, à ação particular de um dos pesquisadores.

Para o observador dissimulado, os problemas são de outra ordem: trata-se de dissimular suas anotações. Mais uma vez, isso se torna mais fácil quando o sociólogo observa atividades para as quais é usual levar consigo algo para anotar. Algo totalmente diferente ocorre quando, por exemplo, se observa (e *a fortiori* quando se participa de) trabalhos operários. O melhor aliado parece ser o banheiro, ou outro lugar garantindo a intimidade, onde podem ser rapidamente rabiscadas algumas "notas de referência"[78] que, à noite, serão objeto de uma explicação e de um desenvolvimento. Nos intervalos, o pesquisador deve recorrer às técnicas mnemotécnicas de sua escolha para guardar na memória as reflexões, mas principalmente as peripécias e outras expressões "falantes" que ele deseja anotar.

O diário de campo e o relatório

Resta decidir sobre o estatuto do diário de campo e o que é necessário anotar nele. A publicação de diários pessoais escritos por ocasião da realização de estudos fundadores[79], de narrações retrospectivas dos anos de pesquisas[80], de narrações etnográficas completas[81], turva um pouco hoje a natureza desse tipo de documento. Ela corre o risco de deixar pensar que o diário de campo pode ser um texto que se garante por si mesmo, um texto, além disso, suscetível de ter um valor literário intrínseco. Gostaríamos de sugerir, ao contrário, que um diário de campo bem cuidado é um texto pesado, desordenado e repetitivo. Longe de qualquer epopeia, ele narra os fenômenos, os acontecimentos, as atitudes, as relações, os diálogos, em sua banalidade e recorrência. Ao termo, ele é tido por refletir às náuseas a "saturação" do campo[82] – o fato que novos dados não ensinam mais nada ao pesquisador e já não contradizem mais seu quadro de análise –, sinal daquilo que a pesquisa está em vias de concluir. Por esta simples razão, um diário de campo dificilmente é legível, a não ser em vista de um objetivo de tratamento secundário, de análise, de síntese e de modelo.

Mas será simplesmente que o diário de campo não *pode* ser lido em razão de sua ilegibilidade, ou é possível igualmente sustentar que ele não *deve* ser lido? Deixar a possibilidade de outros lerem seu diário de campo é satisfazer à exigência científica de partilha dos dados e de acesso às condições da pesquisa. Mas é

---

78. ARBORIO, A.-M. & FOUNIER, P. *L'observation directe*. Op. cit., p. 54.

79. MALINOVSKI, B. *Journal d'ethnographe*. Paris: Le Seuil, 1985.

80. SAADA, J.F. & CONTRERAS, J. *Corps pour corps* – Enquête sur la sorcellerie dans le Bocage. Paris: Gallimard, 1981. • PINÇON, M. & PINÇON-CHARLOT, M. *Voyage en grande bourgeoisie*: journal d'enquête. Paris: PUF, 1997.

81. WACQUANT, L. *Corps et âme*. Op. cit. • JOUNIN, N. *Chantier interdit au public*. Paris: La Découverte, 2008.

82. GLASER, B. & STRAUSS, A. *The Discovery of Grounded Theory*: Strategies for Qualitative Research. Chicago Publishing Company, 1967.

assumir o risco, nesta perspectiva, de se censurar: de impedir-se de escrever os estados da alma, os julgamentos sem rodeios, as impressões vagas, os desconfortos ou os questionamentos pessoais. Obviamente, o diário de campo não é um diário íntimo, mas a observação, já o dissemos, engaja o pesquisador de uma maneira que não pode deixá-lo indiferente. A escrita em um diário de campo não é uma maneira de desabafar-se, mas de tentar compreender o que seus próprios sentimentos dizem do ambiente estudado, religando-os notadamente à sua origem e trajetórias sociais: buscando discernir a relação que construiu o objeto de estudos e o que provavelmente ali foi projetado auxilia no despojamento dos pressupostos iniciais. No fim das contas, se seguimos Florence Weber, talvez seja possível sustentar que "não subsistem materiais 'íntimos', não publicáveis, senão à medida que a autoanálise é incompleta, que não foi possível ou não se quis levá-la a seu termo"; mas antes disso, "o alcance do diário deve ser o menos censurado possível: o que pressupõe não alimentar antecipadamente o projeto de publicá-lo como tal"[83].

Estes dilemas a propósito do diário de campo colocam questões relativas ao lugar do "eu" e dos sentimentos individuais do pesquisador na escrita sociológica. Se os efeitos sobre o pesquisador de sua relação com o campo e com as pessoas estudadas podem ser objeto de uma utilização reflexiva evidente, durante e após o trabalho de pesquisa, como o lembra Henri Peretz, *in fine*, "o importante são os outros, os observados"[84]. No relatório final, a análise da subjetividade do pesquisador é tanto mais pertinente que ela serve para um melhor conhecimento do objeto de sua pesquisa: a "reflexibilidade" deve tornar-se "epistêmica" antes que "narcisista"[85]. Efetivamente, é em antropologia que tiveram lugar os debates mais vivos sobre a escrita etnográfica e suas condições de validade[86]. Por razões de espaço, mas também porque estas controvérsias concernem mais ao estatuto epistemológico da narrativa etnográfica que seu conteúdo propriamente dito, privilegiaremos aqui as questões mais diretamente práticas.

Uma delas concerne à maneira de ordenar análise e narrativa etnográficas num relatório de pesquisa. Anne-Marie Arborio e Pierre Fournier propõem três delas[87]. A primeira, "descrição ordenada", consiste na reconstrução, frequente-

---

83. WEBER, F. "L'enquête, la recherche et l'intime ou: pourquoi censurer son journal de terrain". *Espaces Temps*, n. 47-48, 1991, p. 71-81.
84. PERETZ, H. *Les méthodes en sociologie* – L'observation. Paris: La Découverte, 2007, p. 86 ["Repères"].
85. BOURDIEU, P. & WACQUANT, L. *Réponses*. Paris: Le Seuil, 1992.
86. Para uma síntese, podemos reenviar aos textos clássicos reunidos em CEFAÏ, D. (org.). *L'enquête de terrain*. Op. cit., p. 208-294, e à sua apresentação, p. 179-207. Cf. tb. SARDAN, J.-P. O. "Le 'je' methodologique. Implication et explicitation dans l'enquête de terrain". *Revue Française de Sociologie*, vol. 41, n. 3, 2000, p. 417-455.
87. ARBORIO, A.-M. & FOURNIER, P. *L'observation directe*. Op. cit., p. 104-107. Por sua vez, H. Peretz (*Les méthodes en sociologie*. Op. cit., p. 104-109) propõe duas.

mente realizada a partir de uma multiplicidade de observações, do desenvolvimento de um processo ou de uma interação modelo. A segunda, "raciocínio ilustrado", consiste em justapor parágrafos de análise geral com extratos do diário de campo que necessariamente serão ancorados em um tempo e em um lugar particular. Podemos recomendar então que se marque graficamente a ruptura de registro escolhendo para estas passagens um tamanho de caracteres ligeiramente menores, bem como uma reentrância à esquerda. A última maneira é a das "longas cenas comentadas", cuja restituição supõe contextualizações integradas à própria narrativa. Vale lembrar que estes três modos de exposição podem muito bem estar juntos, embora em lugares diferentes, no seio de um mesmo trabalho sociológico.

Outras questões práticas concernem à própria escrita. Qual *tempo* deve-se empregar? Se, em inglês, a maioria das narrativas etnográficas figura no passado, em francês prefere-se o presente. Urge, no entanto, distinguir bem, na redação, o presente de verdade geral (o da "descrição ordenada"), o presente histórico ("ela se casa no ano 2000, após o nascimento de seu primeiro filho"), e o presente etnográfico dos extratos do diário de campo ("ele abandona o local sem fitar-me"); isso porque o "eu" do sociólogo é temporalmente distinto daquele que ele emprega nos parágrafos da análise geral. Enfim, de maneira ainda mais aguda que na entrevista, a questão da retranscrição das palavras ouvidas se impõe. De fato, a menos que estas não tenham podido ser gravadas em contexto[88], cabe à memória do etnógrafo, ou a suas anotações rapidamente feitas ao longo do dia, restituí-las. A tentação é grande, então, de dar a estas citações reconstruídas um colorido "oral" (suprimir as "negações"), inclusive buscando reproduzir os lapsos de linguagem prováveis atribuídos ao ambiente pesquisado (ou mesmo a um pesquisado em particular). Quando nenhum suporte é possível, e a fim de evitar os efeitos de "alteridade" excessivos, recomenda-se antes a sobriedade no estilo "escrito" ("não pretendo", antes que "não quero"). Perceber-se-á então de passagem que, afinando bem o ouvido, as "negações" não são tão raras junto aos pesquisados quanto espontaneamente o podemos imaginar.

Limites

Para concluir esta apresentação, examinaremos aqui alguns limites e "obliquidades" potenciais ligados à observação direta, bem como os debates que esta última ocasionou: a questão das perturbações produzidas sobre o objeto estudado, o risco de obliquidade "topocêntrica" e "jurídica" quando uma observação localizada pensa satisfazer-se em si mesma, enfim, a ilusão de que o etnógrafo é o único a pousar um olhar reflexivo sobre o ambiente estudado.

---

88. Para um exemplo célebre, cf. BOURGOIS, P. *Enquête de respect*. Op. cit.

Seria o observador condenado a "perturbar"?

Resumamos primeiramente o debate relativo ao espaço analítico atribuído às "perturbações" necessariamente atribuídas ao observador. A renovação recente da tradição etnográfica francesa passou a utilizar estas perturbações, rompendo com as ilusões positivistas, não como obstáculos à inteligibilidade, mas como meios de conhecimento, um pouco ao estilo experimental[89]. Como o resume Olivier Schwartz, "os efeitos da situação de pesquisa, longe de meros artefatos, indiretamente podem levar a constatar propriedades características do funcionamento do grupo estudado. Cedo ou tarde é possível supor que surjam como 'reveladores' de lógicas sociais endógenas ao grupo, não porque as perturbações ou os acontecimentos desencadeados pela aparição do observador necessariamente afirmem algo sobre a ordem que perturbam"[90].

Entretanto, o sociólogo de campo não é condenado a analisar somente os artefatos produzidos por sua incursão: de um lado, do fato da neutralização relativa que decorre tanto de sua presença de longa data[91], de sua coexistência "desinteressada" com os pesquisados anteriormente ao início oficial da pesquisa[92]; de outro, porque as coerções institucionais, as urgências materiais e as lógicas econômicas que pesam sobre a maioria dos ambientes são frequentemente bem mais fortes, a médio prazo, que as perturbações induzidas pela chegada do observador, dissimulado ou não[93]. Howard Becker conta, a propósito de um pesquisado, estudante do primeiro ciclo que ele acompanhava em sala de aula, que ele começou a trapacear diante dele: "Ele sentia-se incomodado que eu pudesse flagrá-lo, mas esta inquietação não o impediu de continuar 'colando', pois as consequências de rodar no exame (era uma época em que o fracasso escolar podia enviá-lo ao serviço militar e correr o risco de ser morto no combate) eram bem piores que minha opinião potencialmente desclassificatória em seus confrontos"[94]. Da mesma forma, sublinhe-se que em ambiente de trabalho, e particularmente em postos subordinados, a revelação a seus colegas, *a posteriori*, pelo sociólogo dissimulado, de seu estatuto de observador mostra-se bem frequentemente um não acontecimento para as pessoas observadas[95]. Seletiva (revelada aos assalariados, mas ocultada aos gestores), esta revelação pode in-

---

89. BEAUD, S. & WEBER, F. *Guide de l'enquête de terrain*. Op. cit.
90. SCHWARTZ, O. "L'empirisme inddéductible. Op. cit. p. 276.
91. BEAUD, S. & WEBER, F. *Guide de l'enquête de terrain*. Op. cit., p. 298-299.
92. WACQUANT, L. *Corps et âme*. Op. cit.
93. SCHWARTZ, O. Op. cit., p. 279.
94. BECKER, H. "The epistemology of qualitative research". In: JESSOR, R.; COLBY, R. & SHWEDER, R. (org.). *Ethnography and Human Development*. Chicago: University of Chicago Press, 1996, p. 53-72.
95. EHRENREICH, B. *Nickel and Dimed*: On not Getting by in America. Nova York: Metropolitan Books, 2001.

clusive contribuir na integração ao ambiente de trabalho e facilitar a coleta de informação.

Ilusão "topocêntrica" e ilusão "jurídica"

Mais crucial, sem dúvida, um duplo risco espreita a observação quando esta se limita a uma "cena social" ou a um lugar particular (um hospital, um canteiro de obras, um ringue de boxe, uma fábrica) sem seguir os atores fora deste ou sem interrogar-se sobre sua trajetória: de um lado, o risco que consiste em reduzir a existência dos atores ao lugar estudado, ou seja, pretender reduzi-los ("topocentrismo"); de outro, o risco ligado à pretensão de explicar os comportamentos dos pesquisados a partir da única descrição modelada de suas "funções" no ambiente observado ("juridismo").

Concernindo ao primeiro risco, assumiremos por nossa conta e risco as interrogações de Gérard Althabe: "O lugar do social atingido pela pesquisa, no qual, aliás, a investigação permanece situada (o campo do cotidiano, com suas práticas e suas interações onde o indivíduo e o etnólogo são os atores, se desenrola nos quadros, nos canteiros, nas redes, na empresa, produtos da própria sociedade), possuiria uma autonomia que dá sua pertinência à produção de seu conhecimento do interior, ou seria a cena de uma peça cujo cenário se escreve alhures? Fechando-se neste campo, o pesquisador não impediria a compreensão daquilo que ali se passa?"[96] Para remediar este risco, por exemplo, a fim de compreender o ponto de vista dos usuários ordinários dos serviços médicos e sociais, explica Florence Weber, "o trabalho de campo etnográfico deve abandonar o 'local' do encontro com a instituição e seguir estas 'pessoas ordinárias' até onde elas deixam de ser ordinárias – um pai amável, um marido carinhoso, um colega jovial ou um amigo, um inimigo jurado, um vizinho serviçal ou traiçoeiro"[97]. Mais geralmente, é referindo as práticas observadas simultaneamente à cena social e à trajetória dos atores que se pode evitar, mesmo que minimamente em um único local, as ilusões topocêntricas ligadas à localização inevitável do observador.

Mas, em segundo lugar, a questão não é simplesmente perceber um único quadro de interação quando, de fato, existe uma pluralidade. A interrogação concerne igualmente à tentação de fazer derivar as práticas efetivamente observadas de definições modeladas da "função" de cada ator, postura quase tautológica que corre o risco de interromper o esforço de explicação antes que fazê-lo progredir[98]. A ilusão de que cada um está "em sua função", e que basta descrever

---

96. ALTHABE, G. Op. cit., p. 46.
97. WEBER, F. "Settings, interactions and things: A plea for multi-integrative ethnography". *Ethnography*, vol. 2, n. 4, 2001, p. 475-499.
98. Para uma crítica antiga desta obliquidade, cf. BOURDIEU, P. *Esquisse d'une théorie de la pratique*. Paris: Le Seuil, 2000 [1. ed., 1970].

estas funções para explicar a cena e as práticas não é, aliás, sem vínculo com a supervalorização, feita pelo pesquisador, de seu próprio *status* "excepcional" comparado com seus pesquisados, notadamente quando ele é de uma origem social mais elevada das pessoas que ele estuda. Robert Linhart exclamava com brio, em parte contra si mesmo, a respeito de sua experiência de fábrica: "Os burgueses sempre se imaginam possuir o monopólio dos itinerários pessoais. Que farsa! Eles têm o monopólio da palavra pública, é tudo. Eles se expõem. Os outros vivem sua história com intensidade, mas em silêncio. Ninguém nasce OS[99]; tornamo-nos"[100].

A ilusão da exclusividade reflexiva

Uma ilusão dessas é correlativa à desconsideração da subjetividade dos pesquisados. Ao inverso, o interesse atribuído aos afastamentos criados pelos atores em relação à sua função acaba iluminando sua reflexibilidade. Chegado num local ou num ambiente com o objetivo de produzir uma análise, o observador é espreitado pela tentação de crer ser o único a "analisar". Ora, se a observação tem por objetivo exatamente o de discernir uma realidade sem passar pelos filtros de uma reconstrução verbal *a posteriori* ou fora da situação considerada (através da entrevista, p. ex.), seria ilusório acreditar na possibilidade de conceder-se a reflexibilidade dos atores ou, pior, pensar que eles não a possuíssem no momento considerado. Na prática, o pesquisador não somente deve levar em conta as observações e as análises produzidas por aqueles que ele observa e analisa, mas ele deve inclusive tirar o máximo de proveito delas. Não raro a análise é construída coletivamente, na discussão e na confrontação das hipóteses do pesquisador com os pesquisados.

Poderíamos, portanto, nos perguntar, para concluir, qual é a especificidade (o "valor agregado") do observador quando ele se certifica de que os "observados" lhe fornecem suas análises (como é sem dúvida o mais frequentemente o caso não reconhecido pelos etnógrafos). Tal especificidade não decorre somente do fato de o pesquisador dominar as teorias sociológicas e saber colocar em perspectiva seus próprios resultados com os analisados precedentemente. Ela decorre igualmente do fato de ele não solicitar uma única análise de um único ator, e da busca de realizar o que os pesquisados, presos às barreiras e às exigências do cotidiano, raramente podem permitir-se: variar os pontos de vista. Everett Hughes o resumia assim: "Não há nada que eu saiba que ao menos um dos membros deste grupo não o saiba igualmente, mas, como eu sei o que todos eles sabem, eu sei mais que qualquer um dentre eles"[101].

---

99. OS = operário dito "especializado" [N.T].
100. LINHART, R. *L'établi*. Paris: De Minuit, 1978, p. 80.
101. Apud BECKER, H.S. *Les ficelles du métier*. Op. cit., p. 166.

8
O uso dos arquivos em sociologia

Liora Israël

O uso dos arquivos não aparece espontaneamente como um método da sociologia. Ao contrário, a imagem do historiador debruçado sobre pilhas de arquivos poeirentos parece relegar o uso deste método à disciplina histórica, e mais ainda à sua dimensão menos sociológica, a da história dos acontecimentos. Além disso, seria o arquivo um método? Realmente, não! Ele é um tipo de documento cuja natureza pode ser questionada, como ainda o veremos. Ele suscitou menos reflexões propriamente metodológicas que textos insistindo nas emoções associadas ao manuseio deste estranho material, o mais célebre deles atribuído ao *Le goût de l'archive* (O gosto estranho pelo arquivo), de Arlette Farge[102]. Igualmente historiadora, Sophie Wahnich insistiu na importância da intuição dos devotados ao arquivo, buscando conhecimentos sobre o passado[103]. Entre a árida decifração e a navegação intuitiva, o arquivo parece estar confinado a um uso metódico. De fato, o pesquisador depende ao mesmo tempo de sua existência, de sua acessibilidade, de sua classificação, de suas tantas variáveis que constituem os inúmeros defeitos que condicionam sua disponibilidade à investigação. Uma vez "encontrado", se o problema for esse, resta a "explorar" o arquivo, a lê-lo. Lá também, inúmeras são as fórmulas que levam a pensar que em si o arquivo "prova", "revela"... Ele quase parece ser dotado de um poder de expressão própria. Ao contrário, ainda o veremos, o arquivo não "diz" nada ao sociólogo, fora de uma problemática e de uma reflexão dada. Abordar o arquivo de um ponto de vista metodológico, portanto, é igualmente interrogar-se em quê consiste a prova em ciências sociais.

---

102. FARGE, A. *Le goût de l'archive*. Paris: Le Seuil, 1989.
103. WAHNICH, S. "Archives, objet empirique et intuition – Du rapport passé/present de l'historien-politiste". In: BACHIR, M. (org.). *Les méthodes au concret*. Paris: PUF, 2000, p. 211-288 ["Curapp"].

Assim, o recurso ao arquivo merece ser integrado ao leque dos métodos do sociólogo. De fato, o desenvolvimento crescente das pesquisas feitas no domínio da sociologia histórica ou sócio-histórica funda-se exatamente no uso sempre mais frequente do material arquivado. De maneira mais geral, a reflexão metodológica sobre o arquivo é igualmente necessária para quem importa para seu campo de pesquisa documentos e elementos materiais que lhe serão úteis às próprias conclusões. Coletando assim indícios materiais, mas igualmente entrevistas que constituirão os arquivos orais, o sociólogo, mesmo às vezes ignorando-o, torna-se arquivista involuntário do campo de pesquisa que ele mesmo percorre. Neste aspecto, uma reflexão sobre os usos do arquivo em sociologia não poderia deixar de considerar o que adviria aos arquivos do próprio sociólogo.

O que é um arquivo?

Tentativa de definição

O que é um arquivo? Responder a esta simples questão, que está no próprio fundamento de toda reflexão metodológica, não tem nada de evidente. Várias definições de arquivo coexistem[104]. Uma, na vida cotidiana, designa os documentos diversos, reunidos por uma pessoa ou uma família, com fins privados e mais gerais. Uma segunda definição, mais institucional, designa a estocagem por uma organização dos dossiês e das informações relativos à sua atividade passada: associação, hospital ou empresa, todas estas organizações dispõem hoje de lugares ou serviços de estocagem dedicados à constituição do que é comumente designado arquivo.

Por que são assim conservados estes documentos? Sempre se trata, em sentido amplo, de guardar memória das coisas, mesmo se esta memória aparece cada vez mais desmaterializada na era da informática. A existência de um rastro, de um documento atestando o passado é útil quando se trata de intervir uma vez mais, por exemplo, em um hospital quando é necessário dispor dos antecedentes médicos de um paciente, ou numa administração para reconstituir uma carreira, ou para fazer valer os direitos de aposentadoria de um empregado. O mesmo, em certa medida, vale para cada pessoa: os arquivos pessoais são constituídos por parte de documentos administrativos e oficiais (diplomas, caderneta de família, papéis bancários, ou poupança) que podem atestar, em determinadas circunstâncias, diferentes direitos. Mas os arquivos pessoais contêm igualmente documentos ao mesmo tempo mais íntimos (como fotografias) e mais heteróclitos (como cartões postais de férias ou brinquedos antigos) que possuem uma função principalmente memorial no seio da família, permitindo transmitir

---

[104]. Limitar-nos-emos neste artigo à consideração da atual situação francesa, relativa ao estatuto do arquivo, particularmente do ponto de vista legal, já que ela é eminentemente variável segundo a época, ou de país a país.

recordações, elementos de um passado desaparecido. Institucional ou familiar, o arquivo faz assim ofício de vetor entre o passado e o futuro, materialização e reconhecimento de uma continuidade própria a diferentes universos sociais.

Uma terceira definição, legal, é a que parece ser a mais pertinente no quadro de um trabalho de pesquisas. São considerados como arquivos, de maneira um pouco tautológica, os documentos conservados em lugares qualificados eles mesmos como arquivos: arquivos municipais, arquivos departamentais, arquivos nacionais principalmente. São estes arquivos, conservados em depósitos catalogados, os mais frequentados pelos pesquisadores. No entanto, outros arquivos institucionais enriquecem este panorama: arquivos especializados (arquivos do mundo do trabalho em Roubaix), arquivos de instituições, conservados por elas (como os da CGT), arquivos de escritores e de intelectuais (Imec)[105], fundos de arquivos constituídos por razões militantes (projeto de um futuro centro de arquivos e de documentação homossexuais de Paris). Esta simples lista permite sublinhar que os arquivos são ao mesmo tempo uma aposta e uma construção: aposta de poder, de história e de memória, desde sua constituição e na história, como recentemente o demonstrou Sophie Coeuré num esplêndido estudo sobre a sorte dos arquivos da Segunda Guerra Mundial[106]; construção social enquanto eles sempre são o resultado de um gesto de triagem, de uma seleção, de uma vontade de conservação entre o que é "interessante" e o que não é, o que pode ser tornado público e o que deve permanecer secreto, o que deve permanecer e o que deve desaparecer.

Esta primeira "desconstrução" rápida da noção de arquivos é essencial para o sociólogo que deseja investigar o passado: ela sugere a riqueza e a diversidade muito frequentemente negligenciada – principalmente para os sociólogos – do material arquivístico; ela sublinha também a necessidade de refletir sobre a constituição do arquivo enquanto tal, resultando ele mesmo de um processo social específico que importa considerar na análise.

A legislação francesa sobre os arquivos

A legislação francesa regulamentando o acesso aos arquivos públicos acaba de ser modificada, já que ela foi publicada no *Journal Officiel* (Diário Oficial) de 16 de julho de 2008. Ela vem igualmente substituir a lei de 3 de janeiro de 1979 sobre os arquivos. É interessante notar que esta reforma foi acompanhada de inúmeros debates opondo notadamente os pesquisadores – especialmente especialistas em história contemporânea – aos eleitos, em particular do Senado, sobre a questão da acessibilidade a determinados dados. Com efeito, visando

---

105. Instituto Memória de Publicação Contemporânea.
106. COEURÉ, S. *La mémoire spoliée* – Les archives des Français, butin de guerre nazi puis soviétique (de 1940 à nos jours). Paris: Payot, 2007.

inicialmente a encurtar determinados prazos de comunicação, o projeto foi singularmente amenizado por ocasião de sua passagem pelo Senado, antes de ser novamente abrandado, e culminar na criação – interpretada pelos pesquisadores como um retrocesso – de uma nova categoria de arquivos incomunicáveis, concernindo certos arquivos públicos relativos à concepção e à fabricação de armas nucleares, biológicas, químicas.

O que é um arquivo no sentido jurídico? Na França, a questão dos arquivos é antiga, e um dos gestos marcantes dos revolucionários de 1789 resume-se na criação dos Arquivos Nacionais, mencionados pela Assembleia Constituinte desde 29 de julho de 1789, e em seguida verdadeiramente criados, sob este nome, em 12 de setembro de 1790. Quatro anos mais tarde, a lei do "7 messidor" [calendário republicano], ano II (de 25 de junho de 1794), coloca três grande princípios que permanecerão no coração das missões reivindicadas pela instituição: "A centralização dos arquivos da nação. Seu livre acesso aos cidadãos. A necessidade de uma rede arquivística nacional"[107]. Se a criação dos arquivos nacionais participa assim da edificação de um Estado republicano dissociado do clero (notadamente quanto ao Estado civil), e passa a ser acompanhada pela criação de um corpo profissional de arquivistas, a questão que hoje concentra os maiores debates relativamente aos arquivos públicos concerne menos à sua estocagem que a seu "livre acesso aos cidadãos", particularmente para os períodos turbulentos mais recentes da história política francesa (Regime de Vichy, Guerra da Argélia).

O estatuto atual dos arquivos na França, portanto, é definido pela lei de 1979, modificada pela lei de 16 de julho de 2008. A definição jurídica do que é um arquivo encontra-se no artigo 1º desta lei: "O arquivo é um conjunto de documentos, independente de datação, de lugar de conservação, de auxílio, produzido ou recebido por qualquer pessoa física ou moral, ou organismos públicos ou privados, no exercício de sua atividade. A conservação destes documentos é organizada segundo o interesse público tanto para as necessidades da gestão e da justificação dos direitos das pessoas físicas ou morais, públicas ou privadas quanto para a documentação histórica da pesquisa". Percebe-se perfeitamente que esta definição é bastante abrangente: ela abre a possibilidade de um arquivamento quase infinito, justificado por um "interesse público" que recobre ao mesmo tempo um imperativo de reconhecimento de direitos (p. ex., o cadastro, o estado civil), e a consideração da atividade de pesquisa, tornada possível pela existência de arquivos. Subsequentemente define-se um estatuto particular para os arquivos públicos que procedem da atividade do Estado, das coletividades locais, dos estabelecimentos e das empresas públicas. De natureza imprescritível, os arquivos públicos têm por vocação ser enviados aos Arquivos Nacionais. No entanto, alguns ministérios, como o da Marinha e o da Defesa,

---

107. Site dos arquivos nacionais.

continuam ainda hoje produzindo e enviando arquivos separados. Obviamente, o que ainda continua sendo enviado aos Arquivos Nacionais, a título de arquivos públicos, permanece objeto de uma triagem: segundo a lei, "ao expirar seu período de utilização corrente, os arquivos públicos [...] passam a ser objeto de uma seleção a fim de separar os documentos a conservar dos documentos desprovidos de utilidade administrativa ou de interesse histórico e científico, sendo estes eliminados". Percebe-se claramente que este artigo da lei responde ao mesmo tempo a uma necessidade (é impossível conservar tudo sem distinção) e a uma blindagem, aos olhos das ciências sociais, causando grandes problemas: Como saber, quando os consultamos, o que foi guardado ou não, e em função de qual princípio? Mais grave ainda quando estes arquivos depositados pelos ministérios são extremamente desiguais, em função de interesses institucionais ou políticos variáveis. Além disso, é bastante provável que as referências históricas e científicas que levaram o funcionário encarregado da triagem não coincidam com os critérios reivindicados pelo pesquisador, cinquenta ou sem anos mais tarde.

Gerenciados e disponibilizados por arquivistas dotados de um segredo profissional, os arquivos públicos são caracterizados por um regime de comunicabilidade que cristaliza grande parte das controvérsias. Efetivamente, os arquivos públicos não são, em regra geral, livremente consultáveis instantaneamente: eles são caracterizados por prazos diferenciados de comunicabilidade, antes dos quais é necessário pedir uma derrogação (desigualmente acordada pela administração depositante). É esta questão dos prazos de comunicação que é ao mesmo tempo a mais sensível, colocando problemas éticos, em particular para os dossiês concernindo pessoas ainda vivas, e talvez a mais central para o sociólogo. De fato, este último, mesmo se atraído pela sociologia histórica, ele não se afasta absolutamente, o mais frequentemente, do período contemporâneo. Ora, para alguns dossiês pessoais, notadamente os relativos a procedimentos médicos, os prazos de livre comunicação era de 150 anos na lei de 1979 e foram reduzidos a 120 ou 125 após a morte da pessoa interessada. As derrogações são acordadas de caso a caso, pelas direções ministeriais depositantes.

O quadro jurídico que fundamenta o acesso aos arquivos públicos foi objeto nestes últimos anos de inúmeras controvérsias, entre aberturas dos arquivos desejados para responder à injunção repetida de um "dever de memória" (p. ex., derrogação geral decidida por Lionel Jospin em 1997 relativamente ao período do regime de Vichy), e "questões" acenando para as coerções relativas às restrições de acesso e de comunicação. Uma das mais célebres é certamente a sanção profissional aplicada a dois arquivistas da cidade de Paris que testemunharam no processo de difamação intentado por Maurice Papon contra Jean-Luc Einaudi. Este último questionava o papel do prefeito Papon no massacre de argelinos ocorrido em 17 de outubro de 1961, que não havia obtido as derrogações que lhe permitiam aceder a determinados arquivos policiais. Os dois arquivistas decidiram então abrir mão do segredo profissional e testemunharam a existência e o conteúdo destes documentos que eles mesmos haviam classificado e arquivado. Se estas questões parecem demonstrar a sensibilidade política do tema, aliás, presentes em várias obras polêmicas[108], não é menos verdade que na imensa maioria dos casos, um estudante ou um pesquisador que faz um pedido de derrogação tem grandes chances de obtê-la, em particular quando se trata de arquivos públicos. Se houver problemas, uma instituição, a Cada, Comissão de Acesso aos Documentos Administrativos, pode ser acionada.

Qual uso dos arquivos em sociologia?
Utilização dos arquivos em sociologia e sociologia dos arquivos

Embora necessárias, as colocações precedentes constituem o ponto de partida e não de chegada de uma reflexão sobre o uso dos arquivos em ciências sociais. Urge sublinhar o que já estava em jogo nesta apresentação: o fato que uma sociologia fundada totalmente ou em parte em arquivos não pode privar-se de uma sociologia dos arquivos, isto é, de uma compreensão fina dos mecanismos políticos e sociais de produção, de conservação e de seleção dos documentos que, *in fine*, vão ser levados em conta pelo pesquisador em suas análises. Estes preâmbulos são tanto mais necessários que, se a situação dos arquivos públicos é complexa, a situação é ainda menos clara para os arquivos ditos "privados", pessoais, mas também os dos sindicatos, dos partidos, dos Conselhos da Ordem, das empresas que ainda os detêm. Dentre estes últimos, os que possuem ainda seus arquivos ou que os depositaram nos centros, conservando o mais frequentemente, enquanto proprietário de arquivos "depositados", o poder de conceder ou não as derrogações. Sem poder entrar em todos os detalhes jurídicos e organizacionais relativos ao funcionamento dos diferentes depósitos (a distância sendo, aliás, grande entre princípios e realidade), vários elementos devem ser considerados para quem deseja utilizá-los, numa postura em termos de ciências sociais, como arquivos, e mais precisamente como arquivos conservados em uma instituição pública dedicada a esta atividade.

Primeiramente, trata-se de localizar os existentes e passíveis de ser utilizados. Para tanto, inventários são frequentemente disponíveis. No entanto, deve-se considerar o fato que eles foram realizados em períodos diferentes, por pessoas cujos centros de interesses não eram forçosamente os do pesquisador: a pesquisa começa, pois, o mais frequentemente, pela descodificação dos inventários disponíveis, permitindo imaginar com maior ou menor precisão o que é possível se encontrar nas pastas. Esta busca é feita numa relação ao mesmo tempo próxima e distanciada da problemática de pesquisa: em geral os documentos não foram coletados para a problemática específica do pesquisador, e este

---

108. Em particular COMBE, S. *Archives interdites* – L'histoire confisquée. Paris: Albin Michel, 1994 [Reed., La Découverte 2000].

último navega sem cessar entre tentação "excessiva" em demandar e decepção a propósito das fracas informações disponíveis. Em um artigo prestando contas dos problemas metodológicos encontrados nos arquivos judiciários para uma pesquisa em sociologia histórica sobre a difamação política, Aurélie Billebault ressalta dois pontos. A pesquisadora insiste primeiramente no risco inerente à riqueza das fontes disponíveis, a diversidade das peças contidas nos dossiês, a multiplicidade dos atores que entram em cena, a dimensão processual que às vezes dissimula o olhar não advertido das implicações de um caso... Ora, "a fonte deve merecer seu nome: podemos nos dessedentar com a emanação repentina de informações sem, no entanto, perder-nos na embriaguez"[109]. Se a riqueza e a profusão que caracterizam tão frequentemente a fonte arquivística podem seduzir, dando a ilusão de uma imersão num mundo desaparecido, não é menos verdade que o arquivo presta contas antes de tudo das lógicas e das interrogações daqueles que o produziram. Assim Billebault sublinha o caráter parcelar ou enviesado dos arquivos disponíveis a propósito de sua problemática, já que, por exemplo, no caso dos processos de difamação, geralmente nada se diz sobre o futuro político dos difamados. "O arquivo judiciário é [...] lacunar e elíptico em muitos aspectos. Ele às vezes não oferece senão uma parte do real, e abandona o leitor ao seu próprio apetite"[110]. A abundância das informações e das pistas contidas nos arquivos também pode decepcionar o pesquisador que não vê aparecer no dossiê conservado nos arquivos os elementos precisos que ele busca. Esta análise se junta à reflexão de Henry Rousso a propósito dos usos dos arquivos da depuração: "A existência dos processos tem de certa maneira favorecido e acelerado a pesquisa histórica. Mas os *corpus* judiciários tinham uma finalidade e uma lógica próprias que não eram aquelas dos *corpus* reunidos pelos historiadores, e eles foram constituídos de maneira parcial, da mesma forma que um historiador constrói seu *corpus* a partir de um questionamento preciso, que é diferente daquele do juiz"[111]. O pesquisador que utiliza os arquivos judiciários – ou qualquer outro arquivo produzido por uma pessoa ou uma instituição – deve assim guardar na memória sua problemática própria e não confundi-la com as finalidades sociais diferentes para as quais o documento foi produzido.

Existem assim mais meios do que em geral se pensa de "encontrar" arquivos. Mas a maneira mesma com a qual estes podem se articular com a problemática da pesquisa não tem nada de evidente. Se teoricamente diz-se frequentemente que a elaboração de uma problemática deve preceder a busca de arquivos

---

109. BILLEBAULT, A. "L'enquête socio-historique – De l'usage de l'archive judiciaire à l'étude de la diffamation politique". In: DÉLOYE, Y. & VOUTAT, B. (orgs.). *Faire de la science politique – Pour une analyse socio-historique du politique*. Paris: Belin, 2002, p. 223.

110. Ibid., p. 231.

111. ROUSSO, H. "Juger le passé?" *Vichy, la mémoire, l'histoire*. Paris: Gallimard, 2001, p. 688 ["Folio"].

propriamente dita, nos fatos pode acontecer que esta lógica seja coexistente ou até invertida, quer por razões de novas perspectivas abertas pela descoberta de uma fonte inesperada, ou de forma que a consulta dos arquivos induza a um deslocamento da problemática pesquisada. É o que descreve Pierre-Yves Baudot a propósito de uma pesquisa sócio-histórica sobre os funerais dos presidentes da República na França, no capítulo de uma obra coletiva recente reunindo várias experiências de pesquisa cruzando história e sociologia política, e colocando, pois, várias vezes a questão do uso dos arquivos pelo cientista político ou pelo sociólogo[112]. Pierre-Yves Baudot mostra efetivamente como os arquivos protocolares da presidência vão finalmente lhe ser úteis, menos para documentar as modalidades de participação do chefe de Estado, que as condições de conservação desta memória. É assim uma nova figura, a do organizador das cerimônias e pela mesma via as condições práticas de elaboração do cerimonial republicano, que se relevam por esta leitura "enviesada" dos arquivos, sensível às modalidades de sua elaboração e às razões de sua conservação.

A pesquisa sociológica sobre arquivos: elementos práticos

Se tal ou tal fonte preexistente e bem-referenciada pode constituir a pedra angular na delimitação de um tema, todo trabalho sociológico sobre arquivos implica, de uma forma ou de outra, "inventar" seus arquivos. Inventar seus arquivos, é efetivamente saber superar as classificações administrativas, cronológicas ou funcionais que os arquivos assim produzidos encerram, para construir um *corpus* próprio a uma pesquisa, cuja construção progressiva repousa sobre a progressão da reflexão, e que o mais frequentemente passa pela consulta de diferentes fontes de arquivos, cuja aproximação não faz sentido senão pelo prisma de uma problemática que os religa. Um exemplo: trabalhar sobre a resistência judiciária, tema até aqui virgem do ponto de vista acadêmico e não remetendo a nenhum depósito particular[113], levou-me a frequentar os Arquivos Nacionais (notadamente os do ministério da justiça) ou departamentais; mas também os do Partido Comunista Francês, os do Museu da Resistência Nacional, os – geralmente não depositados – de vários Conselhos da Ordem dos Advogados, bem como os arquivos privados depositados nos Arquivos Nacionais ou nas *Sciences Po*, ou ainda os conservados por particulares. No seio destes "depósitos" também tive que reinterrogar suas categorias de classificação para encontrar as informações que me interessavam. Assim, uma parte importante das práticas

---

112. BAUDOT, P.-Y. "Le politiste et l'archive: de la critique archivistique à la problématisation – Analyser les funérailles des présidentes de la République en France (1877-1996)". In: OFFERLÉ, M. & ROUSSO, H. (org.). *La fabrique interdisciplinaire* – Histoire et science politique. Rennes: PUR, 2008.

113. ISRAËL, L. *Robes noires, années sombres* – Avocats et magistrats en résistence pendant la Seconde Guerre Mondiale. Paris: Fayard, 2005.

profissionais em favor da resistência pôde ser reconstituída graças à atenção dispensada às questões de disciplina profissional, categoria a partir da qual, à época, foram classificadas as "transgressões" profissionais, de fato largamente políticas, tendo permitido ajudar a resistência ou bloquear a repressão. Estas fontes eram conservadas em dossiês pessoais dos magistrados, em arquivos do ministério da justiça, e principalmente nos registros de seus Conselhos da Ordem, no que diz respeito aos advogados.

Este último exemplo permite sublinhar que, se os arquivos ditos públicos são os mais frequentemente e espontaneamente procurados, existem igualmente arquivos privados: arquivos de pessoas, de empresas, de categorias profissionais ou de associações. Talvez sejam estes os arquivos com os quais o sociólogo, o mais frequentemente, se confronte, mesmo às vezes reagrupados sob o nome de fontes e documentos, e raramente questionados sociologicamente, sendo um breve histórico introdutório o mais frequentemente a porção que o sociólogo poderia consagrar ao passado em sua pesquisa. Além da insuficiente exploração frequente dos arquivos disponíveis, a atenção sociológica deveria igualmente reportar-se à maneira com a qual as pessoas ou as instituições estabelecem relações complexas com o pesquisador, sobretudo ao disponibilizar-lhe arquivos. Esta reflexibilidade necessária ao pesquisador, tornada corrente quando se trata de relação em sociologia, permite compreender, que consultar arquivos junto a uma pessoa privada ou junto a instituições significa trabalhar sob o olhar dos interessados, o que não é anódino, assim como a obrigação de conservar no tempo boas relações, a fim de preservar o acesso a estas fontes. Quando o acesso aos arquivos faz-se através de um arquivista, este pode ser um coadjuvante ou, ao contrário, um obstáculo temível, não obstante sempre intermediário, quando parcialmente neutraliza a relação às vezes ambígua com a pessoa ou com a instituição, aos produzir os arquivos. Inversamente, o acesso aos arquivos, no quadro de uma pesquisa etnográfica, abre novas possibilidades de investigação de campo: Cédric Lomba mostra assim o aporte de uma explicitação, feita pelos próprios atores, de alguns documentos relativos à sua empresa[114].

Uma vez localizados os arquivos, as eventuais derrogações acordadas e o acesso negociado, o que fazer com eles enquanto sociólogos? O primeiro conselho é não vestir roupas claras, pois os arquivos estão cheios de poeira! Falando mais sério: como é o caso para outros métodos de pesquisa (em particular a observação), a consulta de arquivos obriga a estabelecer um protocolo bastante rigoroso de anotações; mais do que para a maioria dos casos, quer se trate de arquivos sob derrogação ou de arquivos de particulares, as fotografias não são possíveis. Mesmo na hipótese em que elas são permitidas, em geral é impossível

---

114. LOMBA, C. "Avant que les papiers ne rentrent dans les cartons: usages ethnographiques des documents d'entreprise". In: ARBORIO, A.-M.; COHEN, Y.; FOURNIER, P.; HATZFELD, N.; LOMBA, C. & MULLER, S. *Observer le travail*. Paris: La Découverte, 2008, p. 29-44.

copiar todos os documentos que interessam: portanto, é desde o momento da consulta dos arquivos que urge, com máximo rigor, fazer anotações. O primeiro imperativo é o de sempre poder citar sua fonte, indicando a frente ou o verso do documento (o número da caixa dos arquivos), sua data e seu tipo. O rigor desta indicação não é uma simples prova de conformismo acadêmico: ele reenvia à possibilidade de uma leitura crítica da fonte por outro, e, portanto, pode levar a um debate sobre a interpretação das fontes propriamente científicas. Além da capacidade de citar a fonte, o documento pode ser utilizado de várias maneiras: ele pode ser resumido, podemos extrair dele uma citação (evitando as citações truncadas ou fora de contexto), mas ele pode igualmente fornecer elementos no caso de serem subsequentemente tratados de forma serial, sendo as técnicas quantitativas suscetíveis de ser mobilizadas de forma frutuosa, inclusive no quadro de pesquisas versando sobre o passado[115].

O material arquivístico, que geralmente nos é apresentado sob a forma de papéis (podendo ser também em microfichas, objetos, gravações), pode, pois, ser tratado e mobilizado no trabalho de pesquisa de maneira bastante diferente, segundo o tipo de fonte, mas também segundo os usos feitos destes materiais: segundo um reservatório de exemplos concretos, como uma quase narração, ou, ao contrário, segundo uma matéria bruta a partir da qual construímos estatísticas ou objetivações mais distanciadas. O arquivo nunca é uma prova em si: ele não "fala", ele não confessa, ao contrário do que alguns títulos um tanto quanto sensacionalistas parecem insinuar[116]. Ele não "se exprime" senão em uma relação dialógica com seu leitor. Ele não é compreendido senão no quadro de uma problemática e de uma análise metódica, mesmo sendo certo que alguns documentos parecem guardar um valor maior que outros aos olhos de seu leitor, em vista de uma pesquisa voltada para um passado que permanece desigualmente acessível, e que pode repentinamente ser esclarecido por um documento preciso. O confronto com o arquivo em sua materialidade geralmente produz, por outro lado, a experiência de um deslocamento do olhar: às vezes uma simples nota escrita sobre um documento pode revelar-se mais interessante que o próprio documento. Como o veremos através de um exemplo a seguir, existe um paratexto do arquivo que urge aprender a decifrar e a considerar, ou muitos indícios, sinais e rastros, para parafrasear Carlo Ginzburg, altamente significantes para quem sabe pousar seu olhar sobre eles[117].

---

115. LEMERCIER, C. & ZALC, C. *Méthodes quantitatives pour l'historien*. Paris: La Découverte, 2008 ["Repères"].

116. P. ex., em relação aos arquivos dos ex-países comunistas cuja abertura propiciou muitos títulos deste gênero: BARTOSEK, K. *Les Aveux des archives* – Praga-Paris-Praga 1948-1969. Paris: Le Seuil, 1996.

117. GINZBURG, C. "Signes, traces, pistes. Récit d'un paradigme de l'indice". *Le Débat*, nov./1980, p. 3-44.

Um bom exemplo do caráter heurístico deste tipo de relação do sociólogo com o arquivo é dado por Olivier Masclet, num artigo intitulado: "Une municipalité communiste face à l'imigration algérienne et marocaine. Genevilliers 1950-1972"[118] (Uma municipalidade comunista diante da imigração argelina e marroquina. Genevilliers, 1950-1972.). Esse artigo versa inteiramente sobre a análise de um documento de arquivo descoberto no quadro de sua tese sobre a esquerda e as cidades[119], no qual um eixo importante da análise refere-se ao tratamento dispensado aos imigrantes pelas municipalidades de esquerda, no caso presente em Genevilliers por uma municipalidade comunista. O documento analisado intitulado "Plan de travail pour diminuer le pourcentage de travailleurs immigrés" (Plano de trabalho para diminuir a porcentagem de trabalhadores imigrados), foi redigido em 1972 pelo Primeiro Adjunto do conselho municipal de Genevilliers, e guardado pelo deputado-prefeito. Olivier Masclet sublinha que sem dúvida este documento tinha sido eliminado por ocasião da classificação dos arquivos municipais, mas foi encontrado nos documentos pessoais deste deputado-prefeito, Waldeck L'Huillier. O sociólogo esclarece inclusive que a caixa de papelão dentro da qual se encontrava o documento acabava de ser depositada nos arquivos municipais, local onde ele se encontrava, em razão de sua pesquisa. No trabalho sociológico, inclusive quando se trata de arquivos, o acaso não pode ser negligenciado! Este documento foi em seguida colocado em perspectiva com os vinte anos de história dessas comunas periféricas ditas vermelhas, confrontadas com uma forte imigração de trabalho que para lá se deslocava em razão de um mercado locativo habitacional barato, mais ou menos insalubre, mas possuindo igualmente redes de solidariedade e disponibilizando terrenos livres para novas habitações.

O documento é reinscrito por O. Masclet na história da mobilização, desde o final da década de 1960, dos eleitos do Partido Comunista Francês (PCF) em favor da reabsorção das periferias e contra os ditos "mercadores das cidades-dormitório". Este posicionamento veio à tona pela entrada da extrema-esquerda na questão, mas explica-se igualmente – dadas as responsabilidades municipais do PCF – pelo temor de desvalorização das comunas que a extrema-esquerda governava. As anotações sublinhadas no documento são reveladoras da posição bastante ambígua destes eleitos locais: uma nota acrescentada por W. L'Huillier refere-se às reticências do eleitorado francês: "A população francesa não entende." Ele ilustra a vontade da municipalidade de fazer seu eleitorado compreender que ela não é a responsável pela situação, denunciando os mercadores das cidades-dormitório, ou a exploração desta mão de obra pela indústria. Assim, estes homens de esquerda contribuem na aceitação e no reforço da estigmatiza-

---

118. *Genèses*, n. 45, dez./2001, p. 150-163.
119. MASCLET, O. *La gauche et les cités* – Enquête sur un rendez-vous manqué. Paris: La Dispute, 2003 [Prefácio de Olivier Schwartz].

ção dessas populações, como o indica a anotação manuscrita "Recusa de MOI no HLM", MOI significando – por um paradoxo histórico certeiro – mão de obra imigrada, como na Resistência Comunista (da qual fez parte L'Huillier). O exemplo colocado em epígrafe por O. Masclet aparece assim com toda a sua força de documento não expurgado, no qual a menor das anotações é significativa, reveladora de um não dito não obstante presente. Mas o documento assume todo o seu sentido – para além da denúncia de certa xenofobia institucionalizada ao mesmo tempo negada – graças à sua reinscrição em uma sociologia histórica mais larga, ligando gestão do habitat e populações imigradas nas periferias vermelhas dos "Trinta gloriosos" (Inícios da imigração).

Os arquivos, portanto, podem ter estilos diversificados e ser analisados em série ou isoladamente, incidindo em regularidades ou, ao contrário, em detalhes que igualmente podem ser portadores de sentido. Diferenciados, os arquivos podem inclusive ser orais, audiovisuais, numéricos... Estes novos formatos, por outro lado, suscitam novos problemas, particularmente em termos de estocagem e arquivamento. Como arquivar os sites da internet, e quem deveria fazê-lo? Como estocar os dados numéricos e velar para que os programas e os aparelhos que permitem lê-los também possam ser conservados? Estes novos arquivos colocam igualmente questões novas quanto aos métodos de análises pertinentes: neste particular, as reflexões ainda são balbuciantes, quer se trate da análise de filmes, blogs, ou sites... O próprio formato dos trabalhos acadêmicos, uma vez que sua redação já não é mais unicamente impressa em papel, suscita um problema considerável quando se trata de citar este tipo de fonte. Interessar-se por arquivos, portanto, é sempre refletir sobre os meios de acesso ao passado em uma ótica das ciências sociais, integrando a parte variável de construção social e material das fontes que conforma seu conteúdo disponível aos pesquisadores, e eventualmente restituível ao leitor.

Se as passagens precedentes buscaram identificar as etapas e as modalidades do trabalho sobre arquivos em uma perspectiva das ciências sociais, são acima de tudo os livros de sociologia relativos ao uso dos arquivos que permitem evidenciar a fecundidade desta postura para a disciplina. Aliás, um dos grandes clássicos da disciplina fundamenta-se em grande medida no uso dos arquivos: trata-se do *Paysan polonais en Europe et en Amérique* (O camponês polonês na Europa e na América), de Thomas e de Znaniecki[120]. Esta obra fundadora da sociologia empírica americana é assaz conhecida, notadamente por sua contribuição na fundação da célebre Escola de Chicago. Normalmente associada ao desenvolvimento do método da observação, o uso dos arquivos é constante nesta obra constituída de cinquenta volumes, publicados entre 1918 e 1920. De fato, em parte este trabalho funda-se na análise de uma série de cartas enviadas

---

120. THOMAS, W.I. & ZNANIECKI, F. *Le paysan polonais en Europe et en Amérique* – Récit d'une vie de migrant (Chicago, 1919). Paris: Nathan, 1998.

a camponeses poloneses emigrados, ou a suas famílias, permitindo que o sociólogo evidencie as normas do grupo inicial e a desorganização produzida pela migração. Integrados a uma diversidade de fontes, como artigos de jornais, cartas de leitores a uma associação, relatórios emitidos por diferentes organizações trabalhando junto aos imigrantes, mas também biografias demandadas pelos sociólogos (contra remuneração!), estes arquivos privados constituem assim um dos elementos essenciais da metodologia usada nesse grande clássico.

Se o uso dos arquivos em sociologia não é tão novo quanto parece, urge entretanto sublinhar que ele está longe de ser evidente. Nem mesmo os sociólogos mais voltados para a história, do ponto de vista de seus objetos, forçosamente usaram um material propriamente arquivístico: é assim possível afirmar que *La société de cour* (A sociedade de Corte), de Norbert Elias[121], fundamenta-se em fontes publicadas, notadamente anais, ao passo que trabalhos recentes de historiadores, ao contrário, permitem evidenciar a pertinência do uso dos arquivos, quando a questão é estudar práticas sociais em vigor na Corte, notadamente em matéria de precedências[122]. De maneira comparável, a obra de Max Weber, mesmo se ela repousa em grande parte sobre objetos históricos e historiados, ela consiste em uma reinterpretação de fontes publicadas, primárias ou secundárias, e não no uso de fontes de natureza arquivística. A confrontação do sociólogo com o arquivo como fonte, portanto, não tem nada de evidente, e ela não é forçosamente consubstancial ao interesse pelo passado: o sociólogo do contemporâneo pode interessar-se pelos arquivos do passado imediato, assim como a referência ao passado não significa necessariamente utilizar os arquivos. No entanto, na França como nos Estados Unidos, os cruzamentos sempre mais frutuosos entre sociologia e história tendem a mover-se no sentido de uma utilização crescente das fontes arquivísticas num quadro propriamente sociológico. Nos Estados Unidos, o trabalho de Roger V. Gould, sociólogo precocemente desaparecido, constitui assim um exemplo brilhante cruzando uso de arquivos, num tema altamente histórico, com a comparação entre a Revolução de 1848 e a Comuna de Paris, e uma problemática sociológica ligando mobilização política e análise de redes sociais territorializadas[123]. Na França, é antes do lado da sociologia política, e até da ciência política, que foram realizados os trabalhos mais promissores. A corrente da sócio-história desenvolvida sob a égide de Michel Offerlé e Gérard Noiriel, particularmente no quadro da revista *Genèses*, é efetivamente o cruzamento de inúmeros trabalhos conciliando problemática

---

121. ELIAS, N. *La société de cour*. Paris: Calmann-Lévy, 1974.

122. Cf. notadamente os trabalhos de Fanny Cosandey, p. ex.: "Les querelles de préséances à la Cour de France: enjeux de fixation, enjeux de promotion (XVIe-XVIIe siècles)". *Actes du colloque organisé par le Cerhilim* (Université de Limoges). • *Classement, déclassement, reclassement de l'Antiguité à nos jours* (Pulim).

123. GOULD, R.V. *Insurgent Identities*: Class, Community, Protest in Paris from 1848 to the Commune. Chicago: University of Chicago Press, 1995.

sociológica e uso dos arquivos, essencialmente sobre problemáticas ligadas à história do Estado e dos comportamentos políticos nos séculos XIX e XX.

Apesar de suas dificuldades próprias, o uso dos arquivos em sociologia parece assim promissor, como o atestam os trabalhos mais numerosos que repousam total ou parcialmente sobre este tipo de fontes. Outro exemplo é constituído pela renovação dos trabalhos de sociologia da sociologia, em particular graças à utilização de depósitos de arquivos de sociólogos ou de departamentos de sociologia. Um exemplo impressionante: a publicação de trabalhos franceses sobre a Escola de Chicago, quer se trate daqueles de Jean-Michel Chapoulie, de Christian Topalov ou de Daniel Céfaï, se baseiam largamente na exploração dos arquivos conservados pela Universidade de Chicago e que permitem reinterrogar respectivamente a história desta instituição[124], os mundos sociais pesquisados à época[125], ou ainda os métodos de ensino da disciplina utilizados[126]. Estes trabalhos da sociologia da sociologia permitem ilustrar quão ricos são os arquivos dos sociólogos e os de suas instituições, ao mesmo tempo na perspectiva de uma "revisitação" possível de um campo ou de sua interpretação, como tão bem o aprecia hoje a antropologia[127] quanto na constituição de uma história científica da disciplina, de suas mulheres e homens, bem como de suas instituições de ensino e de pesquisa. Com efeito, o sociólogo, enquanto produz dispositivos próprios de pesquisas sobre o mundo social, é um arquivista o mais frequentemente inconsciente, à medida que o valor dos dados produzidos e coletados geralmente não é considerado senão sob o prisma de uma pesquisa particular. Às avessas desta visão personalizada e de curto prazo, emerge progressivamente uma tomada de consciência coletiva da importância de um arquivamento sistemático e racional dos arquivos das ciências sociais, seja dos arquivos particulares de suas grandes figuras, de suas instituições, mas também dos dados coletados[128]. Algumas instituições, como a Ehess desde 1975, dotaram-se de quadros e de serviços de arquivos[129], muito embora, como recentemente o demonstrou um relatório, os dados constituídos no momento das pesquisas raramente são conservados[130]. Compreender o interesse do trabalho sobre arquivos em sociologia leva assim ao mesmo tempo a preconizar o uso dos arquivos na análise sociológica, e a inte-

---

124. CHAPOULIE, J.-M. *La tradition sociologique de Chicago, 1892-1961*. Paris: Le Seuil, 2001.

125. TOPALOV, C. "Femmes du monde: un sociologue enquête en 1924". *Genèses*, n. 66, 2007, p. 138-161.

126. CÉFAÏ, D. "Faire du terrain à Chicago dans les années 1950 – L'expérience du Field Training Project". *Genèses*, n. 46, 2002, p. 122-137.

127. LAFERTÉ, G. "Des archives d'enquête ethnographique pour quoi faire? – Les conditions d'une revisite", dossier "Sciences sociales: archives de la recherce". *Genèses*, n. 63, 2006, p. 25-42.

128. Cf. o dossiê "Sciences sociales: archives de la recherche". Op. cit.

129. http://www.ehess.fr/archives/

130. CRIBIER, F. & FELLER, É. *Projet de conservation des données qualitatives des sciences sociales recueillies en France auprès de la "société civile"* Rapport au ministère de la Recherche, 2 vol., 2003.

grar a consideração de um arquivamento futuro, na produção e na conservação dos dados e dos materiais de pesquisa. Assim, são os instrumentos da disciplina, bem como sua capacidade de ser reflexiva sobre sua própria história e sua contribuição social, que serão enriquecidos.

9
Por que a análise das redes?

Florence Maillochon

A literatura sobre as "redes" é pletórica e seus contornos difíceis de ser cercados, já que não existe um consenso sobre a noção de "rede social"[131]. Uma rede pode se definir *a minima* como um "entrelaçamento de relações entre atores", mas ela pode revestir-se de outras acepções e ser apreendida em níveis diferentes. De acordo com os casos, este termo designa um objeto, um instrumento ou uma postura. Embora não se excluam na teoria, estas diferentes abordagens das redes sociais não se recortam necessariamente: as reflexões teóricas mais ambiciosas sobre as redes nem sempre se fazem acompanhar de explorações empíricas; reciprocamente, as abordagens mais técnicas nem sempre explicitam claramente os pressupostos teóricos sobre os quais elas repousam.

Historicamente, as obras epistemológicas apresentando o interesse de pensar a realidade social como uma rede são contemporâneas aos primeiros estudos de caso, o mais frequentemente os antropológicos. Eles precederam o advento da "análise das redes" ou a "análise (neo)estrutural" – segundo a tradição de Emmanuel Lazega[132] – que, de acordo com Scott[133], continua uma verdadeira "revolução paradigmática" fornecendo um conjunto de instrumentos para estudar as propriedades matemáticas das redes consideradas como gráficos (cf. o cap. de Olivier Godechot). Os escritos teóricos consagrados à análise neoestrutural das redes[134] e seus inúmeros desenvolvimentos metodológicos constituem sem dúvida a vertente mais visível e a mais dinâmica da literatura atual. Seu caráter formal e técnico está sem dúvida na origem de seu sucesso, mas

---

131. MERCKLÉ, P. *Sociologie des réseaux sociaux*. Paris: La Découverte, 2004 ["Repères"].
132. LAZEGA, E. *Réseaux sociaux et structures relationnelles*. Paris: PUF, 1998.
133. SCOTT, J. *Social Network Analysis – A Handbook*. Londres: Sage, 1991.
134. Cf. DEGENNE, A. & FORSÉ, M. *Les réseaux sociaux*. Paris: Armand Colin, 1994. • SCOTT, J.P. *Social Network Analysis*. Op. cit. • Stanley Wasserman, Katherine Faust, *Social Network Analysis*: Methods and Applications. Cambridge: Cambridge University Press, 1994.

torna sua abordagem delicada para os pesquisadores menos traquejados com as representações matemáticas. Antes de lançar-se em uma análise estrutural de redes, é melhor assegurar-se que ela constitui um instrumento adaptado à questão da busca ponderada. O objetivo deste capítulo é, portanto, recolocar a "análise *de* redes"[135], dominante atualmente, em um conjunto mais vasto integrando reflexões epistemológicas sobre a noção de redes ou de estudos de caso não formalizados. Trata-se assim de restituir a aprendizagem dos instrumentos ao contexto de sua utilização a fim de discernir bem seus alcances e seus limites. Este capítulo convida a não aplicar de cara o conceito fluido de "rede social" em uma pesquisa, mas a interrogar-se sobre sua pertinência, bem como a maneira de abordá-lo e de utilizá-lo. Alguns conselhos práticos para estudar as redes em sua dupla dimensão relacional e estrutural serão em seguida propostos.

Alguns usos da noção de "rede"

A noção de "rede social" é uma noção aviltada, razão pela qual ela merece algumas explicitações antes de ser empregada em um estudo sociológico. Seu caráter técnico não a protege efetivamente de um certo número de lugares comuns, ou de falsas evidências, portanto, urge tomar algumas precauções antes de começar uma pesquisa.

Uma "rede", fato social ou categoria de análise?

Segundo os contextos, a "rede" pode ser considerada um "fato social" – uma realidade que se imporia por si mesma e faria sentido junto às pessoas implicadas ou uma "categoria de análise" geralmente empregada exclusivamente pelos pesquisadores. Existe efetivamente um certo número de redes já institucionalizadas: redes de ajuda mútua, por exemplo (rede de educação sem fronteira, redes de famílias rurais etc.), de círculos (às vezes prestigiados, como os clubes das celebridades estudados por Monique Pinçon-Charlot e Michel Pinçon[136]) que têm por si mesmos uma existência social e podem, pois, ser estudados como objetos de pesquisa em si. Em contrapartida, a expressões "redes de parceiros sexuais" ou "redes de amigos" são mais uma projeção do pesquisador que uma concepção autóctone, as pessoas estudadas percebendo o mais frequentemente uma "série" de parceiros sexuais, uma "lista" ou "grupos" de amigos mais que uma teia sobre a qual teriam uma clara consciência e à qual poderiam restituir-lhe forma e consistência. Outra hipótese reporta-se às redes ligadas ao desenvolvi-

---

135. Na sequência deste capítulo, o termo "análise de (das) redes" será reservado aos trabalhos mobilizando os instrumentos estruturais de análise dos gráficos ou "análise (neo)estrutural" (LAZEGA, 1998), por oposição ao termo "estudo de redes" empregado para todos os outros casos (quer a rede seja tratada como objeto ou como princípio).

136. PINÇON, M. & PINÇON-CHARLOT, M. *Les ghettos du Gotha* – Comment la bourgeoisie défend ses espaces. Paris: Le Seuil, 2007.

mento das tecnologias de comunicação interativa e multimídia (jogos em rede, plataforma de blogs, interface de networking)... onde os atores efetivamente têm a impressão de pertencer a um vasto conjunto interconectado cujos contornos, por definição, estão em permanente reconfiguração, mas onde cada indivíduo vê ou aciona, por suas práticas pessoais, uma parcela singularíssima (fóruns de discussões sobre temas específicos, elaboração de listas de amigos no Facebook etc.). A rede é então simultaneamente este espaço virtual abstrato e esta pequena extremidade de teia considerada a partir do ponto de vista de cada um de seus membros. Existem, no entanto, várias maneiras de definir a rede, do ponto de vista dos atores ou dos pesquisadores, que em seguida precisam ser comparadas com as diversas abordagens intelectuais ou técnicas destes espaços.

A rede como filosofia ou como instrumento?

Considerar o mundo social como um conjunto conectado e interdependente – uma rede – é, paradoxalmente, como o sublinha Norbert Elias[137], uma postura pouco explorada em sociologia, disciplina cujo objeto de estudo, não obstante, é a sociedade. A sociologia efetivamente constitui-se a partir de um modelo "atomista", onde cada indivíduo é concebido como um nômade contendo uma essência em si, antes que a partir de um modelo de interdependência no qual os indivíduos não teriam existência senão em suas relações. Toda mudança de olhar em relação a esta evidência da disciplina impõe problemas de construção, inclusive de vocabulário. Norbert Elias usa o termo "configuração" ao invés de "rede", visando a aplicar os jargões de uma filosofia permitindo pensar os fenômenos sociais em uma perspectiva de interdependência dinâmica. Ele sublinha igualmente as dificuldades em descrever as coisas em relação e em movimento, sobretudo quando os conceitos disponíveis para realizá-lo frequentemente são apenas analíticos e estatísticos. O diminuto número de escritos sociológicos nesta perspectiva o confirma. Os primeiros trabalhos em antropologia social fazendo referência à noção de redes, elaborados ao redor de Max Gluckman na Grã-Bretanha nos anos de 1950, inscreviam-se nesta perspectiva, considerando a sociedade à imagem de uma trama, de malhas mais ou menos densas cuja descrição podia oferecer uma nova compreensão dos mecanismos sociais. Desenvolvidos em vários ambientes, sobretudo africanos, estes trabalhos, de um lado, consideravam a sociedade mais em termos de uma dinâmica que numa sucessão de estados estáveis entrecortados de crises e, de outro, apreender a importância das estruturas informais nesta evolução. Embora esta abordagem metafórica da sociedade como rede possa ser, em muitos aspectos, considerada uma importante revolução paradigmática, ela permaneceu marginal[138]. A partir dos anos de 1970, uma corrente mais matemá-

---

137. ELIAS, N. *La société des individus*. Paris: Fayard, 1991. • ELIAS, N. *Qu'est-ce que la sociologie?* Paris: De L'Aube, 1991.

138. GRIBAUDI, M. *Espaces, temporalités, stratifications* – Exercices sur les réseaux sociaux. Paris: L'École des Hautes Études en Sciences Sociales, 1998.

tica impôs-se como real ruptura epistemológica da análise das redes[139]. Adaptando às redes sociais os desenvolvimentos matemáticos mais recentes da "teoria dos gráficos" (indivíduos representando os pontos, relações representando as arestas), esta perspectiva ofereceu um formalismo, outrora ausente, que permitiu medir as estruturas, oferecendo assim mais racionalidade ao estudo. A "análise das redes" ou a "análise estrutural" que assim se desenvolveu nos Estados Unidos, pela iniciativa de Harrison White e de seus estudantes, rapidamente, graças a vários argumentos, impôs-se de forma bastante hegemônica. Ela efetivamente surgiu como uma resposta crítica às correntes estrutural-funcionalistas então dominantes, insistindo nas dimensões informais e dinâmicas do funcionamento das sociedades. Ela igualmente permitiu garantir uma superação das fissuras epistemológicas clássicas em sociologia[140] ao integrar um nível de análise intermediário entre o comportamento individual considerado em nível microscópico e o fato social percebido em seu conjunto em nível macroscópico. Segundo Alain Degenne e Michel Forsé[141], a consideração das redes de relações – em nível "mesoscópico" – fazendo o ponto entre individualidade e globalidade – permitiria superar a oposição entre holismo e individualismo metodológico. Enfim, o recurso à análise matemática dos gráficos poderia dar-lhe um caráter de rigor e cientificidade em relação às utilizações mais metafóricas das redes. Se a análise estrutural comporta realmente um alcance teórico importante, é sob seus aspectos mais técnicos que o mais frequentemente ela é conhecida e reconhecida. Outras perspectivas, menos quantitativas e aparentemente menos sistemáticas, podem parecer mais pertinentes no estudo de alguns fenômenos sociais. Por essa razão, importa não confundir "estudo de redes", em sentido amplo, e "análise de redes", em sentido de análise estrutural, mas igualmente não privilegiar desempenhos técnicos sobre reflexão metodológica.

Antes de mergulhar numa análise de redes, no sentido estrutural do termo, urge definir melhor a problemática de pesquisa, especificando particularmente as dimensões relacionais e estruturais do objeto de estudos. Esta clarificação a montante constitui-se num dos instrumentos passíveis de confirmar a pertinência do recurso a uma análise de rede e, no caso presente, definir as condições de seu uso. Importa, pois, para contornar as dificuldades ligadas às diversas acepções do termo "rede", direcionar a reflexão para o aspecto que o fundamenta, mesmo sem esgotá-lo, considerando a relação simultaneamente do ponto de vista de seu conteúdo (designado na sequência do texto como dimensão "relacional") e do ponto de vista de sua forma (sua dimensão "estrutural").

---

139. SCOTT, J. *Social Network Analysis*. Op. cit.
140. WELLMAN, B. & BERKOWITZ, S.D. *Social Structures*: A Network Approach, Cambridge: Cambridge University Press, 1988.
141. DEGENNE, A. & FORSÉ, M. *Les réseaux sociaux*. Op. cit.

Definir uma problemática relacional e/ou estrutural

A usual e delicada tarefa de elaborar uma problemática de pesquisa torna-se sempre mais complexa quanto maior a mudança paradigmática, na qual o nível mesoscópico substitui as abordagens micro ou macroscópicas. Importa então precisar o novo lugar ocupado pelas relações nesta perspectiva. As relações apareceriam num primeiro nível da interrogação, como o objeto mesmo da investigação, ou num segundo nível como o fator explicativo de outro fenômeno a estudar?

O objeto de pesquisa é relacional?

É o caso *a priori* de estudos que se referem à amizade, ao amor, à ajuda mútua ou à solidariedade, às transmissões entre gerações, aos intercâmbios comerciais, aos sistemas de troca etc., mesmo se nem todas as pesquisas sobre objetos relacionais recorram necessariamente à análise das redes. Assim, Claire Bidart[142] propõe ultrapassar uma abordagem sociológica clássica da amizade que não estudaria senão as representações desse vínculo, variáveis segundo o gênero, a idade, a etapa no ciclo de vida, o meio social etc., para explorar, em detalhe, cada uma das relações efetivas dos indivíduos. Ela explora igualmente a complexidade das diferentes redes relacionais e os diferentes suportes afetivos e sociais que elas engendram.

Outro exemplo: a iniciação sexual dos adolescentes é geralmente descrita como um conjunto de práticas experimentadas progressivamente ao longo da passagem para a idade adulta, ou como uma série de representações do que se convencionou denominar "primeira vez". Pode-se, no entanto, explorar a iniciação sexual numa perspectiva relacional na qual é a maneira de construir novas relações afetivas, amorosas e/ou sexuais e o lugar que elas assumem no seio das outras relações, notadamente a amigáveis, que permitem compreendê-la[143].

A sociabilidade virtual é igualmente abordada como um conjunto de práticas cujo teor, intensidade e frequência são socialmente e culturalmente marcadas. Para além destes panoramas sociológicos que evidenciam a realidade de uma fratura numérica no conjunto da população, trabalhos vislumbrando descrever, numa perspectiva mais estrutural, as práticas efetivas dos internautas e reconstruir, com o auxílio de um levantamento preciso de seus intercâmbios, por exemplo, tipologias de formas de comunicação ou o lugar que elas ocupam nos espaços virtuais interconectados mais amplos[144].

---

142. BIDART, C. *L'amitié, un lien social*. Paris: La Découverte, 1997.

143. MAILLOCHON, F. "Le jeu de l'amour et de l'amitié au lycée: mélange des genres". *Travail, Genre et Sociétés*, n. 9, 2003, p. 111-135.

144. BAILLIENCOURT, T.; BEAUVISAGE, T. & SMOREDA, Z. "La communication interpersonnelle face à la multiplication des technologies de contact". *Réseaux*, n. 145-146, 2007, p. 81-114.

As relações interviriam na explicação do fenômeno estudado?

Muitas questões sociológicas não parecem, à primeira vista, relacionais. A estratificação social, a pobreza, o engajamento militante, o consumo alimentar, o recurso aos cuidados médicos etc., no entanto, podem ser explorados em uma perspectiva relacional (as relações intervindo como suporte de explicação do fenômeno estudado) ou estrutural (a forma das relações e sua interdependência condicionando o mecanismo gerador do fenômeno estudado). Dois exemplos referindo-se a temáticas diferentes, mas fundamentais na história da análise das redes sociais, permitem ilustrar sua importância na compreensão dos fenômenos sociais.

Oriundos da antropologia britânica dos anos de 1950, os trabalhos de Elizabeth Bott[145] sobre as famílias operárias da periferia londrina constituem uma das primeiras abordagens em termos de rede de um fato social classicamente estudado numa perspectiva estrutural-funcionalista. Elizabeth Bott aborda efetivamente a família ocidental não como uma célula, uma entidade funcional, mas como uma rede à semelhança dos grupos familiares ampliados, estudados nas sociedades sem tradição escrita. Esta mudança de perspectiva lhe permite compreender melhor o modo de funcionamento do casal que os fatores sociodemográficos. Observando a estrutura do entorno próximo a uma família, a maneira com a qual ocorrem as trocas com os membros exteriores, ela consegue perceber a divisão sexual de tarefas entre marido e mulher. Os casais inseridos nessas redes *close-knit*, isto é, inscritos em redes muito densas e multiplexas, geralmente possuem modos de funcionamento tradicionais fundados numa clara divisão das tarefas femininas e masculinas (*separated*), enquanto que os casais inseridos em redes *loose-knit*, isto é, em malhas menos densas e com funções mais diversificadas, possuem uma organização mais fundada na substituição possível das tarefas masculinas e femininas ou numa atividade comum (*joint*). A forte conectividade das redes repousando sobre importantes sistemas de ajuda mútua, mas implicando um forte conformismo com as normas tradicionais, mantêm uma clara divisão sexuada das funções conjugais quando uma estrutura mais ampla permite uma adaptação mais livre aos novos modelos de organização, portanto, uma divisão mais equilibrada das tarefas entre homem e mulher.

Outro exemplo sobre a importância de estudar as estruturas relacionais informais para compreender um fenômeno social é dado nos trabalhos de Mark Granovetter. O artigo "La force des liens faibles" (A força dos vínculos frágeis)[146] explica como a possibilidade de encontrar um emprego não depende somente das qualidades intrínsecas do impetrante (que constituem os fatores explicativos clássicos de uma abordagem sociológica funcionalista), nem do conjunto

---

145. BOTT, E. *Family and Social Network*. Nova York: The Free Press, 1957.
146. GRANOVETTER, M. "The strength of weak ties". *American Journal of Sociology*, vol. 78, n. 6, 1973, p. 1.360-1.380.

dos contatos que ele pode mobilizar para recolher informações sobre os postos disponíveis (em uma abordagem relacional), mas também da estrutura das relações nas quais ele se inscreve. Auxiliado por seu conceito de "ponte" (*bridge*), ilustrado graficamente como uma relação entre dois grupos diferentes, Granovetter mostra que em função de seu lugar na estrutura, o acesso à informação não é o mesmo. As pessoas pertencendo a redes importantes, mas fechadas, dispõem sem dúvida de informações menos variadas que as pessoas situadas em pontes relacionais que as conectam a grupos diferentes, suscetíveis de dispor de fontes de informações mais diversificadas. Os "vínculos frágeis" podem constituir-se em recursos importantes, uma "força" para encontrar um emprego.

Este breve apanhado permite lembrar que a maior parte dos objetos de pesquisa em sociologia pode ser abordada em uma perspectiva relacional e estrutural que importa definir claramente na elaboração da problemática. Ela deve ser completada por uma verdadeira interrogação sobre a população estudada que igualmente condiciona a maneira de conceber o estudo de rede(s).

Definir os contornos da população estudada

A questão da definição da população a estudar é sempre importante na elaboração de um objeto de pesquisa à medida que ela condiciona as possibilidades de acesso ao campo a fim de coletar dados e, na sequência, para as condições de generalização do estudo (cf. os cap. de Marion Selz e de Jean-Marie Firdion). As dificuldades se impõem com maior acuidade quando refletimos não somente sobre uma população de indivíduos, mas sobre o conjunto de suas relações, ou ainda sobre várias redes.

Duas questões fundamentais se impõem. Primeiramente: É possível enumerar e identificar a população visada? Tratar-se-ia de um conjunto finito, ao menos a um momento dado (membros de um laboratório, p. ex., as pessoas que intervêm num blog) ou de um conjunto muito vasto ou em constante evolução (uma categoria social, p. ex., como os jovens entre 15 e 18 anos, os assalariados da função pública, os aposentados, as pessoas atingidas por uma doença cardiovascular)? Em segundo lugar: Seria possível localizar precisamente a população ou física ou virtualmente e identificá-la claramente, intento que poderia apresentar dificuldades, por exemplo, em determinados intercâmbios na internet onde cada qual pode dissimular ou transformar sua identidade?

No cruzamento destes dois critérios, as populações ditas "cativas"[147] (p. ex., os empregados de uma empresa, os alunos de uma escola, os habitantes de um vilarejo ou os membros de uma comunidade religiosa ou de uma associação, os participantes declarados de um fórum de discussão em um momento dado) se prestam facilmente à análise das redes à medida que seus contornos são cla-

---

147. Quer esta população tenha ou não consciência de fazer parte de uma rede.

ramente definidos e à medida que elas são facilmente localizáveis. Nesta hipótese, não somente o acesso ao campo de pesquisa é geralmente facilitado por sua unicidade, mas é também teoricamente possível colher informações sobre a totalidade dos indivíduos a fim de reconstituir o conjunto da rede que eles constituem: uma rede "total", segundo o vocabulário empregado numa análise estrutural.

As possibilidades de reconstituir uma rede total são mais reduzidas quando os indivíduos são enumeráveis, mas dificilmente localizáveis, já que espalhados sobre um vasto território (no caso, p. ex., em que a população de estudo é uma categoria social). Este limite é frequentemente pouco prejudicial, já que os estudos relacionais sobre uma categoria de pessoas (as mulheres vítimas da violência, os jovens saindo do sistema escolar etc.) buscam geralmente menos descrever como os representantes deste grupo social são conectados entre si do que compreender em qual tipo de redes amigáveis, sociais, profissionais, eles são inscritos. Nesta situação privilegia-se a descrição da "rede egocentrada": a reconstituição do conjunto (ou de uma parte) do entorno de cada um dos indivíduos da amostra tomada separadamente.

As dificuldades são mais importantes ainda quando não somente os contornos da população, mas também as possibilidades de acesso a esta são menos claras: a população *gay*[148] de uma região, por exemplo, cujos membros, mesmo mantendo intercâmbios entre si, não se reconhecem necessariamente como uma verdadeira rede homogênea; o conjunto dos visitantes de um blog que não deixam necessariamente rastros de sua identidade ou se inventam várias etc. São tantas situações e questões que não serão abordadas aqui. Elas requerem a engenhosidade do pesquisador para tentar delimitar, de caso a caso, um campo de pesquisa pertinente e realista.

Abordagens relacionais e estruturais

Segundo o lugar acordado à rede na problemática de conjunto (objeto ou instrumento de análise) e a maneira de abordá-la (redes egocentradas ou rede completa[149]), quatro grandes tipos de análises em termos de redes podem ser distinguidas no seio das quais é possível efetuar uma análise estrutural ou neoestrutural.

---

148. Mesmo se precisamente neste caso as pessoas interrogadas podem ter a impressão de fazer parte de uma rede ou reconhecer-se como uma forma de comunidade. Esta situação se opõe paradoxalmente à da população cativa, fácil de estudar como rede mesmo se ela não se reconheça como tal. Percebe-se perfeitamente, pois, como já enunciado mais acima, que a representação da noção de "rede" pelos atores sociais não pressagia em nada a facilidade de aplicar pelo pesquisador uma abordagem em termos de rede.

149. Fala-se indiferentemente de rede "total" ou de rede "completa".

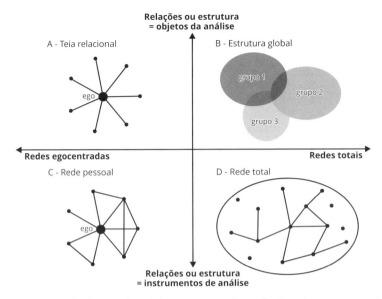

Esquema recapitulativo dos diferentes estudos relacionais e estruturais

Seguindo este esquema, a análise estrutural (quadrante D) estuda uma rede total como um instrumento de compreensão de fenômenos sociais mais gerais. Ela se diferencia, portanto, das abordagens em termos de redes egocentradas (à esquerda do eixo vertical), ao estudar a estrutura de conjunto de uma população. Entre as abordagens globais, no entanto, ela se alinha aos trabalhos contendo somente uma "visão descritiva" (acima do eixo horizontal), como é o caso, por exemplo, das pesquisas antropológicas que desvelariam as estruturas informais de diferentes comunidades (quadrante B) sem abordar todas as suas implicações. A análise estrutural beneficia-se de uma parafernália técnica, importada da "teoria dos gráficos", que a distingue das abordagens geralmente mais qualitativas, quer sejam realizadas em redes globais (quadrante B), quer em redes pessoais (quadrante C). É a partir de dados permitindo reconstituir (ao menos parcialmente) uma rede total que se utiliza o conjunto de instrumentos padronizados da análise das redes explicitado acima (cf. o cap. de Olivier Godechot): descrição das formas, busca de subestruturas e de coerências internas, de equivalência estrutural etc.

A clivagem entre análises realizáveis em redes completas e em redes egocentradas, no entanto, não pode ser concebida de forma tão estanque. As redes egocentradas são, por definição, voltadas para a coleta de dados relacionais ao redor de um indivíduo (geralmente denominadas "teia" relacional). É possível, no entanto, passar ao nível estrutural, a "rede pessoal", coletando informações suplementares sobre as relações mantidas (cf. as diferenças entre os desenhos do quadrante A e C). Mesmo não sendo uma rede total, à medida que suas fronteiras são truncadas artificialmente, a rede egocentrada que descreve uma porção de espaço estrutural pessoal pode ser analisada com a maioria dos instrumentos da análise estrutural. Um exemplo nos é fornecido pela obra coordenada por Maurizio Gribaudi[150] no quadro de um estudo sobre a estratificação social e familiar entre os professores do ensino médio em diferentes cidades europeias. A coleta de dados relacionais consistiu primeiramente na reconstituição do entorno (teia relacional) dos professores. Os complementos estruturais foram coletados interrogando cada professor sobre as relações unindo os diferentes membros de seu entorno. Este material, reunido em forma de matrizes (isto é, tabelas), serve então a um conjunto de tratamentos comuns à análise estrutural, embora não compartilhando necessariamente todos os seus pressupostos teóricos.

Esta descrição em quatro quadrantes mostra a variedade das problemáticas relacionais ou estruturais e a diversidade das formas de integrar ou não a noção de redes. Ela permite igualmente nuançar a posição hegemônica da análise estrutural, sem buscar, no entanto, estabelecer uma nova hierarquia entre as diferentes perspectivas, sua pertinência não podendo ser avaliada senão em função do tipo de objeto da pesquisa e das questões postas.

A coleta de dados relacionais e estruturais

Para além de suas divergências, um determinado número de questões é comumente feito ao conjunto destas pesquisas no momento da coleta de dados, mesmo se pontualmente tais questões sejam resolvidas diferentemente.

Descrever uma relação

Uma das primeiras questões diz respeito à necessidade de definir *a priori* ou *a posteriori* a natureza da ou das relações a estudar. Os estudos consagrados aos temas de pesquisa relacionais (quadrante A) visam precisamente a explorar um tipo de vínculo (a amizade, o amor, a vizinhança). Eles buscam *a priori* dar conteúdo às diferentes formas de relações, e a evidenciar sua importante variação social, quer se trate de amigos[151], de vizinhos[152], ou ainda dos primeiros amores juvenis[153]. Nas pesquisas relativas às estruturas (funcionamento de um fórum de discussões, p. ex.), ou nas quais as relações comportam um alcance explicativo, frequentemente emprega-se uma definição *a priori* dos vínculos menos animadores. Assim, para discernir a coesão de um grupo, pode ser pertinente ressaltar as relações de amizade, mas igualmente de ajuda mútua, de dons, de

---

150. GRIBAUDI, M. *Espaces, temporalités, stratifications*. Op. cit.
151. BIDART, C. *L'amitié, un lien social*. Op. cit. • FISCHER, C.S. *To Dwell Among Friends* – Personal Networks in Town and City. Chicago: University of Chicago Press, 1982.
152. HÉRAN, F. "Comment les Français voisinent". *Économie et Statistique*, n. 195, mar./1987, p. 43-60.
153. MAILLOCHON, F. Op. cit.

participação em ações comuns, sem, no entanto, ater-se aos detalhes que tais intercâmbios pressupõem. O mais frequentemente estes estudos negligenciam a diversidade social do conteúdo dos vínculos, favorecendo assim uma coleta mais ampla dos dados relativos à sua estrutura. Sobre a definição de vínculos *a priori* usada, pode assim pairar dúvidas quanto ao conteúdo de uma relação (ser amigo/amante, p. ex.) e, em outros casos, ser definida por um ato mais fácil de objetivar: intercâmbio de correspondências, telefonemas, participação em um mesmo fórum de discussão, conselhos, ou dossiês, como o revela o estudo de Emmanuel Lazega et al.[154], relativo ao tribunal de comércio da cidade de Paris, por exemplo. Às vezes uma definição factual dos vínculos pode permitir limitar as variações de interpretação pouco controláveis, bem como coletar, de forma padronizada, um maior número de informações relacionais e estruturais.

Medir ou formalizar uma relação

Estudar a natureza de uma relação geralmente supõe definir um determinado número de suas propriedades. Desde os primeiros trabalhos relativos às redes, os autores tiveram o cuidado de sublinhar a multiplicidade das dimensões permitindo qualificar seus vínculos. Mitchell, um dos primeiros a estabelecer uma lista destas dimensões, em sua obra *Social Networks in Urban Situation*[155], evoca a "multiplexidade", isto é, o fato de duas pessoas serem religadas por uma pluralidade de vínculos: serem colegas, vizinhas, frequentar a mesma padaria e o mesmo clube de dança, militar num mesmo partido político etc. Ele convida, pois, a classificar por séries um vasto conjunto de critérios de interação: o conteúdo, a direção (o fato da relação não ser necessariamente simétrica: podemos receber correspondências sem jamais respondê-las), a duração, a frequência e a intensidade (em seu artigo sobre os métodos de análise das redes sociais, Alexis Ferrand e Ainhoa de Federico de la Rua[156] evocam, a este respeito, a "força" ou o "sentimento de proximidade afetiva"). Inútil alongarmo-nos sobre as dificuldades de encontrar bons indicadores destas dimensões[157].

As questões de definição dos vínculos são, portanto, inúmeras e diversamente abordadas segundo o tema de pesquisa. Vale lembrar que elas são mais desenvolvidas nos estudos sobre as redes egocentradas que nos estudos sobre as

---

154. LAZEGA, E. et al. Op. cit.
155. MITCHELL, J.C. *The Concept and Use of Social Networks in Urban Situations* – Analyses of Personal Relationships in Central African Towns. Manchester: Manchester University Press, 1969.
156. FERRAND, A. & RUA, F. "Méthodes d'analyse des réseaux". In: CASELLI, G.; VALLIN, J. & WUNSCH, G. (orgs.). *Encyclopédie de Démographie: analyse e synthèse* – Vol. VIII: Observation, méthodes auxiliaries et enseignement. Paris: Ined, 2006, p. 459-495.
157. SELZ, M. & MAILLOCHON, F. *Les raisonnement statistique en sociologie*. Paris: PUF, 2009 ["Licence"].

redes totais, nas quais a necessidade de coletar dados leva geralmente, a montante, a uma padronização importante dos conteúdos dos vínculos estudados, podendo empobrecer a compreensão do fenômeno[158]. No caso presente, elas frequentemente são reduzidas a atos (receber dinheiro, acolher em domicílio, trabalhar no mesmo site) que reduzem os contornos da interpretação da parte dos indivíduos interrogados e sua variabilidade social.

Os modos de coleta sem participação dos atores

A possibilidade de entrar ou não nos detalhes dos vínculos está assim fortemente ligada às condições de acesso ao campo da pesquisa. A obtenção de dados é sempre uma arbitragem delicada entre o que o pesquisador gostaria de coletar em absoluto e o que é possível, razoável, legítimo e ético perguntar aos indivíduos.

Como para as outras pesquisas sociológicas, várias formas de coletar informações são possíveis na realização da análise de redes. A observação é frequentemente pouco praticada em razão de seu "peso", mas ela parece particularmente indicada para coletar dados sobre populações singulares (p. ex., sobre os intercâmbios lúdicos entre crianças num pátio de recreação que não seriam necessariamente verbalizados de forma sistemática) ou sobre relações sensíveis ou proibidas (tráfico de entorpecentes ou de objetos roubados etc.).

O recurso a fontes relacionais existentes não deve ser negligenciado, mesmo se, por força das próprias formações, os sociólogos pensam frequentemente menos em explorá-las que os historiadores, que são cada vez mais numerosos em adotar esta abordagem[159]. Os registros feitos em cartório indicando a compra e a venda de terrenos em escala de um vilarejo, a lista de testemunhas nas cerimônias de casamento constituem fontes que, em determinadas condições, podem ser tratadas como materiais relacionais e estruturais, mesmo se elas geralmente comportam restrições e zonas sombrias importantes. Os inúmeros rastros informáticos deixados ao longo do uso de diferentes meios de comunicação (telefone, correio eletrônico, fórum, blogs etc.) fornecem igualmente dados que podem ser coletados para fins de análise de redes.

Os tipos de coleta, que não necessitam da participação ativa dos atores (observação ou fontes) ou somente seu acordo de princípio para ser observados ou fichados, geralmente permitem garantir o mais forte grau de sistematização dos dados, possibilitando a exaustividade. Se pesquisadores se interessam pelas sociabilidades dos jovens na internet, por exemplo, eles terão mais interesse em coletar automaticamente listas de e-mails, de participações em fóruns etc., do

---

158. EVE, M. "Deux traditions d'analyse des réseaux sociaux". *Réseaux*, n. 115, 2002, p. 183-212.
159. LEMERCIER, C. "Analyse de réseaux et histoire de la famille – Une rencontre encore à venir?" *Annales de Démographie Historique*, n. 109, 2005, p. 7-31.

que interrogar as pessoas implicadas nestas práticas, das quais só possuem uma visão parcelar ou deformada. A reconstituição do conjunto das pessoas contatadas ao longo de um dia geralmente é complicada, e inconcebível em relação aos dias passados. Em contrapartida, se o estudo se reporta à especificidade do e-mail na comunicação, sem dúvida será mais pertinente servir-se de entrevistas permitindo aos atores dar conteúdo a seus intercâmbios e sentido a seus atos, reposicionando-os em uma comunicação mais vasta.

Observação e fontes são em geral excelentes meios para se obter séries longas e confiáveis de dados relacionais e estruturais, mas o mais frequentemente a informação sobre o vínculo é mais fraca nestas duas modalidades. É igualmente delicado no caso de coletar dados relativos à identidade e às características sociais das pessoas implicadas; daí o recurso às pesquisas *ad hoc*.

As pesquisas sobre as redes ad hoc

Em geral as pesquisas são feitas através de entrevistas *ad hoc*, que permitem ao mesmo tempo definir o público-alvo a ser estudado e o tipo de público, bem como a natureza das relações a documentar. Estabelecer um questionário sobre as relações comporta quase todas as dificuldades e armadilhas da própria elaboração de um bom questionário (cf. o cap. de Isabelle Parizot). Geralmente os entrevistados são levados, através de um "gerador de nomes", a descrever um número limitado de amigos, de conhecidos, de vizinhos, de parceiros sexuais, de pessoas com quem trabalham, ou que conheceram numa paróquia etc. É imperativo assegurar que a natureza do vínculo possa ser alargada por todos e conter a menor ambiguidade possível, assim como é indispensável ser razoáveis quanto ao número de contatos a explorar. Com efeito, o interesse de um procedimento desses é o de coletar informações sobre o *Ego*, mas também sobre o conjunto dos *Alter* citados. Para pessoas relacionando-se com um vasto entorno, a duração do questionário pode ser rapidamente desobrigatória e levar a recusas ou abandonos[160]. A natureza e a qualidade das informações recolhidas dependem assim do modo de elaboração do questionário. Em determinados casos, a pesquisa pode ser feita no decurso de longas entrevistas face a face, eventualmente repetidas, para obter informações aprofundadas; é o caso notadamente do estudo da sociabilidade e da inserção profissional num painel de jovens normandos estudados por Claire Bidart[161]. O desejo de obter dados sobre uma amostra representativa leva geralmente a interrogações mais reduzidas. Por exemplo: um estudo sobre a sexualidade

---

160. Para mais informações sobre "gerador de nomes", cf. BIDART, C. & CHARBONNEAU, J. *The contextual name generator: A good tool for the study of sociability and socialization* [Disponível em http:// halshs.arcchives-ouverts.fr/halshs-00197568/fr/].

161. BIDART, C. & LAVENU, D. "Evolutions of personal networks and life events". *Social Networks*, vol. 27, n. 4, 2005, p. 359-376.

dos adolescentes[162] propiciou descrever de forma reduzida, mas sistemática, as relações amigáveis, amorosas e sexuais dos jovens em três níveis diferentes. Geradores de nomes permitiram coletar em primeiro lugar dados puramente contabilizáveis (o número de amigos, o número de flertes ao longo do ano, o número de parceiros sexuais ao longo da vida etc.). Os adolescentes eram em segundo lugar convidados a relatar a natureza de sua relação (antiguidade, intensidade, frequência) com seus quatro últimos parceiros sexuais e a descrever mais precisamente cada parceiro (sexo, idade, local de residência etc.). Por razões de viabilidade, os geradores de nomes limitam geralmente arbitrariamente o número de descrições a demandar aos entrevistados. Neste caso, o número de quatro parceiros parecia razoável no seio de uma população não tendo necessariamente uma longa vida sexual e onde, definitivamente, somente 10% dela afirmava ter ultrapassado este número. Estes dados contabilizáveis e relacionais permitem reconstituir a teia relacional que circunda uma pessoa. Eles podem ser completados, em terceiro lugar, por dados estruturais integrando as relações entre as pessoas do entorno do indivíduo-alvo. A pesquisa compilou assim as relações amigáveis, amorosas ou sexuais que ocorreram entre parceiros sexuais e amigos da pessoa-alvo, dados que autorizam formas de tratamento analítico próximas à análise estrutural: medição da intensidade, por exemplo, busca de subgrupos etc.[163] A única possibilidade técnica realista de se obter dados estruturais no quadro de uma pesquisa sobre redes egocentradas é interrogar a pessoa-alvo (Ego) ao invés de seu entorno, técnica que comporta evidentemente imprecisões e frequentemente depreciada pelos especialistas da análise estrutural.

Antes que mergulhar nos avanços mais sofisticados da análise das redes, este capítulo convida a um instante de reflexão sobre o que supõe e representa uma abordagem relacional e estrutural. Como qualquer outro instrumento, a análise de redes não é verdadeiramente útil senão com conhecimento de causa, num quadro controlado e com um bom conhecimento de seus alcances, mas também de seus limites. Apesar da fascinação que podem exercer os métodos quantitativos, estes não aportam necessariamente o melhor esclarecimento a todos os problemas. Outras abordagens, mais qualitativas, fornecem uma melhor compreensão de um fenômeno relacional ou estrutural ao apreender melhor suas lógicas ou suas dinâmicas. O predicativo formal e matemático sobre o qual se desenvolveu a análise estrutural não é suficiente para provar a cientificidade da postura. A análise das redes totais oferece certamente medidas estruturais frequentemente mais elaboradas que a análise das redes egocentradas, mas seu caráter técnico não deve ocultar alguns de seus limites, notadamente os pro-

---

162. LAGRANGE, H. & LHOMOND, B. (orgs.). *L'entrée dans la sexualité*: les comportements des jeunes dans le contexte du Sida. Paris: La Découverte, 1997.

163. MAILLOCHON, F. Op. cit.

blemas de inferência atribuídos a qualquer estudo de redes, embora em termos diferentes.

No caso de um estudo sobre as redes *egocentradas*, é possível extrair aleatoriamente uma amostra do Ego, respeitando a teoria das sondagens a fim de que elas possam representar, seguindo as regras de inferência, a população de referência. Em contrapartida, é mais delicado operar uma tiragem aleatória dos *Alter* ao redor do *Ego* sem correr o risco de modificar profundamente as propriedades estruturais das redes egocentradas. A análise das redes egocentradas é, portanto, de alguma forma, atravessada por um conflito de interesse entre, de um lado, a lógica estatística e as regras de inferência fundadas no postulado da independência dos indivíduos observados e, de outro, a lógica estrutural fundada no postulado inverso. Em certa medida, a análise estrutural evita esta tensão, já que ela se posiciona de cara no quadro do "estudo de caso", que não possui alcance representativo. Mas em razão disso, o problema de generalização dos resultados deste tipo de análise continua, e não é trivial resolvê-lo, mesmo se raramente abordado de frente. De uma forma geral, a ausência de regras de inferência adaptadas aos dados estruturais não deve levar a opor os tipos de abordagem das redes, mas convida a conservar uma atitude modesta e razoável, não importando as posturas e as medidas adotadas.

10
Articular as abordagens quantitativa e qualitativa

Pascale Dietrich
Marie Loison
Manuella Roupnel

Os métodos qualitativos são frequentemente opostos aos métodos quantitativos: raros são os sociólogos que aliam realmente estas duas abordagens, levando-os inclusive a criar suas próprias pesquisas. Mais raros ainda são os que, no mesmo estudo, concebem a realização de uma pesquisa qualitativa e quantitativa imaginando sua articulação como um meio suplementar de responder às questões que eles se colocam. Efetivamente existe a tendência de conceber os dois métodos de forma distinta e de não recorrer a diferentes modos de coletar dados. Ora, uma metodologia dessas mostra-se rica para a obtenção e a análise dos resultados, bem como para a postura científica do pesquisador. A fim de mostrar a mais-valia metodológica que ela fornece, a aliança entre métodos quantitativos e qualitativos será apresentada aqui através da localização de pesquisas "sob medida", isto é, de pesquisas realizadas em populações e objetos de pesquisa bem precisos. Este capítulo intenta, pois, expor as especificidades desta postura, entrar nos detalhes de sua execução e, finalmente, debruçar-se sobre seus aportes científicos.

As especificidades das abordagens
Por que articular os dois métodos?

Toda pesquisa sociológica começa pela construção de um objeto, a partir de um tema específico. Uma vez definido este objeto, o sociólogo escolhe *o* ou *os* métodos de pesquisa aptos a responder à sua problemática: estudo de arquivos ou de documentos administrativos, realização de entrevistas e/ou de observações, ou ainda análise de dados estatísticos. O trabalho de observação etnográfica aporta ao pesquisador um bom conhecimento do ambiente em que vive e trabalha a população que ele estuda, as entrevistas dão acesso à experiência vivida dos indivíduos, enquanto que os dados estatísticos fornecem uma medida cifrada dos fatos sociais. Muito frequentemente, o objeto de estudo e o tipo de questionamento comandam o recurso a uma ou várias abordagens metodológicas, mas uma dentre elas é privilegiada em relação às outras. No caso de uma pesquisa por questionário, o trabalho etnográfico prévio tem geralmente uma função exploratória na elaboração do questionário; no quadro de uma pesquisa qualitativa, os dados estatísticos constituem a maior parte do tempo dados de enquadramento que contribuem pouco para a análise. Em todas estas situações, os métodos são justapostos e uma abordagem é subordinada à outra.

Existem poucas pesquisas que aliam verdadeiramente os dois métodos, qualitativo e quantitativo, atribuindo-lhes um estatuto igual em sua participação na análise. Esta participação, no entanto, permite pousar um duplo olhar sobre um mesmo objeto. Nestes casos, um trabalho etnográfico consequente é associado à exploração estatística de bases de dados oriundos da elaboração do questionário junto a amostras importantes de objetos ou populações-alvo. Alguns questionamentos encontram então respostas graças à abordagem compreensiva das entrevistas ou das observações etnográficas, ao passo que outros necessitam da abordagem quantitativa e estatística. Além disso, os resultados obtidos com o auxílio de um método podem ser validados, invalidados ou relativizados pela outra abordagem. Utilizados de maneira complementar, os dois métodos, qualitativo e quantitativo, se nutrem mutuamente, aportando assim uma mais-valia científica ao trabalho de pesquisa, cada um respondendo então a um questionamento preciso, sem que nenhum deles seja subordinado ao uso ou aos resultados do outro. Segundo Anthony J. Onwuegbuzie e Nancy L. Leech[164], um dos argumentos antecipados pelos partidários da aliança dos dois métodos consiste em dizer que eles permitem um uso mais compreensivo da pesquisa, ausente nos trabalhos unicamente quantitativo ou qualitativo. Para Greene et al.[165], este modo de trabalhar pode ter cinco funções: a "triangulação" (buscar fazer convergir ou corroborar resultados provenientes de diferentes métodos estudando o mesmo fenômeno); a "complementaridade" (buscar elaborar, ilustrar, valorizar ou clarificar os resultados de um dos métodos com os resultados do outro); o "desenvolvimento" (utilizar os resultados de um dos métodos para auxiliar na interpretação dos resultados de outro método); a "iniciação" (descobrir paradoxos e contradições que levam a reconsiderar a questão de pesquisa)

---

164. ONWUEGBUZIE, A.J. & LEECH, N.L. "Enhancing the interpretation of 'significant' findings: The role of mixed methods research". *The Qualitative Report*, vol. 9, n. 4, 2004, p. 770-792.

165. GRENNE, J.C.; CARACELLI, V.J. & GRAHAM, W.F. "Toward a conceptual framework for mixed-method evaluation designs". *Educational Evaluation and Policy Analysis*, vol. 11, 1989, p. 255-274.

e a "expansão" (tentar entender a amplitude e o alcance da pesquisa utilizando elementos da pesquisa para confrontá-los com outro método). Todas estas questões estão mais ou menos presentes nas pesquisas que aliam os dois métodos: o quantitativo e o qualificativo. Anthony e Nancy sublinham igualmente que a vinculação entre técnicas qualitativas e quantitativas dão ao pesquisador certa liberdade quanto à distância que ele decide adotar em relação ao seu objeto de estudo. Munido de uma espécie de luneta, o pesquisador tanto pode olhar a paisagem em seu conjunto quanto, ao contrário, fazer um *zoom*, focando alguns detalhes deste panorama. Todas estas especificidades tornam pertinente e heuristicamente fecunda a aliança dos métodos. Trata-se agora de explicar o porquê e a razão da implementação desta abordagem particular.

Por que criar a própria pesquisa?

A outra especificidade desta abordagem do pesquisador consiste em criar sua própria pesquisa. Quando o pesquisador não dispõe de uma base de dados adequada, urge-lhe criar uma pesquisa "sob medida". É notadamente o caso quando ele deseja estudar populações específicas ou quando ele necessita de variáveis precisas para suas análises. Esta postura é inevitável, notadamente quando ele se interessa por populações tendo características sociais pouco difundidas (os homossexuais)[166], ou não possuindo existência administrativa (os ilegais ou as pessoas sem domicílio), ou ainda vivendo em zonas geográficas restritas (os habitantes do bairro do Mirail em Toulouse). Os dados dos grandes institutos de estatísticas estão efetivamente disponíveis em níveis regional e nacional. Obviamente, é possível extrair-se amostras fundadas em um critério geográfico mais específico, mas estas amostras frequentemente se revelam pouco representativas, em razão de seus efetivos insuficientes. Por outro lado, estes dados frequentemente são excessivamente gerais para o estudo de uma população precisa (uma profissão atípica, p. ex.) e, além disso, eles se baseiam em critérios administrativos, tais como a residência, o que complica, por exemplo, o estudo de populações sem domicílio. Conduzir sua própria pesquisa permite então remediar estas dificuldades e obter assim amostras adequadas a questões mais específicas. Se nos interessamos pelos desempregados, por exemplo, é possível extrair uma amostra de indivíduos da *Pesquisa sobre o emprego*, mas para estudar os assalariados despedidos de uma empresa particular[167], ou os requerentes de emprego de uma região bem precisa[168], a criação de uma amostra relativa a esta

---

166. FIRDION, J.-M. & VEDIER, É. *Homosexualités et suicide* – Études, témoignages et analyse. Lontblanc: H&O, 2003.

167. ROUPNEL-FUENTES, M. *Une rupture totale* – Le lienciement massif des salariés de Moulinex. Paris: École des Hautes Études en Sciences Sociales, 2007 [Tese de doutorado].

168. LAZARSFELD, P.; JAHODA, M. & ZEISEL, H. *Les chômeurs de Marienthal*. Paris: De Minuit, 1981.

população é uma etapa incontornável, dado que nenhuma pesquisa estatística lhe foi efetivamente consagrada.

Este tipo de pesquisa "sob medida" situa-se num nível intermediário entre aquele dos organismos, como o Insee, que trabalham junto a uma larga população em áreas geográficas relativamente importantes, e aquele das pesquisas etnográficas, cujas amostras são bastante localizadas, mas que não permitem nenhuma análise estatística de peso: dispor de uma amostra cujo efetivo é relativamente importante é efetivamente indispensável para realizar processamentos estatísticos complexos, para além das triagens completas ou das triagens cruzadas, com maior potencial demonstrativo (regressões logísticas ou lineares, p. ex.).

Mesmo quando dados sobre a população visada são disponibilizados, o pesquisador pode sentir a necessidade de dispor de uma pesquisa mais adaptada à sua problemática de estudo. De fato, as variáveis das pesquisas existentes, e utilizadas ao longo de uma análise secundária, nem sempre "se adaptam" ao objeto de estudo: às vezes as questões essenciais são omitidas, ou as diferentes modalidades das variáveis nem sempre se ajustam totalmente ao objeto de estudo. Deste modo a análise do pesquisador vê-se cerceada. A realização de uma pesquisa, ao contrário, lhe oferece o conforto de livremente construir seu objeto de estudo e suas hipóteses, sem sentir-se coagido pelos dados de uma pesquisa preexistente. A pesquisa sobre a moradia do Insee, por exemplo, estudando as populações vulneráveis, não autoriza estudar a relação destas populações com as instituições, já que desprovida de informações sobre patologias específicas, como o saturnismo infantil, ou o engajamento dos precariamente alojados em associações militantes[169]. Os dados "talhados sob medida" sem dúvida não podem ser reutilizados por outros estudos: ao inverso de uma pesquisa do Insee onde inúmeros pesquisadores de temas de pesquisa heteróclitos podem "garimpar" dados, estas pesquisas estão ao serviço de uma tese original e, portanto, *a priori*, desprovidos de importância para outros trabalhos.

O início da abordagem

A especificidade de uma abordagem articulando os dois métodos, qualitativo e quantitativo, consiste em fazer dialogar as duas perspectivas ao longo de toda a pesquisa numa temporalidade bastante precisa. Cada método responde a um questionamento particular em função do momento em que ele é mobilizado no processo de pesquisa. A cada etapa, os resultados obtidos e as observações metodológicas realizadas se completam, no sentido de fornecer esclarecimentos específicos à análise.

---

169. DIETRICH-RAGON, P. "Tension autour des procedures liées à l'insalubrité – L'exemple du saturnisme infantile". In: LAFLAMME, V.; LEVY-VROELANT, C.; ROBERTSON, D. & SMYTH, J. (org.). *Le logement précaire en Europe, aux marges du palais*. Paris: L'Harmattan, 2007, p. 347-360 ["Habitat et Sociétés"].

A temporalidade da pesquisa

A escolha da cronologia da pesquisa decorre dos aportes recíprocos dos dois métodos. A abordagem qualitativa é onipresente, e é inicialmente utilizada em uma visão exploratória, em vista da construção do questionário e da escolha da forma de sua aplicação. As falas recolhidas por ocasião da pré-pesquisa permitem primeiramente "captar" o vocabulário e as expressões das pessoas interrogadas, possibilitando em seguida aproximar-se mais de seu universo linguístico. Desta forma, estas conversas permitem detectar incompreensões no emprego de determinados termos equívocos, como, por exemplo, a expressão "condições de trabalho". Esta efetivamente pode reenviar tanto à ambiência do local quanto às relações com os colegas ou às condições "físicas" do trabalho. A fim de evitar ambiguidades, várias precisões podem ser assim aportadas às modalidades do questionário: "possibilidades de sentar-se", "luminosidade insuficiente", "limpeza no local de trabalho" etc. Graças ao conhecimento "qualitativo" que o pesquisador adquire através deste procedimento, aos poucos o questionário vai sendo adaptado às pessoas pesquisadas e ao fenômeno estudado.

Em igual medida, o conhecimento adquirido *in loco*, as observações feitas e as entrevistas realizadas junto à população estudada permitem ao pesquisador escolher o modo de elaboração do questionário mais adequado ao seu objeto de pesquisa e às características das pessoas pesquisadas. Neste particular, seria complicado tentar realizar uma pesquisa telefônica domiciliar com assalariados (senão em algumas horas do dia, ou da noite), ao passo que este modo de coleta de dados poderia ser perfeitamente apropriado se a população estudada concernisse às mulheres em licença maternidade. Da mesma forma, enviar ao pesquisado um questionário autoadministrado seria impertinente para um estudo sobre as trajetórias de imigração, já que as eventuais dificuldades de conhecimento do idioma poderiam juntar-se às dificuldades da expressão escrita, por exemplo, em relação aos sentimentos e ressentimentos do pesquisado.

A abordagem qualitativa é mobilizada ao longo de toda a reflexão e análise. O material qualitativo permite "pousar um olhar" sobre o campo no qual se desenrola o cenário da pesquisa. Para compreender a vida de um bairro, por exemplo, urge um relativo conhecimento de seu entorno, observar precisamente suas ruas, seu espaços verdes, seus comércios etc., e em diferentes momentos da jornada, fotografando-os ou coletando documentos administrativos (relatórios de reuniões, jornais municipais etc.). É igualmente instrutiva a participação em reuniões dos conselhos de bairros, e marcar presença em sua vida associativa. Subsequentemente, observações etnográficas podem ser completadas por entrevistas com seus habitantes, ou com alguns deles, previamente selecionados. Numa segunda fase, o trabalho de campo consiste em disponibilizar o questionário a toda a população estudada. Assim, posteriormente à aplicação do questionário, observações e entrevistas podem novamente ser reavaliadas, simultaneamente para obter informações complementares, ou para vislumbrar eventuais evoluções, mas também para confirmar resultados oriundos da análise estatística. É o que confirmam algumas pesquisas posteriores. Assim, na obra *Le salarié de la précarité* (O salariado da precariedade)[170], Serge Paugam utilizou os dados de uma pesquisa qualitativa realizada em 1995 junto a uma amostra de 1.036 salariados divididos em cinco regiões de emprego, pesquisa que ele mesmo enriqueceu em 1998 com entrevistas junto a uma amostra de 83 salariados oriundos das mesmas empresas. A pesquisa qualitativa permitiu-lhe aprofundar os temas ligados às experiências vividas dos salariados e articular estes resultados com os da pesquisa por questionário. Urge, portanto, guardar em mente que existe uma temporalidade particular no processo de pesquisa, e que os dois métodos não são utilizados da mesma maneira. Mais ainda: os resultados obtidos graças a eles não possuem o mesmo estatuto.

O duplo estatuto dos materiais

O material qualitativo tem um duplo estatuto. Já o dissemos, ele é primeiramente mobilizado ao longo da fase exploratória da pesquisa, com o objetivo de elaborar o questionário. As entrevistas semidiretivas são um revelador de determinadas problemáticas e servem para testar as questões suscetíveis de criar problemas por ocasião de sua aplicação. Quando nos interessamos por práticas dificilmente confessáveis (práticas sexuais, toxicomania, extremismo político etc.), é particularmente pertinente utilizar a abordagem qualitativa a fim de encontrar a melhor formulação possível para dirigir-se aos pesquisados. Por exemplo: antes de perguntar diretamente aos indivíduos se eles votaram na Frente Nacional (partido de extrema-direita na França) nas últimas eleições por meio de uma questão fechada, típica de um questionário, é sem dúvida mais pertinente utilizar a abordagem qualitativa para deixar o pesquisado exprimir suas opiniões, permitindo-lhe justificar suas posições. Esta etapa permite construir chaves de compreensão do voto de extrema-direita e reformular a questão de forma pertinente: no questionário, poderíamos, por exemplo, perguntar aos indivíduos o que eles pensam deste voto ("totalmente de acordo", "antes de acordo", "antes em desacordo", "totalmente em desacordo"), o que lhes daria a oportunidade de se pronunciar indiretamente sem falar de seu próprio comportamento.

Por outro lado, a abordagem qualitativa torna possível considerar atitudes com as quais nunca teríamos sonhado sem um bom conhecimento do campo de pesquisa e da população. As respostas a determinadas questões parecem evidentes para o pesquisador, e ele nem sempre imagina que elas possam criar problemas por ocasião da aplicação do questionário em populações específicas.

---

170. PAUGAM, S. *Le salarié de la précarité* – Les nouvelles formes de l'intégration professionnelle. Paris: PUF, 2000.

É exatamente o caso para uma questão como essa: "Você está otimista com o futuro?" Para o pesquisador, as três respostas "sim", "não" e "não sei" exprimem o conjunto dos diferentes posicionamentos possíveis. Ora, o trabalho qualitativo de campo permite descobrir outra atitude: em determinadas culturas, não é possível pronunciar-se sobre seu próprio destino, e é então necessário acrescentar as modalidades "Se Deus quiser" ou "isso não depende de mim".

Mas o trabalho etnográfico realizado ao longo desta primeira fase não é unicamente mobilizado por um objetivo exploratório. Ele é também integrado ao processo de pesquisa enquanto tal, e é objeto de uma análise etnográfica precisa. Deste modo, as entrevistas, por exemplo, são analisadas como instrumentos compreensivos da experiência vivida pelas populações estudadas[171]. Em suma, o trabalho qualitativo de campo é ao mesmo tempo útil para construir o questionário, mas igualmente para interpretar os dados oriundos destes últimos. Vale lembrar, para concluir, que duas entrevistas realizadas em momentos diferentes da pesquisa têm usos distintos. Feita no início da pesquisa, a entrevista possui um estatuto ao mesmo tempo exploratório e compreensivo. Mas, efetuada no final do processo de pesquisa, ela se torna verificativa sem deixar de ser compreensiva, e permite avançar na análise e fazer emergir novos questionamentos.

Reciprocamente, alguns elementos do questionário possuem um duplo emprego. É o caso das questões abertas que permitem obter informações úteis para reintegrar modalidades "esquecidas" no questionário e que dão chances às pessoas interrogadas exprimir-se e dar sua opinião sobre a questão posta. Em um questionário destinado aos marginalizados de centros de hospedagem de urgência, à questão: "Desde que você chegou aqui, você constatou outras evoluções do tipo de população que frequenta este centro?", os pesquisadores coletaram, por exemplo, estas falas: "Antes eram mais mendigos, simpáticos, agora são pessoas que tiveram uma vida antes desta vida. Vemos que eles há pouco se tornaram pobres, que problemas recentes os colocaram na rua." "Nenhuma mulher desde os inícios. Mais pessoas do Leste. Acolhida diferente da associação, já que a fila é menos densa, presença de guardas. Personalidade dos usuários que muda: não necessariamente a imagem do mendigo, enquanto pessoa dessocializada há muito tempo. Ali podem existir pessoas que trabalham mesmo frequentando o centro"[172].

Estas respostas podem eventualmente ser recodificadas para se tornarem objeto de uma análise textual, mas é igualmente interessante cruzá-las com as entrevistas efetuadas antes e após a aplicação do questionário. Elas vêm efetivamente confirmar uma das hipóteses emitidas por ocasião da fase etnográfica da

---

171. SCHNAPPER, D. *La compréhension sociologique* – Démarche de l'analyse typologique. Paris: PUF, 1999.

172. LOISON, M. *Enquête auprès des personnes vivant à proximité des centres d'accueil et d'hébergement d'urgence en Île-de-France*, 2007 [Pesquisa não publicada].

pesquisa, a saber: que os marginalizados distinguem os velhos mendigos ociosos de antanho e os jovens SDF (sem domicílio fixo) de hoje que trabalham. Por outro lado, os dados estatísticos oriundos das questões fechadas podem, elas também, ser utilizadas de duas maneiras diferentes. Elas servem em primeiro lugar de dados de enquadramento: podemos assim comparar as rendas da população homossexual strasburguense aos do conjunto da população francesa para posicionar este grupo específico no espaço social. Em segundo lugar, os dados possuem uma função analítica: eles permitem estudar as diferenças de rendas no seio desta população homossexual, que depende das diferenças de consumo, de modo de vida etc. A comparação com dados nacionais permite dar outra amplitude e outro alcance mais geral à pesquisa (o que Greene et al. denominam "expansão"). Os dois métodos, qualitativo e quantitativo, dialogam, pois, entre si, e convidam o pesquisador a estar particularmente atento ao peso que ele acorda a cada um. Em articulando-os, ele também se torna sensível às especificidades metodológicas, aos seus aportes diferenciados, bem como à sua própria prática de campo.

Os resultados

O interesse deste método "de dupla cabeça" é evidentemente o de aportar uma "dupla prova", isto é, o de confirmar com um método os resultados oriundos do outro ("triangulação")[173]. Mas toda utilidade da aliança reside também no fato que cada um dos métodos aclara os resultados obtidos com o outro ("complementaridade" e "desenvolvimento")[174] e permite, pois, torná-la mais evidente. Por outro lado, esta metodologia favorece também um posicionamento científico mais "justo" em relação ao objeto de estudo, notadamente porque a confrontação dos resultados oriundos dos dois métodos pode levar o pesquisador a reconsiderar suas hipóteses e sua questão de partida ("iniciação")[175].

A análise qualitativa aclara a análise quantitativa

Para a análise dos dados quantitativos coletados, os conhecimentos qualitativos são de grande valia: são eles que fornecem as chaves de análises de determinados resultados que permaneceriam obscuros sem um bom conhecimento do campo e da experiência vivida das pessoas pesquisadas. "De fato as análises ditas 'qualitativas' ou, pior, 'literárias' são capitais para compreender, isto é, explicar completamente aquilo que as estatísticas apenas constatam, semelhantes

---

173. GREENE, J.C.; CARACELLI, V.J. & GRAHAM, W.F. "Toward a conceptual framework for mixed-method evaluation designs". Op. cit.
174. Ibid.
175. Ibid.

às estatísticas de pluviometria"[176]. Por exemplo: sem este conhecimento do campo o sociólogo estatístico estudando os comportamentos dos marginalizados dos centros de hospedagem de urgência corre o risco de ter uma visão truncada da realidade social. A observação etnográfica dos bairros e as entrevistas junto aos marginalizados permitem apreender melhor a complexidade desta coabitação particular e entender que não é tão fácil viver nas imediações de tais estruturas: as populações acolhidas nestes centros são às vezes barulhentas, alcoolizadas ou agressivas, urinam nas ruas e ali "estacionam" tanto de dia quanto de noite. Este conhecimento do campo de pesquisa evita, pois, cair numa condenação unilateral da intolerância dos habitantes. Da mesma forma, a utilização única de estatísticas incita a apreender os ocupantes destes alojamentos insalubres como dominados e destituídos de qualquer margem de manobra. Ora, a abordagem qualitativa complexifica esta constatação, as entrevistas colocando em evidência que os mal-alojados não são desprovidos de estratégias[177]: alguns consideram, por exemplo, o alojamento insalubre como um meio para aceder ao alojamento social, já que as instituições concedem um novo alojamento prioritariamente aos habitantes dos imóveis mais degradados. Eles podem então usar deste argumento em suas relações com as instituições, isto é, inflectir suas opções residenciais em função das oportunidades. Os resultados do trabalho qualitativo aportam assim novos esclarecimentos que permitem interpretar e completar os dados estatísticos.

As entrevistas ajudam igualmente a compreender os resultados estatísticos que podem parecer contraintuitivos. No seio de um grupo de assalariados licenciados, uma análise a partir de um modelo de regressão logística mostra que "em igualdade de circunstâncias", as pessoas desempregadas são menos propensas que as empregadas a abandonar sua região para encontrar trabalho, ou para buscar uma formação que melhor as qualifique. Este resultado aparentemente curioso, no entanto, pode ser facilmente interpretado graças às entrevistas. A mudança de residência representa para as pessoas desempregadas um duplo risco: o de um possível novo fracasso profissional e o de um desenraizamento que implica uma ruptura das relações sociais e familiares. Ao longo de uma entrevista, uma antiga operária desempregada confidencia: "Prefiro ficar por aqui [...], pois minha mãe, às vezes, necessita de mim, para se locomover; é que ela não tem carro. Eu fico por aqui, já estou acostumada aqui"[178].

---

176. BOURDIEU, P. *Questions de sociologie*. Paris: De Minuit, 1984, p. 29.
177. DIETRICH-RAGON, P. "Tensions autour des procedures liées à l'insalubrité – L'exemple du saturnisme infantile". Op. cit.
178. ROUPNEL-FUENTES, M. *Une rupture totale* – Le licenciement massif des salariés de Moulinex. Op. cit.

> **Box**
>
> Pesquisa *O salário da precariedade*
>
> Em sua obra *Le salarié de la précarité*, Serge Paugam beneficia-se da aliança dos métodos. Analisando as diferentes formas de integração profissional, cruzando a dimensão da relação com o trabalho com a do emprego, ele evidencia quatro modelos: a *integração garantida* aliando satisfação no trabalho e emprego garantido, a *integração incerta* caracterizada pela satisfação no trabalho e emprego ameaçado, a *integração laboriosa* marcada pelo descontentamento no trabalho e a proteção do emprego, e a *integração eliminatória* reunindo insatisfação no trabalho e instabilidade profissional. A partir de vários indicadores de saúde, o autor mostra que a parte dos assalariados apresentando problemas do ponto de vista de seu estado de saúde física e psicológica é mais elevada entre os assalariados próximos aos modelos da *integração laboriosa* e da *integração eliminatória* do que junto aos assalariados aproximando-se da *integração garantida* ou da *integração incerta*. Junto aos primeiros, a proporção dos assalariados que sofrem de insônia é respectivamente de 25 e 28% contra 16 e 18% para os segundos. Os problemas de saúde não devem, pois, ser unicamente associados às inquietações relativas ao emprego. A importância da depressão psicológica, manifestada na pesquisa por questionário, pelos assalariados próximos ao modelo da *integração laboriosa*, favoreceu o esclarecimento aportado pelas entrevistas feitas junto aos assalariados de uma agência de seguridade social. Graças à pesquisa qualitativa foi possível compreender o descrédito infligido à identidade destes trabalhadores e a forte desorganização profissional assolando seu trabalho. O extrato abaixo faz parte de uma entrevista feita com uma mulher de 50 anos, empregada no escritório do organismo acima citado: "É preciso reconhecer que aqui existem muitos problemas, e igualmente compreender que as pessoas nos procuram porque fazemos mil coisas a elas destinadas, a começar pela correspondência e todo o resto imaginável, mas nem tudo pode ser feito com a velocidade geralmente exigida. É isso, aqui é correria, esta forma de trabalhar muito, muito, muito, muito, muito velozmente, sem que alguém se pergunte pelos obstáculos existentes, pelos tantos bloqueios que nos impedem alcançar as metas e os objetivos de nosso trabalho."
>
> PAUGAM, S. *Le salarié de la précarité* – Les nouvelles formes de l'intégration professionnelle. Paris: PUF, 2000, p. 216

A análise quantitativa aclara a análise qualitativa

O trabalho qualitativo não recobre a análise aprofundada de determinados objetivos da pesquisa. Ele geralmente leva o pesquisador a dar uma importância particular às disfunções sociais, ao passo que a abordagem quantitativa, ao contrário, relativiza algumas de suas componentes atípicas. Na maioria dos casos envolvendo conflitos sociais (fenômeno Nimby[179], por exemplo), muitas são as pessoas que "demandam a palavra"[180], ou seja, que reivindicam o direito de poder falar: geralmente são estas as mais ouvidas e as mais visíveis. Conse-

---

179. *Not in my Backyard*.
180. HIRSCHMAN, A.O. *Défection et prise de parole*. Paris: Fayard, 1995.

quentemente, quando o pesquisador desloca-se para um campo do pesquisar, tanto para entrevistar quanto para reunir dados observáveis, em geral ele tende a majorar o comportamento destas pessoas que exprimem suas opiniões. Contrariamente, fundada numa amostra representativa da população implicada ao conflito, a pesquisa quantitativa permite discernir a heterogeneidade dos comportamentos e sua importância relativa.

Alguns elementos, além disso, não podem ser provados sem uma abordagem quantitativa, que não somente fornece uma medida estatística, mas ajuda a descobrir fenômenos ocultos à visão qualitativa. Esta calibragem por dados cifrados coloca em evidência, por exemplo, os processos sociais, as relações ou as recorrências que as entrevistas qualitativas não podem desvendar. Isso é particularmente verdade para o estudo dos determinismos sociais. Entrevistas deixam certamente pressentir que os filhos de executivos têm mais chances que os filhos de operários de se tornarem executivos, mas somente uma abordagem estatística fundada em tabelas de mobilidade permite afirmá-lo rigorosamente. Da mesma forma, a força demonstrativa das estatísticas vincula-se à possibilidade de mobilizar instrumentos técnicos como as regressões logísticas ou lineares, que permitem controlar determinados elementos e evidenciar o efeito próprio de uma variável. O estudo qualitativo da população vivendo em residências insalubres faz pensar que as pessoas que moram em casas mais precárias e que dispõem de menos capital são as que mais se revoltam contra as instituições. Ora, realizando uma análise estatística a partir de um modelo de regressão logística, é possível perceber que, em condições de vida "iguais", as pessoas socialmente mais bem-sucedidas são mais revoltadas que as outras. Estando em situação de exigir direitos do fato de seu estatuto social, estas pessoas consideram que existe uma grande distância entre suas condições de vida e seu "valor social", e por isso se sentem injustiçadas. A utilização de técnicas estatísticas leva, pois, o pesquisador a considerar as coisas em sua complexidade e a fazer uma análise mais sutil em relação às conclusões que ele poderia ter chegado ao servir-se exclusivamente dos dados de um trabalho de campo etnográfico.

O posicionamento do pesquisador

Para concluir: a aliança dos métodos reveste-se de um interesse primordial em termos de postura científica, favorecendo um posicionamento mais "justo" em relação a um objeto de pesquisa. O método qualitativo tem a vantagem de preservar o pesquisador de um distanciamento excessivo que persegue todo estatístico. Reciprocamente, o trabalho quantitativo ajuda a não deixar-se "fagocitar" pelo campo de pesquisa, a não assumir toda distância crítica e a não "cair" na "patologia". A "despersonalização" do instrumento quantitativo, por exemplo, é útil quando a colocamos ao lado da subjetividade das entrevistas ou das observações e, sobretudo, dos sentimentos que nascem da prática de um campo de pesquisa qualitativo. A articulação dos dois métodos apresenta, pois, uma grande vantagem em termos de posicionamento do pesquisador. Por suas idas e vinda múltiplas entre uma "sociologia clínica" ao campo de pesquisa[181], ou seja, mais próximas das entrevistas, e uma análise quantitativa de dados, é factível evitar o miserabilismo (devido à excessiva proximidade ao campo de pesquisa e à ligação relativamente forte com os pesquisados), bem como evitar um objetivismo exagerado (não dialogar senão com as estatísticas). A complementaridade dos métodos e sua utilização conjunta numa pesquisa melhoram a qualidade do trabalho científico, permitindo ao pesquisador decifrar melhor seu objeto de pesquisa.

A articulação entre método qualitativo e método quantitativo apresenta inúmeras vantagens e um interesse epistemológico garantido. A criação de uma pesquisa "sob medida" que acresce dados locais e precisos sobre uma população específica associada a um trabalho etnográfico minucioso num espaço delimitado geograficamente, fornece inúmeros elementos para empreender uma pesquisa sociológica. Mesmo com amostras de pesquisa consideradas relativamente fracas em relação às das grandes pesquisas estatísticas, é possível, graças à aliança dos métodos, realizar análises sociológicas pertinentes. As duas abordagens são complementares e aportam um duplo esclarecimento ao objeto de pesquisa, permitindo compreender melhor a complexidade dos fenômenos estudados. O trabalho qualitativo ajuda a compreender o que se esconde por detrás das cifras, ao passo que o método quantitativo aclara os resultados obtidos graças às entrevistas e às observações. A metodologia assim empregada aporta uma mais-valia científica não desprezível, notadamente porque ela estimula o pesquisador a realizar um trabalho reflexivo interrogando-se sobre sua prática de campo e sobre os resultados aportados pelos dois métodos a fim de encontrar um equilíbrio entre posicionamentos que frequentemente são colocados de costas um para o outro.

---

181. GAULEJAC, V. & TABAODA-LÉONNETTI, I. *La lutte des places*. Paris: Desclée de Brouwer, 1994.

Parte III
Os métodos de análise

11
O raciocínio etnográfico

Stéphane Beaud
Florence Weber

Nos últimos quinze anos, na sociologia francesa, a pesquisa e a análise etnográficas impuseram-se como um método legítimo de coleta e de tratamento de dados empíricos. No entanto, urge reconhecer que as reflexões metodológicas em torno desta forma de pesquisa, quer estas assumam a forma de artigos ou de manuais, até hoje privilegiaram largamente a dimensão da "situação etnográfica", da "experiência etnográfica" (leia-se "provas etnográficas"), colocando em cena e em debate a relação pesquisador(a)/pesquisado(a), que é o fundamento da pesquisa etnográfica[1]. No fundo, existem poucos textos em língua francesa relativos ao tratamento de dados etnográficos, com pesquisas concluídas, e ainda menos os relativos ao raciocínio etnográfico, salvo o texto fundador de Olivier Schwartz[2]. Este capítulo não tem a pretensão de preencher esta lacuna, mas, mais modestamente ele buscará esboçar uma clarificação dos termos que acompanham o debate, insistindo nas formas diferentes de abordar a questão em antropologia e em sociologia.

Num primeiro momento, insistiremos nas ambiguidades, nos mal-entendidos e em outras incompreensões resultando da "exportação", particularmente rápida e importante na França, deste método de pesquisa – historicamente ligado à etnologia – para uma disciplina como a sociologia que, na tradição francesa ao menos, se havia reservado a estatística como emblema metodológico. Num segundo momento, mostraremos o raciocínio etnográfico em sua força original, que lhe advém da tradição antropológica, e que mistura duas especificidades: de um lado, o contato direto, sem a mediação de um protocolo ou de um labo-

---

[1]. MAUGER, G. *Les bandes, le milieu e la bohème populaire* – Études de sociologie de la déviance des jeunes des classes populaires (1975-2005). Paris: Belin, 2006. • BENSA, A. & FASSIN, D. (orgs.). *Politiques de l'enquête* – Épreuves ethnographiques. Paris: La Découverte, 2008 ["Recherches"].

[2]. SCHWARTZ, O. "Empirisme irréductible". Paris: Nathan, 1993 [Posfácio de Nels Anderson].

ratório[3], entre pesquisador e pesquisados; de outro, o estudo de caso, onde a análise aprofundada das condições de possibilidade do caso estudado substitui ao mesmo tempo a análise probabilista, preocupada em evitar as ambiguidades de seleção, e a análise estatística descritiva (que por comodidade poderíamos denominar epidemiológica), preocupada com a representatividade e a prevalência. Num terceiro momento, mostraremos que, se o raciocínio etnográfico pode desenvolver-se legitimamente no âmbito de sua disciplina matricial (a etnologia), o mesmo não ocorre em sua disciplina de exportação (a sociologia). Lá, concorrendo com outros modos de raciocínio, mais próximos às ciências autodenominadas "consistentes", ele já não pode mais ostentar a tranquila garantia do modelo hipotético-dedutivo, ou o modo de raciocínio probabilista. Deste fato, ele corre o risco eterno de parecer um raciocínio "impuro", à revelia (sem provas cifradas!...), um raciocínio "em liquidação", como às vezes nos pretendem inculcar abertamente, em alguns (seletíssimos) intercâmbios intelectuais, os defensores de uma linguagem pura das variáveis e de um raciocínio generalizado "em igualdade de circunstâncias" que, hoje, mais do que nunca, se quer hegemônico no campo das ciências sociais.

A pesquisa etnográfica: da etnologia à sociologia...

Projetemos um pouco de luz nesta expressão que recobre hoje, na sociologia francesa contemporânea, uma nebulosa de pesquisas com estatutos assaz diferentes, servindo-nos assim deste instrumento precioso que constitui a história social das ciências sociais, seja da história da sociologia (francesa e americana), da história da etnologia francesa, ou da antropologia social anglo-saxônica. Vale lembrar que a pesquisa etnográfica sorve sua fonte e legitimidade da etnologia. E que ela se define, mais precisamente, desde Malinowski (*Les argonautes du Pacifique Occidental*, 1922) (Os argonautas do Pacífico Ocidental), que posteriormente convencionou-se denominar "revolução malinowskiana", como uma imersão de longa duração (de um a três anos, de maneira contínua ou descontínua) num determinado ambiente, permitindo um contato direto e prolongado do etnólogo, notadamente para a aprendizagem da língua local falada, junto a um local social pesquisado ("autóctone"), sem a mediação perturbadora dos administradores coloniais e/ou de alguns informantes privilegiados. Desde então, e atrasadamente para o caso da etnologia francesa[4], a etnografia (ou o *fieldwork*, segundo a expressão inglesa) passou a ser o fundamento da disciplina ou, para falar como Passeron, seu "emblema metodológico". Desta forma a pesquisa de campo faz o antropólogo assim como a escavação faz o arqueólogo, de forma

---

3. DEVEREUX, G. *De l'angoisse à la méthode dans les sciences du comportement*. Paris: Flammarion, 1980.
4. DEBAENE, V. "Preface". In: LÉVI-STRAUSS, C. *Oeuvres*. Paris: Gallimard, 2008, p. IX-XLII ["La Pléiade"].

que o aprendiz antropólogo deve, por ocasião de sua formação e notadamente ao longo de seu doutorado, criar um "verdadeiro campo", para responder às expectativas acadêmicas de seu futuro ambiente profissional. Este, hoje, é um preceito invariável desta disciplina.

A diferença, no plano metodológico, é grande com a sociologia, que no mesmo período se constituiu como disciplina sobre outras bases: na França, sob a égide de Durkheim, a partir da pesquisa estatística e de um livro-modelo (*Le suicide*, 1897), paralelamente a uma pesquisa histórica em parte devolvida aos etnógrafos especialistas das formas elementares; na Alemanha, com a escola histórica e Weber, sobre o modelo das pesquisas comparadas de sociologia histórica. Nos Estados Unidos a sociologia teve, em seus inícios (1890-1930), uma história metodológica mais indecisa. Ela nasceu na Universidade de Chicago que, de um lado, tinha como particularidade poder dispor em suas fileiras de sociólogos inscritos teoricamente numa tradição simmeliana, animados por uma propensão à pesquisa direta e por um jornalismo de investigação nesta cidade em efervescência, que era Chicago (Robert Park era um antigo jornalista[5]); e, de outro lado, buscava estabelecer relações estreitas com o departamento vizinho da antropologia, daí os intercâmbios frequentes em termos de método. O que Chapoulie chamou de "tradição sociológica de Chicago" se caracteriza pela adoção em campo não exótico do *fieldwork*, sob uma forma aberta e variada (observação participante, entrevistas, histórias de vida, autobiografias, coleta de documentos administrativos, mapas etc.), como um modo de pesquisa privilegiado para os jovens sociólogos da época. Esta forte legitimidade, adquirida então pela pesquisa de campo na sociologia americana, mostrar-se-á limitada no tempo (1920-1940); de fato, ela teve dificuldades de resistir ao estabelecimento de um novo paradigma de pesquisa sociológica desenvolvido primeiramente nos Estados Unidos – o *survey research*, em vínculos estreitos com a ajustagem da técnica das sondagens. Esta, fundada no tratamento estatístico de pesquisas por questionário sobre amostras representativas, vai triunfar após 1945 na disciplina nos Estados Unidos, relegando muito rapidamente o método do *fieldwork* que, mesmo sendo defendido pela terceira geração dos sociólogos de Chicago (Becker, Goffman, Freidson etc.), será marginalizado pelo *mainstream* quantitativista da Costa Leste.

Esta história da sociologia americana teve profundas repercussões sobre a sociologia francesa do pós-guerra. Esta, quando teve que refundar-se após 1945[6], era muito fraca institucionalmente, tendo, além disso, largamente perdido sua herança durkheimiana. Ela irá, pois, buscar nos Estados Unidos seus novos títulos de nobreza via importação para a França do modelo do *survey*

---

5. Cf. CHAPOULIE, J.-M. *La tradition sociologique de Chicago 1892-1961*. Paris: Le Seuil, 2001.

6. CHAPOULIE, J.-M. "La seconde fondation de la sociologie française, les États-Unis et la classe ouvrière". *Revue Française de Sociologie*, vol. 32, 1991, p. 321-365.

research, enviando inclusive para os Estados Unidos um bom número de jovens sociólogos aprendizes (Crozier, Mendras, Touraine, Boudon etc.). Esta fascinação do modelo americano sobre estes jovens pesquisadores franceses, tanto que muitos deles são desprovidos de formação empírica no ofício de sociólogo, se traduziu então por uma relativa rejeição à pesquisa direta e por uma supremacia incontestável do raciocínio probabilista sobre a análise monográfica. A pesquisa de Chapoulie junto a estes pioneiros desta renovação da sociologia francesa do pós-guerra trouxe à luz a maneira com a qual os raros sociólogos que realizavam pesquisa de campo, notadamente mulheres (Jacqueline Frisch-Gauthier, Viviane Isambert-Jamati), se viram desqualificados no plano científico por seus pares, novos adeptos – entusiastas – da pesquisa por questionário. Não se tratava nem mais nem menos que lutas em torno da legitimidade do método de pesquisa em sociologia.

Confortada pelos grandes modelos ditos "holistas" (em sua vertente quantitativa durkheimiano, estrutural-funcionalista na versão marxista), a pesquisa estatística por longo tempo reinou como mestra na sociologia francesa. Mesmo Pierre Bourdieu, que construiu seu primeiro instrumental científico como etnólogo na Argélia, em meados da década de 1960, por ocasião de seu retorno à França e de sua entrada na sociologia francesa, em seus trabalhos dedicados à sociologia da educação e à cultura[7] converteu-se quase inteiramente ao método de pesquisa estatístico. À ocasião a maioria de sua equipe (no *Centro de sociologia europeia*) concebeu este método como o principal instrumento de ruptura com o senso comum. Neste contexto de desenvolvimento da sociologia francesa e de multiplicação dos contratos de pesquisa, as entrevistas ou as observações diretas passam a ter um estatuto reduzido e fortemente delimitado na pesquisa: as primeiras ao serviço de uma pesquisa exploratória e de afinamento de um questionário, a segunda como adjuvante demonstrativo de resultados estabelecidos estatisticamente.

Este estatuto menor e dominado da pesquisa etnográfica na sociologia francesa vai se transformar com a ajuda de uma série de três fatores mais ou menos interdependentes: *primo*, a entrada em crise dos grandes paradigmas holísticos, a crítica das estatísticas pela etnometodologia e o novo interesse subsequente pela análise interacionista; *secundo*, a redescoberta – por sociólogos primeiramente formados no centro de Bourdieu, em seguida tomando distância em relação à sua "teoria" – da "primeira Escola de Chicago" e a grande tradição das monografias urbanas (a série de estudos sobre "Middletown") ou industriais

---

7. Na obra *Le célibat paysan* (1962), ele faz, de forma impressionante, ao mesmo tempo etnografia e estatísticas: percebe-se, na última parte, uma verdadeira histeria de prova estatística. Vale lembrar que Marcel Maget, autor de *Guide d'étude des comportements culturels*, à época – e toda a antropologia – realizam estatísticas, e só fazem etnografia porque a instituição estatística carece nas colônias.

(como aquela coordenada por Donald Roy); *tertio,* a adequação deste método de pesquisa, à primeira vista de fácil acesso, ao novo público estudantil das faculdades de sociologia, mais oriundo de ambientes populares e fortemente alérgico aos "matemáticos", portanto, a tudo aquilo que, de perto ou de longe, se refere às estatísticas. Note-se enfim, e é essencial, que esta renovação do método etnográfico na sociologia francesa evitou o diálogo crítico com a antropologia, tanto que estas duas disciplinas, na França como nos Estados Unidos, tornaram-se estrangeiras uma da outra. Esta compartimentação entre disciplinas – contra a qual tentou lutar, em congressos pedagógicos, uma formação como o antigo DEA de Ciências Sociais Ehess/ENS (confiado por Marc Augé e Marianne Bastid-Bruguière à Jean-Claude Chamboredon, e cuja empresa continua sob o nome de Master em Ciências Sociais, Pesquisas de Campo, Teorias ENS/Ehess) – teve por efeito um fraquíssimo impacto nos debates metodológicos em antropologia contemporânea sobre a abordagem etnográfica em sociologia.

No fundo, hoje podemos nos perguntar, à luz da rápida difusão na sociologia francesa de trabalhos repousando sobre o método da "pesquisa de campo", se a renovação dos estudos etnográficos na sociologia francesa contemporânea (citamos por ordem de publicação as obras de F. Weber, O. Schwartz, S. Beaud & M. Pialoux e alguns livros da coleção "Pesquisas de campo", N. Renahy, A. Christin, N. Jounin[8]) não se construiu igualmente a partir de fundamentos maldigeridos, no sentido que tudo se baseava na exploração de amplas amostras estatísticas quase dependentes, *ipso facto,* de um mesmo e vasto domínio, este tão famigerado "depósito" etnográfico. Ou, mais confusamente: todas as análises ou estudos de caso, dentre os quais as biografias individuais, a pesquisa por observação participante, a acumulação de entrevistas, mas igualmente os arquivos orais, cada um destes métodos sendo objeto de críticas hoje esquecidas. Assim, pela construção deste largo conjunto heteróclito, definido negativamente como não pertencendo ao registro da pesquisa estatística, grande é o risco de ver-se dissolver a particularidade – e a força heurística e demonstrativa – da pesquisa etnográfica.

Conceitos autóctones/eruditos: três momentos do raciocínio etnográfico em antropologia social

Existe uma tensão própria à disciplina antropológica em sua relação com a etnografia. De um lado, todo antropólogo considera a etnografia como a base de sua disciplina, de outro, esta base permanece relativamente pouco questio-

---

8. WEBER, F. *Le travail à côté* – Études d'ethnographie ouvrière. Paris: Ehess/Inra, 1989. • SCHWARTZ, O. *Le monde privé des ouvriers.* Paris: PUF, 1991. • BEAUD, S. & PIALOUX, M. *Retour sur la condition ouvrière.* Paris: Fayard, 1990. • RENAHY, N. *Les gars du coin.* Paris: La Découverte, 2004. • CHRISTIN, A. *Comparutions immédiates.* Paris: La Découverte, 2006. • JOUNIN, N. *Chantier interdit au public.* Paris: La Découverte, 2007.

nada. De fato, enquanto a escavação arqueológica é uma aventura coletiva que fortemente se padronizou apelando para a quantidade de competências científicas especializadas[9], a pesquisa etnográfica resta, a maior parte do tempo, uma aventura solitária e, ao que parece, impossível de padronizar. Daí duas tentações contraditórias que se conjugam para deixar na penumbra a diversidade e a complexidade das operações científicas efetuadas pelo etnógrafo: o silêncio sobre a pesquisa, a "heroização" do etnógrafo.

> Box
>
> Etnografia e antropologia social hoje
>
> A antropologia social ocupa um lugar eminentemente paradoxal no ressurgimento da etnografia em escala mundial: às vezes associada à sociologia nas operações editoriais visando a promover a etnografia (como na revista *Ethnography*), às vezes mantendo a sociologia a distância (como nas revistas suíças francófonas *ethnographiques.org* ou *Tsanta*, ambas orientadas por uma definição disciplinar da antropologia social), ela está claramente ausente, ou quase, da etnografia francesa contemporânea. O paradoxo se explica ao mesmo tempo pelas variações nacionais das fronteiras entre sociologia e antropologia social e por uma necessidade interna à própria antropologia social.
>
> As fronteiras entre sociologia e antropologia social foram abaladas, planeta afora, pelo questionamento radical, nos últimos vinte anos, da Grande Divisão[1] entre o que depende da antropologia social – culturas primitivas, exóticas ou outras – e o que depende de outras ciências sociais (sociologia, ciência econômica, ciência política) – culturas ocidentais. Criticou-se abundantemente, e às vezes subestimou-se, sobretudo na antropologia americana, o fosso instituído pela antropologia social entre "The West" e "The Rest"[2]. As tradições antropológicas nacionais reagiram diversamente a esta redelimitação do território disciplinar, em função de sua história.
>
> Na Índia, a sociologia qualitativa e a antropologia social se fundiram desde a independência, após uma precoce tomada de consciência política dos "impensados" da antropologia colonial[3]. Nos Estados Unidos, as fronteiras disciplinares permanecem vivas, ao menos em termos de desconhecimento recíproco, ao passo que a unidade dos métodos e dos territórios se afirma[4]. Na Inglaterra, a antropologia de Si, que agora se denomina antropologia das culturas ocidentais (Anthroplogy of the West), é ao mesmo tempo viva e recente[5], mas hoje ela se comunica mais com a filosofia do que com a sociologia. Nas outras tradições antropológicas europeias, inclusive para além da antiga cortina de ferro, o antigo corte entre uma etnologia das culturas populares nacionais, folclore ou *Volkskunde* (ausente em países novos como Estados Unidos e Austrália), em geral instrumentalizada pelos poderes locais, e as etnologias das culturas exóticas, ou *Völkerkunde*, em geral ligadas à expansão colonial ou imperial (atual no império russo, como na Índia ou na China), torna o diálogo com a sociologia – geralmente definida como ciência das sociedades nacionais modernas – menos urgente que a reconstrução de uma antropologia social europeia reunificada. Esta é ao menos

---

9. DEMOULE, J.-P.; GILIGNY, F.; LEHÖERFF, A. & SCHNAPP, A. *Guide des méthodes de l'archéologie*. Paris: La Découverte, 2002.

a posição assumida pela *European Association of Social Anthropologists,* mais ocupada com o diálogo entre antropólogos oriundos de tradições nacionais diferentes do que com o diálogo entre as ciências sociais[6].

Quanto à antropologia social francesa (não obstante seu dinamismo nos estudos definidos pelas áreas culturais – mundo árabe, estudos mongóis, estudos himalaianos – onde ao mesmo tempo cruza erudição linguística e literária e ciências sociais – ciência econômica, geografia, história, ciência política, embora raramente a sociologia seja contemplada e ainda seja definida como ciência da sociedade francesa contemporânea), ela simplesmente não se conscientizou do fim da Grande Divisão. Ela ainda trata com certo desprezo os antropólogos especialistas das sociedades ocidentais, mesmo que eles tenham exercido um papel importante na redefinição da etnografia[7]. Estes últimos, portanto, tentaram reaproximar-se dos sociólogos, tendo por consequência positiva a emergência de um espaço intelectual comum entre sociologia e antropologia das sociedades ocidentais, e como consequência negativa, a tendência ao fechamento desta nova "socioantropologia" no território nacional.

---

[1] LENCLUD, G. "Le grand partage ou la tentation ethnologique". In: ALTHABE, G.; FABRE, D. & LENCLUD, G. (orgs.). *Vers une ethnologie du présent.* Paris: Maison des Sciences de l'Homme, 1992, p. 9-39 [Cahiers d'Ethnologie de la France, 7].

[2] CARRIER, J.G. "Occidentalism: The world turned upside-down". *American Ethnolgy,* vol. 19, n. 2, 1992, p. 195-212.

[3] BÉTEILLE, A. "Être anthropologue chez soi: un point de vue indien". *Genèses,* vol. 67, n. 2, 2007, p. 109-130.

[4] BURAWOY, M. "Revisits: Na outline of a theory of reflexive ethnography". *American Sociological Review,* vol. 68, n. 5, 2003, p. 645-679.

[5] Cf. STRATHERN, M. *Kinship at the Core*: An Anthropology of Elmdon, a Village in North-West Essex in the Nineteen Sixties. Cambridge: Cambridge University Press, 1981. • CARSTEN, J. *After* Kinship. Cambridge: Cambridge University Press, 2004.

[6] HERTZFELD, M. "Ouvrir les frontières de l'Europe. La géographie bureaucratique d'une discipline". *Ethnologie Française,* vol. 38, n. 4, 2008, p. 597-604.

[7] FAVRET-SAADA, J. *Les mots, la mort, le sorts.* Paris: Gallimard, 1977. • ALTHABE, G. "Ethnologie du contemporain et enquête de terrain". *Terrain,* n. 14, 1990, p. 126-131.

Se voltarmos à história da antropologia social, poderíamos distinguir três momentos na relação que ela entretém com a pesquisa etnográfica: o longo momento clássico, que corresponde ao modelo instituído por Malinowski durante a Primeira Guerra Mundial e que é rompido com a publicação de seu *Diário* em 1968; o momento narrativo, que corresponde a um profundo questionamento do conhecimento antropológico como ciência ocidental; o momento contemporâneo, que recoloca o problema do conhecimento antropológico, insistindo tanto no universalismo da natureza humana quanto na diversidade das pertenças sociais, inclusive em escala individual. O primeiro momento se caracteriza por um relativo silêncio sobre a pesquisa, considerada uma etapa indispensável, mas sem interesse científico; o segundo corresponde a uma "heroização" do etnógrafo, que se transforma em personagem principal da narrativa antropológica. No terceiro momento o etnógrafo é ou transparente, no ramo universalista e combinatório (já que ele não passa de um representante de uma natureza humana universal), ou, no ramo multi-integrativo, usado como alavanca para o conhecimento científico (é a surpresa, dito diferentemente, da decepção das expectativas mútuas entre os indivíduos caracterizados por pertenças sociais diferentes, que nasceu do conhecimento etnográfico).

O momento clássico, uma vez estabelecida a necessidade de um conhecimento direto por familiarização do observador com a cultura observada, omite simultaneamente a singularidade do etnógrafo e a diversidade de suas pesquisas. A singularidade do etnógrafo evidencia-se com a revisitação da etnografia trobriandiana (Ilhas Trobriand) de Malinowski por Annette Weiner[10], vinculada à clareza sobre a diversidade dos pesquisados seguindo uma linha que permanecia despercebida: a do gênero. Malinowski não pôde ter acesso à vertente feminina da cultura trobriandiana e não teve consciência desta limitação. O questionamento da totalização etnográfica por generalização das observações, forçosamente localizadas e datadas à totalidade de uma "cultura", seja qual for sua definição, operou-se num segundo momento. Ela levou ao momento narrativo, que reduz o conhecimento etnográfico ao aqui e agora da pesquisa, desta vez enclausurada nas singularidades individuais irredutíveis do etnógrafo e de seus interlocutores.

Neste momento narrativo, a pesquisa não deságua senão sobre si mesma, e a etnografia não passa de uma narrativa sem raciocínio. Rapidamente teorizado na antropologia americana como uma impossibilidade científica[11], este momento levou à publicação de narrativas etnográficas presas aos cânones de vários gêneros literários, da narrativa satírica[12] à epopeia romântica[13], ao passo que sua onda alcançou a França de forma mais atenuada[14].

Mas o momento narrativo continha em si mesmo o seu próprio antídoto: o conceito de "descrição densa"[15], isto é, a necessidade de abandonar o ponto de vista do observador (para quem nada diferencia uma piscar de olho voluntário de um tique da pálpebra) para adotar o ponto de vista das pessoas observadas. Descrever o real por meio de conceitos autóctones – ou *emics* – não implica ab-

---

10. WEINER, A. *Women of Value, Men of Renown*: New Perspectives in Trobriand Exchange. Austin: University of Texas Press, 1976 [Trad. francesa: *La richesse des femmes ou comment l'esprit vient aux hommes*: Îles Trobriand. Paris: Le Seuil, 1983].

11. CLIFFORD, J. & MARCUS, G. (orgs.). *Writing Culture*: The Poetics and Politics of Ethnography. Berkeley: University of California Press, 1986.

12. BARLEY, N. *Un anthropologue en déroute*. Paris: Payot, 1986.

13. BEHAR, R. *The Vulnerable Observer*: Anthropology that Breaks Your Heart. Boston: Beacon Press, 1996.

14. "Le texte ethnographique". *Études rurales*, n. 97-98, 1985, p. 9-114 [Prefácio de Jean Jamin e Fraçoise Zonabend; argumentação de Jean Jamin].

15. GEERTZ, C. "La description dense – Vers une théorie interprétative de la culture". *Enquêtte*, n. 6, 1998, p. 73-105.

dicar da ambição de construir conceitos eruditos – ou *etics*. Por exemplo, existe nas Ilhas Trobriand uma troca de mercadorias sem moeda: o *gimwali*, intercâmbio de bens de consumo cuja produção é fortemente territorializada; existe igualmente uma troca cerimonial de bens preciosos: a célebre *kula*. A diferença entre as duas – melhor que a diferença entre um piscar de olho e um tique da pálpebra, reenviada à natureza humana fisiológica, tratar-se-ia, para seguir a metáfora, da diferença entre duas piscadas de olho que teriam significações diferentes – não é observável senão à condição de restituir a significação autóctone das trocas. No entanto, a *kula*, de conceito autóctone, transformou-se em conceito antropológico, uma vez colocado em relação com outro tipo de troca cerimonial de bens preciosos: o *potlatch* dos índios da Costa Oeste dos Estados Unidos. A *kula* deixa intacta a hierarquia estatutária dos parceiros da troca, já o *potlatch* fabrica hierarquia por seu caráter agonístico, como o observa Mauss na obra *Essai sur le don*, publicada em 1924. É aqui que a exigência formulada por Jean-Claude Passeron[16] para o raciocínio sociológico torna-se pertinente ao raciocínio etnográfico: a "descrição em conceitos" é uma descrição que ao mesmo tempo restitui os conceitos autóctones e se apoia em conceitos eruditos. Esta atenção aos conceitos autóctones, que não abandona o objetivo de uma descrição unificada com a ajuda dos conceitos eruditos, está no coração da antropologia social contemporânea, quando ela consegue fechar as portas às duas tentações que agitam hoje a disciplina: a tentação cognitiva, que corre o risco de reduzir a humanidade à sua dimensão fisiológica[17], e a tentação perspectivista, que corre o risco de reduzir o conhecimento antropológico à sistematização de um ponto de vista autóctone essencializado[18], ou à repetição dos etnossaberes[19].

A pesquisa etnográfica, da forma como ela é concebida no ramo multi-integrativo do momento contemporâneo, em oposição ao seu ramo universalista, pode exercer uma função motora na análise. De fato, é porque as expectativas do etnógrafo e as de seus pesquisados não coincidem que ele pode descobrir, num mesmo movimento, a coerência do mundo social de onde ele procede e aquela do mundo social que ele estudou. Sua luta permanente contra suas próprias interpretações etnocêntricas, armadas pelas reações de seus pesquisados que condenam às vezes severamente seus distanciamentos da norma local de comportamento, lhe oferece a chave de três universos aos quais ele pertence por necessidade profissional: o universo acadêmico, o universo da pesquisa e seu próprio universo social, quando distinto do universo acadêmico. O etnógrafo não é somente um tradutor destes universos e um navegador entre eles; ele é

---

16. PASSERON, J.-C. *Le raisonnement sociologique* – L'espace non poppérien du raisonnement naturel. Paris: Nathan, 1991.
17. BOYER, P. *Et l'homme créa les dieux*: comment expliquer la religion. Paris: Gallimard, 2001.
18. VIVEIROS DE CASTRO, E. "Le don et le donné: trois nano-essais sur la parenté et la magie". *Ethnographiques.org*, n. 6, 2004.
19. LATOUR, B. *Nous n'avons jamais été modernes*. Paris: La Découverte, 1991.

igualmente um instrumento de conhecimento submetido à experimentação às vezes arriscada, às vezes penosa, que a pesquisa representa para ele. Deste ponto de vista, ele é exatamente uma "testemunha" no sentido primeiro do termo, aquele que simultaneamente vê e sofre e experimenta o distanciamento entre vários mundos. Muitas outras profissões encontram-se nesta mesma situação, por exemplo: cabeleireiros, clínicos gerais, bombeiros, profissões que prestam serviços personalizados, domiciliares, a partir do momento em que estas pessoas se veem confrontadas com universos sociais fortemente heterogêneos. Entretanto, todas elas obedecem a um imperativo de eficácia, ao passo que o etnógrafo só assume um imperativo de conhecimento.

Obviamente, o etnógrafo de universos longínquos, ao menos culturalmente, encontra-se em melhor situação que o etnógrafo de universos próximos para colocar em cena a decepção das expectativas. Tornar-se estrangeiro de si mesmo, no entanto, não é impossível, e esta continua sendo a melhor técnica para aplicar o raciocínio etnográfico aos mundos sociais dos quais o etnógrafo está mais próximo.

Etnografias concorrentes em sociologia, construção dos casos

A reflexão epistemológica em ciências sociais, e mais particularmente em sociologia, para dizê-lo de forma preliminar, guarda, ao longo destas últimas décadas, as marcas da publicação, em 1991, do livro de Jean-Claude Passeron, *Le raisonnement sociologique* (O raciocínio sociológico), que soa como um adeus à concepção da epistemologia da ruptura, inspirada em Bachelard e compilada em parceria com Bourdieu e Chamboredon neste texto de combate científico intitulado *Métier de sociologue* (*Ofício de sociólogo*)[20]. O livro de Passeron é decisivo na compreensão da maneira com a qual a pesquisa etnográfica em sociologia pôde – ao menos implicitamente – apropriar-se desta epistemologia weberiana preocupada em explorar a indexação dos resultados sociológicos aos contextos históricos e às configurações socioespaciais. Ela "fazia sentido" aos etnólogos, não obstante, sempre propensos a um sentimento difuso de ilegitimidade quanto à possibilidade de generalizar seus resultados, de "exceder em generalidade", como Boltanski e Thévenot nos estimularam a afirmar. Enquanto os etnógrafos oriundos da antropologia clássica podiam conservar uma epistemologia bachelardiana na qual o "olhar distanciado" (para retomar o título de um livro de Lévi-Strauss publicado em 1983) servia de técnica similarmente eficaz à técnica de ruptura estatística, os etnógrafos lutando por sua legitimidade em sociologia acreditavam poder satisfazer-se com uma epistemologia que desvalorizava as ambições científicas da sociologia estatística. O risco era então o de simultaneamente renunciar à cientificidade da sociologia e da etnografia e, deste fato,

---

20. 1968 [Trad.: 7. ed. Petrópolis: Vozes, 2010].

abrir definitivamente as portas às disciplinas científicas despreocupadas com os conhecimentos autóctones.

Mesmo não sendo este o espaço propício para inventariar precisamente as diversas etnografias – aliás, mais concorrentes que complementares – na sociologia francesa, importa, no entanto, ter esta diversidade na cabeça a fim de compreender os modos de raciocínio etnográfico próprios a cada uma destas correntes. Em primeiro lugar, examinemos a etnografia francesa inspirada nas diversas correntes da tradição sociológica de Chicago. A exportação, oficial e reivindicada, de trabalhos etnográficos de Chicago para a França, efetuou-se em meados dos anos de 1970, através de Daniel Bertaux, que passou da sociologia quantitativa da mobilidade social à sua crítica radical, adotando o método das "histórias de vida"[21]. Ela prolongou-se com o esforço de tradução e difusão dos trabalhos de Everett Hughes e Howard Becker pelo grupo reunido ao redor de J.-M. Chapoulie (Briand, Peneff, Peretz), que progressivamente foi acordando um primado à observação direta sobre outras técnicas de pesquisa etnográfica (entrevistas, biografias, cartografia). Aqui, contrariamente ao método pregado por Bertaux, o etnógrafo desconfia da palavra dos pesquisados, utiliza *a minima* e com extrema precaução as entrevistas, concentra-se na observação *in situ* das práticas (notadamente de trabalho), no local pesquisado, já que somente esta observação direta permite apreender a verdade das práticas, para além das justificações ou racionalizações autorizadas pela palavra presente na entrevista. Ele serve-se rigorosamente de um diário de campo, anota precisamente suas observações, em geral escritas posteriormente, em seu gabinete de etnógrafo, ou rabiscadas nos interstícios de seu período de trabalho (cf. o cap. de Nicolas Jounin e Sébastien Chauvin). É a repetição prolongada destas observações diretas (ou participantes) que contribui na produção de um material homogêneo, do qual o etnógrafo vai extrair um raciocínio fundado na "observação analítica", cuja virtude é a de fazer emergir da situação de pesquisa os conceitos adequados da atividade social dos pesquisados. Este modelo de raciocínio resolutamente indutivo, de um lado é fortemente associado a uma concepção interacionista das relações sociais e, de outro, a uma concepção pouco implicada do etnógrafo que frequentemente trabalha "dissimulado" (observação *incognito* no ambiente pesquisado), ou que age friamente como analista daquilo que à distância observa[22].

---

21. BERTAUX, D. "Mobilité sociale biographique: une critique de l'approche transversale". *Revue Française de Sociologie*, vol. 15, n. 3, 1974, p. 329-362. • *Histoires de vie ou récits de pratiques? – Méthodologie de l'approche biographique en sociologie*. Rapport au Cordes, 1976. • *Le récits de vie*. Paris: Nathan, 1997 ["Collection 128"].

22. Esta etnografia sem dúvida deve muito ao ambiente de trabalho assalariado no qual ela se desenvolve mais frequentemente, o que explica ao mesmo tempo seu fraco interesse para as narrativas de práticas – é muito difícil descrever suas próprias atividades de trabalho – e sua prática rotineira da observação "dissimulada", mais difícil de realizar e justificar em outros contextos. O mais surpreendente é que ela pouco dialoga com a ergonomia.

Se dermos crédito às afirmações de Glaser e Strauss (cf. obra não traduzida para o francês: *The Discovery of Grounded Theory*, 1967), a pesquisa etnográfica só pode ser tida por concluída quando os dados da observação já não produzem mais elementos novos, ou seja, quando a pesquisa corresponde à "saturação dos dados". Na França, este livro foi relido em perspectivas muito distintas: de um lado, como uma forma de raciocínio etnográfico fundamentalmente objetivista, induzindo o etnógrafo a transformar-se em observador neutro das práticas, sem preocupar-se com a forma com a qual os pesquisados "agem com" uma identidade herdada; de outro, como uma maneira com a qual cada pesquisado torna-se historiador ou romancista de si mesmo, e onde o etnógrafo – à semelhança de alguns especialistas de "arquivos orais" – transforma-se em escriba atento das palavras autóctones, sem, no entanto, interrogar-se sobre o contexto de enunciação destas palavras. Um distanciamento mínimo permite afirmar que estas reivindicações militantes e antagonistas entre uma etnografia reduzida à análise, localizada e repetida, de interações e uma "perspectiva etnossociológica" sobre histórias de vida, ambas fundamentadas em elementos teóricos diferentes, sem exceção serviram de munição contra a sociologia de Pierre Bourdieu, dominante no campo intelectual e alcançando a mais alta notoriedade com a eleição do próprio Bourdieu, em 1982, como diretor do *Collège de France*.

Nesta etnografia analítica, a ordem social compõe-se de uma multiplicidade de ordens sociais sempre negociadas pelos atores: nenhuma necessidade de recorrer ao *habitus*, e aos efeitos de histerese, para compreender os processos de construção da ordem social[23]. É por isso que ela é tão eficaz no estudo de organizações fechadas sobre si mesmas e de profissões que devem pouco às macroestruturas que são o Estado e o capitalismo, bem como um hospital, as profissões liberais, as profissões de serviços. Para estas correntes, a pesquisa etnográfica não tem a obrigação de validar hipóteses macrossociológicas forjadas fora do contexto de pesquisa. Bourdieu repetidas vezes batalhou contra a análise interacionista ("a verdade da interação não se situa na interação"), mas parece que ele, nesta frente de luta no campo da sociologia, tenha de certa maneira deixado falar em seu nome os membros de sua equipe, que desenvolveram trabalhos resolutamente etnográficos (Y. Delsaut, M. Pialoux, A. Sayad) – que podem ser considerados, com o devido recuo, como os pioneiros daquilo que Olivier Schwartz denominou "etnografia reflexiva". Esta última mobiliza os diversos instrumentos da pesquisa etnográfica sem hierarquizá-los *a priori*, esforçando-se para ajustar o instrumento de pesquisa ao objeto de pesquisa. Quando Sayad buscou estudar as diversas gerações sociais de imigrados argelinos na França, ele procedeu principalmente por longas entrevistas biográficas (em língua cabila o mais frequentemente), mas ele recorreu igualmente aos dados do estado

---

23. STRAUSS, A. (org.). *La trame de la négociation* – Sociologie qualitative et interactionnisme. Paris: L'Harmattan. Cf. a introdução de Isabelle Baszanger, 1992.

civil recolhidos nos vilarejos do país de origem[24] (tratando-os estatisticamente), aos documentos fotográficos etc. Quando Yvette Delsaut quis mostrar a diferenciação dos ambientes populares franceses do norte da França, ela tomou por objeto um casamento entre duas famílias de operários do Norte, uma em via de ascensão social, outra enraizada na classe operária estável; e ela observou, por ocasião dos preparativos do casamento e por ocasião da cerimônia e da noitada festiva, os diferentes tipos de relações de classe que se exercem entre os protagonistas destas duas frações da classe operária[25]. Quando Michel Pialoux empreendeu um longo trabalho biográfico com um operário de Sochaux, OS (operário especializado) e militante CGT, foi para compreender as contradições sociais de um militante operário e também para contornar as grandes dificuldades de realizar um trabalho de observação participante no ambiente fechado do sindicato local[26].

Fundamentalmente, uma das teorias mais adaptadas à análise etnográfica é a teoria das correntes de interdependência, da forma como ela foi sistematizada por Norbert Elias na obra *Qu'est-ce que la sociologie?* (O que é a sociologia?) Concebido como uma generalização do conceito de "schismogênese" proposto por Gregory Bateson desde 1936 em seu livro *Naven*, uma etnografia dos Iatmul da Nova Guiné, o modelo teórico de Elias[27] repousa sobre a recusa de um individualismo metodológico que hipostasia um indivíduo fisiológico suposto preexistir à influência de outrem, dotado de constância psicológica, fechado em seu ser (*homo clausus*). Em vez de recorrer a este modelo individualista, pejado ao mesmo tempo nos estudos cognitivos, em ciências econômicas e em determinadas escolas sociológicas (Coleman, Boudon), Elias retoma o modelo interacionista "forte" de Bateson, no qual é a interação que produz indivíduos parceiros: A torna-se A, à medida que B comporta-se com A de uma determinada forma, e reciprocamente. Bateson descreve duas possibilidades: "schismogênese" (ou gênese por diferenciação) simétrica e "schismogênese" complementar. A primeira concerne às interações por ocasião das quais tem início uma rivalidade positiva: para tomar um exemplo do *potlatch*, A é muito mais generoso que B, e a espiral dos comportamentos generosos deságua na guerra dos presentes descrita por Mauss, nas sendas de Boas. A segunda concerne às interações a partir das quais começa um reforço das complementaridades: para retomar desta vez o exemplo da generosidade (dom) sem retorno, a humilhação de A é muito maior que a

---

24. SAYAD, A. "Les trois âges de l'immigration". *Actes de la Recherche en Sciences Sociales*, n. 15, 1977, p. 59-79.

25. DELSAUT, Y. "Le Double mariage de Jean Célisse". *Actes de la Recherche en Sciences Sociales*, n. 4, 1976, p. 3-20.

26. PIALOUX, M. "Chroniques Peugeot". *Actes de la Recherche en Sciences Sociales*, n. 52-53, 1984-1985, p. 88-95; n. 54, 1984, p. 57-69; n. 57-58, 1985, p. 108-128; n. 60, 1985, p. 72-74.

27. ELIAS, N. *Engagement et distanciation*. Paris: Fayard, 1993.

generosidade de B, e a espiral generosidade-humilhação culmina no reforço da relação hierárquica entre o "rico generoso" descrito por Mauss e o pobre condenado a receber sem poder retribuir. Para generalizar tal modelo, o da dinâmica da interação na direção das correntes de interdependência, é necessário levar em conta ainda os efeitos próprios das instituições, concebidas como relações sociais cristalizadas, segundo as formulações de Maurice Halbwachs, na obra *Les cadres sociaux de la mémoire*, 1925 (Os quadros sociais da memória). Encontramos aqui os efeitos de histerese colocados em epígrafe por Pierre Bourdieu, sem, no entanto, a obrigatoriedade de conservar o conceito de *habitus*, à medida que o processo de socialização compreendido na teoria dos *homines aperti* se torna múltiplo e permanente.

Estes modelos de "schismogênese" apresentam a grande vantagem de permitir pensar concretamente o processo de socialização. Relativamente fáceis de descrever quando a interação se produz somente entre dois parceiros, estes modelos se tornam mais complexos quando, por exemplo, se leva em conta as correntes de interdependência descritas por Elias na obra *La société de cour*, onde todos os comportamentos sociais dependem da configuração das relações de poder, em seu aspecto dinâmico (já presente na análise das "schismogêneses" binárias), entre rei, aristocratas e seus dependentes, incluindo os mais distantes. O modelo proposto por Elias em *Qu'est-ce que la sociologie?* é dotado de tamanha extensão que ele se aplica aos inícios da pré-história e se estende à humanidade inteira. Com a condição de pensar a especificidade da interação à distância, isto é, mediada por dispositivos como a escrita, a correspondência, os instrumentos de administração, o telefone, a internet etc., e, além disso, os objetos materiais que, como o espaço de uma cidade, dão sua forma e sua significação às interações, mas também as instituições às quais as correntes de interdependência, mais ou menos longas, devem sua existência.

O que faz, pois, o etnógrafo quando ele observa um segmento destas correntes de interdependência? Ele toma duas decisões cruciais sobre as quais ele não tem na realidade um domínio completo: onde começar a pesquisa e onde terminá-la. Estas duas decisões determinam o perímetro do "caso" que ele estuda. Impossível aqui raciocinar genericamente: é a questão que ele coloca e o domínio da realidade social que lhe interessa que, de um ponto de vista científico, determinam estas duas decisões; ao passo que são as oportunidades que a ele se oferecem que as determinam de um ponto de vista social, e que dependem ao mesmo tempo do mundo estudado e de suas próprias características singulares.

Tradicionalmente – dos anos de 1950 aos anos de 1980 – as monografias eram determinadas pelos recortes do mundo social: um vilarejo ou um bairro, uma empresa ou uma oficina, uma rede de relações mafiosas, um complexo prisional, um local de mercado etc. As fronteiras da pesquisa de alguma maneira impunham-se ao etnógrafo, que podia igualmente refletir, por exemplo, sobre a ausência de superposição perfeita entre os territórios de competência de tal ou tal administração política[28], ou entre áreas de interconhecimento especializadas[29].

Num segundo momento, a pesquisa etnográfica empenhou-se em seguir as meadas de uma rede de relações, seguindo a técnica denominada "bola de neve". A questão da delimitação das fronteiras da pesquisa tornou-se então mais delicada: numa rede de parentesco, por exemplo, onde parar, quando cada pesquisado está preso a uma rede egocentrada e que nada justifica *a priori* que se privilegie a rede de tal pesquisado antes que a rede de outro? Aqui ainda, nada de resposta geral: a rede deixa de ter sentido quando não responde mais à questão colocada (p. ex., a rede de assistência a uma pessoa dependente cessa quando o novo pesquisado não é informado da dependência desta pessoa), ao passo que o pesquisador pode encontrar bloqueios no prosseguimento de sua pesquisa, e que devem ser explicados[30].

Num terceiro momento, a pesquisa etnográfica conseguiu desdobrar-se não mais horizontalmente, ao largo de uma rede de relações fracamente hierarquizadas entre pessoas que se conhecem – como uma parentela ou uma rede de militantes globalizados –, mas verticalmente, ao largo de toda uma escala de poder cujos protagonistas forçosamente não se conhecem, embora dependentes uns dos outros pelas diversas modalidades, materiais e simbólicas, de governança a distância. É aqui que a teoria do mundo social como vasta malha de correntes de interdependência assume sua significação plena. O etnógrafo pode então tentar percorrer os diferentes níveis de uma cadeia hierárquica, reencontrando as técnicas da pesquisa da sociologia das organizações, mas exteriormente a qualquer organização fechada. Por exemplo: para estudar um conflito sobre a implantação de uma mina de extração de ouro na cordilheira dos Andes, o etnógrafo deverá necessariamente pesquisar *in loco*, mas igualmente acompanhar os advogados do grupo de mineiros implicados, ou seja, participar das reuniões do grupo por ocasião das quais as decisões são tomadas. Ou ainda: para estudar a elaboração de pareceres sobre os riscos de guerra, civil ou não, no mundo, bem como seus efeitos, o etnógrafo deve frequentar os lugares, acompanhar a previsão destes peritos nos locais implicados, e igualmente frequentar os lugares onde estes peritos divulgam seus pareceres, como salas de reuniões, embaixadas, encontros internacionais.

---

28. CHAMBOREDON, J.-C. "Carte, désignations territoriales, sens commun géographique: les 'noms de pays' selon Lucien Gallois". *Etudes Rurales*, n. 109, 1980, p. 5-54.

29. MAGET, M. *Remarques sur le village comme cadre de recherches anthropologiques*, 1955. [Reed. in: *Cahiers d'économie et Sociologie Rurales*, vol. 11, n. 2, 1989, p. 77-91].

30. GRAMAIN, A.; SOUTRENON, E. & WEBER, F. "Standardiser des monographies de familes – Une enquête par questionnaire en milieu d'interconnaissance". *Ethnographiques.org*, n. 11, out./2006 [Disponível em http://www.ethnographiques.org/2006/Gramain,et-al.html].

No fundo, a questão que atormenta o etnógrafo, ou mais exatamente o sociólogo-etnógrafo trabalhando em campo sociológico, parece ser a seguinte: Poderia o raciocínio etnográfico, por si mesmo, sustentar-se a partir de dados exclusivamente etnográficos? Ou, ao contrário, ser-lhe-ia necessário o suporte de dados suplementares? Se, como para os outros métodos, uma confirmação dos resultados etnográficos por outros dados não pode se nociva, parece assim mais útil mostrar então o que somente a etnografia conseguiu fazer: a abordagem comparativa vinculada a distância cognitiva entre o pesquisador e seus pesquisados, herdada de seu passado etnológico, permite ao entrevistador-pesquisador desfazer-se do etnocentrismo erudito – anacronismo, etnocentrismo cultural, etnocentrismo de classe – ao qual correm o risco de cegamente reconduzir os outros métodos, sobretudo por colocarem sua exigência de rigor metodológico baseado mais na "prova" que na construção dos "dados". A força heurística da etnografia sem sombra de dúvida vincula-se a seu poder indutivo – em outros termos, à sua capacidade de trocar de questões e de hipóteses ao longo do caminho.

Enfim, não podemos senão desejar um aprofundamento desta discussão, notadamente em nível internacional, como os três colóquios *Ethnografeast*[31] começaram a fazê-lo. De nossa parte defenderemos uma concepção extensiva do estudo de caso, ao mesmo tempo horizontal (seguir as redes para onde elas vão) e horizontal (voltar às correntes de interdependência hierarquizadas), e insistiremos na importância crucial do "ponto de entrada" do etnógrafo no mundo social, ligado às questões que ele se coloca e às oportunidades das quais ele dispõe. É por essa razão que os etnógrafos começaram a falar de etnografia multissituada[32]. O desaparecimento da evidência monográfica, outrora vinculada à territorialização das interações significativas, assemelha-se à crescente importância e diversificação das interações a distância. Se outrora estas últimas se limitavam à correspondência epistolar e à escrita administrativa, às apalpadelas elas hoje proliferam, sobretudo com o surgimento das novas tecnologias da informação e da comunicação. Hoje, pelo alastramento destas teias, é possível perceber uma transformação na divisão do trabalho social, sobretudo por diluírem a coerção hierárquica institucional. Desta forma, e igualmente, as modalidades de governo a distância se transformam: basta lembrar que os Estados, notadamente coloniais, viram-se suplantados pelas grandes empresas e pelas organizações não governamentais. A etnografia multissituada pode ser uma resposta à complexificação do mundo social, mas igualmente uma vontade de melhor avaliá-la, com os instrumentos tradicionais do etnógrafo: seu corpo[33], sua memória, seu

---

31. Berkeley, 2002. Paris, 2004. Lisboa, 2007.

32. MARCUS, G. "Ethnography in/of the world system: The emergence of multi-sited ethnography". *Ethnography through Thick and Thin*. Princeton: Princeton University Press, 1998, p. 79-104.

33. WACQUANT, L. *Corps et âme* – Carnets ethnographiques d'un apprenti boxeur. Marseille: Agone, 2002.

diário. Mas ela é igualmente – e a ambiguidade mereceria ser suprimida – uma nova forma de colocar em relação similaridades de casos. A etnografia multissituada coloca então a questão da acumulação dos casos: Ela impor-se-ia? Como parar? O que podemos fazer com isso? A nosso ver, urge multiplicar as questões colocadas, principalmente no campo da antropologia social, que merecem ser conhecidas e debatidas no campo da etnografia sociológica francesa, em suas diversas componentes.

12
O raciocínio estatístico em sociologia[34]

Marion Selz

As estatísticas não têm razão de existir sem um domínio de aplicação, sendo sua prática variável segundo os domínios. Eis a razão pela qual podemos falar de raciocínio estatístico em sociologia. As estatísticas são usadas desde o nascimento desta disciplina: Émile Durkheim funda seu estudo sobre o suicídio na análise das variações das taxas de suicídio por diversas populações, e Maurice Halbwachs se interroga sobre a regularidade da relação entre nascimentos de meninos e meninas, apoiado em números. Os pesquisadores esperam das estatísticas duas coisas: cientificidade e objetividade. O desenvolvimento atual dos computadores e dos programas de tratamento de dados favorece sua generalização. No entanto, os estudantes e pesquisadores em sociologia acham mais estimulante a pesquisa de campo que a análise quantitativa. Quanto eles sentem a necessidade de utilizar as estatísticas, as abordam com certa reticência. A lógica antes desconcertante das estatísticas vem juntar-se à desconfiança destes pesquisadores, limitando-os grandemente na forma com a qual recorrem a este instrumento. E é frequentemente dominados pelos dados, pelos modelos e pelos programas aos quais adaptam tanto bem quanto mal sua problemática que eles empreendem uma pesquisa quantitativa, ao passo que, ao contrário, é seu pensamento de sociólogo que deveria ser o único guia, principal garante de seu uso oportuno. O domínio, ou seja, a aplicação realmente apropriada dos instrumentos utilizados resulta também de uma boa compreensão dos conceitos fundamentais das estatísticas, apresentados aqui literalmente sem fórmulas matemáticas.

Mostrando que a utilização das estatísticas no seio de uma postura sociológica empírica imbrica-se com a sociologia qualitativa, rompemos categoricamente com as polêmicas opondo os métodos quantitativos e qualitativos: é im-

---

[34]. O conteúdo deste capítulo é desenvolvido em SELZ, M. & MAILLOCHON, F. *Le raisonnement statistique en sociologie*. Paris: PUF, 2009 ["Licence"].

possível ser um bom "quantitativista" sem um conhecimento qualitativo aprofundado do domínio estudado, sejam quais forem os métodos pelos quais este conhecimento é adquirido. É sobre este conhecimento que se apoia o raciocínio estatístico. Uma postura quantitativa, quando um pesquisador nela se engaja, pode assumir diferentes formas. Pode tratar-se de simples dados de enquadramento indicados em pano de fundo, dando uma ideia da extensão de um fenômeno: por exemplo, se estudamos as cerimônias de casamento, é interessante conhecer a proporção de pessoas que se casam anualmente e sua evolução; ou, se buscamos compreender a incidência dos processos de custódia de crianças por parte de adultos, é bom saber qual franja da população está implicada nisso. Mas as estatísticas podem também estar mais intimamente ligadas ao objetivo fundamental do sociólogo, que é o de compreender as causas que regem os fenômenos sociais. Trata-se então de analisar as relações entre diversos fatores e características, de buscar regularidades, testando hipóteses e buscando desvendar, às apalpadelas e de forma exploratória, coisas insuspeitadas. Ao longo de uma mesma pesquisa, a análise quantitativa preenche correntemente várias funções: ela permite confirmar ou informar determinadas hipóteses, apurar outras, definir os contornos do objeto de estudo, abordar novas perspectivas... Mas, mesmo servindo somente de enquadramento cifrado ou de descrição, ela nunca deixa de ser um instrumento precioso. Sem ela só podemos confiar em nossas impressões, às vezes falsas. Em todos os casos, a análise quantitativa se enxerta na análise qualitativa. Jamais ela adquire legitimidade sem fundar-se no conhecimento aprofundado do campo e do domínio. É, por exemplo, a multiplicidade das entrevistas qualitativas com jovens europeus que deu a Cécile Van de Velde[35] a ideia de aprofundar e sistematizar as "transições", isto é, a forma de eles deixarem a casa paterna, e de formalizar sua comparação segundo os diferentes países com o auxílio de um método quantitativo, cujos resultados estimularam por sua vez a análise qualitativa. Os dois métodos se nutrem mutuamente e coexistem com idas e vindas múltiplas. Resultados inesperados devem receber uma atenção particular: Tratar-se-ia de erros, nos dados, no tratamento deles, ou estaríamos diante de uma população especial, ou ainda, de um fenômeno desconhecido? Por exemplo: o fato de, numa pesquisa, encontrarmos mulheres trabalhadoras com salários superiores aos dos homens não pode deixar o pesquisador sem reação nem sem explicação... Serge Paugam[36] deu-se conta que, contrariamente ao que ele esperava, o acúmulo de desvantagens socioeconômicas não é verdadeiro em todos os países: nos países do Sul, o desemprego não está associado à pobreza relacional. Trata-se então de uma descoberta que permite especulações sociológico-teóricas. As estatísticas oferecem assim a chance

---

35. VAN DE VELDE, C. *Devenir adulte* – Sociologie comparée de la jeunesse en Europe. Paris: PUF, 2008 ["Le Lien Social"].

36. PAUGAM, S. *Les formes élémentaires de la pauvreté*. Paris: PUF, 2005 ["Le Lien Social"].

de precisar a definição dos conceitos sobre os quais se trabalha e fazem emergir problemáticas novas: tratando-se, por exemplo, da pobreza, elas obrigam o pesquisador a oferecer critérios precisos para caracterizar os pobres e impõem a distinção entre pobreza relativa e absoluta, pobreza objetiva, pobreza subjetiva, pobreza monetária, de existência... distinção geradora de outras investigações sociológicas.

A postura quantitativa consiste em criar uma (ou várias) base de dados repertoriando fatos sociais observados em pesquisa de campo, em explorar esta base com o auxílio de um programa de tratamento de estatísticas, para finalmente interpretar os resultados de um ponto de vista sociológico. Cada uma destas etapas é abundantemente nutrida pelo pensamento do pesquisador, por sua cultura científica e por seus conhecimentos qualitativos.

A construção dos dados

As bases de dados, matéria-prima das estatísticas, são uma representação dos fenômenos sociológicos, passada pelo filtro de pesquisas e de questionários elaborados por seus criadores. Estas bases às vezes são um pouco mitificadas, vistas como matéria preciosa, fazendo objeto de expectativas esperançosas quanto ao interesse que elas podem aportar à pesquisa enquanto tal. Tais expectativas devem ser relativizadas; elas não são sistematicamente realizáveis. A expressão "base de dados" é inoportuna já que enganosa, dando a ilusão de objetividade e de exaustividade e revestindo de certa evidência a representação da realidade. Esta expressão não corresponde, portanto, a nenhuma das últimas exigências apontadas. Ela é fabricada de uma série de elementos por aqueles que a concebem e a produzem; ou seja, tanto por produtores de dados em qualidade (Insee, institutos de pesquisa, serviços de estudos e pesquisas de ministérios, Eurostat...), cujos resultados são então utilizados pelos sociólogos em análise secundária[37], ou por pesquisadores produzindo dados específicos ao objeto de suas pesquisas. Esta distinção não será objeto de estudo aqui. Trata-se apenas de sublinhar que, seja qual for a fonte da qual os dados emanam, sua construção é subjetiva, guiada por objetivos, por motivações, por hipóteses, por *a priori* refletindo eventualmente um pensamento teórico. Com efeito, as bases de dados são o resultado de uma verdadeira operação intelectual balizada em inúmeras escolhas quanto aos elementos da realidade a descrever, à forma de descrevê-los, à maneira de coletá-los. Às vezes pode se impor a opção do pesquisado junto ao qual podem estar as melhores chances de obter-se boas informações: interrogar os empregados ou os patrões sobre as condições de trabalho não oferece os mesmos pontos de vista. Cada uma destas escolhas pode ser determinante

---

37. A análise secundária é aquela feita dos dados dos quais o pesquisador não é seu produtor. Eles foram elaborados com objetivos outros que os do pesquisador, que se aproveita de sua existência para utilizá-los a fim de esclarecer sua própria problemática.

à medida que uma escolha permite determinadas análises e interdita outras. Uma base de dados é uma visão parcial da realidade observada. Não se trata, por essa razão, de desvalorizá-la, mas é essencial apreendê-la como tal, tendo consciência da subjetividade que ela comporta. Os mesmos fenômenos observados podem causar inúmeras bases de dados diferentes segundo o olhar do criador e os instrumentos de mediação que são as entrevistas e os questionários, e igualmente de acordo com a acessibilidade às informações e as convenções que podem circundá-las. É preciso ter consciência que se trata de escolhas, mais ou menos coercivas, dentre um conjunto de possibilidades, elementos que devem estar bem presentes no momento da interpretação dos resultados. Pode ser interessante questionar estas escolhas, ao invés de acreditar que a base de dados seja uma representação ideal da realidade. A objetivação, o distanciamento, um recuo, são mais convenientes que acreditar que um corolário seja uma verdadeira objetividade. As bases de dados são, como o próprio termo base o diz, um nivelamento preciso do material sobre o qual incide o raciocínio. Nisso elas afastam o impressionismo que pode punir severamente a postura puramente qualitativa. A qualidade das bases de dados é dependente da pertinência, em relação aos objetivos visados, das escolhas que acompanham sua construção. Esta pertinência é condicionada pela competência do criador da base, às vezes o próprio sociólogo. Se o pesquisador utiliza uma base de dados em análise secundária, ele deve apropriar-se dela conscientizando-se das condições de sua construção.

A pesquisa e o questionário

Um bom questionário é uma condição *sine qua non* da produção de bons dados. Não existem receitas para construir um questionário, tampouco modelos. Ele deve permitir não somente obter respostas às questões colocadas ("sim", "não", "não respondida"), mas torná-las apropriadas, isto é, atestando a compreensão adequada da questão, sinceras e conformes à realidade, compreensíveis, não ambíguas, exploráveis. A primeira condição indispensável é sem dúvida definir bem o que se busca apreender com o questionário. Paralelamente, já que geralmente busca-se compreender fenômenos ainda pouco conhecidos, urge descartar excessivos *a priori*: estar aberto, permitir respostas imprevistas, não normativas... Existe lá um certo paradoxo que precisa ser assumido, e negociações a serem feitas! Um bom conhecimento do campo, através de pesquisas qualitativas preliminares, por exemplo, é indispensável à pertinência das questões e à sua adaptação aos pesquisados. As questões devem fazer sentido para o pesquisado, o mesmo sentido para todos e o desejado pelo pesquisador. Muito frequentemente este não é o caso: os termos "violência", "amigos", "trabalho", só para tomar alguns exemplos, não possuem o mesmo sentido para todos os pesquisados. A exploração e a interpretação dos resultados devem levar em conta este dado. Por isso a interrogação deve ser a mais precisa possível. A resposta do pesquisado, por sua vez, deve ser interpretada a partir do bom-senso. Urge, neste sentido, superar as reticências devidas aos aspectos parecendo eventualmente indiscretos como, por exemplo, o medo de ser penalizado pela administração ou o pudor, notadamente no caso de temas sensíveis. Informar o pesquisado, criar confiança, antecipar suas resistências são posturas que devem ser previstas.

A categorização

Todas as estatísticas realizadas em varáveis qualitativas[38] são fundadas na repartição dos efetivos segundo suas diferentes modalidades e na comparação de seus valores entre os indivíduos. As modalidades das variáveis qualitativas, o mais frequentemente em sociologia, são geralmente os itens propostos em resposta às questões. Subjacente à escolha proposta pelos itens, reside a questão da categorização dos fatores correspondentes. Esta é a base da enumeração e das comparações. O estabelecimento das modalidades de cada variável, portanto, tem um forte impacto nos resultados dos procedimentos estatísticos. Ora, a categorização de uma mesma variável pode ser feita de múltiplas formas, cada uma endossando princípios, representações sociais ou mesmo convenções próprias. Para determinadas variáveis clássicas, dispomos de nomenclaturas existentes, estabelecidas por organismos nacionais ou internacionais, ou mais simplesmente por um conjunto de práticos de uma disciplina. O pesquisador pode optar pela utilização destas nomenclaturas já elaboradas. Mas ele também pode decidir construir outras, se as primeiras escondem distinções que lhe interessam ou, ao contrário, se elas diferenciam indivíduos que, na pesquisa em curso, não podem ser diferenciados. Uma nomenclatura é uma construção sociológica. Podemos questioná-la no intuito de levantar novas questões. Por exemplo: o escritório estatístico das comunidades europeias, Eurostat, busca construir uma nomenclatura socioeconômica comum a todos os países da União. As discussões em curso mostram que nem todos os países vinculam-se aos mesmos critérios de distinção: os franceses vinculam-se à distinção público/privada, ao passo que outros países vinculam-se mais à hierarquia, ao peso do trabalho, ou ao tamanho da empresa. Da mesma forma, para a educação, vários critérios podem ser levados em conta: a distinção técnica/geral, o nível de classe, mas também a carreira escolhida (tipo de bacharelado), a distinção universidade/grandes escolas... Uma nomenclatura deve desaguar na intenção com a qual os pesquisados a adotam, de tal forma que eles mesmos ou os pesquisadores possam encontrar uma modalidade, e somente uma, que os caracteriza. Outro aspecto a considerar por ocasião do estabelecimento de uma categorização é o dos efetivos: uma modalidade excessivamente rara ou, ao contrário, excessivamente corriqueira, não consegue levar à consecução de análises interessantes.

---

38. Incluso as variáveis quantitativas transformadas em cortes de valores.

Citamos um exemplo, dentre tantos outros possíveis, e particularmente convincente, no tocante à dependência entre a opção por categorias e seus possíveis resultados. Existem vários níveis de precisão possíveis para se estabelecer uma nomenclatura, cuja escolha não é indiferente à análise sociológica. Quando se adota um determinado grau de precisão das PCS[39], por exemplo, onde operários qualificados e não qualificados são incluídos num mesmo grupo, as estatísticas mostram uma forte endogamia social, ao passo que uma opção mais rigorosa permitindo perceber que um destes operários se diferencia dos outros apresenta uma endogamia menos consistente. A mesma constatação pode ser aplicada à questão da localização geográfica: trata-se de municipalidades, de regiões, de estados, de países? Urge, pois, e a todo instante, adotar um grau de precisão mais pertinente à problemática em questão, e igualmente optar por dados mais disponíveis. Só é possível tratar perspicazmente a estatística quando consideradas as formas a partir das quais os dados foram construídos, incluindo as condições de sua coleta e o modo de pesquisa.

A execução das estatísticas

Uma vez disponibilizados os dados, impõe-se a questão de seu tratamento estatístico, cujo primeiro passo é especificar seu teor preciso.

Formalização: escolha dos cálculos a fazer e modelos a testar

Uma problemática sociológica não se apresenta como uma questão precisa e diretamente solúvel por um procedimento estatístico. Ela é frequentemente vaga e pode ser descrita por uma formulação geral: Como evoluiu o casamento ao longo dos últimos trinta anos? O que é tornar-se adulto? Quais são os processos que levaram determinados indivíduos à precariedade? Qual é o tamanho das discriminações salariais entre homens e mulheres? As desigualdades aumentam ou diminuem?[40] Para nenhuma destas problemáticas sociológicas existe uma formalização imediata e sistemática na linguagem das estatísticas. Devemos determinar subproblemas, frequentemente vários, mais circunscritos, formalizáveis, ou seja, um conjunto de cálculos a fazer, e cuja combinação pode ser um início de resposta à problemática geral. A análise estatística não consiste em uma demonstração única, linear. Ela é alimentada pela análise sociológica que fornece as ideias dos cálculos pertinentes a efetuar, as hipóteses interessantes a testar. O pesquisador traduz suas hipóteses em questões concisas, precisas e operacionais, isto é, segundo os formalismos e os modelos estatísticos que ele conhece e que estão à sua disposição.

---

39. PCS: profissões e categorias socioprofissionais.
40. E tantas outras questões oriundas das pesquisas em curso no seio da equipe de pesquisa sobre as desigualdades sociais (Eris).

Pode-se, pois, imaginar que um estudo sobre o casamento necessite de um conjunto de indicadores como a porcentagem de pessoas casadas no conjunto do país, a longevidade dos casamentos, a idade no momento do casamento, a idade do nascimento do primeiro filho. Pode-se acrescentar a estas perguntas, segundo a orientação escolhida, a análise da evolução de todos estes indicadores no tempo ou o estudo da sucessão dos acontecimentos: fim dos estudos, primeiro emprego, casamento, primeiro filho ou ainda a comparação das PCS dos cônjuges. Para um estudo sobre a seguridade do emprego na Europa pode-se, segundo as informações disponíveis, comparar as porcentagens de pessoas sentindo-se na insegurança segundo a profissão, o setor de atividade e os países, ou observar a evolução destas porcentagens ao longo do tempo e em função dos critérios econômicos como a taxa de desemprego ou a taxa de crescimento. Em inúmeros casos, é neste exato ponto da situação que reside a maior dificuldade, dependendo mais da análise sociológica e da definição precisa dos conceitos que se manipula do que das próprias estatísticas: trata-se de encontrar exatamente os cálculos aos quais urge proceder para realmente elucidar o problema colocado. Não é raro que cálculos não meçam convenientemente o fenômeno estudado e se tornem objeto de interpretações falaciosas.

Stéfan Lollivier e Daniel Verger[41] mostraram que segundo a maneira com a qual se define a pobreza, se determina populações de pobres diferentes que não se recobrem. Isolando os 10% mais pobres entre os casais franceses[42], segundo três escalas diferentes (pobreza de existência, monetária ou subjetiva), eles chegaram ao seguinte resultado: um quarto dos casais é concernido pela pobreza em pelo menos uma das três medidas; 6% em duas delas; e 2% nas três simultaneamente. A análise estatística da pobreza, de sua evolução, tanto individualmente quanto coletivamente, exige que se leve em conta estas distinções, seja para não demorar-se somente em uma forma ou em sua acumulação, na ausência da qual já não é mais possível saber de quais pobres se fala. A medição da evolução das desigualdades não cessa de suscitar desacordos. Estes últimos não procedem de dificuldades estatísticas, mas da falta de definição da desigualdade. Jean-Claude Combessie[43] repertoriou inúmeras medições culminando em conclusões que se contradiziam entre si (cf. box 1).

---

41. LOLLIVIER, S. & VERGER, D. "Pauvreté d'existence, monétaire ou subjectives sont distinctes". *Économie et Statistique*, n. 308, 309, 310, 1997, p. 113-141: "Mesurer la pauvreté aujourd'hui".

42. Seu estudo se refere aos casais franceses (aproximadamente 7.000) do Panel Européen des Ménages Vague, nov./1994.

43. COMBESSIE, J.-C. "L'évolution comparée des inégalités". *Revue Française de Sociologie*, vol. 25, n. 2, 1984, p. 233-254.

Box 1

O exemplo do qual Jean-Claude Combessie parte, ele mesmo tirado da *L'inégalité des chances* (A desigualdade de chances) de Raymond Boudon, é descrito pelo quadro abaixo que indica as porcentagens de escolarização do ensino médio dos adolescentes ingleses na primeira metade do século XX.

Data de nascimento CSP do pai	antes de 1910 (%)	Entre 1935 e 1940 (%)
Profissões liberais, quadros e pessoal de direção	37	62
Operários semiqualificados e não qualificados	1	10

A questão para a qual se busca uma resposta é: A desigualdade de chances aumentou ou diminuiu entre estes períodos? J.-C. Combessie apresenta um quadro comportando diversas maneiras de calcular diferenças e relações de porcentagens, absolutas e relativas, "com as desigualdades que elas fazem aparecer e as conclusões que elas implicam".

Tipo de cálculo	Operações	Comentário	Assim medida a desigualdade
Diferenças	62-37 > 10-1 25 > 9	O aumento absoluto da % de escolarizados é mais forte na classe superior	aumenta
	37-1 < 62-10 36 < 52	As distâncias absolutas entre as % de escolarizados são maiores no segundo período	aumenta
	(62-37) / 37 < (10-1) / 1 0,67 < 9	Em relação à escolarização inicial, o aumento absoluto da escolarização é mais forte para a classe operária	diminui
Relações	62/37 < 10/1 1,67 < 10	A relação da % ulterior de escolarizados à % inicial é mais elevada para a classe operária: o crescimento relativo da escolarização foi mais forte para esta classe.	diminui
	(100-62)/(100-37) <(100-10)/0,6 < 0,9	A relação da % ulterior à % inicial de não escolarizados é mais elevada para a classe operária: a diminuição relativa de não escolarizados é mais fraca para esta classe	aumenta
	(62-37)/(100-37)> (10-1)/(100-1) 0,4 > 0,09	Em relação à não escolarização inicial, o aumento absoluto de escolarização é mais forte para esta classe superior	aumenta

"Fechada na única relação entre a operação e seu objeto, a razão estatística nada pode dizer de sensato sobre a evolução das desigualdades. Mas falta determinar o sentido dos cálculos que ela propõe; falta saber a que ponto é possível enunciar ao seu tema um julgamento de pertinência"[44].

Se tentarmos medir o impacto do tamanho das turmas sobre o sucesso escolar, podemos evidenciar que quanto menor for o tamanho das turmas, menos os resultados escolares são bons. Quando não sabemos que os alunos em dificuldade são frequentemente reagrupados de cara nas turmas de pequenos efetivos, podemos nos enganar sobre a relação causa/efeito na conclusão. Somente um bom conhecimento do funcionamento das escolas e da organização das turmas permite formalizar corretamente o problema e encontrar quais dados permitem realmente testar o efeito do tamanho das turmas[45].

Estes poucos exemplos mostram que é realmente a especificação da análise sociológica que determina a análise quantitativa adequada. Este pode ser um motivo para fazer emergir novas problemáticas sociológicas.

A formalização do objeto de pesquisa em questões operacionais depende, seguramente, dos dados disponíveis ou acessíveis. Ela pode também condicioná-los: efetivamente não é raro abordar uma problemática com os dados disponíveis, mais ou menos bem-adaptados às questões que nos colocamos. Trata-se então de definir seus limites e as exigências necessárias de se recorrer aos dados mais apropriados. Esta é uma das formas de progredir na direção de melhores dados.

Alguns conceitos de base

No seio da postura sociológica empírica que representa o conjunto das etapas que vão da observação da realidade até a compreensão dos fenômenos, a exploração estatística propriamente dita é uma etapa exclusivamente formal. Ela pode requerer competências específicas, e de alto nível, seja para utilizar os modelos com conhecimento de causa ou para saber corretamente ler e interpretar estatisticamente os resultados, que são os parâmetros e os testes. Mas é possível familiarizar-se com os conceitos fundamentais das estatísticas sem ter uma formação apurada em matemática. A intuição e o bom-senso permitem adquirir as competências necessárias ao bom uso de instrumentos simples, em geral suficientes para a maioria das análises sociológicas. Eles eventualmente podem ser completados por uma formação mais aprofundada.

---

44. Ibid.
45. Cf. PIKETTY, T. & VALDENAIRE, M. *L'impact de la taille des classes sur la réussite scolaire dans les écoles, collèges et lycées français* – Estimations à partir du panel primaire 1997 et du panel secondaire 1995. Paris: Ministère de l'Éducation Nationale, 2006.

O princípio fundamental das estatísticas, denominado *inferência*, é o de deduzir de observações feitas a partir de uma amostra proposições sobre a população da qual se origina e representa esta amostra. Sua vantagem reside no fato de ser mais fácil e menos custoso observar uma amostra, ao invés de investigar toda uma população. Mas seu limite está no fato das proposições comportarem sempre uma margem de incerteza, cujas regras de inferência permitem conhecer sua amplitude máxima. Dito outramente: o resultado de um procedimento estatístico nunca é uma afirmação. O melhor possível, ele é uma forte presunção. Este raciocínio ao redor da incerteza é desconcertante, já que pouco conforme à lógica clássica. "O método estatístico é uma sucessão de posturas originais, geralmente contrárias ao nosso modo de raciocinar... A estatística nos propõe em primeiro lugar a política do risco do erro consentido; ela é certamente a mais inteligente no domínio da obrigatória incerteza, mas ela implica, numa porcentagem aceita de casos, que o resultado obtido na sequência de operações matemáticas mais ou menos sofisticadas pode ser falso"[46]. Esta incerteza é formalizada pelos limiares e intervalos de confiança. Um resultado é dado sob a seguinte forma: um determinado parâmetro (medindo, p. ex., o efeito de uma duração de estudos sobre o salário) não possui um valor preciso v, mas certa probabilidade p (limiar de confiança) de pertencer ao intervalo I aproximando-se de v (o intervalo de confiança). Classicamente, decidia-se calcular os intervalos ou *fissuras* correspondendo ao limiar de confiança 90 ou 95%. A qualidade das inferências depende do tamanho da amostra e da homogeneidade do que é medido na população de referência; ela não depende do tamanho desta. Intuitivamente, percebe-se claramente que quanto maior a amostra e quanto mais homogênea a população, melhores são as inferências, isto é, a incerteza torna-se menor; consequentemente, o limiar de confiança aumenta e o intervalo diminui. Fórmulas permitem calcular estes limiares e intervalos de confiança, que deliberadamente decidimos não apresentar aqui. O essencial é lembrar que a inferência não produz um valor exato, mas uma fissura que sequer contém de forma segura o valor exato, isto é, aquele que seria medido em toda a população. O raciocínio estatístico não é uma demonstração cuja conclusão transforma-se numa prova. Este raciocínio só é *verdadeiro até que se prove o contrário*.

Uma *amostra representativa* de uma população dita *mãe* é um subconjunto de pessoas que aleatoriamente foram sorteadas no seio desta população: cada indivíduo da população mãe deve ter a mesma probabilidade de pertencer à amostra. Somente uma amostra assim constituída permite aplicar convenientemente as regras de inferência. Um indivíduo, em tal amostra, não representa a si mesmo enquanto tal, mas todo um conjunto de indivíduos da população mãe tendo as mesmas características que ele possui. A constituição de uma

---

46. SCHWARTZ, D. *Le jeu de la science et du hasard*. Paris: Flammarion, 1994, p. 94 ["Champs"].

amostra representativa de uma população é um exercício penoso, cujos métodos são descritos em obras especializadas. Na realidade, nunca é possível saber se uma amostra dita *representativa*, isto é, constituída segundo as regras desta arte, realmente é, exaustivamente, representativa: sempre persiste o risco proveniente de ambiguidades da amostragem. Além disso, inúmeras outras *ambiguidades* podem anular a representatividade de uma amostra. Por exemplo: quando pesquisamos junto a uma população geral, deparamo-nos com pessoas que permanecem inencontráveis, em razão de características particulares, seja porque voltam para casa noite adentro, porque moram em condomínios extremamente monitorados, ou porque não possuem residência fixa. Sua ausência ou sub-representação na amostra constitui-se numa *ambiguidade*. Geralmente esta ambiguidade é explorada por amostragens enviesadas. Portanto, para interpretar corretamente os resultados calculados a partir de uma amostra, é importante saber se ela é enviesada, e em qual medida (cf. o cap. de Jean-Marie Firdion).

A maioria dos procedimentos estatísticos consiste na comparação de um *modelo* com os dados coletados. Um modelo sempre corresponde a uma determinada formalização mais ou menos sofisticada de relações entre inúmeras variáveis que a análise sociológica propõe como hipótese. Alguns modelos possuem parâmetros: é o caso dos modelos de *regressão, lineares* ou *logísticos*. A análise estatística consiste então em estimar os parâmetros, de forma que o modelo seja o mais próximo possível aos dados[47], ou que os dados sejam os mais prováveis possíveis[48], em relação ao modelo. Outros modelos não dispõem de parâmetros: é o caso da análise fatorial[49], ou X^2 (cf. o teste do X^2 abaixo). Seus resultados indicam a existência e a intensidade de correlações entre as variáveis, medindo assim a distância dos dados em relação à independência das variáveis. Em última análise, trata-se simplesmente de alguns instrumentos bastante rudimentares em relação à complexidade da situação que se pretende analisar. Urge assumi-los por aquilo que eles são: não como uma panaceia, mas como instrumentos permitindo testar uma parte restrita da realidade. Mesmo aleatoriamente sendo possível sofisticar alguns deles, introduzindo inúmeras variáveis, combinações e funções mais ou menos complexas e variáveis, urge ainda um discernimento em seu emprego, isto é, fazer com que eles ofereçam formalizações plausíveis da realidade, e que seus resultados sejam interpretáveis, ou seja, compreensíveis por aqueles que deles se servem. Entretanto, ultimamente, outros instrumentos promissores surgiram, buscando modelar alguns aspectos mais complexos da

---

47. É o método dos mínimos quadrados.
48. É o método do máximo de verossimilhança.
49. Cf. o cap. de Julien Duval.

realidade; por exemplo, os métodos longitudinais[50], os da análise de redes[51], ou ainda as análises multiníveis que permitem associar variáveis individuais e variáveis agregadas, ou de contexto. O pesquisador não deve ressentir os modelos como um jugo ao qual está aprisionado, mas, ao contrário, ser o mestre de obra e construir ou utilizar ele mesmo (o/ou) os modelos com os quais ele quer confrontar os dados representando a realidade que analisa. Os resultados, os testes, fornecidos pelos *softwares* programando estes modelos permitem dizer se os dados seguem ou não o modelo, todas as nuanças sendo possíveis entre os dois extremos.

Os métodos "em igualdade de circunstâncias", dos quais fazem parte as regressões, reutilizam novamente os dados disponíveis para calcular como as variações de uma determinada variável, por exemplo o diploma, influenciam em média outra variável, por exemplo o salário, ao passo que todas as outras variáveis caracterizando os indivíduos, *presentes nos dados*, denominadas *variáveis de controle*, por exemplo o sexo e a idade, permanecem imutáveis, e isto para o conjunto de todos os valores encontrados nos dados do sexo e da idade. Isso significa que para cada subpopulação cruzando o sexo e a idade, calcula-se o efeito do diploma sobre o salário, cuja média para todas as subpopulações é uma estimativa do efeito global. A expressão "em igualdade de circunstâncias" é de cara abusiva, já que as circunstâncias em questão *não são senão aquelas* que são representadas por variáveis presentes nos dados e escolhidas pelo desencadeamento do método. É lá que reside uma diferença determinante entre estes métodos e a experimentação. Uma verdadeira experimentação consiste em tomar duas populações comparáveis, selecioná-las exatamente da mesma forma na população mãe, aplicar um tratamento a uma e não à outra, depois observar as diferenças que resultam desta operação. Na realidade, dois grupos de indivíduos do mesmo sexo e da mesma idade que possuem diplomas diferentes têm muitas outras características que podem ser diferentes do diploma, por exemplo, a origem social, as competências, os recursos sociais e econômicos... Em sociologia é difícil isolar *um fator*. Em teoria, pode-se compensar este inconveniente colocando no modelo muitas variáveis de controle, o que é pertinente em grandes amostras. Na prática, isso nem sempre é realizável. Tipicamente, estes métodos simplesmente não permitem medir o efeito do sexo sobre os salários porque os homens e as mulheres não têm globalmente os mesmos empregos, e porque trabalham em diferentes setores de atividades... "É por isso, como o diz Alain Degenne, que nos surpreendemos sempre ao ver este raciocínio aplicado em sociologia às amostras de indivíduos frequentemente pouco importantes, que, certamente, do ponto de vista de um fator dado, estão em oposição de situação, mas sem

---

50. Cf. o cap. de Mirna Safi.
51. Cf. o cap. de Olivier Godechot.

que sejam controlados todos os outros aspectos complexos da diferenciação social"[52].

A operação estatística ela mesma consiste em olhar se um modelo, elaborado segundo hipóteses sociológicas, é discernível nos dados e no caso a testar, e em qual medida os dados são conformes a este modelo. O *teste estatístico*[53], portanto, é o resultado essencial dos procedimentos estatísticos, já que ele indica a representatividade[54] global do modelo, bem como a dos parâmetros nas regressões. Ele possui uma lógica surpreendente, causando muita incompreensão, confusão e péssimas interpretações: a representatividade é avaliada pela probabilidade p do pesquisador ter extraído da população de referência os dados da amostra que ele efetivamente dispõe, no caso onde uma determinada hipótese, denominada *hipótese nula*, seria verdadeira nesta população de referência. Se esta probabilidade é efetivamente fraca (correntemente utiliza-se, 5%, 1%), rejeita-se então a famosa hipótese nula e adota-se a *hipótese alternativa*, a que corresponde geralmente à hipótese que o pesquisador realmente propõe, com a probabilidade $1 - p$ de enganar-se. Normalmente, a hipótese nula significa: um fator não tem nenhum efeito sobre o outro, ou duas variáveis são independentes; já a hipótese alternativa significa respectivamente que o fator tem um efeito e as duas variáveis são correlatas. Quando esta probabilidade p é forte, a hipótese nula *não é rejeitada*: simplesmente *não podemos concluir, não sabemos*; isso pode proceder de uma amostra excessivamente pequena, ou de efeitos contraditórios; a conclusão, pois, não reside na afirmação de que o efeito é nulo, contrariamente ao que geralmente se afirma, mas no fato que os dados não permitem tal conclusão. Existe outra frequente confusão entre representatividade e amplitude de um parâmetro: um parâmetro de baixíssima amplitude, valor do parâmetro ele mesmo, pode ter uma grande representatividade, valor do teste ele mesmo. Por exemplo: se o efeito do salário sobre a saúde é significativo, o valor do parâmetro é baixíssimo se tal salário for indicado em euros, mas ele seria bem maior quando referido em milhões de euros; quanto à representatividade, ela permaneceria imutável.

A *correlação*, sem sombra de dúvida, é o conceito estatístico mais utilizado em sociologia. Estudar a correlação de duas variáveis significa observar se os valores assumidos por uma podem ser vinculados aos da outra. Estas variações simultâneas assumem formas diferentes segundo a natureza das variáveis, isto é, se numéricas ou qualitativas. Neste último caso, a correlação é observável com o auxílio de uma tabela cruzada, indicando para cada modalidade de uma das

---

52. DEGENNE, A. "Une méthodologie 'douce' en sociologie". *L'Année Sociologique*, 1981, p. 108.
53. POITEVINEAU, J. "L'usage des tests statistiques par les chercheurs en psychologie: aspects normatif, descriptif et prescriptif". *Mathématiques et Sciences Humaines*, n. 167, 2004, p. 5-25.
54. A representatividade de um modelo indica em qual medida ele diz alguma coisa de substancial dos dados sobre os quais ele foi testado.

variáveis, os efetivos de cada modalidade da segunda variável. Trata-se então de comparar as distribuições das linhas e das colunas da tabela. Quando estas repartições são as mesmas, ou próximas para todas as modalidades de uma variável segundo as modalidades da outra, as duas variáveis são independentes uma da outra. Se, ao contrário, elas são irregulares, elas possuem algum grau de correlação. A intensidade de correlação se mede pelo teste do X^2 que avalia, na tabela cruzada, o distanciamento da independência: o X^2 ele mesmo tem um pequeno valor quando as variáveis são independentes, e um grande valor quando as variáveis são vinculadas entre si. O "valor" do X^2 não pode ser apreciado em valor absoluto, já que ele aumenta mecanicamente com o tamanho do efetivo e com o número de modalidades das variáveis. A fraca probabilidade p do teste do X^2 indica que a hipótese é nula, ou seja, a independência é descartada.

Os resultados estatísticos são puramente formais, eles não dão nenhuma indicação quanto à significação sociológica. "A estatística não explica nada, mas fornece elementos potenciais à explicação"[55].

A interpretação sociológica

A interpretação sociológica corresponde a uma leitura dos resultados estatísticos à luz dos conhecimentos do sociólogo; ela consiste em dar sentido aos resultados formais oriundos da exploração estatística, mergulhando-os na realidade observada inicialmente e levando em conta as escolhas feitas por ocasião da construção dos dados. São novamente as competências do pesquisador em sociologia e não as do estatístico que são convidadas a informar a qual questão sociológica exatamente os cálculos efetuados respondem. É somente a partir deste momento que uma correlação encontrada pelos estatísticos torna-se eventualmente uma relação de causa e efeito. "A hipótese segundo a qual a correlação equivale à causa é provavelmente um dos dois ou três erros mais correntes do raciocínio humano"[56]. A passagem de uma à outra é um exercício perigoso, já que um fenômeno social raramente tem uma causa única, dois fenômenos podendo ter a mesma causa ou ativar-se mutuamente: Se a saúde está ligada à pobreza ou o divórcio ao desemprego, o que dizer da causalidade? O mau estado de saúde estaria na origem da pobreza ou a pobreza favoreceria a carência de saúde? Philippe Coulangeon mostra de forma exemplar a sutileza exigida do sociólogo para transitar entre as várias interpretações sociológicas sugeridas por um resultado estatístico (cf. box 2).

---

55. LEBART, L.; MORINEAU, A. & PIRON, P. *Statistique exploratoire multidimensionnelle*. Paris: Dunod, 2002, p. 209 [1. ed., 1995].
56. GOULD, S.J. *La mal-mesure de l'homme*. Paris: Ramsay, 1983, p. 269.

> **Box 2**
>
> "A relação entre cultura e educação, cuja divulgação empírica abunda, quer se trate do efeito do ambiente cultural sobre os desempenhos escolares ou do impacto do nível do diploma sobre a intensidade e a orientação das práticas culturais, é uma relação ambivalente. A significação das correlações postas em evidência entre indicadores de desempenho escolar e indicadores de práticas culturais pode ser lida através de duas orientações opostas, segundo se privilegia, como o fazem geralmente os sociólogos da educação, o impacto sobre os desempenhos escolares dos recursos e das atividades culturais das quais os alunos se beneficiam fora do quadro escolar e mais particularmente em seu ambiente familiar, ou segundo se privilegia, ao contrário, como o fazem geralmente os sociólogos da cultura, o efeito discriminante do nível de estudos sobre o acesso à cultura e à intensidade das práticas. [...] Estas duas categorias de interpretações, no entanto, não são necessariamente exclusivas, uma ou outra, à medida que as mudanças feitas nos conteúdos ensinados, bem como nos métodos pedagógicos não são sem relação com a evolução das características sociais da população escolar e dos diplomas devidos à massificação do ensino médio... A medição do impacto do nível de estudos sobre as práticas culturais é delicada, dada a estreita correlação existente entre hábitos culturais dos alunos e entorno familiar, de um lado, e desempenhos escolares, de outro. Deste ponto de vista, é bastante provável que a relação entre nível de estudos e orientação das práticas culturais realmente dissimule o efeito da origem social dos alunos..."
>
> COULANGEON, P. "Lecture et télévision, les transformations du rôle culturel de l'école à l'épreuve de la massification scolaire", *Revie Française de sociologie*, vol. 48, n. 4, 2007, p. 657-691.

De fato, somente a perspicácia do pesquisador e o estudo cuidadoso e detalhado que ele faz dos resultados estatísticos com seu conhecimento do domínio de pesquisa podem levá-lo a uma interpretação sociológica. A este respeito Alain Degenne evoca a responsabilidade do pesquisador, que em nenhum caso pode entrincheirar-se atrás dos resultados brutos dos testes. Ele fala do processo estritamente social "que quer que o uso de técnicas complexas surja como uma valorização dos resultados obtidos e que a implementação de um teste permita desvencilhar o pesquisador da responsabilidade das proposições"[57]. O resultado global de um teste do X^2, por exemplo, frequentemente é insuficiente para se chegar a interpretações sociológicas interessantes. Se este resultado indica um vínculo entre duas variáveis, faz-se ainda necessário ver precisamente quais as modalidades de cada uma das variáveis correspondem melhor à sua problemática, e a modalidade que não tem nenhum impacto sobre a questão estudada.

Em sociologia, as estatísticas estão ao serviço do pesquisador. Somente o bom conhecedor do domínio estudado pode fazer um bom uso delas. Ele pode assumi-las como uma caixa de ferramentas ao seu alcance, com a qual busca ta-

---

57. Op. cit.

tear suas investigações. Uma familiarização com os conceitos de incerteza mostra-se mais propícia ao domínio dos procedimentos estatísticos do que um simples aperfeiçoamento matemático. É a tomada de consciência da importância do papel desta incerteza no conjunto da postura quantitativa que leva o sociólogo, na qualidade de artesão competente, a transitar proveitosamente entre o campo de suas observações ou de seus dados coletados e as conclusões sociológicas. Longe de ser uma demonstração linear, o raciocínio estatístico, em sociologia, implica um vai-e-vem entre dados, hipóteses, modelos e resultados, proporcionando progressivamente um aperfeiçoamento dos dados, um afinamento das hipóteses, um aprimoramento dos modelos. Urge assumir que este é um modo de caminhar às apalpadelas, jamais definitivamente concluído.

13
Analisar um espaço social

Julien Duval

A análise fatorial é uma técnica estatística bastante adaptada à construção de zonas teóricas que, de um ponto de vista sociológico, são julgadas pertinentes. Para mostrar sua utilidade, concentrar-nos-emos aqui na utilização particularmente produtiva que Pierre Bourdieu fez desta análise, desde os meados da década de 1970, período em que o objetivo de formular uma "teoria dos campos" fazia-se sempre mais explícita em seus trabalhos. Ele serviu-se deste instrumento estatístico a fim de produzir o que ele mesmo denominou "representações estenográficas" de regiões do "campo social" (*La distinction*), ou "microcosmos", que sucessivamente analisou num conjunto de pesquisas relativas ao campo do poder: mundo patronal, campo universitário, espaço das grandes escolas, divulgação da literatura na França...[58] Visto que utilizar a análise fatorial em um trabalho sociológico necessariamente supõe compreender esta técnica, a primeira parte deste capítulo é consagrada aos seus elementos estatísticos mais importantes. Em seguida, examinaremos uma das análises fatoriais da obra *La distinction* a fim de evidenciar as afinidades existentes entre as propriedades estatísticas do método e um modo de pensamento sociológico. Para concluir, abordaremos dois problemas destinados aos usuários desta técnica em ciências sociais.

O princípio da análise fatorial

Uma mudança referencial. A análise fatorial permite produzir "resumos" gráficos de tabelas de grande porte, difíceis (e, frequentemente, impossíveis) de ser lidos "a olho nu", mas que, num primeiro momento, no caso de uma tabela

---

[58]. Cf. notadamente, BOURDIEU, P. *La distinction* – Critique social du jugement. Paris: De Minuit, 1979 ["Le Sens Commun"]. • *Homo Academicus*. Paris: De Minuit, 1984 ["Le Sens Commun"]. • *La noblesse d'État* – Grandes écoles et esprit de corps. Paris: De Minuit, 1989 ["Le Sens Commun"]. • *Les structures sociales de l'économie*. Paris: Le Seuil, 2000 ["Liber"]. • "Une révolution conservatrice dans l'édition". *Actes de la Recherche en Sciences Sociales*, n. 126-127, 1999, p. 3-28.

de pequeno porte, poderia ajudar na compreensão de seu princípio[59]. As duas colunas da tabela 1 mostram, para um número aleatório de 10 indivíduos, localizados por suas PCS, a idade com a qual interromperam seus estudos iniciais, e seus efetivos salários mensais.

Tabela 1 Idade de interrupção dos estudos e salário mensal de um grupo de 10 pessoas

Indivíduo	PCS	Idade de conclusão dos estudos iniciais	Salário mensal
i 1	45 profissões intermediárias e administrativas da função pública	20	2.100
i 2	48 contramestres e superintendentes	19	2.000
i 3	67 operários não qualificados não industriais	18	1.200
i 4	42 professores de escolas, instrutores e profissões similares	22	1.600
i 5	62 operários qualificados industrialmente	18	1.500
i 6	38 engenheiros e quadros técnicos de empresas	22	3.100
i 7	47 técnicos (excluídos técnicos terceirizados)	20	1.900
i 8	37 quadros administrativos e comerciais de empresas	22	3.300
i 9	34 professores, profissões científicas	25	2.600
i 10	69 trabalhadores agrícolas e similares	17	1.100
Média		20,3	2.040
Distanciamento do modelo		2,3	715,8

---

59. Sobre os pontos estatísticos, cf. particularmente os livros de Brigitte Le Roux e Henry Rouanet. Destinados aos estudantes e pesquisadores em ciências sociais, eles se apoiam em "procedimentos estatísticos naturais – aqueles que conhecemos mesmo antes de termos feito a estatística" e em "representações geométricas intuitivas". A análise fatorial é tratada em: ROUANET, H. & LE ROUX, B. *Analyse des données multidimensionnelles*. Paris: Dunod, 1993. • LE ROUX, B. & ROUANET, H. *Geometric Data Analysis*: From Correspondence Analysis to Structured Data Analysis. Dordrecht: Kluwer, 2004.

Essa tabela poderia fazer supor que as diferenças de salários (o salário varia do mínimo ao triplo, e em centenas de euros) poderiam ser negligenciadas em relação às distâncias em termos de idade de fim de estudos. Mas, por exemplo, bastaria mostrar o salário mensal em milhares de euros para provocar uma impressão inversa. O problema de fundo é que as duas variáveis não são "homogêneas": uma mede o tempo, a outra o salário. Neste tipo de caso, uma técnica frequentemente utilizada em estatística consiste em *solidarizar* as variáveis[60]. Uma vez aplicado este procedimento (tabela 2), as cifras passam a ter a mesma ordem de grandeza, de sorte que a tentação de privilegiar uma variável ao invés de outra desaparece. Para o salário, por exemplo, o valor usado numa determinada casa da tabela indica, grosseiramente, quanto o salário de cada indivíduo se distancia do salário médio (2.040 euros), sendo este distanciamento expresso em função do intervalo sobre o qual o salário varia na população. Aplicado às duas variáveis ao mesmo tempo, este método de cálculo consiste em obter a diferença de 716 euros em relação ao salário médio, e uma distância de 2,3 anos em relação à idade média de fim de estudos. Desta forma nota-se que os cálculos não mudam a ordem dos indivíduos na coluna. Assim, é sempre o *i10* que representa o valor mínimo do salário. A média de cada coluna vale 0.

Tabela 2 As duas variáveis homogeneizadas

Indivíduo	Idade de fim de estudos	Salário mensal
i1	-0,13	0,08
i2	-0,56	-0,06
i3	-0,99	-1,17
i4	0,73	-0,61
i5	-0,99	-0,75
i6	0,73	1,48
i7	-0,13	-0,20
i8	0,73	1,76
i9	2,02	0,78
i10	-1,42	-1,31
Média	0	0

60. Tecnicamente, esta operação consiste em centrar e reduzir as variáveis.

O conteúdo da tabela 2 pode ser representado num gráfico (gráfico 1). Ali, cada indivíduo é representado por um ponto cujas coordenadas correspondem aos valores indicados na tabela 2. Os 10 pontos formam uma *nuvem de pontos*. O ponto central G desta nuvem é o ponto de abscissa e de receita nulas. Ele corresponde a uma espécie de décimo primeiro indivíduo fictício, que encarnaria um "perfil médio": seu salário corresponderia ao salário dos 10 indivíduos reais, e teria encerrado seus estudos, em média, com a idade com a qual os 10 indivíduos teriam concluído seus estudos.

A análise fatorial consiste em determinar as direções rumo às quais a nuvem pode ser projetada, conservando maximamente sua forma original. O procedimento de solidarização em dando uma importância equivalente às duas variáveis, a direita que conserva melhor a forma da nuvem inicial é, aqui, a bissetriz que faz um ângulo de 45° com o eixo horizontal (gráfico 2). É a *direção do estiramento máximo da nuvem* e o *primeiro eixo* da análise fatorial. Os 10 pontos da nuvem inicial podem ser projetados ortogonalmente sobre este eixo: obtém-se então uma nova nuvem de 10 pontos projetados (que figura na parte debaixo do gráfico 2). Por construção, não existe outra direção sobre a qual a nuvem dos pontos projetados seria mais dispersada do que no primeiro eixo.

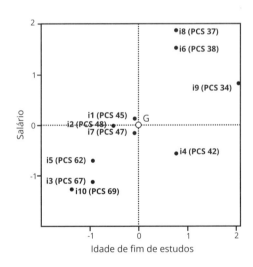

Gráfico 1 Os dez assalariados em uma referência ortonormalizada

A análise fatorial define o número de eixos da tabela estudada. Ela o faz sob as seguintes condições: os eixos são perpendiculares entre si, e todos passam por G. A cada etapa, a análise retém, dentre os ângulos retos que satisfazem esta duas condições, o que corresponde ao estiramento máximo da nuvem. Este procedimento tem por consequência o fato da nuvem projetada sobre um novo eixo ser menos estirada que a nuvem projetada sobre os eixos precedentes. Aqui, na análise sobre as duas variáveis, dois eixos são determinados, o segundo sendo simplesmente a perpendicular do primeiro que passa por G: trata-se da segunda bissetriz.

A análise fatorial simplesmente opera uma mudança de referência: a nuvem de pontos do gráfico 1 e 3 é a mesma; a análise simplesmente fez uma rotação de grau (aqui, de 45°). No entanto, ao passo que o ponto representando cada indivíduo tem por coordenadas, no gráfico 1, os valores figurando na tabela 2, no gráfico 3 ele são dispõe como coordenadas a projeção do ponto sobre o primeiro e o segundo eixo. Em suma, a análise fatorial fornece as coordenadas dos indivíduos numa nova referência onde os eixos são hierarquizados uns em relação aos outros (o primeiro mais importante que o segundo, que, por sua vez, é mais importante que o terceiro etc.), o que não era o caso na referência inicial. As variáveis consideradas na análise podem igualmente ser representadas na nova referência: como a direção horizontal correspondia no gráfico 1 a idade de fim de estudos suplementares (e a direção vertical ao salário), basta, com um pequeno detalhe, para obter o gráfico 4[61], representar na nova referência os vetores que, na referência inicial, eram os vetores unitários de direção horizontal e vertical.

Os resultados de uma análise fatorial. A variância é uma noção essencial para se ler os resultados de uma análise fatorial. Trata-se de um indicador de dispersão cujo exemplo do salário mostra sua importância: a variância do salário é fraca em uma população onde todos ganham aproximadamente a mesma média, e importante quando existem fortes desigualdades salariais. Seu cálculo é feito da seguinte forma: para cada indivíduo da população, considera-se a distância entre o seu salário e o salário médio, eleva-se em seguida esta distância ao quadrado, e faz-se enfim a média dos 10 quadrados assim obtidos.

De forma análoga, pode-se calcular a variância da nuvem dos 10 pontos sobre o gráfico 1: mede-se a distância que separa cada ponto do G, eleva-se esta distância ao quadrado, em seguida faz-se a média dos 10 quadrados. Uma vez solidarizadas as variáveis, a variância é igual ao número de variáveis (aqui 2). Este valor é a primeira indicação que um programa de tratamento de dados (tabela 3) fornece quando faz uma análise fatorial. Para cada indivíduo, a parte que representa o quadrado que lhe é associada no total dos 10 quadrados mede sua *contribuição relativa à variância da nuvem* (esta contribuição é indicada na parte mais baixa dos resultados da tabela 3). De forma lógica, os indivíduos que contribuem mais fortemente para a variância da nuvem são os pontos mais afastados do G: aqui, *i9*, *i8* e *i10*. Ao inverso, o *i1* que está muito próximo do G, contribui muito pouco para a variância da nuvem. A variância de cada variável, expressa em função da variância da nuvem, é a contribuição relativa da variável.

---

[61]. Quando a ACP (análise em componentes principais) incide, como aqui, sobre as variáveis centradas e reduzidas, os vetores associados às variáveis se situam em um círculo de raio 1 que é denominado "círculo de correlações" e que corresponde ao círculo do raio 1.

No momento em que se recorre ao procedimento de homogeneização, ela passa a ser indicada para cada variável.

O que foi supraindicado como direção de "estiramento máximo" da nuvem corresponde à direção sobre a qual a nuvem dos pontos projetados tem a maior variância. Sobre este primeiro eixo, a variância da nuvem dos pontos projetados (isto é, a nuvem do gráfico 2) é de 1,73. Esta variância do eixo é frequentemente denominada (de forma pouco intuitiva) "valor líquido". Ela é expressa, na tabela 3, de forma absoluta (1,73), em seguida proporcionalmente à variância da nuvem inicial (86,6%). Estas indicações valem para todos os eixos: no exemplo, o valor líquido do segundo eixo é de 0,27 (ou 13,4% da variância da nuvem inicial).

Em seguida os programas de tratamento de dados indicam para cada eixo, e para cada indivíduo, e para cada variável da tabela:

- A coordenada dos elementos sobre o eixo.
- Sua contribuição relativa ao eixo (que exprime, em porcentagem, a proporção da variância da nuvem projetada sobre o eixo devido a este elemento). Sobre cada eixo, a soma das contribuições relativas aos 10 indivíduos (e as 2 variáveis) é igual a 100%.
- A "qualidade de representação" dos elementos sobre o eixo (ela exprime, em porcentagem da contribuição do elemento à variância total da nuvem, a contribuição do elemento à variância da nuvem projetada sobre o eixo).

A interpretação estatística dos eixos se apoia principalmente nos elementos que mais contribuem para a variância do eixo. Assim, para os indivíduos sobre o primeiro eixo, faz-se necessário privilegiar, de um lado $i9$ e $i8$ (em menor medida $i6$) que se projetam do lado direito do eixo, e, de outro, $i10$ (em menor medida $i3$ e $i5$) que se projeta do lado esquerdo. O primeiro eixo opõe, portanto, os "quadros e profissionais intelectuais superiores" ($i9$, $i8$, e $i6$) e os "operários" ($i10$, $i3$ e $i5$). Examinando suas coordenadas, constata-se que os 10 indivíduos se ordenam ao longo do eixo segundo a hierarquia habitualmente admitida no seio dos assalariados, que vai dos operários aos quadros. Forte para os indivíduos que mais contribuem para o eixo, a qualidade de representação sobre o eixo 1 é mais desfavorável para as "profissões intermediárias": a projeção sobre o eixo 1 não é, portanto, suficiente para prestar contas de sua posição na nuvem inicial. Quanto às variáveis, elas são bem representadas no eixo 1 (87%) e as duas se projetam para a direita do gráfico. Obviamente é necessário examinar a contribuição das diferentes variáveis à variância do eixo, mas esta fase é trivial aqui: as variáveis tendo sido solidarizadas, elas contribuem na mesma proporção para a construção do eixo[62].

---

62. Em contrapartida, com a ACP incidindo sobre duas variáveis centradas e reduzidas, outros elementos poderiam ser antecipados aqui (que reforçam a interpretação proposta acima): a

O primeiro eixo de uma análise fatorial exprime o princípio de estruturação maior no seio de uma população estudada (segundo as variáveis levadas em conta na análise). Aqui, trata-se, pois, da oposição entre os grupos mais atípicos em termos de idade de fim de estudos e do salário: de um lado, os "quadros e profissões intelectuais superiores" que se distinguem do perfil médio por estudos longos e um salário relativamente elevado; de outro, os "operários" que possuem características inversas. Estes dois grupos que mais contribuem na construção do eixo, correspondem aos pontos mais descentrados da nuvem, que são os que mais contribuem para dar à nuvem sua forma geral.

O eixo 2 distingue os indivíduos ligados ao ensino (os membros do PCS 42 e 34 contribuem para 34 + 29 = 63% da variância do eixo) dos quadros do setor privado (i8 e i6), a idade de fim de estudos se projetando para o lado dos primeiros, ao passo que o salário projetando-se mais na direção dos segundos. Assim, se o primeiro eixo indicava que o salário é globalmente ligado à longevidade dos estudos, o segundo lembra que, apesar destes indivíduos receberem os salários mais elevados, nem por isso são os que fizeram os estudos iniciais mais longos.

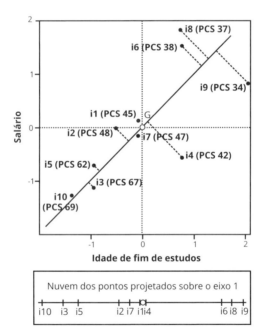

Gráfico 2 Projeção sobre o eixo 1 da nuvem dos pontos

coordenada de uma variável v sobre um eixo l, assim como os mesmos cossenos entre os dois vetores-variáveis (aqui, cos 42° = 0,73), correspondem a coeficientes de correlação (respectivamente, entre a variável v e o eixo l, e entre as duas variáveis).

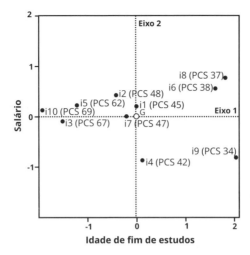

Gráfico 3 Os dez assalariados no plano fatorial

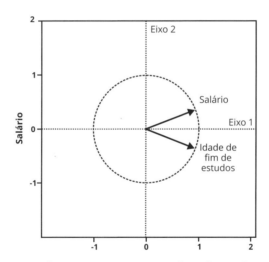

Gráfico 4 As variáveis no plano fatorial

A *ACM* (análise das correspondentes múltiplas). Na prática, as tabelas submetidas à análise fatorial são de um tamanho muito maior que o modelo apresentado aqui. Sobretudo, em sociologia, as variáveis são quase sempre *categorizadas* (ou "qualitativas"), ao passo que a idade de fim de estudos e o salário são variáveis *numéricas* (ou "quantitativas"). As variáveis numéricas podem assumir, ao menos teoricamente, uma infinidade de valores e é possível calcular sua média num grupo de pessoas. Em contrapartida, as variáveis categorizadas (a categoria socioprofissional, a religião, o sexo...) não assumem senão um número finito de valores, denominados *modalidades* (para o gênero, "masculino" e "feminino"); elas definem *categorias* na população estudada (os homens, as mulheres). A análise fatorial não pode ser praticada senão nas tabelas onde todas as variáveis são do mesmo tipo. Quando esta condição não é preenchida, é preciso transformar as variáveis numéricas em variáveis categorizadas, como é feito, por exemplo, quando se recorta a idade ou o salário em "fatias". Se as variáveis são todas numéricas, faz-se uma *"análise em componentes principais"* (ACP) – na tabela 2 procedeu-se a uma ACP. Se elas são categorizadas, faz-se uma *análise das correspondentes múltiplas (ACM)*.

Tabela 3 Resultados da análise fatorial

Variância da nuvem: 2

Eixo	valor limpo	%	% acumulado	Histograma dos valores limpos
1	1,73	86,6	86,6	**********
2	0,27	13,4	100	****

		Eixo 1			Eixo 2		
	Contri-buição relativa à variância da nuvem (%)	Coor-denada	Contri-buição relativa (%)	Qualidade de repre-sentação (%)	Coor-denada	Contri-buição relativa (%)	Qualidade de repre-sentação (%)
Indivíduos							
i1 (PCS 45)	0,1	-0,032	0	4	0,150	1	96
i2 (PCS 48)	1,6	-0,435	1	60	0,356	5	40
i3 (PCS 67)	11,8	-1,529	14	99	-0,131	1	1
i4 (PCS 42)	4,6	0,082	0	1	-0,951	34	99
i5 (PCS 62)	7,7	-1,233	9	98	0,166	1	2
i6 (PCS 38)	13,6	1,564	14	90	0,530	10	10
i7 (PCS 47)	0,3	-0,229	0	96	-0,047	0	4
i8 (PCS 37)	18,2	1,761	18	85	0,728	20	15
i9 (PCS 34)	23,5	1,982	23	84	-0,876	29	16
i10 (PCS 69)	18,7	-1,932	22	100	0,075	0	0
Variáveis							
Idade de fim de estudos	50	0,930	50	87	-0,366	50	13
Salário	50	0,930	50	87	-0,366	50	13

A ACM aplica-se às tabelas onde um número I de indivíduos caracteriza-se por um número Q de variáveis categorizadas. Cada variável tem um número K_q de modalidades (p. ex., para uma variável correspondendo a modalidades como o gênero, $K_q = 2$). A ACM coloca em jogo, pois, $K = \sum_q K_q$ modalidades.

A ACM pode ser compreendida como uma ACP onde as modalidades exercem uma função remetendo às variáveis numa ACP. Efetivamente, fazer uma ACM de uma tabela caracterizando I indivíduos por Q variáveis categorizadas implica realizar uma ACP de outra tabela na qual os I indivíduos são caracterizados por K colunas correspondendo, cada uma, uma modalidade. Nesta tabela, a casa correspondendo ao indivíduo i e à coluna K tem um valor diferente segundo o indivíduo apresente ou não a modalidade K. Vale sublinhar que, no caso onde ele apresenta a modalidade k, este valor é tão elevado que a modalidade k torna-se rara na população estudada.

Assim como a tabela 2 podia ser representada no gráfico 1 em duas dimensões, a tabela assim obtida poderia (em teoria) sê-lo em uma referência de K dimensões (cada uma corresponderia a uma modalidade). Obter-se-ia então uma nuvem de I pontos organizada ao redor de um baricentro representando um "perfil médio". Esta é uma abstração, mas pode-se, por exemplo, conceber sem dificuldade que, em uma população 90% masculina, um homem, sob a relação de gênero, em nada se distinguiria deste "perfil médio", ao passo que uma mulher afastar-se-ia fortemente dele. Sobre a dimensão correspondendo à modalidade mulher, os homens teriam uma coordenada próxima ao "perfil médio", ao passo que as mulheres se situariam do outro lado deste ponto médio e estariam nitidamente distanciadas. Para compreender a ACM, é necessário transpor o raciocínio da ACP. A ACM determina a direita do estiramento máximo da nuvem que reenvia ao fator principal de estruturação da população estudada. Os indivíduos que, para o conjunto das variáveis contidas na análise, são os mais "atípicos" em relação ao perfil médio, contribuem muito na configuração da nuvem, e, por conseguinte, na construção do primeiro eixo, o qual faz aparecer, pois, a razão pela qual os indivíduos se opõem mais em relação às variáveis estudadas.

Espaços estatísticos, espaços sociais

O exemplo da análise fatorial sobre "as variantes do gosto dominante" na obra *A distinção* permite ao mesmo tempo precisar como se leem os gráficos de uma ACM, mostrar a interpretação sociológica que pode ser feita e fazer aparecer propriedades geométricas do método interessantes para as ciências sociais[63].

---

63. BOURDIEU, P. *La distinction*. Op. cit., p. 293s. Esta análise fatorial apresenta, além disso, para a história do instrumento em sociologia, um duplo interesse: ela constitui uma das primeiras utilizações da técnica por Bourdieu e sua publicação inicial remete a um procedimento original (cf. gráficos 5 e 6).

A tabela submetida à análise indica as respostas de 467 pessoas a 10 questões relativas "ao interior que [elas] adorariam habitar", às qualidades pessoais que elas apreciam mais nos amigos, ao tipo de prato que servem aos convidados, ao estilo de seus móveis, à frequentação dos museus, ao julgamento geral sobre a pintura e (em face de listas predeterminadas) seus pintores, cantores e obras de música clássica preferidos, ao número de compositores (e de obras musicais) que conhecem.

O primeiro resultado de uma ACM é a variância da nuvem. Denominado ϕ^2, ele sempre vale $\frac{K-Q}{Q}$. Os programas de tratamento de dados indicam em seguida os valores puros (decrescentes) dos eixos K sucessivos[64], em valor absoluto e em proporção ao ϕ^2. Estas porcentagens reenviam à parte do ϕ^2 que absorve o eixo. Elas são frequentemente fracas quando o número de variáveis, de um lado, e o número médio de modalidades por variável é elevado, de outro. A interpretação de uma ACM se concentra geralmente nos primeiros eixos. De um ponto de vista estatístico, só é possível conservar os eixos cujo valor puro é superior a $\frac{1}{Q}$ e após averiguar se os valores puros não passam por um momento de decrescimento acentuado. Se, por exemplo, tal salto é observável entre o 2º e o 3º eixos, a interpretação será mais bem-sucedida se privilegiar os dois primeiros eixos.

Como uma ACP, uma ACM fornece, para cada eixo, a coordenada dos elementos sobre o eixo, sua contribuição relativa e sua qualidade de representação. Tabelas simplificadas ajudam a analisar estas informações. Assim, para a análise sobre o "gosto dominante", a tabela 4 somente conserva as modalidades que possuem a mais forte contribuição relativa ao eixo, especificando para qual lado do eixo elas se projetam (para a esquerda ou para a direita).

---

64. Existem K eixos, mas o valor puro Q dos últimos eixos é nulo, já que a tabela em colunas K comporta, para cada variável, uma coluna redundante em relação às outras.

Tabela 4 Contribuição relativa das modalidades ao primeiro eixo[65]

Modalidade	Contribuição relativa	
	À direita	À esquerda
Número de compositores conhecidos: *mais de 11*	7,70%	
Número de obras musicais conhecidas: *mais de 11*	6%	
Obra musical preferida: *L'Arlésienne*		3%
Obra musical preferida: *Beau Danube bleu*		2,90%
Qualidade pessoal apreciada: *artista*	2,40%	
Pintor preferido: *Rafael*		2,30%
Cantor preferido: *Pétula Clark*		2,20%
Obra musical preferida: *La Traviata*		2,10%
Obra musical preferida: *Clavecin bien tempéré*	1,80%	
Cantor apreciado: *Georges Guétary*		1,80%
Obra musical preferida: *Art de la fugue*	1,70%	
Qualidade pessoal apreciada: *consensual*		1,50%
Visita ao *Museu de Arte Moderna, ou ao Louvre*	X	
Cantor preferido: *Jacques Douai*	X	
Interior *composto*	X	
"A pintura abstrata interessa-me em igual medida que a das escolas clássicas"	X	
Origem dos móveis: *no mercado das pulgas*	X	
Obra musical preferida: *Les Quatre saisons*	X	
Obra musical preferida: *La Phapsodie hongroise*		X
Número de compositores conhecidos: 3-6		X
Número de obras musicais conhecidas: 3-6		X
Número de compositores conhecidos: 0-2		X

Aqui, as modalidades contribuindo mais para o eixo, do lado esquerdo, reenviam a uma familiaridade com a cultura legítima e a um gosto por obras que, em seu domínio, requerem mais fortemente uma disposição estética. As modalidades à direita correspondem a gostos por obras mais "vulgares" ou mais vulgarizadas e a um conhecimento limitado das obras musicais. Uma vez in-

---

65. A tabela foi reconstituída segundo as indicações fornecidas pela obra *La distinction*. O livro afirma que determinadas modalidades (assinaladas por uma cruz na tabela 3 da obra) geralmente contribuem fortemente com o eixo, sem fornecer o valor. Trata-se, verdadeiramente, de modalidades cuja contribuição é ligeiramente superior à contribuição média (mas inferior às contribuições numéricas).

teiramente comentada esta tabela, pode-se examinar, se for o caso, a distribuição sobre o eixo das variáveis ordenadas. Aqui, por exemplo, indo da esquerda para a direita na representação gráfica (gráfico 5), observa-se que o número de compositores (e obras musicais) conhecidos pelos pesquisados aumenta. A interpretação dos eixos de uma ACM consiste em reproduzir estas operações para cada eixo considerado. Para cada eixo, existem duas nuvens a examinar: os indivíduos e as variáveis.

Uma questão se impõe com frequência por ocasião da leitura dos gráficos: O que podemos deduzir da posição que ocupam, sobre um eixo, dois elementos (modalidades ou indivíduos) um em relação ao outro? Quando dois elementos se situam, cada um, na extremidade de um eixo, não existe nenhum problema. Constatando, por exemplo, na análise do gosto dominante, que *Le Clavecin bien tempéré* e *Le Beau Danube bleu* se opõem no primeiro eixo, pode-se concluir que pouquíssimos pesquisados (nenhum) escolheram simultaneamente estes dois trechos musicais. A proximidade de duas modalidades (p. ex., *Le Clavecin bien tempéré* e *L'Art de la fugue*) é mais difícil de se interpretar. Ela não implica necessariamente que sejam (praticamente) os mesmos pesquisados que tenham escolhido *Le Clavecin bien tempéré* e *L'Art de la fugue*, já que os amantes destes dois trechos poderiam formar dois grupos distintos. Para esmiuçar a questão, urge fazer uma triagem cruzada para conhecer a proporção de pesquisados que, tendo escolhido um dos trechos, escolheram também o outro. Vê-se de passagem que a análise fatorial não exclui o retorno à "tabela inicial"; se ela oferece a possibilidade de localizar regularidades, ela permite também identificar as "exceções estatísticas" que são, por exemplo, os indivíduos acumulando propriedades muito dispersas nos primeiros eixos fatoriais. Compreende-se igualmente que a leitura dos gráficos pode inscrever-se numa postura ideal típica. Com efeito, observando as modalidades que se projetam aqui para a esquerda do primeiro eixo fatorial, pode-se, por exemplo, imaginar um indivíduo que, de alguma forma, encarnaria a cultura legítima: ele conheceria mais de 11 compositores na lista proposta no questionário, citaria ao mesmo tempo *Le Clavecin bien tempéré* e *L'Art de la fugue* no número de seus trechos preferidos, compraria seus móveis no mercado das pulgas, frequentaria o Museu de Arte Moderna etc. É possível que o perfil assim construído não se encontre entre os pesquisados (para sabê-lo, é necessário, lá ainda, voltar à tabela submetida à análise), mas ele possuiria o valor de um "modelo ideal"[66].

Os gráficos fazem aparecer os "ares de familiaridade" comuns às modalidades. A análise fatorial, com efeito, não apreende as propriedades como elementos isolados (ao inverso das técnicas de regressão que tentam medir seu "efeito próprio"), mas no seio de sistemas de relações. Nisso, ela é adaptada ao olhar relacional e à perspectiva sociológica da obra *La distinction,* que coloca em evidência a

---

66. Para a utilização da ACM em uma postura ideal típica, cf. PAUGAM, S. *Le salarié de la précarité*. Paris: PUF, 2000, p. 104ss., 262ss ["Le Lien Social"] [Reed., Paris: PUF, 2007, "Quadrige"].

coerência dos hábitos. Esta coerência, com efeito, tende a se manifestar nos gráficos representando as modalidades, através dos reagrupamentos que aparecem nas diferentes regiões do espaço. Os gráficos ajudam assim a analisar os gostos em relação às repugnâncias que os acompanham: ao gosto por um trecho de música situado numa extremidade do eixo, responde a "repugnância" pelos trechos ocupando uma posição oposta. De maneira geral, uma sociologia relacional pode tirar proveito do princípio conhecido como "braço de alavanca" em ACM: num mesmo eixo, as modalidades de uma mesma variável têm por baricentro a origem do eixo. No caso do sexo, por exemplo, as modalidades "homens" e "mulheres" se situam necessariamente, sobre cada eixo, de parte à outra da origem, sendo que sua distância da origem depende do *sex ratio*. Em uma ACM sobre uma população 80% masculina, a modalidade "mulheres" situar-se-á assim do outro lado da origem da modalidade "homens", e ela será quatro vezes mais distanciada. Os gráficos lembrarão assim que a feminidade é um caráter relacional (ser uma mulher, é, ao menos notadamente, não ser homem) e ela é uma propriedade que, na população estudada, é atípica porque nitidamente minoritária.

O vínculo entre a nuvem dos indivíduos e a nuvem das modalidades é outra propriedade geométrica muito útil quando se recusa optar, em ciências sociais, entre uma abordagem estruturalista e uma abordagem individualista, ou "entre o campo, que faz o sentido e o valor das propriedades, [...] e os agentes que exercem suas propriedades no espaço de exercício assim definido"[67]. A nuvem das modalidades e a nuvem dos indivíduos se fazem efetivamente eco uma da outra. Se, na primeira nuvem, constrói-se para cada indivíduo o "ponto médio" correspondendo ao baricentro de suas propriedades, obtém-se I pontos médios que (minimante) reconstituem a nuvem das modalidades. De forma simétrica, se, para cada modalidade, constrói-se na nuvem dos indivíduos o "ponto médio" correspondendo ao baricentro dos indivíduos que a ele se vinculam, obtém-se então K pontos médios que (minimamente) reconstituem a nuvem dos indivíduos. Esta relação entre as duas nuvens entra em ressonância com mecanismos sociais cuja circularidade é bem conhecida. À imagem da cor da pele, muitas propriedades sociais parecem efetivamente dever o valor (positivo ou negativo) que lhe é reconhecido num espaço à posição (baixa ou elevada) que seus detentores ocupam neste espaço.

A relação entre as duas nuvens abre outras possibilidades. Ela autoriza representar, na nuvem das modalidades, indivíduos que não figuram no número dos *I* indivíduos iniciais, mas cujas modalidades às quais eles se vinculam conhecemos. Da mesma forma, ela permite figurar, na nuvem dos indivíduos, as modalidades de novas variáveis cuja distribuição para a população estudada é conhecida. Estes novos elementos são "complementares"; eles são projetados

---

67. BOURDIEU, P. & SAINT-MARTIN, M. "Le patronat". *Actes de la Recherche en Sciences Sociales*, n. 20-21, 1978, p. 6.

a posteriori, após o espaço ter sido construído a partir dos I indivíduos e das K modalidades iniciais que, separadamente, participam da construção dos eixos. A introdução ou a exclusão de um elemento suplementar não tendo consequência sobre os resultados da ACM (valores puros, coordenadas de elementos ativos), é uma técnica que pode ser útil quando a informação relativa a uma variável ou a um indivíduo não é totalmente fiável; o elemento pode ser projetado sem que a má qualidade da informação infecte os resultados da ACM.

Como foi mostrado num exemplo sobre a obra *La distinction*[68], uma demonstração sociológica pode tirar grande proveito das relações geométricas entre as duas nuvens. No livro de Bourdieu, a técnica dos elementos suplementares vem efetivamente confirmar o vínculo que se estabelece, via *habitus* e condições materiais de existência, entre o estilo de vida e a posição no espaço social. Como o vimos, as variáveis relativas aos gostos dos pesquisados permitem, primeiramente, construir um espaço dos estilos de vida. Em seguida, indicadores relativos às características sociais (idade, diploma, renda, profissão do pai...) são projetados em elementos suplementares: aparece claramente então, da esquerda para a direita, que o capital cultural decresce, ao passo que o capital econômico torna-se mais importante. A projeção em elemento suplementar de uma variável localizando a fração da classe dominante à qual pertence cada indivíduo ("profissões liberais", "engenheiros", "patrões da indústria" etc.), corrobora esta conclusão: as frações se distribuem ao longo do primeiro eixo, da esquerda para a direita, em seguida aparecem os mais bem-dotados em capital cultural ("professores universitários e produtores artísticos") até os mais providos em capital econômico ("patrões do comércio"). Última etapa, a representação no primeiro plano fatorial dos pontos correspondendo aos indivíduos permite construir, para cada fração da classe dominante, a subnuvem de pontos que lhe corresponde. No gráfico 6, retângulos ou triângulos localizam a zona de maior concentração destas subnuvens. O procedimento reforça a conclusão obtida pela simples projeção das frações de classes ("as nuvens [...] se distribuem segundo a estrutura prevista", nota de P. Bourdieu, p. 295-297), mas ele permite afinar ainda mais a análise. Ele ensina efetivamente, por exemplo, que os "professores universitários e os produtores artísticos" se concentram fortemente nas regiões do espaço dos estilos de vida situados à esquerda (ao passo que eles só poderiam ser mais numerosos alhures). Ele mostra igualmente, por exemplo, que se os quadros públicos e as profissões liberais são representados por pontos médios muito próximos (no centro do gráfico), as nuvens que lhe são associadas são muito diferentes. Os quadros públicos são mais dispersos no espaço das classes dominantes do que nas profissões liberais, traduzindo sua maior heterogeneidade social.

---

68. ROUANET, H.; ACKERMANN, W. & LE ROUX, B. "The geometric analysis of questionnaires: The lesson of Bourdieu's *La distinction*". *Bulletin de Méthodologie Sociologique*, n. 65, 2000, p. 5-15.

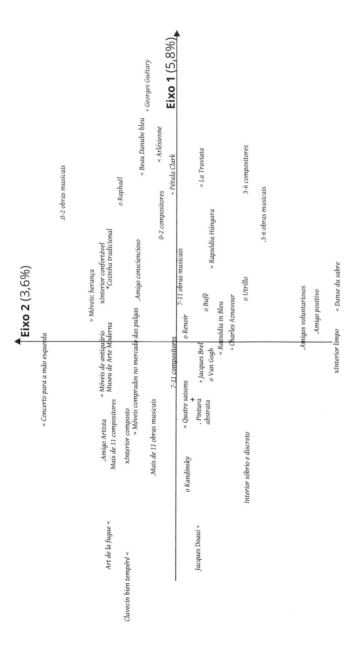

Gráfico 5 As "variantes do gosto dominante": as modalidades no plano dos eixos 1 e 2

Este gráfico é um esquema simplificado (segundo BOURDIEU, P. La distinction. Paris: De Minuit, 1979, p. 296), fundamentado numa seleção de modalidades ativas da análise estatística.

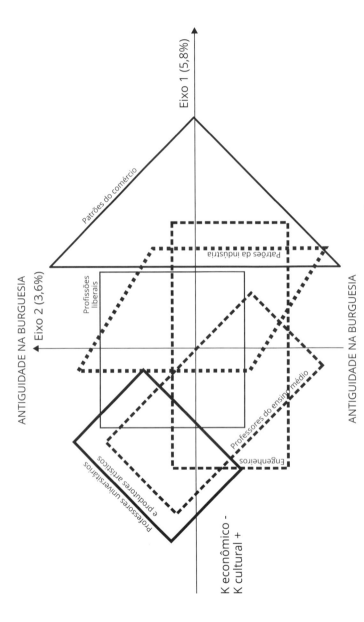

Gráfico 6 As frações da classe dominante no plano dos eixos 1-2

Este esquema, segundo Pierre Bourdieu (cf. La distinction, p. 196), representa as zonas de concentração das diferentes frações. A primeira edição da análise sobre "as variantes do gosto dominante" (cf. BOURDIEU, P. & SAINT-MARTIN, M. "Anatomie du goût". Actes de la Recherche en Sciences Sociales, n. 5, 1976, p. 46), valeu-se de um procedimento audacioso: do esquema impresso numa folha transparente onde o leitor podia subtrair, deste gráfico aqui representando as modalidades no primeiro plano fatorial, o gráfico 5.

Duas observações complementares

Se não é possível, nos limites deste capítulo, evocar a diversidade de usos da análise fatorial em ciências sociais, e muito menos o conjunto dos problemas que ela suscita, vale insistir em dois pontos frequentemente problemáticos, quando utilizados.

1) O proveito retirado de uma análise fatorial depende de forma determinante da tabela de partida. A utilização mais engenhosa do instrumento não remediará jamais a ausência, nessa tabela, de uma variável sociologicamente maior. A escolha da população estatística e das variáveis ativas (como a forma com a qual estas últimas são codificadas) são etapas essenciais que condicionam fortemente os resultados da análise e a leitura sociológica que dela se pode fazer[69]. Quando a análise fatorial é praticada no quadro de uma exploração secundária de dados, estas etapas são coagidas pelos dados utilizados, surgindo assim regularmente obstáculos. Frequentemente, por exemplo, na falta de uma variável apropriada na base dos dados utilizada, deve-se desconsiderar na análise estatística uma dimensão sociologicamente importante. Confrontamo-nos também regularmente com itens agregando respostas que precisaríamos idealmente distinguir, ou com filtros tornando variáveis inutilizáveis na análise fatorial (uma variável que não indica que para uma parte da população estudada é efetivamente quase impossível de ser integrada).

O ideal consiste certamente, cada vez que isso é possível, em produzir dados originais em função dos objetivos próprios da pesquisa (e das exigências da ACM). Assim, se *La distinction* mobiliza pesquisas do Insee e de institutos de sondagens, as ACM fundamentam-se em pesquisas que P. Bourdieu e sua equipe tinham realizado nos anos de 1960 em três cidades francesas. O "espaço dos estilos de vida" não poderia ter sido construído tão finamente, se o questionário (redigido, certamente, em uma época anterior à difusão da ACM e à formalização da noção de campo) já não tivesse integrado uma intuição dos grandes princípios estruturando o espaço social. Os trabalhos mobilizando a análise fatorial para estudar "campos" repousam, por sua vez, frequentemente sobre pesquisas prosopográficas deduzindo, de fontes diversas, as informações pertinentes para a população dos agentes considerados "eficientes". A análise fatorial de Pierre Bourdieu e Monique de Saint-Martin sobre "o patronato"[70] resulta assim de um trabalho prosopográfico que representa "em si uma pesquisa longa e difícil". A postura que consiste em produzir dados demanda muito tempo e, se ela tem

---

69. Por essa razão, podemos julgar necessário explicitar, o máximo possível, as escolhas que precedem a construção da tabela submetida à análise. Cf., p. ex., DUVAL, J. *Critique de la raison journalistique* – Les transformations de la presse économique en France. Paris: Le Seuil, 2004, p. 323-338 ["Liber"]. • "L'art du réalisme. Le champ du cinema français au début des années 2000". *Actes de la Recherce en Sciences Sociales*, n. 161-162, 2006, esp. p. 98-102.

70. BOURDIEU, P. & SAINT-MARTIN, M. "Le patronat". Op. cit., p. 2-82.

vantagens incontestáveis na análise secundária, ela não produz o (hipotético) jogo de dados perfeito. A leitura dos gráficos fatoriais deve, de fato, sempre integrar uma análise crítica dos dados. Os espaços obtidos sintetizam a riqueza destes últimos, mas eles sempre se ressentem também de seus limites[71].

2) Hoje é difícil falar em análise fatorial (de invenção largamente francesa[72]) sem ao menos evocar os modelos de regressão muito utilizados atualmente em ciências sociais, notadamente nos países anglo-saxões. Na França, pesquisadores mobilizam simultaneamente as duas técnicas[73] que, de fato, permitem responder a questões diferentes. A análise fatorial ajuda a construir espaços, ao passo que uma regressão deságua, acima de tudo, numa relação entre variáveis. A tabela 1, por exemplo, poderia ser "resumida", não mais por um espaço, mas por uma equação entre o salário e o número de anos de estudos após os 16 anos de idade:

SALÁRIO MENSAL = 225 * (NÚMERO DE ANOS DE ESTUDOS APÓS OS 16 ANOS DE IDADE) + 1.072.

Este tipo de equação é geralmente lida, seja numa lógica de predição (a equação permite "prever" o salário de um novo indivíduo do qual não conheceríamos senão a idade de fim de estudos), ou para quantificar o efeito sobre o salário de um ano de estudo suplementar após a idade de 16 anos (para cada ano suplementar, seriam acrescentados ao salário 225 euros). Se a análise tivesse incluído outras variáveis além da idade de fim de estudos, a equação teria permitido apreciar "o efeito líquido" de cada uma delas sobre o salário.

Em pesquisas acordando um grande destaque à noção de espaço, poderíamos esperar que a regressão interviesse a título de complemento às análises fatoriais aportando os elementos fundamentais. O mais frequentemente, no entanto, a análise fatorial é pensada como um instrumento intervindo numa fase "descritiva" e preparatória, precedendo o recurso às técnicas de regressão que, sozinhas, permitiriam um trabalho estatístico "explicativo". Henry Rouanet e

---

71. Para o comentário de uma ACM integrando ativamente os limites dos dados utilizados, cf. BAUDELOT, C.; GOLLAC, M.; BESSIÈRE, C.; COUTANT, I.; GODECHOT, O.; SERRE, D. & VIGUIER, F. *Travailler pour être heureux?* – Le bonheur en France. Paris: Fayard, 2003, p. 194ss.

72. A ACM foi essencialmente afinada nos anos de 1960 pela escola francesa de análise dos dados de Jean-Paul Benzécri. Sobre suas origens e sua difusão, cf. LE ROUX, B. & ROUANET, H. *Geometric Data Analysis*. Op. cit., p. 11-14.

73. Para exemplos recentes, cf. esp. BROUSSE, C. "Devenir sans-domicile, le rester: rupture des liens sociaux ou difficultés d'accès au logement?" *Économie et Statistique*, n. 391-392, 2006, p. 35-64. • COULANGEON, P. "La stratification sociale des goûts musicaux". *Revue Française de Sociologie*, n. 1, 2003, p. 3-33. • GOJARD, S. "L'alimentation dans la prime enfance". *Revue Française de Sociologie*, n. 3, 2000, p. 475-512. • PAUGAM, S. *Le salarié de la précarité*. Op. cit.

Frédéric Lebaron[74] questionam esta visão das coisas, avançando que nenhuma técnica estatística é intrinsecamente "explicativa": é o pesquisador que, pela forma de usá-la, por sua leitura e por sua interpretação dos resultados, decide inseri-la ou não num quadro explicativo. De fato, se existem usos mais descritivos da análise fatorial, o realizado por Pierre Bourdieu, que foi privilegiado neste capítulo, inscreve-se evidentemente numa perspectiva explicativa. A utilização da técnica dos elementos suplementares é suficiente para mostrá-lo, mas é bom lembrar que estes "espaços teóricos" que são os campos se pretendem modelos explicativos. O "espaço social" construído na obra *La distinction* visa assim a prestar contas, de forma sintética, da distribuição de fenômenos frequentemente estudados pelas ciências sociais (práticas culturais ou esportivas, hábitos alimentares, "opções" políticas...). A obra *Homo Academicus* insiste, similarmente, em mostrar que as posições políticas adotadas pelos universitários, em maio de 1968, encontram um de seus princípios na posição que eles ocupavam no seio do campo universitário. Trata-se, aqui, seguramente, de dois exemplos de uma postura explicativa.

---

74. ROUANET, H. & LEBARON, F. "La preuve statistique: examen critique de la régression". *Séminaire du Curapp du 5 mai 2006* [Disponível em http:// www.math-info.univ.paris5.fr/~rouanet/recherce/publications/Adreg12.pdf].

14
Elaborar um tipo ideal

Dominique Schnapper

Em seu sentido amplo, o estabelecimento de uma tipologia vincula-se à própria empresa sociológica[75], que se atribui por ambição substituir as incoerências do mundo humano por relações inteligíveis. O sociólogo esforça-se para substituir a diversidade e a confusão do real por um conjunto coerente e relacional. Neste projeto, elaborar conceitos, ordenar e classificar os materiais coletados pelas pesquisas, fazer comparações sistemáticas, formular a lógica escondida que mostra a variação das diversas dimensões da realidade social é parte integrante de qualquer pesquisa. Podemos antecipar que a elaboração de uma tipologia como operação de estilização da realidade social para compreendê-la melhor é característica da sociologia em geral, bem como para o conjunto das ciências humanas. Neste sentido muito genérico, a postura tipológica é consubstancial à postura sociológica ela mesma: ela se confundiria consigo mesma.

No entanto, é impossível limitar-nos a esta concepção geral. Se admitirmos que o objeto próprio à sociologia é o sentido da interação social, isto é, da ação orientada em relação ao outro, e tendo uma significação para o outro, a sociologia não depende das ciências físicas, mas do conhecimento histórico. As relações entre os seres humanos dependem do conjunto da sociedade na qual elas se realizam. Ao mesmo tempo, como em qualquer intento de conhecimento relacional, elas se fundam na experimentação, isto é, na pesquisa, no sentido mais abrangente deste termo. O raciocínio sociológico inevitavelmente oscila entre o polo experimental e o polo histórico, entre a pesquisa, ou a experiência laboratorial, e a compreensão histórica[76]. Portanto, é confrontando os resultados das pesquisas e a reflexão mais ampla sobre nossa sociedade, enquanto sociedade histórica particular, que a compreensão sociológica sorve sua originalidade. Nas

---

75. A sociologia é entendida aqui no sentido amplo do conhecimento racional das ciências humanas.
76. PASSERON, J.-C. *Le raisonnement sociologique*. Paris: Nathan, 1991 ["Essais et recherches"].

práticas de pesquisa, a análise tipológica assume um sentido e uma função diretamente vinculados à natureza mesma de um projeto intelectual específico, que busca conjugar o polo experimental e o polo histórico. A pesquisa permite estabelecer o vínculo entre os resultados das pesquisas particulares e a reflexão mais geral e mais histórica sobre a sociedade.

A ideia mesma de análise por tipo ideal foi simultaneamente praticada e teorizada por Max Weber numa perspectiva essencialmente histórica (1). Ela foi sistematizada pelos sociólogos especialistas da exploração dos dados empíricos, em particular por Paul Lazarsfeld (2). Na pesquisa contemporânea, ela se revela mais particularmente fecunda quando se trata de conjugar a interpretação histórica e a análise dos dados aportados pelas pesquisas, seja para caracterizar individualidades históricas (3), seja para analisar experiências vividas particularmente (4).

O tipo ideal segundo Max Weber (1)

O método tipológico é oriundo da concepção weberiana à qual devemos retornar. O *idealtypus* de Max Weber foi traduzido na língua francesa por "tipo ideal". Este termo, tanto no francês quanto no alemão, comporta o inconveniente de ser ambíguo. Corre-se o risco de confundir a ideia no sentido intelectual ou lógica do termo com a ideia no sentido ideal ou da norma[77].

Max Weber, no entanto, ele mesmo havia advertido seus leitores: "De antemão gostaríamos de insistir na necessidade de separar rigorosamente os quadros de pensamento dos quais nos ocupamos aqui que são "ideais" num sentido <u>puramente lógico</u> (sublinhado por mim), da noção do dever-ser ou de "modelo". Trata-se, com efeito, somente de construções de relações que são suficientemente justificadas ao olhar de nossa *imaginação*, portanto, "objetivamente possíveis", e que parecem *adequadas* ao nosso saber nomológico"[78]. É preciso "fazer um distinção estrita entre a relação que compara a realidade à tipos ideais no <u>sentido lógico</u> (sublinhado por mim) e a *apreciação* valorativa desta realidade fundada em ideais. O tipo ideal, da forma como o entendemos, o repito, é alguma coisa de inteiramente independente da apreciação avaliativa; ele não tem nada em comum com qualquer outra "perfeição"; (sua relação é) puramente *lógica*"[79].

O tipo ideal é um quadro simplificado e esquematizado do objeto da pesquisa com o qual a observação sistemática do real – captado pela pesquisa cujos

---

77. Creio que esta observação, relativa à língua francesa e alemã, acrescida da explicação dos próximos parágrafos do presente texto, pode ser aplicada também à língua portuguesa [N.T.].

78. WEBER, M. *Essais sur la théorie de la science*. Paris: Plon, 1992, p. 174 ["Agora"]. Como em todas as citações, os itálicos são do autor.

79. Ibid., p. 183.

procedimentos utilizam indiferentemente ou sucessivamente ou mesmo concorrentemente, métodos ditos qualitativos ou quantitativos – deve ser confrontada. Neste sentido, ele é um instrumento privilegiado da compreensão sociológica. Mas trata-se exatamente de um instrumento: ele não é o objetivo da pesquisa, mas o meio de tornar inteligíveis as relações sociais entre os homens. "A *construção* de *idealtypus* abstratos não é importante em termos de objetivo, mas unicamente como meio do conhecimento (sublinhado por mim)"[80].

O tipo ideal não é uma descrição da realidade, mas um instrumento para compreendê-la, um sistema pensado de relações abstratas, um "quadro pensado". "Não são absolutamente as relações 'materiais' (*sachliche*) das 'coisas' que constituem a base da delimitação dos domínios do trabalho científico, mas as relações conceptuais dos problemas; é somente quando nos ocupamos de um problema novo, com um método novo, e quando descobrimos desta maneira verdades que abrem novos horizontes importantes, que igualmente nasce uma 'ciência' nova[81]. [...] Obtemos um tipo ideal acentuando unilateralmente *um* ou *vários* pontos de vista e encadeando uma multidão de fenômenos dados isoladamente, difusos e discretos, que encontramos ora em grande número, ora em pequeno número e por locais inesperados, que ordenamos segundo os precedentes pontos de vista escolhidos unilateralmente, para formar um quadro de pensamento homogêneo (*einheitlich*) (sublinhado por mim). Em nenhum lugar, empiricamente, encontraremos semelhante quadro, em sua pureza conceitual: *ele é uma utopia*" (p. 171-172). "O tipo ideal é um quadro de pensamento; ele não é nem a realidade histórica nem, sobretudo, a realidade 'autêntica' [...] Ele não tem outra significação senão a de um *conceito limite* (*Grenzbegriff*), puramente ideal, com o qual se *mede* (*messen*) a realidade para clarificar o conteúdo empírico de alguns de seus elementos importantes, e com o qual a comparamos"[82].

Esse texto célebre afirma claramente as duas características do tipo ideal: sua abstração (uma "ideia") e seu caráter instrumental – puramente heurístico. Seu autor o precisa: "O esquema construído não tem naturalmente outro objetivo senão o de ser um *instrumento de orientação* ideal típico [...]. As diferentes esferas de valor são apresentadas em sua racionalidade acabada: elas *raramente* aparecem desta forma na realidade, embora isso possa ocorrer [...]. Uma construção dessas, lá onde um fenômeno histórico se aproxima de um destes conteúdos, por determinados traços particulares ou globalmente, permite determinar seu lugar tipológico – por assim dizer –, fazendo ressurgir sua proximidade ou sua distância em relação ao tipo construído em teoria"[83].

---

80. Ibid., p. 175.
81. Ibid., p. 142-143.
82. Ibid., p. 176.
83. WEBER, M. *Sociologie des religions*. Paris: Gallimard, 1996, p. 411 ["Bibliothèque des Sciences Humaines"].

Evoquemos, para ilustrar a própria prática de Max Weber, a tipologia dos modos de dominação legítima, racional, tradicional e carismática. "A validade (da) legitimidade pode principalmente revestir-se de: 1) Um caráter *racional*, repousando sobre a crença na legalidade das leis administrativas e do direito de elaborar diretivas da parte dos que são chamados a exercer a dominação por estes meios (dominação legal). 2) Um caráter *tradicional*, repousando sobre a crença cotidiana na santidade de tradições eternamente válidas e na legitimidade dos que são chamados a exercer a autoridade por estes meios (dominação tradicional). 3) Um caráter *carismático* (repousando) sobre a submissão extraordinária ao caráter sagrado, à virtude heroica ou ao valor exemplar de uma pessoa, ou ainda (emanando) de ordens relevadas ou transmitidas por ela (dominação carismática)"[84]. Enquanto se trata de *idealtypus* ("nenhum dos três tipos ideais [...], historicamente, foram detectados em estado puro", acrescenta Weber), a dominação, da forma como ela se exerce concretamente nas sociedades histórias, sempre comporta simultaneamente elementos tradicionais, racionais e carismáticos. A tipologia antecipa uma teoria do fundamento da dominação legítima, que torna inteligíveis as formas concretas assumidas pelos modos de dominação nas sociedades históricas.

A sistematização metodológica (2)

Na geração de sociólogos posteriores à Segunda Guerra Mundial, a exploração das pesquisas empíricas conheceu um desenvolvimento que levou a uma reflexão destinada a explicar o sentido e o valor desta guerra. Tentou-se formular os fundamentos lógicos desta postura, em particular no que concerne "às técnicas de construção das tipologias"[85]. Na construção das tipologias, não deveríamos nos contentar com tipologias "preliminares", segundo a fórmula de Lazarsfeld, fundadas na simples observação e na intuição do pesquisador, mas dar-nos por ambição elaborar tipologias sistemáticas pela combinação de atributos fundamentais.

Um exemplo clássico de tipologia, fundado no cruzamento de duas variáveis, é assim proposto por Merton a propósito dos prejulgamentos[86]. Ele parte do fato que os indivíduos podem exprimir prejulgamentos sem para tanto adotar comportamentos correspondentes ou adotar comportamentos discriminatórios tendo propósitos isentos de prejulgamentos. "As condutas podem não ser conformes às crenças. Em termos sociológicos, condutas e atitudes variam de

---

84. WEBER, M. *Économie et société*. Paris: Plon, 1971, p. 222 ["Recherches en Sciences Humaines"].
85. Encontraremos o melhor desenvolvimento sobre o tema em LAZARSFELD, P. & PASANELLA. "Sur les techniques de construction des typologies dans les sciences sociales". In: LAZARSFELD, P. *Philosophie des sciences sociales*. Paris: Gallimard, 1970, p. 362-374 ["Bibliothèque des Sciences Humaines"].
86. Apud LAZARSFELD, P. "Le langage des sciences sociales". Op. cit., p. 333-334.

forma independente". A combinação de duas dimensões – expressões verbais de prejulgamentos e comportamentos discriminatórios – permite construir a tipologia seguinte: tipo 1, aquele que Merton denomina "liberais incondicionais" que não exprimem prejulgamentos e não adotam comportamentos discriminatórios; tipo 2, aquele que ele denomina "liberais à luz do dia", que não exprimem prejulgamentos, mas que adotam comportamentos discriminatórios; tipo 3, aquele que ele denomina "não liberais à luz do dia", que exprimem prejulgamentos, mas não adotam comportamentos discriminatórios; tipo 4, aquele que ele denomina "não liberais incondicionais", que exprimem prejulgamentos e adotam comportamentos discriminatórios. Segundo o comentário de Lazarsfeld, não se trata lá de uma simples tipologia intuitiva ou "preliminar", mas de uma tipologia sistemática, à medida que ela resulta da combinação de dois atributos fundamentais.

Na prática, em particular quando o número de atributos ultrapassa dois, é fecundo partir do "espaço de atributos", isto é, do conjunto das qualidades ou características que, segundo o pesquisador, caracterizam a população, ou uma situação social dada, que ele pretende estudar. Podemos, com efeito, "sempre demonstrar que, em sua estrutura lógica", a construção das tipologias "resulta da redução de um espaço de atributos", ou seja, do reagrupamento de várias combinações logicamente possíveis em uma mesma classe. Após o pesquisador ter-se familiarizado com o material coletado por sua pesquisa e tê-lo elaborado, de maneira intuitiva, três ou quatro tipos (que constituem a tipologia "intuitiva" ou "preliminar"), ele deveria "evidenciar o espaço de atributos que serve de infraestrutura" para esta "tipologia preliminar", "tomando consciência da redução implicitamente operada"[87]. Dito de outra forma: ele deveria construir todas as combinações logicamente possíveis de suas variáveis e comparar os resultados de sua pesquisa com esta construção abstrata. Ele pode assim classificar os indivíduos segundo um *continuum* de situações ou de comportamentos e esclarecer as razões pelas quais tal ou tal combinação, logicamente possível, não é representada na população.

Lazarsfeld distingue três espécies de redução de um espaço de atributos, qualificadas por ele como "funcional", "convencional" (numérica) ou "pragmática"[88]. Esta última redução é a mais frequente. Ela consiste em eliminar combinações, embora sejam logicamente possíveis, em razão das relações existentes entre os atributos que entram na combinação. Assim, numa pesquisa sobre os estudantes de um *colégio* americano, todos os negros são classificados na mesma categoria, porque a desvantagem social da "raça" era, à época da pesquisa (1970), tão grande que todas as outras características não tinham efeito sobre suas condições e relações sociais.

---

87. Ibid., p. 372.
88. LAZARSFELD, P. *Philosophie des Sciences Sociales*. Op. cit., p. 365.

Lazarsfeld oferece um exemplo significativo dessa operação ao reinterpretar uma pesquisa de Eric Fromm. Este último havia feito uma longa pesquisa por questionário sobre a autoridade parental. Ele propôs como "base teórica" da pesquisa a ideia de que existiam quatro tipos de relação de autoridade: a autoridade absoluta, a autoridade simples, a ausência de autoridade, a revolta. A autoridade dos pais era medida a partir de dois indicadores: o controle de determinadas atividades das crianças, o recursos aos castigos corporais. A aceitação da autoridade pelas crianças era medida através de duas respostas dadas ao questionário: a confiança que elas exprimiam em relação a seus pais, a existência de conflitos que elas declaravam ter com eles. Uma primeira redução do espaço de atributos permitia reduzir as formas da autoridade dos pais e a aceitação desta autoridade pelas crianças sobre um *continuum* de três posições: autoridade dos pais forte, média e fraca (ou ausência de autoridade); aceitação da autoridade pelas crianças grande (isto é, voluntariamente aceita), média (isto é, simplesmente admitida) e fraca (isto é, recusa da autoridade). Cruzando as três posições possíveis da autoridade parental e da aceitação das crianças, é possível se obter nove combinações aritmética ou logicamente possíveis que podem ser enumerar de 1 a 9, partindo da autoridade dos pais mais forte e da grande aceitação da autoridade pelas crianças. Assim é possível considerar que as combinações 1 (autoridade forte dos pais, voluntariamente aceita pelas crianças) e 2 (autoridade forte dos pais, simplesmente admitida pelas crianças) definem a relação de "autoridade absoluta". As combinações 4 (autoridade média dos pais, voluntariamente aceita pelas crianças) e 5 (autoridade média dos pais, simplesmente admitida pelas crianças) definem a relação de "autoridade simples". A combinação 8 (ausência de autoridade dos pais, simplesmente admitida pelas crianças) define a relação de "ausência de autoridade". As combinações 3 (autoridade forte dos pais, recusa da autoridade pelas crianças) e 6 (autoridade média dos pais, recusa da autoridade pelas crianças) definem a relação de "revolta". Desta forma nos deparamos com os quatro tipos de autoridade parental que Eric Fromm havia introduzido como "base teórica" de sua pesquisa.

Lazarsfeld propôs uma interpretação nova dos resultados da pesquisa empírica utilizando o procedimento de "redução do espaço de atributos". Ele observou que duas combinações logicamente possíveis, as combinações 7 (ausência de autoridade dos pais, voluntariamente aceita pelas crianças) e 9 (ausência absoluta de autoridade dos pais, recusa da autoridade pelas crianças) não eram concebíveis. "Parece que isso se deva ao que supúnhamos impossível: a existência de uma situação onde uma autoridade fracamente exercida encontraria a adesão entusiasta ou a rebelião"[89]. Ora, estas combinações poderiam ter um sentido: é possível que "as crianças desejem mais ou menos conscientemente uma autoridade que não encontram para enfrentar". Explicando a lógica segundo a

---

89. Ibid., p. 372.

qual se desenrolou a redução do espaço de atributos, Lazarsfeld sugeriu uma nova hipótese: Será que as crianças cujos pais exercem sobre elas uma autoridade fraca, não estariam manifestando uma necessidade de autoridade, ou, seria "vislumbrável que crianças desejem uma autoridade que não é efetivamente exercida por seus pais"? Uma pesquisa posterior permitiria testar esta hipótese.

Isso não nos permite concluir que o esforço de explicação lógica leve a opor um método, que estaria ligado à pesquisa estatística depois de uma pesquisa empírica realizada por amostras e questionários explorados segundo os métodos estatísticos, a outro método, que estaria vinculado à pesquisa qualitativa ou objetiva. O que importa é superar a oposição primária entre métodos quantitativos e qualitativos. Urge igualmente não confundir os procedimentos ou as posturas com o projeto de conhecimento ele mesmo. Como em todas as análises de dados, segundo os métodos taxinômicos, trata-se de estabelecer sistemas de relações (lógicas ou matemáticas) entre comportamentos observáveis e variáveis não observáveis. Se as posturas da pesquisa fundada em questionários e as da pesquisa qualitativa ou história não são as mesmas, a lógica dos raciocínios e o objeto da pesquisa não são diferentes. Quando Lazarsfeld usa a expressão "fórmula-mãe" para designar "um conceito descritivo de um nível superior que permite abraçar e resumir em uma única fórmula uma soma importante de observações particulares"[90], isto é, que permite prestar contas do conjunto das observações que foram coletadas pela pesquisa, ele depara-se com a própria noção de tipo ideal, da forma como Max Weber a havia definido. Entretanto, o que permanece verdadeiro, é que uma pesquisa empírica fundada em questionários e análises estatísticas leva a dar um peso maior à própria pesquisa e remete a uma postura mais indutiva, visto que os dados empíricos primam no conjunto da postura. A elaboração de uma tipologia de inspiração histórica, o mais frequentemente, revela uma postura mais dedutiva.

Os dois tipos ideais não são o objeto da pesquisa, mas seu instrumento. Eles não se reduzem a uma descrição, ou a um procedimento de registro da realidade, mas são instrumentos para torná-la, ao menos parcialmente, inteligível. São instrumentos ativos e criadores da pesquisa. Eles devem ser uma construção lógica de proposições – empiricamente observáveis ou propostas *a priori* –, indispensáveis para caracterizar o fenômeno social estudado segundo o ponto de vista escolhido. Ao elaborar um tipo ideal, o sociólogo se esforça para afirmar o essencial, para conservar os elementos significativos, para dar-lhes um sentido numa construção de conjunto e tornar os objetos comparáveis sob um determinado ponto de vista, aquele que o pesquisador adotou.

Em todos os casos, contrariamente à classificação, a elaboração de uma tipologia não consiste em reagrupar pessoas ou situações sociais sob um critério

---

90. Ibid., p. 350.

particular, mas em elaborar relações abstratas entre os homens ou as situações sociais; ela revela o traço essencial que permite tornar inteligíveis as formas que assumem estas relações ou estas situações, observadas graças à pesquisa, podendo ser esta última quantitativa ou qualitativa.

As individualidades históricas (3)

No prolongamento direto de Max Weber, analisando a "individualidade histórica" que é o capitalismo, "significativo em sua singularidade"[91], continuamos praticando a análise tipológica para caracterizar as formas que assumem as sociedades modernas.

Foi inspirando-se diretamente no modelo de Weber que Raymond Aron, por exemplo, elaborou o tipo ideal da sociedade industrial no início dos anos de 1960. "Ao invés de assumir como conceito histórico maior o conceito de capitalismo, nós escolhemos o de sociedade industrial"[92]. Aron reuniu assim os traços essenciais pelos quais ela se distingue radicalmente das outras sociedades. Toda economia industrial, seja ela capitalista ou comunista, comporta, segundo esta análise, cinco traços: 1) A empresa é separada da família. 2) Disso resulta um tipo original de produção e de divisão do trabalho no interior da empresa, fundado na divisão tecnológica. 3) A economia repousa sobre a acumulação do capital, o que lhe dá um caráter progressivo. 4) Ela implica necessariamente o cálculo econômico racional. Enfim, 5) Ela culmina na concentração dos operários no local de trabalho, o que faz emergir a questão da propriedade dos meios de produção.

Esse tipo ideal, que definiu o que é comum a todas as sociedades industriais, não representa senão um momento da postura. O autor, inúmeras vezes, o considera "insuficiente" e "superficial". "A partir do conceito de sociedade industrial, pude discernir tipos diferentes desta sociedade"[93]. A análise que ele julga a mais fecunda, com efeito, é a que ele propôs elaborando os dois subtipos ou as duas modalidades da sociedade industrial: capitalista e "socialista" (ou "soviética"). Importa efetivamente, segundo ele, entre a "teoria abstrata" e a "história singular", propor uma "teoria sociológica", "que poderia combinar a análise econômica e a narrativa histórica"[94]. A análise sociológica incide sobre as sociedades concretas e ela deve, por consequência, prestar conta da evolução histórica, já que, por exemplo, "a não estatização dos sindicatos e a intervenção corretiva do Estado são características das sociedades ocidentais em seu grau atual de evolução, e não das sociedades capitalistas do século XX"[95].

---

91. WEBER, M. *Essais sur la théorie de la science*. Op. cit., p. 156.
92. ARON, R. *Dix-huit leçons sur la société industrielle*. Paris: Gallimard, 1962, p. 362 ["Idées].
93. Ibid.
94. Ibid., p. 203.
95. Ibid., p. 158.

Segundo o autor, as duas sociedades industriais dos anos de 1960 se opunham essencialmente na propriedade dos meios de produção e no modo de regulação da economia. Na economia soviética, os instrumentos de produção pertenciam ao Estado e a divisão dos recursos era decidida pelo Comitê Central. Na economia capitalista, os instrumentos de produção pertenciam à iniciativa privada e a divisão dos recursos era ao menos parcialmente determinada pelas decisões dos indivíduos sob a demanda do mercado. Trata-se realmente de uma análise tipológica: "Não existe nenhuma sociedade capitalista que seja totalmente, idealmente capitalista. Na sociedade francesa, atualmente, uma parte da indústria é propriedade coletiva. Por outro lado, não é verdade que, num sistema capitalista, todos os sujeitos econômicos sejam animados pelo único desejo de lucro. Nós simplesmente buscamos sublinhar as características mais fundamentais de um regime capitalista em estado puro"[96]. As características que opõem as duas economias são quatro: "1) Os sistemas econômicos capitalistas mostram hoje uma grande diversidade nas formas de propriedade, em particular na manutenção da propriedade individual, da empresa pessoal no comércio e na agricultura. 2) Os sistemas capitalistas excluem a separação radical da economia nacional em relação à economia mundial e devem dobrar-se às exigências do comércio exterior. 3) Os consumidores continuam exercendo uma influência dominante sobre a divisão dos recursos nacionais. 4) Enfim, os sindicatos operários não são estatizados"[97]. Podemos deduzir desta análise as características da economia soviética à medida que cada um dos subtipos de sociedade industrial for definido um em função do outro.

O autor propõe o tipo ideal da atitude que favorece, em todos os casos, o crescimento nos dois tipos de sociedade industrial. O desenvolvimento da economia moderna, "capitalista" ou "soviética", se explica em primeiro lugar pela "atitude dos sujeitos econômicos", a saber, "o espírito de ciência e de técnica, o espírito de cálculo econômico e, em terceiro lugar, o espírito e o gosto pela progressão, pela mudança, pela inovação"[98]. Percebe-se lá o desenvolvimento das análises weberianas do "espírito" do capitalismo e da atitude ascética do capitalista, aplicadas às sociedades industriais dos anos de 1960, desenhando o que poderíamos denominar, no prolongamento de Weber, "o espírito da sociedade industrial" e "o espírito do sujeito econômico da sociedade industrial"[99].

Estas análises ilustram a necessidade, para o pesquisador, de passar do tipo ideal da individualidade histórica que é a sociedade industrial à tipologia das sociedades industriais concretas: a sociedade capitalista e a sociedade soviética,

---

96. Ibid., p. 112.
97. Ibid., p. 149.
98. Ibid., p. 203.
99. Cf. BOLTANSKI, L. & CHIAPELLO, È. *Le nouvel esprit du capitalisme*. Paris: Gallimard, 2000 ["NRF-Essais"].

e inversamente. O tipo ideal da individualidade histórica, sociedade industrial, surgiu demasiadamente abstrato para ser verdadeiramente significativo; é a análise comparada das sociedades concretas que o autor julga a mais fundada[100].

As experiências vividas (4)

Um dos grandes desafios da análise sociológica é o de colocar em relação os processos históricos globais – ou macrossociológicos – que incidem sobre individualidades históricas com os resultados das pesquisas empíricas – microssociológicos – consagradas aos indivíduos e às situações sociais concretas. As análises tipológicas das experiências vividas têm por sentido e por virtude contribuir na explicação dos efeitos destes fenômenos estruturais, de ordem macrossociológica, sobre as atitudes e os comportamentos dos indivíduos e, por consequência, sobre os espaços de liberdade, mesmo limitados, dos quais eles dispõem para dar um sentido à sua experiência social. Elas se revelam um instrumento eficaz para gerar relações entre os processos globais ou estruturais, portanto históricos da sociedade, característicos da "individualidade histórica" que constituem a sociedade democrática moderna, com as experiências vividas da forma como as pesquisas permitem apreendê-las em observando as condutas dos indivíduos e o sentido que eles lhes dão. As maneiras com as quais os indivíduos interiorizam as condições objetivas de seu destino social em reinterpretando-as estão no coração da pesquisa sociológica.

As tipologias das experiências vividas não constituem simplesmente uma etnografia, no sentido de uma simples descrição ordenada e sistemática das condutas. Elas assumem seu verdadeiro sentido a partir dos processos globais e estruturais nos quais elas se inscrevem. Aqui reencontramos, aliás, a inspiração de Georg Simmel que "não separava o choque dos grandes movimentos de ideias históricas, tais como o cristianismo, o feudalismo, o individualismo ou o socialismo, de suas incidências determinantes sobre a vida ordinária, quer sobre o costume ou a toalete, as formas de polidez ou de fidelidade"[101]. A análise tipológica mostra, por exemplo, como podem se conjugar, de maneira sempre singular, a participação de fato numa sociedade política organizada pela cidadania e as formas de referências, de identificações e de fidelidades às coletividades históricas particulares.

De fato, não saberíamos compreender plenamente o sentido das reinterpretações das identidades religiosas ou étnico-religiosas modernas sem fazer referência ao princípio da legitimidade da sociedade democrática moderna, fundada

---

100. O mesmo tipo de análises foi proposto por Daniel Bell, ao construir sobre o mesmo modelo o tipo ideal da "sociedade pós-industrial". Cf. BELL, D. *Vers la société postindustrielle*. Paris: Laffont, 1978 [1973].

101. FREUND, J. "Préface". In: WATIER, P. (org.). *Georg Simmel* – La sociologie et l'expérience du monde moderne. Paris: Klincksieck, 1986, p. 8 ["Sociétés"].

sobre a ideia e o ideal, as instituições e as práticas da cidadania. Esta última transcende as pertenças étnicas e religiosas que constituíam o vínculo social nas sociedades pré-modernas; ela funda uma sociedade cujos membros são unidos pelo vínculo jurídico e político da cidadania. As análises tipológicas permitem evidenciar, por exemplo, os efeitos deste princípio de organização política nas experiências vividas pelo judaísmo nas sociedades democráticas da diáspora, exemplo particular que poderia ser estendido a outras populações.

O judaísmo designava até a modernidade política um povo definido por uma crença metafísica, a Aliança ou a Eleição, e por uma história específica, a do povo judeu. A definição do povo judeu era exatamente étnico-religiosa[102]. As comunidades judias antes da modernidade política possuíam uma definição ao mesmo tempo religiosa e política, já que submetidas à autoridade dos rabinos. Ser judeu era então simultaneamente adotar condutas religiosas e respeitar a autoridade jurídica e política dos chefes da comunidade e rabinos. Quando os princípios da modernidade política e a preeminência da cidadania nacional foram garantidos – na França, no momento da Revolução, quando a Emancipação de setembro de 1791 acorda a plena cidadania a todos os judeus –, três soluções teóricas podiam logicamente ser vislumbradas.

Os judeus podiam adotar uma "reinterpretação metafísica", definindo-se então, acima de tudo, como Povo da Aliança, reinterpretando o judaísmo como uma espécie de ordem metafísica, produtora de práticas religiosas. Estas tinham então o direito de se desenvolver livremente na vida privada, semelhante a outras práticas religiosas, garantidas pelas liberdades públicas. Os judeus podiam igualmente adotar um "reinterpretação histórica", segundo a qual o judaísmo é primeiramente a história coletiva de um povo. Entretanto, as exigências ligadas à sobrevivência e à solidariedade deste povo corriam o risco de entrar em contradição com as exigências da cidadania. Que os judeus franceses pudessem sentir-se solidários com os judeus alemães em nome da unidade do "povo judeu" parecia efetivamente contraditório, no tempo dos nacionalismos, com a pertença nacional de uns e outros, e com seu patriotismo igualmente fervoroso tanto de um lado do Reno quanto do outro. A terceira reinterpretação, em termos de "destino coletivo", consistia em se definir acima de tudo como cidadãos do país de instalação, respeitando as exigências ligadas a esta cidadania. Entretanto, dado que o antissemitismo histórico das sociedades europeias – dimensão essencial da condição judia nos países ocidentais –, os judeus se viram coagidos ao mesmo tempo a assumir uma identidade judia, mesmo quando ela era vazia de conteúdo objetivo e de conhecimento. Em alguns casos, esta identidade era imposta pelos outros e seu antissemitismo; em outros, ela era reivindicada pelos

---

102. Sobre o conceito étnico-religioso, cf. SCHNAPPER, D. "Le sens de l'ethnico-religieux". *Archives de Sciences Sociales des Religions*, vol. 81, 1993, p. 149-163. Cf. tb. "Revouveau ethnique et revouveau religieux dans les démocraties providentielles". Ibid., n. 131-132, p. 9-26.

indivíduos por fidelidade escolhida ou por simples dignidade, em nome do valor universal da solidariedade com todos os perseguidos.

A partir desta reflexão teórica prévia, eu elaborei, após uma pesquisa empírica, uma tipologia das identidades judias na França, distinguindo três tipos, correspondendo grosseiramente a estes três tipos de reinterpretação: os "praticantes", os "militantes" e os "israelitas"[103]. Os primeiros, os "praticantes", que se conformaram à reinterpretação metafísica, eram reconhecidos objetivamente pelo fato que eles respeitavam as regras alimentares cotidianas da *cacherout* e o descanso hebdomadário do *shabbat*. Os segundos, os "militantes", que se conformaram à reinterpretação histórica, cujas práticas específicas eram reduzidas aos símbolos de pertença (ritos de passagem, jejum de *Kippur*, *seder* de Páscoa) organizaram o essencial de sua identidade e de suas condutas em torno da relação com o Estado de Israel, única coletividade judia organizada em Estado soberano. Os últimos, os "israelitas', que se conformaram à reinterpretação em termos de destino coletivo, enfim, sem adotar condutas especificamente judaicas, às vezes desprovidas de qualquer conhecimento da tradição, não guardaram nenhuma referência moral, sentimental ou histórica ao judaísmo, sempre suscetível de se reatualizar em função dos acontecimentos históricos. Foi o que, aliás, demonstrou a emoção e a paixão suscitadas pela Guerra dos Seis Dias em 1967: ela despertou um sentimento de identidade junto às pessoas que pensavam então ter perdido todo vínculo com o judaísmo. Podemos imaginar que certas populações de origem muçulmana fizeram a mesma experiência de solidariedade "árabe" por ocasião da Guerra do Golfo.

Importa sublinhar o caráter instrumental desta tipologia: as experiências vividas não correspondem jamais perfeitamente a um dos tipos de reinterpretação. Nenhum tipo se encontra em estado puro junto à realidade das experiências vividas. Para os "praticantes", os judeus formam também um povo histórico; seus vínculos com Israel, embora fundados primeiramente numa concepção do povo enquanto Povo da Aliança, frequentemente são mais estreitos que os dos "militantes". Os "militantes", por sua vez, não negligenciam todas as práticas tradicionais, mesmo quando sua atividade política em favor de Israel pareça dominante. A tipologia permite compreender a lógica das condutas e das referências e mostrar que, segundo sua proximidade com tal ou tal tipo, os indivíduos adotam sistematicamente uma série de condutas e discursos. Uma pesquisa recente mostrou que as reinterpretações das identidades judias se traduzem por outras formas concretas de referências, de abandono, de identificações e de condutas[104]. Mas a tipologia continua dando sentido aos dados que foram obtidos.

---

103. SCHNAPPER, D. *Juifs et israélites*. Paris: Gallimard, 1980 ["Idées"].
104. SCHNAPPER, D.; BORDES-BENAYON, C. & RAPHAËL, F. *La condition juive en France – La tentation de l'entre-soi*. Paris: PUF, 2009 ["Le Lien Social"].

Esta análise tipológica poderia também ser estendida a outras coletividades histórias[105] e contribuir para tornar inteligíveis as maneiras com as quais os indivíduos reinterpretam identidades, umas preexistentes, mas que se renovam, outras suscitadas ou encorajadas pela Modernidade, quando o princípio da legitimidade política impõe que elas sejam não erradicadas, mas politicamente transcendidas pela cidadania; o que faz com que, concretamente, elas sejam reinterpretadas em termos de práticas ou crenças religiosas, referências históricas ou culturais secundárias, folclore ou recurso social e político[106].

A análise tipológica, como se pode perceber, deve ser bastante abstrata para poder prestar conta de condutas e identificações de indivíduos participando de grupos diferentes, ou em sociedades distintas; ela, em razão de sua abstração, deve abrir espaço à historicidade das referências identitárias que alguns grupos conservam ou inventam, em formas e em condições que a pesquisa específica. É esta abstração que permite às tipologias elaboradas a partir de uma pesquisa versando sobre uma população particular ser inferidas a outras populações, e por definição, diferentes. As tipologias, quando suficientemente conceitualizadas, podem transcender o campo da população estudada e transformar-se em um método que suscita as comparações sistemáticas.

É o que mostram igualmente as tipologias a partir das pesquisas sobre as experiências vividas pelos desempregados nas sociedades que colocaram o trabalho no centro de seus valores coletivos[107]. Os que hoje não participam mais da atividade produtiva através de um emprego – sejam desempregados, aposentados ou mesmo encarcerados – podem viver esta condição na passividade: eles são então submetidos à coerção externa, fazem a experiência de uma dessocialização progressiva, interiorizam até, em alguns casos, a estigmatização – sob formas concretas variáveis –, características estas associadas às sociedades organizadas em função da produção. Desta forma podemos construir o tipo "puro" da submissão à coerção. Aqui entra a questão da experiência do "desemprego total", definida como simples interiorização do destino imposto, que nutre em cada desempregado o sentimento de humilhação, de tédio e de condenação à dessocialização progressiva. E da experiência da "aposentadoria-liquidada", definida como "morte social" por Anne-Marie Guillemard. É igualmente a atitude de "recusa" que alguns prisioneiros adotam, fazendo da detenção um tempo

---

105. Sobre este conceito, cf. SCHNAPPER, D. *La relation à l'autre* – Au coeur de la pensée sociologique. Paris: Gallimard, 1998, p. 75-77 ["NRF-Essais"].

106. Foi o que fiz com Rémy Leveau em LEVEAU, R. & SCHNAPPER, D. "Religion et politique: juifs et musulmans maghrébins en France". *Revue Française de Science Politique*, vol. 37, n. 6, dez./1987, p. 855-890 [Reproduzido em LEVEAU, R. & KEPEL, G. (orgs.). *Les musulmans dans la société française*. Paris: FNSP, 1988, p. 99-140.

107. Cf. SCHNAPPER, D. *L'épreuve du chômage*. Paris: Gallimard, 1994 [1981] ["Folio"]. • GUILLEMARD, A.-M. *La retraite* – Une mort social. Paris: La Haye, Mouton, 1972.

morto, vivido na revolta inútil e na passividade, tempo inteiramente negativo. A prisão torna-se pura coerção[108].

Mas a análise das experiências vividas mostra igualmente os meios desiguais, mas reais, dos quais os desempregados, os aposentados e os detentos dispõem para dar um sentido à sua provação que, em alguns casos e sob determinadas condições que especifica a pesquisa, pode inclusive inverter seu sentido. Os atores sociais interiorizam as coerções da vida coletiva, mas eles reinterpretam seu sentido. Eles renegociam suas identidades em função das exigências dos diversos sistemas sociais e rearranjam modos de apropriação, de distanciamento ou de tradução destas coerções para se reservar certas margens de autonomia. É exatamente este o objeto da pesquisa: mostrar por quais meios e até que ponto determinados indivíduos – quais tipos de indivíduos – dispõem desta possibilidade. Aproximando tipologias de diversas experiências vividas, a análise tipológica permite sugerir uma teoria das maneiras de sofrer as provações sociais.

As tipologias destas experiências vividas poderiam assim ser reduzidas a dois termos: interiorização passiva de seu destino pelos indivíduos que leva ao desamparo e reinterpretação deste destino. Os que se conformam ao primeiro tipo são quase totalmente submetidos à provação; eles interiorizam passivamente a condição estigmatizada que lhes é feita, e o "eu" do qual dispõem, se não é nulo, é muito fraco. Os que se conformam ao segundo tipo dispõem de recursos sociais ou pessoais mais elevados, e podem objetivar sua condição e parcialmente reinterpretar sua provação até devolver-lhe novamente o sentido. Em alguns casos e sob determinadas condições, os que conhecem a provação do não emprego podem fazer da aposentadoria, do desemprego ou mesmo, até certo ponto, da prisão, o momento de desabrochamento de si e do retorno à autenticidade.

A análise tipológica contribui assim para o conhecimento dos processos de integração social; considerando a dialética entre as coerções do coletivo e as relações entre os homens, ela mostra o sentido da interação social. Dito de outra forma: ela visa analisar a parte da liberdade que os indivíduos conservam em meio às coerções coletivas. Ela se inscreve em uma representação da ordem social segundo a qual os homens são suscetíveis, até um determinado ponto – precisado pela pesquisa – de distanciar-se do sistema e dos papéis aos quais este sistema tende a reduzi-los, de "jogar" com estes papéis. A existência de coerções coletivas e de margens de liberdade dos quais dispõem os indivíduos constituem as duas dimensões da ordem social.

A análise tipológica não é somente um momento da história da reflexão sociológica ilustrada por Max Weber. É um instrumento da pesquisa que hoje

---

108. ROSTAING, C. *La relation carcérale* – Identités et rapports sociaux dans les prisons de femmes. Paris: PUF, 1997 ["Le Lien Social"].

continua fecundo na interpretação de pesquisas empíricas. Ela não se confunde com a classificação em categorias, mesmo que o pensamento classificatório e o pensamento tipológico sejam mobilizados no próprio desenrolar de uma pesquisa. Ela tem por sentido e por eficácia inscrever a compreensão das condutas dos indivíduos em uma análise mais larga e mais histórica das sociedades, e ajudar a compreender a singularidade das sociedades históricas, e em particular a nossa singularidade, objeto primeiro da ambição sociológica.

Em sua inspiração específica, o pensamento sociológico questiona a ideia mesma da constância dos grupos e de suas características, quer sejam definidos em termos biológicos, psicológicos ou culturais. Ela "des-realiza" os fenômenos da vida social, os "des-naturaliza", analisa o que eles devem às condições históricas, sociais e políticas onde se desenrolam. Ela substitui os objetos reais da vida social, as participações em grupos e as interações entre os indivíduos concretos por objetos científicos construídos, isto é, por um sistema de relações abstratas. A compreensão sociológica consiste em pensar em termos de relações e de processos. A análise tipológica é um dos instrumentos deste modo de pensamento. Não se trata de fazer dela uma panaceia universal. Como qualquer método, ela não é neutra. Ela vincula-se a uma concepção da sociologia definida como análise das interações sociais em um contexto histórico dado, que oferece seu lugar à possibilidade dos indivíduos "brincarem", até certo ponto – estabelecido pela análise feita a partir da pesquisa –, com as coerções que lhes são impostas, que integra na compreensão das relações sociais o sentido que os atores dão à sua conduta. Nesta concepção do projeto sociológico, o método tipológico – que, enquanto instrumento da pesquisa, não saberia, por definição, querer-se exaustivo – é uma postura que se revela fecunda[109].

---

109. Encontramos um desenvolvimento destas análises em SCHNAPPER, D. *La compréhension sociologique* – Démarche de l'analyse typologique. Paris: PUF, 1999 ["Le Lien Social"].

15
A dimensão temporal dos fatos sociais: a pesquisa longitudinal

Mirna Safi

À medida que a análise da mudança social encontra-se no coração da pesquisa em sociologia, o tempo é um elemento de conhecimento ao mesmo tempo empírico e teórico incontornável. Elementos como sequência, duração, *timing* ou tempo são características fundamentais dos fenômenos sociais, e é importante considerá-los nas pesquisas teóricas e empíricas[110]. Assim, a quase totalidade dos fenômenos estudados pelos pesquisadores se caracteriza por uma dimensão temporal; este é explicitamente o caso quando nos interessamos pelas histórias de vida dos indivíduos em sociologia, ou quando se trata de acompanhamento médico no quadro das pesquisas epidemiológicas, mas igualmente de outros fenômenos como a mobilidade geográfica ou profissional, a inserção no mercado de trabalho, a educação etc. Por outro lado, a maioria das pesquisas realizadas e exploradas são pesquisas pontuais, ditas transversais. Elas interrogam os indivíduos sobre suas características, suas opiniões, suas atitudes, numa determinada data, e consequentemente são inaptas a prestar contas da dimensão temporal dos fatos sociais.

Este capítulo concentra-se na pesquisa sociológica longitudinal. Ele começa apresentando os princípios de coleta deste tipo de pesquisa, oferecendo exemplos qualitativos e quantitativos. Subsequentemente ele se concentra na análise deste tipo de dados, apresentando os principais métodos utilizados, seus aportes ao conhecimento sociológico, bem como seus limites.

---

110. Cf., p. ex., SOROKIN, P.A. & MERTON, R.K. "Social time: A Methodological and functional analysis". *The American Journal of Sociology*, vol. 42, n. 5, 1937, p. 615-629. • DUNCAN, O.D. *Notes on Social Measurements*. Nova York: Russel Sage, 1984, p. 29-37.

Os dados longitudinais

É possível qualificar como longitudinal o conjunto dos dispositivos permitindo integrar a dimensão temporal na análise dos fatos sociais. Assim, trata-se de pesquisas que permitem constituir ou reconstituir sequências de acontecimentos, situando-os uns em relação aos outros, segundo uma ordem cronológica. Quando uma pesquisa transversal faz uma fotografia pontual de uma situação econômica ou social, tudo se passa como se o dispositivo longitudinal da coleta de dados permitisse "filmar", num lapso de tempo mais ou menos longo, o futuro dos indivíduos. De maneira geral, existem três formas diferentes de coletar dados longitudinais:

- A primeira é retrospectiva; ela consiste em interrogar os indivíduos sobre seu passado a fim de reconstituir sequências de acontecimentos.
- A segunda é prospectiva; ela procede por repetição de um protocolo de pesquisa sobre os mesmos indivíduos ao longo do tempo.
- A terceira consiste em religar *a posteriori* dados administrativos registrados por diferentes acontecimentos da vida dos indivíduos.

Teoricamente, os métodos retrospectivos ou prospectivos podem ser utilizados simultaneamente em pesquisas qualitativas e qualitativas. Na prática, o primeiro tipo de pesquisa privilegia o método retrospectivo, ao passo que o segundo prefere pesquisas repetidas no tempo, identificadas igualmente como "painel". Por detrás destes métodos gerais, existem arquiteturas temporais diferentes, e modos de coleta diversos.

Método retrospectivo: a análise biográfica e as narrativas de vida

Nas pesquisas qualitativas, é possível coletar dados de tipo longitudinal. Os métodos mais praticados para este fim são as narrativas de vida ou a entrevista biográfica, que permitem reconstituir sequências de acontecimentos na vida dos indivíduos. Este tipo de pesquisa se apoia prioritariamente em questões retrospectivas, às vezes precisas (relações familiares, educação, inserção profissional, passagem à idade adulta etc.) e às vezes bastante abertas (entrevistas biográficas que englobam a totalidade da vida). Em todos os casos, o método retrospectivo se interessa pelo passado dos indivíduos e tenta reconstituí-lo em função da maneira com a qual a entrevista o apresenta e o narra. Deste ponto de vista, este modo de coleta de dados longitudinais às vezes se aproxima das biografias, ou das autobiografias.

Mas o método retrospectivo não é utilizado unicamente nas entrevistas qualitativas. Para estudar a mortalidade, a fecundidade, os divórcios, as migrações, os demógrafos buscaram construir sequências tão completas quanto possível de acontecimentos demográficos da vida dos indivíduos, e isso a partir de amostras consideráveis. Eles também utilizaram por longo tempo dados agregados em uma ótica temporal sem que se tratasse de dados longitudinais propriamente ditos: os recenseamentos, os registros de estado civil etc. Quando estes dados não satisfaziam seus interesses de pesquisa eles frequentemente recorriam ao método retrospectivo. Esta metodologia de pesquisa longitudinal, conhecida na França sob o nome de análise biográfica[111], permitiu cruzar questões de encadeamento causal de acontecimentos incidindo sobre problemáticas tão diversificadas como a união, a fecundidade, o divórcio, o emprego etc. Para os demógrafos, elas apresentam duas vantagens consideráveis. A primeira reside em seu menor custo: ao invés de interrogar os indivíduos várias vezes, uma única entrevista é suficiente. Ao longo desta última, interroga-se o pesquisado sobre o conjunto dos acontecimentos de sua vida e reconstitui-se seu encadeamento. A segunda vantagem é mais importante. Ela é de ordem metodológica: ao passo que o método prospectivo altera a representatividade da amostra por causa da perda de indivíduos ao longo do tempo, o método retrospectivo não é limitado nem pelo período nem pelas coerções de acompanhamento. A informação é imediatamente disponibilizada. A pesquisa "tripla biografia" (3B) realizada pelos pesquisadores do Ined se interessa pela vida familiar, profissional e migratória e constitui um dos exemplos mais conhecidos na França deste tipo de dispositivo técnico.

No entanto, o método retrospectivo apresenta inúmeros limites. Em primeiro lugar, a qualidade dos dados depende fortemente da capacidade de o indivíduo reconstituir seu passado e principalmente da interpretação subjetiva que ele faz de seu passado. A análise das narrativas de vida deve assim levar em conta esta natureza narrada e reinterpretada da informação: Ricoeur fala de "identidade narrativa" e Bourdieu consagra um texto clássico à "ilusão biográfica"[112]. Mas a limitação mais forte incide na fiabilidade mesma das informações coletadas pelas pesquisas retrospectivas. Os problemas ligados à memória, os erros nas datas dos acontecimentos, os esquecimentos e as omissões engendram obliquidades consideráveis; isso é tão real que busca-se então cobrir, por definição, uma longa parte da vida dos pesquisados. Este limite, no entanto, pode constituir um objeto de pesquisa em si: os sociólogos às vezes recorrem aos trabalhos em psicologia cognitiva ou experimental para esclarecer os dados de suas pesquisas retrospectivas e analisar os problemas ligados à memória[113]. Desta forma, sempre é preferível confrontar as informações recolhidas retrospectivamente com as informações objetivas acessíveis por outros tipos de da-

---

111. COURGEAU, D. & LELIÈVRE, È. *Analyse démographique des biographies*. Paris: Ined, 1989.

112. BOURDIEU, P. "L'illusion biographique". *Actes de la Recherche en Sciences Sociales*, vol. 62-63, 1986, p. 69-72. • RICOEUR, P. *Temps et récit* – T. 3: Le temps raconté. Paris: Le Seuil, 1991.

113. COURGEAU, D. "Analyse des données biographiques erronées". *Population*, vol. 1, 1991, p. 89-104. • AURIAT, N. "Les défaillances de la mémoire humaine – Aspects cognitifs des enquêtes rétrospectives". *Travaux et Documents*, n. 136, 1996.

dos. Assim é possível comparar as declarações dos indivíduos com as datas dos acontecimentos registradas, por exemplo, nos registros de populações ou ainda graças aos dados de recenseamento. Pode-se igualmente interrogar vários casais sobre determinados acontecimentos e comparar suas respostas.

O método prospectivo: o exemplo dos painéis

O aporte dos dispositivos longitudinais de observação é o mais importante quando a entrevista é repetida, ao longo de tempo, de maneira regular, com os mesmos indivíduos. Isso se denomina dados de painel. É Paul Lazarsfeld que pela primeira vez utiliza o termo painel para designar as entrevistas repetidas junto a uma amostra representativa de eleitores que ele analisou na obra *The People's Choice. How the Voter makes up his Mind in a Presidential Compaign* (1944). A escolha do termo é efetivamente devida ao conhecimento aproximativo do inglês de Lazarsfeld, imigrado austríaco. Em inglês, este termo significa, efetivamente, um grupo de indivíduos reunidos para discutir um mesmo tema, no rádio ou na televisão. Hoje o termo painel é utilizado para designar bases de dados majoritariamente quantitativos que se caracterizam por uma arquitetura individual e temporal; coleta-se assim observações repetidas sobre um mesmo conjunto de indivíduos, e em datas distintas. As variáveis que mostram as características de cada observação da amostra dão uma informação relativa ao indivíduo i à data t.

É no domínio medicinal do desenvolvimento da criança que as primeiras pesquisas longitudinais propriamente ditas foram elaboradas. Nos Estados Unidos, por exemplo, a pesquisa *Harvard Groth Study*, realizada em 1929, permitiu coletar centenas de milhares de medidas do desenvolvimento físico e mental da criança, e fundou a tradição *longitudinal development researches*. O *National Child Developement Study* (NCDS), do Reino Unido, que interrogou toda uma coorte nascida entre o dia 3 e o dia 9 de março de 1958, figura igualmente entre os exemplos históricos mais conhecidos. Ele, em seus primórdios, fez incontáveis estudos e publicações relativos a temas relacionados à saúde (efeitos das condições perinatais sobre o desenvolvimento físico e mental nas crianças), mas igualmente sociológicos (efeito da origem social, e do capital cultural, sobre as trajetórias escolares e profissionais das crianças). No entanto, o verdadeiro precursor da pesquisa longitudinal em ciências sociais foi, sem sombra de dúvida, o *Wisconsin Longidinal Study*. Ele seguiu uma amostra aleatória de homens e mulheres tendo obtido seu diploma, no estado de Wisconsin, em 1957, interrogando-os várias vezes em seus ciclos de vida (até 1992), incluindo inclusive seus pais ou filhos.

Desde a década de 1970, as pesquisas longitudinais se multiplicam, e seus temas se diversificam. Desde então elas se dedicam aos momentos-chave da história de cada indivíduo: entrada do indivíduo no colégio ou liceu, se a questão se refere à escolaridade; saída do sistema educativo quando a atenção é voltada para a inserção no mercado de trabalho; data da perda do emprego quando a pesquisa se dedica às trajetórias dos desempregados; chegada ao país de acolhida quando as trajetórias migratórias são analisadas etc. Hoje, em escala internacional, o *Panel Study of Income Dynamics* (Psid) figura entre os painéis mais conhecidos e mais explorados em ciências sociais. Este painel foi lançado pelo *Survey Research Center* do *Institute for Social Research* da Universidade de Michigan em 1968. Ele apoia-se numa amostra representativa de casais americanos e interroga seus membros sobre diversos aspectos de seus comportamentos econômicos e demográficos, mas também sobre certas características sociais, psicológicas etc. Em 2003, 65.000 indivíduos foram interrogados ao longo de trinta e seis anos de suas vidas.

Na Europa, os primeiros painéis surgiram no início dos anos de 1980; realizados na Alemanha, nos Países Baixos, no Reino Unido e em Luxemburgo, todos tinham em comum inspirar-se no exemplo do Psid americano. Em escala europeia, é o painel europeu dos casais (*European Community Household Panel*), hoje substituído por *European Union-Statistics on Income and Living Conditions* (EU-Silc), ele também fortemente inspirado no Psid, que figura entre as pesquisas longitudinais comparativas mais conhecidas. A coleta destes dados foi objeto de uma regulação europeia.

Na França, são os painéis escolares os precursores da análise longitudinal: a cada ano, o ministério da educação nacional coleta as informações sobre os alunos feitas pelos estabelecimentos de ensino que eles frequentam. Estes painéis permitem reconstituir o *cursus* de cada aluno, mesmo que este último mude de escola. Inúmeros trabalhos sobre a escolha dos estabelecimentos, as estratégias escolares das famílias, os efeitos da repetição de ano, a diferença escola pública/privada foram realizados graças a estes dados. Por outro lado, desde os anos de 1990, as pesquisas *Générations du Céreq* figuram entre as bases de dados longitudinais mais preciosas para analisar a inserção no mercado de trabalhos dos jovens saídos do sistema educativo. Elas foram de uma importância crucial num contexto de escalada do desemprego, de dificuldade de inserção dos jovens, de problemas de inadequação de determinadas formações quanto à demanda de mão de obra...

Todas as pesquisas citadas acima foram concebidas e coletadas numa ótica longitudinal. A pesquisa quantitativa não utiliza igualmente pesquisas prospectivas diretas, mas bases de dados que permitem religar *a posteriori* informações coletadas várias vezes. Registros de populações, fichas do estado civil e às vezes até dados fiscais são religados no tempo em países como o Canadá, os Países Baixos, a Bélgica e outros, a fim de constituir amostras de indivíduos garantindo um acompanhamento longitudinal. Os recenseamentos são igualmente utilizados em inúmeros países para construir *a posteriori* amostras longitudinais; é o conhecido *linked census*. Um dos exemplos mais conhecidos é o da ONS *Longitudinal Study of England and Wales* no Reino Unido, que emparelha os dados de recenseamento com os do estado civil para 1% da população do País de Gales e da Inglaterra. Na França, o *Échantillon Démographique Permanent* (EDP) apresenta características largamente comparáveis ao *Longitudinal Study* britânico. A EDP (amostra demográfica permanente) aproveita-se da regularidade e da exaustividade do recenseamento para constituir um arquivo longitudinal; a ideia é acumular, recenseamento após recenseamento, informações de caráter demográfico sobre uma amostragem representativa da população (aproximadamente 1% da população francesa). Este arquivo compreende atualmente os dados oriundos dos recenseamentos de 1968, 1975, 1982, 1990 e 1999. Sua extensão e seu caráter longitudinal o transformam em uma preciosa fonte de estudo em demografia e sociologia, notadamente porque permite trabalhar com populações minoritárias de forma aprofundada.

Se os dados longitudinais permanecem minoritários nos dispositivos das pesquisas estatísticas, é exatamente porque eles sofrem de inúmeros limites ligados principalmente aos custos. Logo que um dispositivo de pesquisas é concebido, um orçamento fixo às vezes pode levar a hesitar entre uma pesquisa longitudinal e uma pesquisa transversal, de tamanho mais importante. Estas hesitações são tanto mais fundamentadas que, apesar de suas inúmeras vantagens, a concepção e a coleta de dados longitudinais recolhidos de forma prospectiva podem colocar problemas específicos que, uma vez controlados, podem induzir a alguns problemas metodológicos. A atrição é o maior deles. Este termo designa a perda de observações ao longo do procedimento de coleta de dados. Um painel ideal seria, pois, cilindrado, isto é, permitindo acompanhar os mesmos indivíduos ao longo de todas as ocorrências definidas pelas regras da pesquisa. Se não se trabalha com períodos curtíssimos, este painel efetivamente é quase impossível de ser posto em prática. A partir do instante que nos interessamos pelo acompanhamento do mercado de trabalho ou do sistema educativo, por exemplo, vários meses ou anos podem separar as sequências de interrogações. Ao longo deste tempo, inúmeras coisas podem ter mudado, entravando assim a possibilidade de reencontrar os indivíduos, ou de interrogá-los novamente.

A atrição faz problema porque, na prática, ela nunca é aleatória. Os indivíduos desaparecidos ao longo de um acompanhamento longitudinal constituem, na maioria dos casos, uma amostra selecionada, segundo um determinado número de determinantes. Os resultados da análise, que só podem referir-se aos indivíduos monitorados e não aos perdidos de vista, correm assim o risco de serem enviesados, oblíquos[114]. Tomemos o exemplo de uma pesquisa longitudinal

---

114. Lembramos aqui que um resultado é enviesado no sentido estatístico do termo se ele é diferente, em média, do verdadeiro valor que se busca estimar. A noção de viés é efetivamente vinculada à amostragem dos dados: um avaliador sem viés é obtido de uma amostra escolhida

que acompanha imigrados numa sociedade de acolhida. Neste tipo de pesquisa, o retorno ao país de origem dos imigrados (ou às vezes simplesmente sua forte mobilidade) constitui uma das razões principais da atrição. Ora, o retorno ao país de origem não é um acontecimento aleatório. Ele pode ser fortemente correlato às características sociais, demográficas e econômicas dos indivíduos. Os imigrados "perdidos" da base de dados têm assim todas as chances de diferir consideravelmente dos indivíduos que podemos acompanhar no tempo; sua omissão da amostra pode ter por consequência uma baixa muitas vezes problemática da qualidade desta última em termos de representatividade. Dito outramente: a amostra dos imigrados "imóveis" (que permanecem na base de dados longitudinais) não é mais representativa do conjunto dos imigrados na sociedade de acolhida considerada. Esta perda de representatividade constitui uma verdadeira fonte de obliquidade estatística e às vezes pode falsear os resultados. Suponhamos, por exemplo, que se queira estudar o desemprego dos imigrados. Se um longo período sem emprego favorece o retorno dos imigrados ao país de acolhida, e assim sua perda nos dados, a análise de desemprego realizada sobre os imigrados permanecidos no país de acolhida enviesa os resultados subestimando a probabilidade de um imigrado estar desempregado.

Quando a atrição está ligada à lassidão dos pesquisados ou à qualidade de gestão da coleta de dados, efeitos de acompanhamento podem ser realizados para melhorar a estabilidade da amostra (fidelização dos pesquisados, iniciativa dos pesquisadores de reencontrar os indivíduos perdidos, busca por mudanças de endereço dos pesquisados etc.). Métodos de ajustamento das falhas ligadas à atrição são assim propostos *ex post* à etapa da exploração dos dados. Estes procedimentos consistem frequentemente numa modelagem da atrição como um fenômeno seletivo antes que qualquer outro tratamento sobre a amostra.

Os métodos de análise longitudinal[115]

Os dados longitudinais permitem prestar contas da dinâmica das trajetórias e dos comportamentos. A participação no mercado de trabalho, as transições

---

aleatoriamente. Neste caso, se renovamos o modo de amostragem várias vezes, e se reestipulamos a grandeza do interesse, medianamente nos direcionamos para o verdadeiro valor (o de toda a população).

115. Concentrar-nos-emos aqui nos métodos da estatística inferencial mais difundidos hoje na literatura das ciências sociais. Vale lembrar, no entanto, que existem outros tipos de métodos, inferenciais ou exploratórios, para tratar os dados longitudinais. Podemos citar, p. ex., os métodos descritivos da análise de sequência, notadamente o *Optimal Matchign Analysis* (cf. LESNARD, L. "Introduction aux méthodes d'appariement optimal (*Optimal Matching Analysis*)". *Bulletin de Méthodologie Sociologique*, vol. 90, 2006, p. 5-25). Obras metodológicas existem igualmente para os estudos qualitativos. Cf. as narrativas de vida (p. ex., BERTAUX, D. *L'enquête et ses méthodes – Le récit de vie*. Paris: Armand Colin, 2005) ou a entrevista biográfica (p. ex., DEMAZIÈRE, D. & DUBAR, C. *Analyser les entretiens biographiques*. Paris: Nathan, 1997).

entre o emprego e o desemprego, a exposição aos riscos de doença, a mobilidade residencial e profissional, as dinâmicas migratórias são exemplos dentre outros de temáticas que necessitam um acompanhamento longitudinal dos indivíduos. O tratamento deste tipo de dados necessita, no entanto, de um saber metodológico específico, que conheceu um progresso particularmente dinâmico desde os anos de 1970. Se renomados sociólogos exerceram um papel primordial nos fundamentos desta literatura metodológica[116], foram os economistas que mais contribuíram com os métodos de análise dos dados de painel a partir dos anos de 1980. Em geral, é possível constatar certa desproporção entre os trabalhos metodológicos sempre mais focados no tratamento deste tipo de dados e o uso efetivo que os pesquisadores fazem deles. Num artigo publicado na *Annual Review of Sociology*, C.N. Halaby estima que os pesquisadores em ciências sociais, e notadamente os sociólogos, permaneceram infelizmente reticentes em relação aos métodos e modelos desenvolvidos pelos estatísticos, ao longo dos três últimos decênios[117].

Em primeiro lugar, por que um saber metodológico específico? Uma das razões mais evidentes e mais fundamentais reside no fato que, em nome de sua natureza, os dados longitudinais coletam uma informação diferente sobre a situação do pesquisado, em cada período de observação: sobre sua situação no mercado de trabalho, seu estatuto matrimonial, o números de filhos, por exemplo. As variáveis caracterizando os indivíduos variam assim no tempo. Nos modelos clássicos de regressão praticados pelos sociólogos "quantitativistas", tais variáveis são utilizadas como variáveis explicativas dentro da ideia de que diferenças em seus valores levam a valores diferentes da variável a ser explicada. Explicar-se-ia, por exemplo, a atividade da mulher observada no instante t por, dentre outras variáveis explicativas, sua situação matrimonial na data t e o número de crianças que ela tinha naquela mesma data. Este esquema não é mais válido quando se explora dados longitudinais. O conjunto dos métodos estatísticos sobre este tipo de dados, por um lado, busca colocar em relação, para cada indivíduo, uma série de valores à variável a ser explicada, e, por outro lado, com um conjunto de variáveis explicativas potencialmente diferentes ao longo do tempo. No exemplo da atividade da mulher, busca-se assim evidenciar, em uma perspectiva dinâmica, o efeito da contração de um casamento ou o nascimento de um filho sobre a atividade da mulher. A associação estatística analisada é

---

116. DUNCAN, O.D. "Unmesurred variables in linear models for panel analysis". *Sociological Methodology*, vol. 4, 1972, p. 36-82. • GOODMAN, L.A. "Causal analysis of data from panel studies and other kinds of surveys". *The American Journal of Sociology*, vol. 78, n. 5, 1973, p. 1.135-1.191. • DUNCAN, O.D. "Testing key hypotheses in panel analysis". *Sociological Methodology*, vol. 11, 1980, p. 279-289. • DUDLEY, O. "Two faces of panel analysis: Parallels with comparative cross-sectional analysis". *Sociological Methodology*, vol. 12, 1981, p. 281-318.

117. HALABY, C.N. "Panel models in sociological research". *Annual Review of Sociology*, vol. 30, 2004, p. 507-544.

global entre a sequência da situação no mercado de trabalho da mulher e a série de variáveis que a explicam. Para tanto, urge operacionalizar estratégicas de modelagens diferentes daquelas utilizadas pela regressão clássica.

Modelagens sobre dados longitudinais: econometria dos painéis e modelos de duração

Nos trabalhos empíricos em ciências sociais, duas principais famílias de métodos são as mais frequentemente utilizadas na análise de dados longitudinais: a econometria dos painéis e os modelos de duração.

A econometria dos painéis designa um conjunto de métodos utilizados para incorporar a dimensão temporal diretamente aos modelos clássicos de regressão. A diferença entre os modelos transversais e os modelos de painel reside no fato que estes últimos religam uma variável a explicar, observada regularmente num período, a um conjunto de variáveis explicativas X, estas igualmente suscetíveis de variar ao longo do tempo. Mais explicitamente: um modelo transversal de regressão (seja esta linear ou dicotômica) se interessa pelas diferenças interindividuais: este modelo é calculado pela fórmula $Y_i = X_i \beta + U_i$ (onde i significa indivíduo). Os dados do painel, por sua vez, variam nas duas dimensões: na interindividual e na intraindividual ou temporal. Um modelo estimado em dados longitudinais presta assim contas destes dois tipos de variações; ele inscreve-se sob a forma $Y_{it} = X_{it} \beta + U_{it,}$ onde cada variável é simultaneamente indexada ao indivíduo e ao período. É essencialmente pelo fato que para um mesmo indivíduo as diferentes observações no tempo são correlatas entre si, que o método clássico de regressão deixa de ser apropriado para estimar este tipo de modelo. Os econometristas propuseram então diferentes tipos de especificações que permitem estimar esta forma de regressão sobre dados longitudinais; todos se apoiam em hipóteses de decomposição da cessação de erros (U_{it}) em uma parte individual (independente do tempo) e em uma parte aleatória clássica (que depende do indivíduo e do tempo). Estas decomposições permitem controlar variáveis individuais estáveis no tempo, que não são integradas explicitamente ao modelo porque inobserváveis ou inobservadas. Trata-se das heterogeneidades individuais, um ponto sobre o qual retornaremos no próximo parágrafo[118].

Quanto aos modelos de duração, conhecidos na literatura pela expressão *Event History Analysis*[119], eles designam um conjunto de métodos que tratam os dados longitudinais em uma ótica de ocorrência ou não de determinados

---

118. Para mais detalhes, uma obra de referência sobre a econometria dos painéis: MADDALA, G.S. *The Econometrics of Panel Data*. Aldershot/Brookfield: Edward Elgar, 1993.

119. A terminologia utilizada para designar estes métodos é bastante variada segundo a disciplina onde eles são aplicados. Em inglês fala-se igualmente de *hazard model* ou *survival analysis*. Em francês, expressões como *análise de história de acontecimento, análise biográfica, análise de duração de estada, análise de história de vida* são às vezes utilizadas nos textos de pesquisa.

acontecimentos. Trata-se de um *corpus* estatístico permitindo analisar os acontecimentos de histórias de vida ou de trajetória individual. Um acontecimento significa nesta literatura uma mudança de estado que se dá em um momento preciso no tempo; trata-se de um marcador que delimita uma situação de surgimento de uma situação advinda. Na maioria de suas aplicações, estes métodos visam, pois, a analisar a duração em um estado ou ainda a transição de um estado ao outro (às vezes denominada estado de risco). Eles são assim particularmente adaptados à análise dos acontecimentos demográficos (casamento, união de pessoas, divórcio etc.) ou socioeconômicos (desemprego, participação no mercado de trabalho, passagem à aposentadoria etc.). Em cada caso, a população considerada na análise é aquela suscetível de conhecer o acontecimento; trata-se da população de risco. Assim, para analisar o divórcio em uma ótica de tipo *Event History Analysis*, é necessário limitar-se aos indivíduos casados em um instante *t*; da mesma forma, para estudar a participação das mulheres no mercado de trabalho, somente as inativas em um instante *t* são incluídas na amostra etc. No quadro dos trabalhos sociológicos N. Tuma e M. Hannan figuram entre os grandes metodólogos que permitiram a difusão desta abordagem em ciências sociais[120].

O objetivo dos modelos de tipo *Event History Analysis* é o de analisar as diferenças individuais nos ritmos de transição de uma situação à outra ou na duração de uma mesma situação. Assim, como é o caso na análise clássica da regressão, busca-se determinar, dentre as características dos indivíduos, as que explicam sua maior ou menor exposição ao risco estudado. A especificidade dos modelos de duração reside no fato que a variável de interesse, ou seja, o risco de mudança de estado ou a probabilidade de transição, depende também da extensão do período de observação. A dependência do risco em relação ao tempo pode ser interpretada de diferentes maneiras segundo a especificação do modelo e a natureza do acontecimento estudado. Uma das interpretações mais frequentes é a que religa esta dependência às variáveis omitidas, frequentemente inobserváveis, que o modelo não pode integrar explicitamente. Lá ainda fala-se de heterogeneidades individuais. Os demógrafos foram os primeiros a utilizar esta interpretação, notadamente na análise da mortalidade, e os economistas a consideram um elemento totalmente fundamental na análise das transições no mercado de trabalho, notadamente no estudo do desemprego[121].

Concretamente, existem inúmeras maneiras de modelar as transições ou a duração dos acontecimentos: elas dependem do objetivo do estudo e da discipli-

---

120. HANNAN, M.T. & TUMA, N.B. "Methods for temporal analysis". *Annual Review of Sociology*, vol. 5, 1979, p. 303-328.
121. Cf., p. ex., FOUGÈRE, D. & WERQUIN, P. "Durées de chômage et transitions sur le marché du travail". *Sociologie du travail*, vol. 4, 1990, p. 439-468. • BONNAL, L. & FOUGÈRE, D. "Les determinants individuels de la durée du chômage". *Économie et Prevision*, vol. 5, 1990, p. 45-82.

na à qual estão ancoradas. Os modelos utilizados podem ser em tempo discreto (nos interessamos pela probabilidade de conhecer um acontecimento no tempo *t* cientes de não termos conhecido este tempo antes), ou podem ser em tempo contínuo (nos interessamos pela distribuição da probabilidade de uma mudança da variável a explicar ao longo do tempo). Os modelos de Cox figuram entre as modelações mais utilizadas em ciências sociais: em sua forma mais elementar, estes modelos supõem que a relação dos riscos entre um indivíduo que possui uma característica dada e outro que não possui esta característica é constante, não importando o tempo de observação.

Um dos mais importantes desafios metodológicos aos quais é confrontada a abordagem em termos de *Event History Analysis* concerne aos indivíduos que não conheceram o acontecimento no período delimitado pelo pesquisador. Não podemos efetivamente considerar que estes indivíduos não conheceram o acontecimento em sentido absoluto: eles podem muito bem tê-lo vivido imediatamente após o fim do período de observação. Fala-se então, neste caso, de problema de censura. A censura dos dados (ou truncatura) designa o fato que, quando o acontecimento não é observado, isso pode dever-se ao período não ter sido suficientemente longo, ou ainda, que o acontecimento ainda não se havia manifestado. Os limites do intervalo de observação provocam censura à direita (conhecemos a data de entrada do indivíduo na população de risco, mas o indivíduo não conheceu o acontecimento no período observado pela pesquisa) e censura à esquerda (nos indivíduos dos quais desconhecemos a data de entrada na população de risco ou que são observados após sua entrada na população de risco). Estas censuras provocam obliquidades de estimativa às vezes consideráveis, notadamente quando elas participam de um efeito de seleção da população, ligado aos limites do intervalo de observação escolhido. Inúmeros métodos, sempre mais sofisticados, foram desenvolvidos por pesquisadores a fim de corrigir *a posteriori* as obliquidades ligadas a este tipo de problemas.

Este capítulo não desenvolverá os detalhes técnicos da econometria de painel ou dos modelos de duração. Se seus princípios às vezes podem parecer complexos, existem obras ou artigos inteiramente acessíveis aos pesquisadores em ciências sociais praticando os métodos quantitativos, sem, no entanto, interessar-se inteiramente pelos princípios estatísticos e matemáticos dos modelos utilizados[122]. Quando se conhece o essencial da regressão multivariada (linear

---

122. Podemos citar aqui a coleção "Quantitative applications in the social sciences", publicada por Sage, muito conhecida dos sociólogos quantitativistas. Ela consagra ao menos três obras à análise longitudinal: ALISON, P. *Event History Analysis*. Sage, 1984 ["Quantitative Applications in the Social Sciences"]. • MENARD, S. *Longitudinal research*. Sage, 1991 ["Quantitative Applications in the Social Sciences"]. • FINKEL, S.E. *Causal Analysis with Panel Data*. Sage, 1995 ["Quantitative application in the social sciences"]. Em relação aos modelos de duração, os artigos de Tuma e Hannan são relativamente acessíveis, apesar da boa parte de tecnicidade contida: TUMA, N.B. & HANNAN, M.T. "Appproaches to the censoring problem in analysis of event histories". *Sociological*

ou dicotômica), largamente utilizada pelos sociólogos, não existe razão, *a priori*, de não conhecer e aplicar os métodos longitudinais na análise dos dados.

Aportes dos modelos longitudinais: sentido da causalidade e variáveis omitidas

É inútil insistir sobre o fato que a metodologia específica aos dados longitudinais constitui a maneira mais otimizada de tratá-los. Mas, em razão do insuficiente conhecimento desta literatura pelos sociólogos, estes últimos tratam certos dados longitudinais sem tirar inteiramente proveito de seu uso mesmo aplicando métodos apropriados. Não nos ateremos aqui ao conjunto dos aportes dos métodos específicos aos dados longitudinais: na introdução de sua obra, Badi H. Baltagi enumera uma dezena deles[123]. Focaremos nossa atenção nos avanços que estes dados permitem realizar quando nos interessamos pelas relações causais entre variáveis. Dois pontos serão essencialmente desenvolvidos: a interpretação do sentido da causalidade entre duas variáveis e a consideração das heterogeneidades individuais.

A interpretação causal do vínculo entre fatos sociais constitui um dos objetivos fundamentais da pesquisa em ciências sociais. Ora, a regressão multivariada clássica, estimada sobre dados transversais, é dificilmente interpretável em termos de causalidade. O método "em igualdade de circunstâncias", concebido sobre o modelo das ciências experimentais, consistindo em modificar um parâmetro controlando os outros, fornece uma descrição dos vínculos correlatos entre variáveis, ao eliminar os efeitos de composição. Esta descrição é certamente preciosa, mas dificilmente interpretável em termos causais, em razão de duas principais objeções.

A primeira diz respeito ao sentido da causalidade: quando somente os dados transversais são disponíveis, é difícil saber se, na covariação de duas variáveis, X e Y, é Y que causa X, o inverso, ou ainda as duas coisas ao mesmo tempo. A interpretação causal efetivamente precisa situar as variáveis cronologicamente: o conhecimento de Y no instante t é aprimorado pelo conhecimento de X no instante $t - 1$. Ao passo que os dados transversais fornecem uma noção de causalidade no sentido de variação controlada, os dados longitudinais permitem aproximar-se da noção de causalidade "retardada"[124]: o futuro de Y é explicado,

---

Mehodology, vol. 10, 1979, p. 209-240. • TUMA, N.B.; HANNAN, M.T. & GROENEVELD, L.P. "Dynamic analysis of event histories". *The American Journal of Sociology*, vol. 84, n. 4, 1979, p. 820-854. Também podemos citar LELIÈVRE, È. & BRINGÉ, A. *Oractical Guide to Event History Analysis*. Ined, 1998 ["Méthodes et Savoirs"], que compreende exemplos de programas sobre SAS e Stata. Na literatura econométrica, a obra geral de Jeffrey M. Wooldridge (*Introductory Econometrics*: A Modern Approach. South-Western publishing, 2005), oferece alguns elementos de introdução no tocante aos métodos longitudinais (cap. 14) que me parecem bastante claros.

123. BALTAGI, B.H. *Econometrics Analysis of Panel Data*. Chichester, 2005.
124. GRANGER, C.W.J. "Investigating causal relations by econometric models and cross-spectral methods". *Econometrica*, vol. 37, n. 3, 1969, p. 424-438. • GRANGER, C. "Statistics

dentre outras, pelo passado de X. Além disso, a vantagem dos dados longitudinais na apreensão causal não reside unicamente na possibilidade de situar cronologicamente a causa (presumida) e o efeito. Os dados transversais, mesmo prestando contas da ordem entre dois acontecimentos, continuam impróprios para uma análise causal. O conhecimento da ordem cronológica não evita efetivamente uma correlação falaciosa: é bastante provável que a ligação medida entre o passado de X e o futuro de Y esteja efetivamente vinculada a uma terceira variável omitida.

Para ilustrar este caso, imaginemos o esquema causal representado na figura 1 abaixo[125].

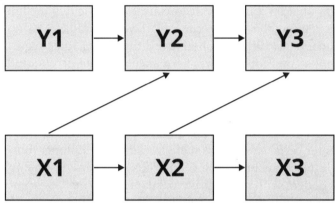

Figura 1 Medir a relação causal entre X e Y (X causa Y) graças aos dados longitudinais

Cada valor da variável Y causa, parcialmente, o valor da mesma variável no instante seguinte. O mesmo ocorre para X. Por outro lado, X é causa de Y: o valor de X num instante t explica Y num instante $t + 1$. Este gênero de esquema causal tem grandes chances de ser mal-especificado e mal-estimado por dados transversais, mesmo que estes últimos prestem contas da ordem cronológica entre X e Y. Por exemplo: suponhamos estar observando transversalmente X3 no instante 3 e conhecermos Y2 acontecendo antes de X3. Se neste tipo de dispositivo supõe-se, erroneamente, que Y2 é causa de X3, é bastante provável que este resultado seja validado pela estimativa empírica. Com efeito, Y2 é afetado por X1, e X3 é igualmente afetado por X1 (via X2). Portanto, quando estimamos o efeito de Y2 sobre X3 sem incluir X1 e X2 entre as variáveis explicativas, o efeito

---

and causal inference: Comment". *Journal of the American Statistical Association*, v. 81, n. 396, 1986, p. 967-968.

125. Para mais detalhes sobre a capacidade de dados de painel detectarem melhor o sentido da causalidade, cf. MENARD, S. *Longitudinal research*. Sage, 1991, p. 23-24 ["Quantitative Applications in the Social Sciences"].

que estimamos de Y2 sobre X3 nada mais é senão o efeito de X1. Isso provoca uma má interpretação do esquema causal: supõe-se que Y causa X, ao passo que o inverso é o verdadeiro. Os dados de painel são mais adaptados à exploração do sentido da causalidade, sobretudo porque permitem acompanhar conjuntamente séries da variável a explicar (Y) e da variável explicativa (X), imaginada possuir um efeito causal. Este acompanhamento simultâneo de X e Y ao longo do tempo permite testar as duas hipóteses (X causa Y) ou (Y causa X) controlando os efeitos indiretos. Assim, os dados de painel, ao situar cronologicamente a causa suposta e seu efeito, e ao controlar os efeitos indiretos do passado das variáveis, tornam a interpretação causal mais bem-fundada[126].

A segunda objeção à interpretação causal dos vínculos medidos em dados transversais é mais geral: ela concerne às variáveis omitidas. Mesmo que controlemos a totalidade das variáveis observáveis num modelo de regressão simples, variáveis omitidas ou inobserváveis permanecem fonte de obliquidades. Tomemos o exemplo da análise do vínculo estatístico entre diploma e renda. Sabemos que o efeito do diploma sobre a renda passa por outras variáveis ao mesmo tempo. Um modelo de regressão bem-especificado deve assim controlar a origem social. No entanto, mesmo integrando esta variável observável à análise, não podemos ter certeza de captar o efeito causal do diploma sobre a renda. As capacidades intelectuais individuais, omitidas na análise porque inobserváveis, efetivamente podem ser o motor principal da ligação constatada entre diploma e renda: se os indivíduos mais performáticos intelectualmente são os que acedem aos diplomas mais elevados, mas igualmente do simples fato de sua inteligência, aos postos mais bem-remunerados, a estimativa do efeito do diploma sobre a renda é obliqua. Ora, os dados longitudinais permitem controlar determinadas variáveis omitidas, notadamente as que permanecem estáveis no tempo, denominadas heterogeneidades individuais.

Com efeito, duas dimensões dos dados de painel podem ser exploradas de maneira conjunta. A primeira reproduz o esquema transversal comparando os indivíduos entre si. A segunda dimensão é intraindividual: ela se refere às diferentes observações associadas a um mesmo indivíduo, mas observadas em períodos temporais diferentes. Para explicitar esta operação, consideremos um modelo estimado em dados de painel onde a variável dependente é Y_{it}, uma variável X_{it} β designando o parâmetro associado ao efeito de X_{it}, e U_{it} representando a cessação do erro. Formamos então a equação (1). Como no caso da

---

126. Para mais detalhes sobre a causalidade nos dados longitudinais, podemos nos reportar a FINKEL, S.E. *Causal analysis with Panel Data*. Sage, 1995, esp. p. 75-86 ["Quantitative Applications in the Social Sciences"]. Os dois artigos de Charles N. Halaby ("Panel models in sociological research". *Annual Review of Sociology*, vol. 30, 2004, p. 507-544) e de Peterson Trond Petersen ("Recent advances in longitudinal methodology". *Annual Review of Sociology*, vol. 19, 1993, p. 425-454) são igualmente muito claros e perfeitamente acessíveis aos estudantes e pesquisadores em sociologia.

regressão clássica, U_{it} se interpreta como um erro de medida, mas igualmente como o efeito das variáveis omitidas. As heterogeneidades individuais aparecem no modelo logo que se decompõe U_{it} em uma cessação individual estável no tempo (α_i) e em outra que capte as variações individuais e temporais (ε_{it}).

$$Y_{it} = X_{it}\,\alpha + U_{it}$$

A equação (1) pode então ser assim escrita:

$$Y_{it} = X_{it}\,\beta + \alpha_i + \varepsilon_{it}$$
$$\text{ou}\quad U_{it} = \alpha_i + \varepsilon_{it}$$

A maneira mais intuitiva de interpretar as heterogeneidades individuais consiste em considerar o conjunto das variáveis omitidas junto ao indivíduo i, que denominaríamos, por exemplo, Z_i, sendo δ_i o parâmetro medindo seu efeito. Percebe-se claramente então que α_i pode interpretar-se como sendo $\delta_i Z_i$: esta cessação capta assim o efeito de todas as variáveis não observadas do indivíduo i a partir do momento em que elas são vistas como estabilizadas no tempo. Esta capacidade de prestar contas das variáveis omitidas permite realizar reais avanços no estudo de vários fenômenos nos quais estas heterogeneidades não são negligenciáveis. Estes avanços permitem, por exemplo, controlar tudo aquilo que depende das capacidades intelectuais na análise das *performances* no mercado de trabalho, mas também, mais geralmente, prestar contas das diferenças não observáveis entre países quando se trabalha com dados comparativos, ou ainda, permitem levar em consideração a heterogeneidade das empresas quando se considera dados sobre empresas. Um ponto importante deve ser sublinhado: os efeitos destas variáveis omitidas não podem em hipótese alguma ser estimados como parâmetros em si. É impossível, por exemplo, medir o efeito próprio das capacidades intelectuais individuais sobre a renda, inclusive com dados longitudinais. As heterogeneidades individuais são unicamente controladas no modelo, mas não podem constituir variáveis de interesse. Sua adoção permite medir o efeito de X_{it} sobre Y_{it} de forma mais robusta: ela, em certa medida, corrige a obliquidade de β se esta era estimada como simples modelo transversal. Em contrapartida, os modelos estimados em dados longitudinais permitem quantificar a parte da variância total devida ao conjunto dos efeitos individuais estáveis no tempo: isso permite fornecer uma informação sobre o grau a ser imputado, das variações de Y_{it} não explicadas por X_{it}, às características individuais não observadas.

Para ilustrar esta afirmação, damos um exemplo oriundo de nossos próprios trabalhos sobre a situação dos imigrados no mercado de trabalho, pesquisa fundamentada na exploração de dados da EDP[127]. A análise transversal do emprego mostra que, mesmo após o controle das características sociodemográficas disponíveis nos dados – como idade, sexo, educação, situação matrimonial e tamanho da unidade urbana –, os imigrados continuam à mercê de probabilidades de desemprego mais significativas que os nativos. Entretanto, estes distanciamentos observados em probabilidades de emprego, dificilmente são interpretáveis em termos de desigualdades ou discriminação, já que a possibilidade das variáveis individuais controladas é insuficiente, e que integrar à análise outras variáveis omitidas modificaria os resultados. Poder-se-ia pensar aqui em variáveis essenciais na análise da imigração, como, por exemplo, a data de chegada na França, que infelizmente não é disponibilizada nos dados de recenseamento. Outras variáveis omitidas, como as motivações ou o valor dos diplomas e seu grau de equiparação entre país de origem e país de acolhida, podem igualmente suscitar críticas aos resultados transversais. Entretanto, a exploração da dimensão longitudinal dos dados da EDP permite antecipar uma interpretação destes resultados. Desta forma, nossa pesquisa, que acompanhou os mesmos indivíduos ao longo de três recenseamentos (1982, 1990, 1999) estimando modelos de painel da probabilidade de emprego, comprovou uma diferença constantemente significativa entre nativos e imigrados, sempre em detrimento destes últimos. Os modelos de painel nos informam, além disso, a amplitude da influência das características individuais omitidas a partir do instante em que elas são imaginadas estáveis ao longo do tempo. Estas últimas só explicam 27% da variância total para os homens e 35% para as mulheres. Esta parte relativamente modesta faz crer que a diferença no acesso ao emprego dos imigrados e dos nativos permaneceria significativa mesmo se o modelo controlasse mais variáveis individuais. Assim, dado que uma grande parte da variância não é explicada nem pelas variáveis observadas nem pelas heterogeneidades individuais, é plausível pensar que a desigualdade observada entre as situações de emprego dos imigrados e dos nativos esteja ligada às práticas discriminatórias no mercado do trabalho.

Assim, pelo fato de permitirem integrar o passado na análise do presente e por prestarem contas dos efeitos das heterogeneidades individuais, os dados longitudinais são melhores que os dados transversais à inferência causal que se situa no centro dos interesses dos pesquisadores em ciências sociais. No entanto, faz-se necessário sublinhar que se eles permitem realizar consideráveis progressos neste domínio, os dados de painel não fornecem soluções miraculosas ao problema mais complexo da pesquisa empírica. Todos os métodos apresentados neste capítulo repousam sobre hipóteses mais ou menos fortes, que às vezes determinam a possibilidade de identificação dos parâmetros e, portanto, suas

---

127. SAFI, M. "La dimension socioéconomique de l'intrégration des immigrés en France: participation au marché du travail". *Le devenir des Immigrés en France* – Barrières et inégalités. Paris: École des Hautes Études en Sciences Sociales, 2007, p. 147-176 [Tese de doutorado].

possíveis estimações. Estas hipóteses, frequentemente muito difíceis de testar empiricamente, podem induzir a erros de estimação não negligenciáveis quando não são válidas. Assim, importa lembrar que a inferência causal em ciências sociais não é unicamente uma questão de qualidade dos dados, de modelação e de especificação. Esta não é "uma questão simples que pode ser reduzida a uma fórmula aplicada de maneira mecânica"[128]. Trata-se acima de tudo de um exercício de natureza intelectual: a causalidade decorre de um esquema formatado pelo pesquisador. Este esquema causal pode ser apreendido enquanto estratégia de exploração de uma questão social ou econômica e de exploração de dados disponíveis para este fim.

---

128. DUNCAN, O.D. "Unmeasured variables in linear models for panel analysis". *Sociological Methodology*, vol. 4, 1972, p. 36-82.

16
Interpretar as redes sociais

*Olivier Godechot**

A expressão "redes sociais" conheceu um sucesso crescente nestes últimos anos e reenvia a vários fenômenos. Recentemente, designamos assim as plataformas virtuais na internet que, como o Facebook, o Flick ou o Jiwa, permitem aos membros inscritos compartilhar objetos eletrônicos (músicas, fotos, filmes) com outros inscritos na plataforma, designados "amigos". Mais classicamente, na linguagem corrente, uma rede social, como as "redes alter-mundialistas" ou as "redes dos antigos alunos de uma grande escola", reenvia a um grupo afim pouco burocratizado, mas que tem, no entanto, uma existência coletiva em razão da malha de relações vinculando seus membros. Em contrapartida, a expressão "redes sociais" em sociologia das redes não reenvia a uma realidade objetiva, mas acima de tudo a um método, ou antes, a uma gama de métodos para estudar sob um determinado ângulo, não exclusivo, as relações sociais. O ponto de partida destes métodos repousa sobre uma operação de caracterização, de padronização e equivalência das relações entre atores a fim de poder estudar sua forma em um nível agregado[129]. Interpretar as redes sociais significa aqui, acima de tudo, interpretar as construções científicas oriunda destes métodos, que podem ser aplicados ou não em realidades comumente designadas redes[130].

---

* Agradeço muito a Claire Lemercier, Manuella Roupnel e Pierre Mercklé por suas críticas e sugestões.

[129]. Escamoteando o detalhe concreto das relações interpessoais, a análise de rede se diferencia nitidamente dos estudos interacionistas ou psicossociológicos das relações. A contrapartida desta operação é a de poder apreender fenômenos mais globais de estruturação social e suas consequências sobre os comportamentos.

[130]. Mesmo se alguns trabalhos se inscrevem numa postura explicativa, positivista e determinista, a variedade dos métodos e em alguns casos sua novidade e seu caráter experimental justificam que estamos falando mais de interpretação que de explicação.

A análise de rede na França era, até os anos de 2000, relativamente pouco desenvolvida, exceto alguns trabalhos reconhecidos de alguns especialistas[131]. Nos Estados Unidos, se a noção de rede foi objeto de inúmeras elaborações teóricas e metodológicas, as pesquisas empíricas permaneceram raras por longo tempo[132]. O custo na condução das pesquisas de rede constituiu por longo tempo um obstáculo (cf. o cap. de Florence Maillochon). O desenvolvimento das bases de dados eletrônicos relacionais na internet (bibliografias, conselhos de administração...) ou nas empresas (sistemas de avaliação à 360°) multiplica as possibilidades de caracterização das redes sociais. Mesmo sem especializar-se no domínio da análise de rede, um pesquisador em ciências sociais tem hoje empiricamente muito mais chances de encontrar um objeto de tipo rede em sua pesquisa. Além disso, a evolução dos paradigmas em ciências sociais, seja em sociologia ou em economia, leva a nuançar tanto os determinismos simples ligados à pertença de classe ou de cultura quanto os ligados unicamente aos mecanismos comerciais, e convida a levar em consideração o fato que os comportamentos devem muito a seu encaixe nas relações sociais[133]. Se as relações contam, urge levar em conta as relações.

Por conseguinte, o que fazer com o objeto rede? Quais são as pistas de exploração e de interpretação? Responder em algumas páginas esta questão é um grande desafio, dada a diversidade de métodos e modelos de interpretação. A sociologia das redes está longe de ser unitária e longe de propor um único método de explicação. Assim tornou-se doravante clássico opor uma abordagem estrutural, quantitativista, determinista e positivista, que busca caracterizar as posições topológicas impressionantes de uma rede, geralmente total, e sua incidência sobre os comportamentos sociais, e uma abordagem compreensiva, mais frequentemente etnográfica, que incide o mais frequentemente sobre redes egocentradas e que insiste antes nas diferentes dinâmicas configuracionistas que engendram as relações[134].

Para mostrar o aporte da análise das redes, faremos uma escolha arriscada, mas, assim o imaginamos, pedagogicamente fecunda, de apresentar uma pesquisa em curso referindo-se à evolução de uma rede total: as relações de con-

---

131. Cf. DEGENNE, A. & FORSÉ, M. *Les réseaux sociaux*. Paris: Armand Colin, 1994 ["U-Sociologie"]. • LAZEGA, E. *Réseaux sociaux et structures relationnelles*. Paris: PUF, 1998 ["Que sais-je?"].

132. Cf. MERCKLÉ, P. *Sociologie des réseaux sociaux*. Paris: La Découverte, 2004, P. 104 ["Repères"].

133. Cf. GRANOVETTER, M. "Action économique et structure sociale: le problème de l'encastrement" (1985). *Le marché autrement* – Essais de Mark Granovetter. Paris: Desclée de Brouwer, 2000, p. 75-114.

134. Cf. EVE, M. "Deux traditions dans l'analyse de réseaux sociaux". *Réseaux*, 2002, p. 115, 183-212. • MERCKLÉ, P. *Sociologie des réseaux sociaux*. Op. cit., p. 5.

vocação de júris de tese na Ehess[135]. A partir de exemplos provenientes desta pesquisa, veremos assim sucessivamente como ler um gráfico, caracterizar suas estruturas topológicas, analisar a formação das relações e determinar os efeitos da rede sobre os comportamentos.

Ler um gráfico de rede

A visualização da rede é sem dúvida a operação elementar de manipulação de uma rede. Confiamos muito nela, enquanto capaz de fazer passar a rede pacientemente coletada e suas estruturas fundamentais do invisível ao visível. O olho permite ver esta passagem, resta, pois, descrevê-la.

Geralmente esta operação mostra-se decepcionante: a partir do momento em que uma rede comporta mais de sessenta pontos e uma centena de relações, a rede assemelhar-se-á a um emaranhado de nós, e os cabeçalhos dos pontos e a relações vão se tornando cada vez menos legíveis. O gráfico 1 oferece um exemplo deste tipo de rede. Ele se refere aqui a 1.905 pessoas e a 2.681 relações de convite para os júris de tese na Ehess entre 1996 e 2000. O conjunto, numa primeira abordagem, parece relativamente pouco legível. Para gráficos mais importantes ainda, como, por exemplo, as relações de filmagem entre atores cinematográficos americanos (mais de 200.000 pessoas na base de dados IMDB utilizada por Watts e Strogatz[136]), a produção de um gráfico torna-se literalmente impossível.

---

135. Para construir esta rede coletamos os júris de tese na Ehess seguindo a mesma postura de um precedente trabalho sobre a ciência política. Cf. GODECHOT, O. & MARIOT, N. "Les deux formes du capital social – Structure relationnelle des jurys de thèse et recrutement en science politique". *Revue Française de Sociologie*, vol. 45, n. 2, 2004, p. 243-282.

136. Cf. WATTS, D.J. & STROGATZ, S.H. "Collective dynamics of 'small-world' networks". *Nature*, vol. 393, n. 6.684, 1998, p. 440-442.

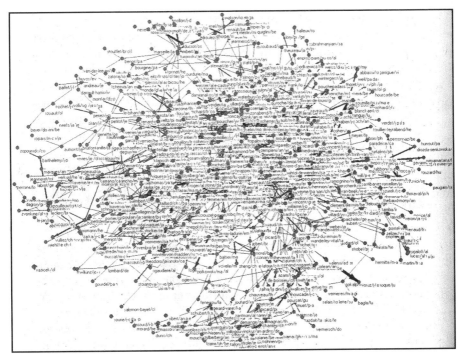

Gráfico 1 As relações de convite de participação de bancas de teses defendidas na Ehess entre 1996 e 2000

Nota de leitura: O gráfico representa as relações entre diretores de tese e membros do júri que eles convidaram para julgar as teses defendidas na Ehess entre 1996 e 2000. O direcionamento da flecha corresponde ao sentido da convocação, sua espessura ao número de convocações. Neste ponto o gráfico torna-se ilegível.

Nem por isso a representação gráfica de grandes conjuntos é estéril. Ela não permite detectar os detalhes das relações individuais, mas ela pode permitir a visualização de grandes estruturas como, por exemplo, no gráfico 1, a relativa separação entre os economistas e os membros das outras disciplinas vinculadas às ciências sociais: os economistas estão assim concentrados na cedilha da rede inferior do gráfico. A supressão das flechas e a utilização de cores diferentes para cada disciplina colocariam mais claramente ainda em evidência este fenômeno.

Além disso, nada impede produzir gráficos mais legíveis e mais arejados em subpartes da rede. Para tanto, bastaria reduzir a quantidade de informações. Vários princípios de seleção poderiam então ser utilizados: só representar as relações entre os pontos mais centrais, representar as relações à K graus de distância em torno de um indivíduo dado ou ainda selecionar segundo um critério *a priori* as pessoas a serem representadas no gráfico. Encontramos esta última solução no gráfico 2: para o período 1960-1965, representamos as relações de convite entre 53 das 106 pessoas, selecionadas em função da importância de sua participação em júris de tese preparadas na Ehess entre 1960 e 2005. Antes de apresentar algumas pistas de interpretação desta estrutura mostrada por este gráfico, lembremos antes os princípios de sua construção.

Os algoritmos mais clássicos de representação dos dados reticulares, por exemplo, no Programa Pajek, Kamada-Kawa ou Fruchtermann Reingold, têm por objetivo primeiro não o de representar distâncias, como o faz, por exemplo, a análise fatorial de correspondências (cf. o cap. de Julien Duval), mas o de tornar visíveis as relações entre as pessoas. Em análise fatorial, se dois pontos têm as mesmas características, eles são então sobrepostos. Ao contrário, se pretendemos visualizar as relações entre pontos próximos, precisamos afastar ligeiramente os que apresentam um regime de relações relativamente similares. Para tanto, os algoritmos dão-se geralmente por objetivo a minimização da variância dos arcos religando os pontos. Assim, três pessoas religadas entre si serão representadas por um triângulo equilateral. Outras coerções secundárias são às vezes acrescentadas nos programas: limitar o número de arcos que se cruzam ou evitar a sobreposição. O algoritmo procede por interação e para desde o momento em que encontrou uma solução satisfatória. Esta solução não é a única.

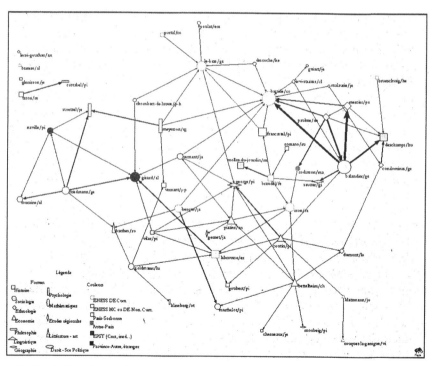

Gráfico 2 As relações de convite para participar de júris para as teses defendidas na Ehess entre 1960 e 1965

Nota de leitura: Georges Friedmann convida duas vezes Jean Stoetzel a fazer parte da banca de seus doutorandos. O tamanho dos pontos varia em função do número de presenças nos júris.

Uma consequência importante deste modo de representação é que os gráficos não representam distâncias, e que eles não são organizados em torno de eixos ou de escalas graduadas, como pode ser o caso dos mapas topográficos ou o dos planos fatoriais[137]. Obviamente, a minimização da variância dos arcos leva geralmente a aproximar graficamente as pessoas em contato. Mas o inverso não é verdadeiro. Pessoas próximas sobre o gráfico podem estar relativamente afastadas na rede de relação. A relação tênue entre o posicionamento dos pontos e a noção de distância autoriza igualmente o prático a deslocar pontos a fim de melhorar a legibilidade final e obter uma representação mais satisfatória. No caso do gráfico 2, por exemplo, nos permitimos a partir de um primeiro posicionamento dos pontos por algoritmo deslocar alguns deles. Braudel e seus contatos se encontravam assim mais ao exterior, para além da linha formada por Bastide e Balandier. Para melhorar a legibilidade, mas também para valorizar seu papel de intermediário, nos permitimos colocá-lo mais ao centro, o que modifica então a percepção visual de sua posição.

O gráfico 2 evidencia assim vários grupos reunidos bastante regularmente em júris de doutorado, unidos tanto por afinidades disciplinares, abordagens ou temas de estudo. Um "bando" quase completo é assim formado no alto da figura pelo grupo pluridisciplinar Balandier, Paulme, Mercier, Bastide, Deschamps. Predominantemente socioantropológico, o grupo está centrado no estudo de um território cultural: a África. À esquerda do gráfico se destaca um grupo de pesquisadores (Touraine, Friedman, Naville, Stoetzel) bastante unido pela pertença disciplinar (sociologia) e laboratorial (Centre d'études sociologiques), e pela então criação de novas revistas acadêmicas (*Sociologie du Travail, Revue Française de Sociologie*). Enfim, um pequeno grupo, menos amalgamado, mas nem por isso menos impressionante, figura no meio do gráfico (Piatier, Labrousse, George, Coutin, Vilar). Este grupo pluridisciplinar se reencontra em teses versando frequentemente sobre as evoluções econômicas e geográficas do mundo contemporâneo, tanto em teses relativas aos países desenvolvidos quanto aos países em via de desenvolvimento. Sem entrar nos detalhes da estrutura relacional nem na história da constituição destes diferentes grupos, o impressionante é que a descrição rápida deste gráfico fornece elementos para compreender a estruturação do saber acadêmico nesta insti-

---

137. Os programas computadorizados propõem também representações gráficas fundadas em procedimentos estatísticos que estabelecem distâncias entre os atores como a análise fatorial ou a aferição multidimensional (MDS), mas estas representações, que provocam às vezes uma forte sobreposição dos pontos e das linhas, são pouco utilizadas.

tuição, marcada notadamente pela interdisciplinaridade e pela importância das "áreas culturais". Os historiadores que dominam a hierarquia da escola (particularmente Braudel, seu presidente) exercem, apesar de uma presença total modesta, a função de intermediários na rede entre os diferentes grupos, traduzindo talvez seu engajamento à época na "descompartimentação" disciplinar como meio de renovar a história[138].

As estruturas topológicas da rede

A leitura gráfica, por mais estimulante que ela possa parecer, não constitui o único modo de exploração das redes. A interpretação visual destas formas gráficas complexas sempre encerra uma dimensão hermenêutica e subjetiva. Segundo o algoritmo utilizado, e mesmo segundo os parâmetros de inicialização, segundo a percepção própria a cada uma das formas mais características, a interpretação variará e colocará antes o acento sobre tal ou tal elemento. A eventual centralidade de Braudel pela simples visualização no gráfico pode ser discutível. Claire Lemercier levou a crítica ainda mais longe ao contestar a própria ideia de representação gráfica das redes. Para ela, o gráfico não é um método de análise: ele conserva uma ilusão cartográfica e objetivista, ao passo que o posicionamento dos pontos não representa absolutamente distâncias. Ele tende a supervalorizar os vínculos nas ausências de vínculos, totalmente importantes, e a subestimar a desigualdade dos intercâmbios[139]. Claire Lemercier concluiu então que é necessário privilegiar uma abordagem estatística e estrutural das redes sociais.

A noção estrutural mais conhecida é a de centralidade. As diferentes abordagens teóricas e estatísticas se cruzam para considerar que, num universo dado, a centralidade se torna um indicador da significância social[140]. Trata-se,

---

138. Cf. MAZON, B. *Aux origines de l'École des Hautes Études en Sciences Sociales* – Le role du mécénat américanin (1920-1960). Paris: Du Cerf, 1988.

139. Cf. LEMERCIER, C. "Analyse de réseaux et histoire". *Revue d'Histoire Moderne et Contemporaine*, vol. 52, n. 2, 2005, p. 88-112. Esta crítica é endereçada assim à perspectiva compreensiva da análise das redes egocentradas conduzida por Maurizio Gribaudi (GRIBAUDI, M. (org.). *Espaces, temporalités, stratifications* – Exercices sur les réseaux sociaux. Paris: L'Ehess, 1998).

140. Esta proposição nem sempre é verificada. Tudo depende do que está em jogo e da natureza das relações. Analisando as redes de pesquisadores que participaram das pesquisas coletivas do CRH, Claire Lemercier sublinha que nos anos de 1970 são os "engenheiros que fazem o vínculo". Cf. LEMERCIER, C. "Le Centre de Recherches Historiques comme 'structure fédérative'? – Réseaux de collaboration et thèmes de recherce (1974-1997)".

simultaneamente, do resultado de uma notoriedade passada e da promessa de um porvir: revelador da notoriedade passada, à medida que se busca entrar em contato com pessoas em vida e que se aceita mais facilmente seus convites, mas igualmente uma promessa de porvir, à medida que as pessoas centrais dispõem rapidamente de informações e dos recursos do grupo e se colocam como intermediárias indispensáveis e incontornáveis para os outros membros da rede[141]. Utilizando o vocabulário de Pierre Bourdieu, poderíamos dizer que a centralidade é ao mesmo tempo, como resultado, um sintoma do volume global de capital e, como potencialidade, um indicador do capital social[142].

A operacionalização estatística da noção de centralidade, no entanto, está longe de ser evidente. Inúmeros indícios de centralidade foram propostos, explorando diferentes facetas da centralidade de um indivíduo[143]. Depois de Linton C. Freeman[144], habituamo-nos a caracterizar três dimensões importantes da centralidade: o grau (e o número de contatos), a proximidade (o inverso da distância média entre um indivíduo e os outros membros da rede) e a intermediaridade (a parte dos caminhos mais curtos passando por um indivíduo).

Lendo a tabela 1 apresentando os atores mais centrais do gráfico, poderíamos ficar surpresos ao encontrarmos universitários que, sem serem desconhecidos, não são os mais reconhecidos na instituição. A noção de centralidade não deve ser interpretada em termos absolutos como um indicador de importância social global, mas relativamente ao objeto estudado, isto é, aqui, em relação à composição dos júris de teses. No início dos anos de 1960, a maioria dos diretores de estudos emblemáticos desta instituição ainda não estava em situação de poder dirigir teses. E os que não podiam fazê-lo, como Claude Lévi-Strauss, se consagravam mais ao desenvolvimento das próprias obras que à colação do diploma de doutor. Em contrapartida, encontramos entre os atores mais cen-

---

Cahiers du Centre de Recherche Historique, n. 36, 2005, p. 297-327. Participando nas pesquisas coletivas de vários diretores de estudos diferentes, eles são mecanicamente mais centrais. Se a importância social deles é antes menor que a dos diretores de estudos ou de pesquisa, a quem são subordinados, não obstante isso eles são importantes como recurso humano que implementa as pesquisas coletivas.

141. Cf. BURT, R. "Le capital social, les trous structuraux et l'entrepreneur". *Revue Française de Sociologie*, vol. 36, n. 4, 1995, p. 599-628.

142. BOURDIEU, P. "Le capital social: notes provisoires". *Actes de la Recherche en Sciences Sociales*, n. 31, 1980, p. 2-3. • BOURDIEU, P. *La distinction* – Critique sociale du jugement. Paris: De Minuit, 1979 ["Le Sens Commun"].

143. Um dos limites evidentes é a dificuldade de considerar a intensidade dos vínculos. Alguns indícios foram desenvolvidos como a intermediaridade de flutuação fundados na técnica da flutuação máxima.

144. FREEMAN, L.C. "Centrality in social netwoks: A conceptual clarification". *Social Networks*, vol. 1, 1979, p. 211-213.

trais um número importante de diretores de estudos "acumulativos", que eram ao mesmo tempo professores na Ehess e professores na faculdade de letras ou de direito de Paris (Bastide, Le Bras, Balandier, Labrousse...), ou docentes da Sorbonne que não exerciam a função na Ehess (Coutin). Uma razão legal ajuda a explicar esta centralidade dos professores da Universidade de Paris. A Ehess obteve o direito de preparar diplomas de doutorado de terceiro ciclo em 1958, mas com a condição que estes fossem expedidos pela universidade, e que um membro da universidade fizesse parte da banca da tese. Estamos aqui diante da situação em que a centralidade da Sorbonne na reprodução do mundo acadêmico é transcrita na regulamentação. Os professores da Sorbonne são centrais ao mesmo tempo para validar formalmente um doutorado, mas igualmente para valorizá-lo[145]. Aqui a centralidade parece manter um vínculo mais nítido com o poder acadêmico do que com a notoriedade intelectual[146].

Tabela 1 Os cinco atores mais centrais no seio da rede dos júris de teses preparadas na Ehess entre 1960 e 1965

	Grau		*Proximidade*		*Intermediaridade*	
Centralidade no gráfico completo (n = 104).	bastide/ro	11,43	bastide/ro	15,11	bastide/ro	26,55
	meyerson/ig	10,48	le-bras/ga	14,79	meyerson/ig	18,09
	le-bras/ga	9,52	balandier/ge	14,60	labrousse/er	17,88
	balandier/ge	9,52	meyerson/ig	14,34	le-bras/ga	17,54
	labrousse/er	9,52	francastel/pi	14,33	braudel/fe	17,04
Centralidade no gráfico 2 (n = 53)	bastide/ro	21,15	bastide/ro	13,98	bastide/ro	22,17
	le-bras/ga	15,39	le-bras/ga	13,72	coutin/pi	13,58
	balandier/ge	13,46	coutin/pi	13,61	le-bras/ga	13,06
	bettelheim/ch	13,46	balandier/ge	13,58	labrousse/er	12,03
	coutin/pi	11,54	george/pi	13,58	balandier/ge	10,42

Leitura: Roger Bastide é o ator mais central segundo os três indicadores de centralidade considerados. Os indicadores variam entre 10 e 100. O número 100 corresponderia a uma situação onde um ator estaria conectado com todos os outros (grau), onde ele estaria a um passo de distância dos outros atores (proximidade), onde ele seria o único intermediário entre todos os outros atores (intermediaridade).

---

145. Cf. GODECHOT, O. & MARIOT, N. "Les deux formes du capital social". Op. cit.
146. Sobre a oposição entre estas duas espécies de capitais acadêmicos, cf. BOURDIEU, P. *Homo Academicus*. Paris: De Minuit, 1984.

Se os indícios de centralidade descrevem a importância dos diferentes atores na rede e seu papel de intermediários entre os atores e os grupos diferentes, eles não permitem, em contrapartida, caracterizar grupos de atores característicos em razão da força das relações que os unem. Vários conceitos estatísticos foram propostos a fim de reagrupar os atores em função da proximidade de seu perfil relacional (p-links, k-links, bi-componentes, algoritmos de pesquisa de comunidade...). Dentre estes últimos, apresentaremos as técnicas de *blockmodeling* fundadas na equivalência estrutural[147]. Diz-se que dois indivíduos são estruturalmente equivalentes se estão conectados com os mesmos atores, não importando se estes últimos estão conectados ou não entre si. Assim, no gráfico 2, Chesneaux e Monbeig são estruturalmente equivalentes. Ambos são os convidados de Bettelheim, embora não mantenham relações entre si. Entretanto, o critério estrito de equivalência estrutural é insuficiente para estabelecer grupos: os indivíduos estruturalmente equivalentes são relativamente raros, sobretudo quando possuem um número importante de contatos. Da mesma forma, este critério precisaria ser aproximado por indicadores estatísticos que medem a distância entre dois perfis relacionais. É comum utilizar a distância geodésica como indicador de proximidade e reconstruir grupos por técnicas de classificação ascendente hierárquica (cf. o cap. de Julien Duval). Desta forma obtém-se uma árvore representando as proximidades entre os atores, o dendrógrafo, que permite reconstituir grupos de atores cujas relações são similares (gráfico 3).

---

147. Cf. WASSERMAN, S. & FAUST, K. *Social Network Analysis* – Methods and Application. Cambridge: Cambridge University Press, 1994. • HEIDLER, R. *Die Blockmodellanalyse* – Theorie une Anwendug einer netzwekanalytischen Methode. Wiesbaden: Deutscher Universitäts-Verlag, 2006.

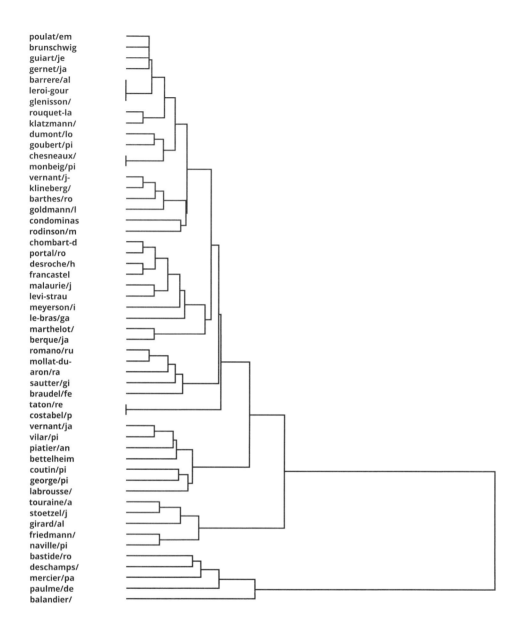

Gráfico 3 O dendrógrafo das relações entre membros dos júris de tese da Ehess entre 1960 e 1965 ($n = 53$)

Existem várias técnicas empíricas para recortar um dendrógrafo e constituir grupos. Uma das mais comuns é a de traçar um eixo vertical no dendrógrafo, visando a "cortar os galhos maiores da árvore" e conservar os menores. A aplicação deste critério possibilita dividir os 53 membros do júri em 3 ou 5 grupos (1) grupo Poulat; 2) Grupo Jacques Vernant; 3) Grupo Touraine; 4) Grupo Bastide; 5) Grupo Balandier). Insistimos neste último recorte ao nos consentirmos vincular Balandier ao grupo 4, do qual era muito próximo. Deparamo-nos assim com os três grupos coesos que de relance já nos eram evidentes, e com um quarto grupo mais numeroso e heterogêneo, cujos membros frequentemente convidavam os membros do grupo de Bastide, mas que igualmente eram convidados corriqueiros do grupo de Touraine.

Esse tipo de decomposição permite evidenciar a ausência de relações diretas entre o grupo de Touraine e o grupo de Bastide; ausência às vezes difícil de ser percebida num gráfico pouco legível. Esta distância talvez se deva às diferenças de métodos e de objetos sociológicos. O grupo de Touraine dedicou-se à institucionalização e à profissionalização da sociologia acadêmica, notadamente através da importação de métodos americanos e de obras relativas principalmente à França. O grupo de Bastide dedicou-se mais ao desenvolvimento de conhecimentos interdisciplinares relativos a um território cultural, a África, à época em plena fase de descolonização e transformação.

Estes poucos exemplos mostram como os indicadores estatísticos podem permitir aprofundar a compreensão das estruturas relacionais que a análise dos gráficos disponibiliza. Mas, para tanto, urgiria privilegiar sistematicamente a análise estatística "objetiva" das posições sobre a interpretação dos gráficos, necessariamente subjetiva? Colocar o acento exclusivo nos indicadores estruturais seria de fato aceitável se estes últimos permitissem interpretar de maneira unívoca e exaustiva uma rede social. De um lado, algumas formas visualmente características só muito imperfeitamente são traduzidas por indicadores estruturais. De outro, a grande diversidade dos indicadores estruturais de centralidade ou de *blockmodeling* e a divergência de seus resultados tornam saliente o caráter igualmente subjetivo da escolha dos indicadores. Uma ida e vinda entre as duas abordagens permite por ajustamento progressivo estabilizar os instrumentos considerados e as interpretações.

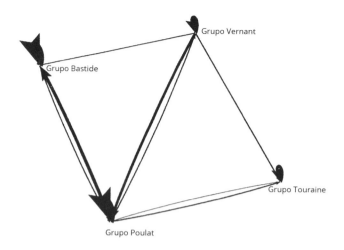

Gráfico 4 Esquema das relações entre os *blocks*

O modo de formação dos vínculos

Podemos recriminar a análise estrutural das redes sociais de não interessar-se senão pela caracterização das posições em um gráfico, além de ser arbitrariamente delimitada e indiferente à gênese das relações[148]. É certo que a topologia da rede, de um lado, e as consequências da posição na rede sobre os comportamentos, de outro, foram por longo tempo os principais temas de pesquisa. No entanto, o desenvolvimento de uma nova geração de modelos estatísticos que buscam caracterizar a evolução da dinâmica das redes responde em parte a este tipo de crítica[149].

A econometria dos dados de rede impõe dificuldades técnicas, em particular quando se busca modelar a existência dos vínculos. Com efeito, as relações entre os indivíduos i e j geralmente não são independentes das relações entre os indivíduos j e k. Se buscarmos com técnicas clássicas econométricas modelar a existência de relações entre i e j em função de características individuais ou diádicas exógenas, cairemos em problemas de autocorrelação das observações, e partindo de resíduos. Além disso, se buscarmos modelar a existência de um vínculo entre i e j em função da existência de vínculos entre j e k, caímos em problemas de endogeneidade: o vínculo entre j e k depende igualmente do vínculo entre i e j.

---

148. GRIBAUDI, M. "Avant-propos". *Espaces, temporalités, stratifications*. Op. cit.
149. Cf. SNIJDERS, T. "The statistical evaluantion of social netwok dynamics". *Sociological Methodology*, vol. 31, n. 1, 2001, p. 361-395.

Modelos foram desenvolvidos para tentar eliminar estas coerções: o modelo "$p1$" (1981), inspirado nos modelos log-lineares, permite testar a importância da reciprocidade numa rede orientada. O modelo "$p2$", próximo às regressões logísticas bivariadas com efeito aleatório sobre os indivíduos, acrescenta ao primeiro modelo o efeito das características individuais ou diádicas exógenas. O modelo "$p*$" ou "Exponencial Random Graph Models" permite levar em consideração uma gama mais importante de efeitos endógenos de rede, como a tendência à transitividade ou, ao contrário, à ciclicidade das relações[150]. Enfim, o modelo Siena desenvolvido por Tom Snijders[151] pode ser visto como uma extensão de $p*$ para redes que evoluem com o tempo[152].

O modelo Siena e a estimação de seus parâmetros por simulação são bastante complexos. Por isso, nos contentaremos aqui em oferecer apenas algumas intuições sobre o seu funcionamento. Buscaremos retraçar as determinantes da mudança entre duas redes em duas datas diferentes, reproduzindo uma por uma todas as microetapas intermediárias ao longo das quais um novo vínculo foi criado ou um antigo vínculo foi destruído. O modelo estima os parâmetros que favorecem estas mudanças em função dos parâmetros de rede – a modificação de um vínculo aumentaria ou diminuiria a reciprocidade, a transitividade, a ciclicidade? – e em função de variáveis individuais relativas ao Ego e Alter como, por exemplo, a similaridade de sexo, de idade etc.[153]

Em nosso trabalho buscamos estimar um modelo Siena sobre as mudanças dos regimes de relação entre 62 diretores de estudos no período compreendido entre 1966-1970 e igualmente no período 1971-1975 (tabela 2). Consideramos ao mesmo tempo a dinâmica própria da rede – algumas relações são criadas ou destruídas em função dos contatos que Ego pode ter com outros atores – e das características de similaridade diádica.

---

150. Cf. LAZEGA, E. *Réseaux sociaux et structures relationnelles*. Op. cit., p. 79-101.
151. Cf. op. cit.
152. Cf. RUA, A. "L'analyse longitudinale de réseaux sociaux avec Siena – Méthode, discussion et application". *Bulletin de Méthodologie Sociologique*, n. 84, 2004, p. 5-39. A interpretação clássica do modelo Siena com a ajuda de um modelo de ator racional maximizando a utilidade de seus contatos é certamente uma interpretação cômoda, mas tecnicamente ela não é necessária para utilizar o modelo. É, na melhor das hipóteses, uma espécie de "tudo se passa como se".
153. Notar-se-á que os parâmetros exógenos individuais e diádicos são cruzados com os efeitos de uma mudança potencial da quantidade de vínculos. Isso permite interpretar seus parâmetros como um fator de criação de vínculos (parâmetro positivo) ou como um fator de destruição de vínculos (parâmetro negativo).

Tabela 2 Estimação da dinâmica das relações de convite entre os diretores
de estudos na Ehess 1966-1975

Variáveis explicativas	Parâmetro
Taxa de mudança	8,53*** (1,25
Grau sorteado (densidade)	- 2,98*** (0,34)
Reciprocidade	1,90*** (0,28)
Transitivo tripleto	0,18* (0,080)
Popularidade de outrem (raiz quadrada)	0,30 (0,29)
Atividade de outrem (raiz quadrada)	- 0,10 (0,35)
3-ciclos	0,055 (0,24)
Intermediaridade	0,064 (0,077)
Mesma área geográfica (centrada)	0,55** (0,18)
Mesma disciplina	
Nota de leitura: O parâmetro é seguido de sua distância tipo entre parênteses. Os símbolos "*", "***", "****", marcam respectivamente limiares de significância de 10%, 1% e 0,1%.	0,46** (0,16)

Os dois primeiros parâmetros são tidos por constantes, aportando pouca informação. Em contrapartida, percebe-se claramente que os atores de nossa rede modificam suas relações de forma a aumentar o número de relações de reciprocidade: o parâmetro 1,90 é muito significativo. Assim, quando um diretor de estudo aceita um convite de um colega para participar de uma banca, ele sabe por sua vez que poderá contar com ele para completar o júri. O parâmetro de transitividade, embora de menor importância e menos significativo, indica uma tendência impressionante ao fechamento da rede. Ele significa efetivamente que quando estou conectado com *h*, e que *h* está conectado com *j*, minha tendência é conectar-me com *j*. Os outros efeitos de rede, as tendências em conectar-se com indivíduos muito populares ou com indivíduos muito ativos, em favorecer ciclos de intercâmbio generalizado (*a* convida *b*, que convida *c*, que convida *a*) ou em buscar tornar-se um intermediário indispensável, não são significativos. Dois efeitos de variáveis diádicas exógenas à rede foram, por outro lado, introduzidos: o fato de Ego estudar a mesma zona geográfica que Alter (codificado a partir das publicações dos diretores) e o fato dele ser oriundo da mesma disciplina. Os dois fenômenos são positivos e muito significativos. Como em inúmeras configurações, a similitude entre dois indivíduos favorece a criação de vínculos. Fenômeno impressionante, o efeito de similitude geográfica dos objetos de pesquisa entre dois pesquisadores é particularmente forte e sensivelmente mais elevado que o da similitude disciplinar. Este contraste conjuga-se com uma organização do saber que acentua as áreas culturais e a interdisciplinaridade. Nos anos de 1980, a injunção de interdisciplinaridade em ciências sociais teve amplo espaço na Ehess e o efeito de similitude disciplinar se sobrepôs então nitidamente à similitude geográfica.

Os modelos de tipo Siena permitem responder em parte à questão da gênese da rede, modelando o que é devido à dinâmica própria da rede (uma relação não emerge de um vazio reticular) e o que é devido aos atributos individuais ou à similitude diádica de atributos. Estes modelos são particularmente adaptados ao estudo longitudinal das relações de amizade em pequenas comunidades circunscritas. Eles, no entanto, encontram certos limites ao mesmo tempo técnicos e conceptuais. Deste fato, somente é possível tratar das redes de tamanho modesto (da ordem da centena) e das relações dicotômicas orientadas (presença-ausência). Os tipos de efeitos propostos pelo programa informático Siena restam limitados e a concepção da rede permanece "holista": exceto as diferenças de intensidade das práticas relacionais que podemos apreender com as variáveis exógenas, todos os atores adotam o mesmo regime de relações em termos de transitividade ou de ciclicidade. Enfim, a modelação da dinâmica por um processo de Markov, onde é a situação estática no instante t que explica a mudança em $t + 1$, é restritiva. Alguns limites, entretanto, poderão ser eliminados nos anos vindouros, de um lado, e outros modos de exploração da dinâmica das redes, quantitativos ou qualitativos, poderão permitir, por outro lado, progredir na compreensão do nascimento, do desenvolvimento e da ruptura das relações sociais[154].

Os efeitos da rede sobre os comportamentos

As consequências da posição na rede sobre a situação social foram objeto de mais trabalhos que o modo de formação dos vínculos. Podemos fazer remontar à

---

154. Cf. LAZEGA, E.; MOUNIER, L. & SNIJDERS, T. (orgs.). "Dynamiques des réseaux sociaux". *De sociologie*, vol. 49, n. 3, 2008.

Jacob L. Moreno esta via de pesquisa[155]. Mark Granovetter, ao analisar em 1973 a função das relações, e dentre estas os vínculos fracos, em particular profissionais, para encontrar um emprego[156], favoreceu o desenvolvimento de pesquisas sobre os beneficiados da posição na rede. A conceitualização da rede individual como um capital social, isto é, de um conjunto de recursos disponíveis pelas relações sociais, acionou as medidas de sua rentabilidade. Ronald Burt propôs assim um conceito operatório, as lacunas estruturais, e um indício, a coerção estrutural, para apreendê-la. Quanto mais um indivíduo dispõe em sua rede de "lacunas estruturais", isto é, contatos não diretamente religados entre si, tanto maior é seu capital social. Esta situação lhe dá um duplo privilégio informacional e estratégico. Ele dispõe de informações privilegiadas e não redundantes, e exerce entre seus contatos o papel de intermediário indispensável ou de *Tertius Gaudens*, que goza de um monopólio local e que pode, em caso de necessidade, colocar seus contatos em competição. A partir de um leque muito variado de dados de empresas, Ronald Burt mostrou que diversas formas de sucesso são correlatas a um número importante de lacunas estruturais na rede do Ego[157]. Outros trabalhos mostraram, no entanto, que sua proposição sofria de algumas exceções, em particular as relações de colaboração produtivas nas equipes de trabalho[158]. Estas objeções o levaram a reformular sua teoria e a sublinhar os benefícios cruzados da coesão no interior do grupo a fim de facilitar a colaboração e as lacunas estruturais no exterior do grupo[159].

A redução das relações a um capital social é certamente parcial, pois ela oblitera a dimensão normativa e reguladora do intercâmbio relacional[160]. Mas esta abordagem, no entanto, tem o mérito de colocar o acento sobre as consequências da rede e estimular o pesquisador a caracterizar variáveis de sucesso ou de comportamento que dependem da estrutura ou da evolução das redes. Nossa pesquisa sobre as redes dos júris de tese da Ehess não comportava ini-

---

155. Cf. MORENO, J.L. *Fondements de la sociométrie*. Paris: PUF, 1970.

156. GRANOVETTER, M. "La force des liens faibles". *Le marché autrement* – Essais de Mark Granovetter. Paris: Desclée de Brouwer, 2000, p. 45-73 ["Sociologie Économique"] ["The strength of weak ties". *American Journal of Sociology*, vol. 78, n. 6, 1973, p. 1.360-1.380].

157. Cf. BURT, R. *Structural Holes* – The Social Structure of Competition. Cambridge, MA: Harvard University Press, 1992.

158. Cf. PODOLNY, J.M. & BARON, J. "Ressoures and relationships: Social netwoks and mobility in the workplace". *American Sociological Review*, vol. 62, n. 5, 1997, p. 673-693. • LAZEGA, E. "Generalized exchange and economic performance: Social embeddedness of labor contracts in a corporate law partnership". In: ROGER, T.A.; LEENDERS, J. & GABBAY, S.M. *Corporate Social Capital and Liabilities*. Boston: Kluwer Academic, 1999, p. 239-265.

159. BURT, R. *Brokeage versus Network Closure*. Harvard: Harvard University Press, 2005.

160. Emmanuel Lazega sublinha o papel da rede como processo de regulação coletiva dos comportamentos, fenômeno frequentemente negligenciado pela abordagem em termos exclusivos de capital social. Cf. LAZEGA, E. *The Collegial Phenomenon*: The Social Mechanisms of Cooperation Among Peers in a Corporate Law Partnership. Oxford: Oxford University Press, 2001.

cialmente nenhuma variável dependente. O cruzamento recente destes dados com uma pesquisa versando sobre os recrutamentos na Ehess permitiu medir as consequências potenciais da rede[161]. Assim conseguimos mostrar que a probabilidade de ser recrutado como mestre de conferências na Ehess cresce sensivelmente com o aumento da intensidade das relações entre o diretor de tese do candidato e os diretores de estudos da Ehess[162]. Estes dados muito ricos sobre o recrutamento permitem explorar mais a relação entre a posição na rede e as formas de poder. Efetivamente conseguimos encontrar nos arquivos da Ehess, não somente o resultado de um recrutamento, decidido ao término de uma votação em assembleia geral dos professores, mas também os discursos públicos dos professores em favor de tal ou tal candidato. Desta forma foi possível examinar a relação entre o poder sobre a assembleia, medido pelo número de candidatos defendidos por um de seus membros eleitos ou pelo número de votos que um discurso público acarreta, e a posição na rede dos júris de tese. Assim procedendo conseguimos estabelecer a hipótese de que alguém que dispõe de uma rede importante no seio da assembleia poderia influenciar seus contatos e fazer oscilar o voto em favor de seus próprios candidatos.

As primeiras regressões exploratórias elaboradas a partir dessa pesquisa confirmam a existência de uma relação entre posição na rede e poder sobre a assembleia. Esses resultados parecem suficientemente robustos para alterar a medida de centralidade ou para alterar a medida adotada na descrição do poder de um diretor numa assembleia de professores. O caráter longitudinal dos dados permite introduzir um "efeito fixo" por indivíduo (ou uma variável dicotômica por indivíduo distinto), técnica de econometria dos painéis permitindo controlar a regressão, para a heterogeneidade individual inobservada. Esta técnica equivale a estimar os efeitos das variações das variáveis explicativas sobre as variações das variáveis explicadas (e não a estimar os efeitos de um estado sobre outro, como no modelo I). A variação da centralidade de um indivíduo na rede é religada positivamente à variação de sua influência no seio da assembleia de professores, relativa à escolha das pessoas recrutadas.

Poder-se-ia com isso concluir que a centralidade determina o poder de influência no seio de um coletivo? Esta interpretação das correlações constatadas é plausível, mas ela deve ser balanceada com a interpretação inversa da coevolução da centralidade e com o poder de influência. É possível igualmente que os membros da rede busquem contatos com pessoas influentes por ocasião da

---

161. Cf. BACIOCCHI, S.; BACKOUCHE, I.; CRISTOFOLI, P.; GODECHOT, O.; NAUDIER, D. & TOPALOV, C., com a colaboração de CARDONI, F. & TAÏEB, E. *Vingt ans d'élections à l'École des Hautes Études en Sciences Sociales (1986-2005)* – Synthèse des résultats d'enquête. Paris: L'Ehess, 2008.

162. Cf. BACKOUCHE, I.; GODECHOT, O. & NAUDIER, D. "Un plafond à caissons – Les femmes à L'Ehess". *Sociologie du Travail*. [s.l.]: [s.e.]., 2009.

composição dos júris, tornando-as centrais. Existem diversas técnicas que buscam delimitar os fatores desta coevolução[163]. Elas consistem frequentemente em utilizar variáveis retardadas, ou ainda, através da técnica das variáveis instrumentais, em introduzir choques exógenos afetando uma das duas variáveis. Por ora, no atual estágio de nossa exploração dos dados, o emprego das variáveis retardadas (impacto da rede no período $t - 1$ sobre o poder em t e vice versa) não nos permite concluir num sentido ou noutro, em razão da ausência de plausibilidade. O aumento do número de observações, de um lado, e de outro uma recalibragem dos períodos e consequentemente da dinâmica, poderia permitir um melhor conhecimento destas variáveis. Estes resultados ainda incertos sublinham finalmente os limites com os quais frequentemente a análise estatística de rede se depara: a relação de causalidade vinculando as redes às práticas sociais continua sendo uma tarefa difícil de ser totalmente explicitada.

Tabela 3 A relação entre a posição na rede e o poder em assembleia

	I	II	III	IV	V
Centralidade de proximidade durante o período	0,074* (0,032)	0,14** (0,04)		1,90*** (0,52)	0,0062*** (0,00114)
Centralidade de intermediaridade durante o período			0,17* (0,07)		
Presidente durante o período	4,79** (1,46)	-0,16 (1,89)	-0,71 (0,19)	28,7 (21,3)	0,042 (0,060)
Número de publicações por período	-0,056 (0,11)	-0,19 (0,20)	-0,17 (0,19)	-1,96 (2,20)	-0,006 (0,006)
Efeitos fixos de período ($n = 4$)	sim	sim	sim	sim	sim
Efeitos fixos individuais ($n = 120$)	não	não	não	não	não
R2	7,8%	56,6%	56,0%	65,7%	54,4%

163. No quadro da modelação Siena, Steglich et al. mostram que o alcoolismo e o tabagismo se difundem via relações de amizade, e que este efeito domina nitidamente a seleção nas relações de amizade de pessoas similares pelo grau de consumo destes dois produtos. Cf. STEGLICH, C.; SNIJDERS, T. & PEARSON, M. "Dynamic networks and behavior: Separating selection from influence", 2007.

Nota de leitura: Estimamos a relação entre posição na rede e poder eleitoral na assembleia eleitoral por período de cinco anos entre 1960 e 1980. No modelo I, II e III, a variável dependente é o número de candidatos defendidos eleitos; no modelo IV, é o número total de votos provocados pelos defensores (ou seja, a soma para os candidatos defendidos por Ego do número de votos obtidos dividido pelo número de defesas recebidas); no modelo V, é a média das partes de votos originados por um defensor (ou seja, a média para os candidatos defendidos por Ego da parte dos votos obtidos dividida pelo número de defesas recebidas). Todas as estimações foram feitas com a técnica dos mínimos quadrados ordinários. As regressões incidem sobre a população dos 120 diretores de estudos tendo defendido candidatos por ocasião de assembleias e tendo sido empossados ao menos uma vez como membros de um júri de tese. Não sendo o painel cilíndrico, utilizamos então 277 indivíduos-períodos. A variável sobre as publicações é obtida a partir de uma coleta automatizada das publicações referenciadas no Google Scholar. Os parâmetros são seguidos de distâncias tipos entre parênteses. Os símbolos "*", "**", "***", marcam respectivamente limiares de significatividade de 10%, 1% e 0,1%.

Se os métodos aqui apresentados não resumem, longe disso, o conjunto das técnicas de análise das redes sociais, eles são relativamente clássicos e permitem oferecer um panorama do espectro metodológico. Sua confrontação com um mesmo objeto, os júris de tese da Ehess, simultaneamente permitiu mostrar os aportes e os limites de cada método, mas também uma certa familiaridade. Opor rede egocentrada e rede completa, ou postura compreensiva e postura estrutural, sem dúvida carrega em seu bojo uma virtude pedagógica. Mas este tipo cômodo de divisão revela-se menos pertinente a partir do momento que o objeto sociológico passa a impor sua própria lógica, favorecendo uma convergência interpretativa.

17
O raciocínio comparatista

Serge Paugam
Cécile van de Velde

Durkheim dizia que "a sociologia comparada não é um ramo particular da sociologia; ela é a própria sociologia, conquanto deixe de ser puramente descritiva e almeje prestar contas dos fatos"[164]. A comparação não é um fim em si; é um meio de problematizar outramente um objeto. Todo sociólogo é um comparatista que se ignora; ele incorpora sistematicamente a postura comparatista em sua demonstração científica: o raciocínio sociológico não somente o convida a confrontar as características de um fato social à representação que inicialmente ele se fazia, mas o leva igualmente a comparar os múltiplos determinantes entre si – sexuados, sociais, territoriais – do fenômeno do qual ele busca prestar contas.

Hoje a acepção "comparatista" aplica-se, preponderantemente, à postura de comparação internacional, que acentua e sistematiza, pela escolha de espaços nacionais contrastados, as instâncias mesmas deste raciocínio científico. A comparação das sociedades modernas constitui hoje um campo emergente da disciplina sociológica: diante da internacionalização das economias e da circulação crescente dos saberes científicos, eleva-se a demanda social de comparações dos diferentes modelos societários. O raciocínio comparatista não se reduz, no entanto, à confrontação entre sociedades e sociedades; sua escala pode igualmente ser infra ou supranacional.

Os trabalhos comparatistas multiplicaram-se, mas, às vezes, a postura ainda se reduz a uma enumeração descritiva de diferenças relativas a uma questão prévia, ou a uma justaposição de quadros sem real comparação sociológica. O raciocínio comparatista não se limita unicamente à objetivação de contrastes entre uma configuração social e outra, mas busca igualmente compreender os

---

[164]. DURKHEIM, É. *Les règles de la méthode sociologique*. Paris: PUF, 1986, p. 137 [1. ed., 1895].

fatores sociais que residem em seu fundamento e em suas dinâmicas evolutivas. Este capítulo pretende apresentar alguns balizamentos suscetíveis de preservar o sentido mesmo desta perspectiva de pesquisa no desenrolar de uma trajetória científica, isto é, da construção do objeto aos esquemas de interpretação dos dados.

Opõe-se classicamente a abordagem comparatista durkheimiana à abordagem weberiana: a primeira consistiria em comparar uma escolha ampla de sociedades para testar a robustez das análises propostas e os efeitos de diferentes variáveis explicativas – seu exemplo mais representativo é *Le suicide*[165] –, enquanto que a segunda se inscreveria antes em uma perspectiva compreensiva que abre espaço às representações dos indivíduos, e leva à construção de tipos ideais julgados colocar em coerência as singularidades distintas das realidades observadas e seus fundamentos sociais, históricos e culturais. Este capítulo pretende mostrar que a oposição entre estas duas abordagens pode ser superada, e que é possível, ao contrario, vê-las como complementares no seio de um mesmo raciocínio comparatista. Este capítulo se apoiará em exemplos oriundos tanto de pesquisas comparativas internacionais quanto de pesquisas conduzidas em uma amostra infranacional.

Superar o etnocentrismo

A postura comparatista convida o sociólogo a desfazer-se da abordagem etnocêntrica. Esta abordagem consiste em projetar – na formulação do objeto de estudos ou na escolha metodológica, mas também na interpretação dos dados – as representações sociais e culturais das quais, por pertencer a uma sociedade dada, o próprio sociólogo é portador, e que o induzem a uma visão truncada e parcial da realidade que ele pretende objetivar. Do fato de colocar em cena configurações sociais parcialmente muito contrastadas, a abordagem comparatista intui uma defasagem – e às vezes radical – do olhar sociológico, e convida a uma desconstrução profunda, a montante, dos próprios termos da comparação. O sociólogo comparatista deve exercer uma vigilância particular em face da introdução de obliquidades culturais, visto que um mesmo objeto de estudos pode revestir-se de uma pluralidade de realidades e de significações sociais no seio dos múltiplos quadros de uma comparação; como o lembra Franz Schultheis, a postura comparatista é tão exigente que os erros epistemológicos e as "falsas compreensões"[166] podem ser tão numerosos quanto insuspeitados. Cabe então ao sociólogo dar-se meios metodológicos e analíticos que contornem

---

165. DURKHEIM, É. *Le suicide*. Paris: PUF 1990 ["Quadrige"] [1. ed., 1897].
166. Franz Schultheis concentra-se nos principais erros que ameaçam o sociólogo comparatista: SCHULTHEIS, F. "Comme par raison; Comparaison n'est pas toujours raison – Pour une critique sociologique de l'usage social de la comparaison interculturelle". *Droit et Société*", n. 11-12, 1989, p. 219-244.

o risco do etnocentrismo no processo de definição de seu objeto de estudos, e adotar uma postura científica suscetível de apreender as construções sociais e a pluralidade dos modos de percepção desiguais. Esta desconstrução radical do objeto de estudos torna a postura comparatista particularmente exigente, leia-se exclusiva, assemelhando-a uma verdadeira "estratégia de pesquisa"[167], segundo a expressão de Michel Lallement: aquilo que, às vezes, e inicialmente, é julgado tão somente nutrir uma abertura internacional, no tocante a um determinado objeto de estudos, tende a provocar então uma profunda renovação da própria abordagem.

A comparação de um sociológico, desde o momento da elaboração de um objeto de estudos, deve considerar que tal fato inscreve-se em realidades nacionais diferentes. No quadro da realização de uma pesquisa sobre a integração profissional[168], fundamentada numa grande pesquisa, simultaneamente quantitativa e qualitativa, a hipótese inicial supunha que as diferentes situações relativas ao emprego eram hierarquizadas; e não somente em função dos níveis de responsabilidade e de poder no ambiente de trabalho, mas também, e cada vez mais, em função do grau de estabilidade do emprego e da amplitude das vantagens econômicas e sociais que a atividade profissional podia oferecer. Era essencial, portanto, acentuar a instabilidade crescente das situações profissionais e o risco de desemprego. Esta problematização, no entanto, revelou-se incompleta. Ela fazia da relação com o emprego a dimensão determinante da integração, e negligenciava a relação com o trabalho tal como a havia estudado Durkheim por um lado, e por outro os sociólogos do trabalho dos anos de 1960. Se o trabalho é fonte de desabrochamento, ele também pode ser fonte de sofrimentos tanto físicos quanto morais. Estes últimos não são redutíveis à questão do estatuto do emprego. Dessa forma, progressivamente a análise da integração profissional passou a levar em conta ao mesmo tempo a dimensão objetiva e a dimensão subjetiva da experiência do trabalho.

Este enriquecimento da problemática e do corpo de hipóteses iniciais foi tornado possível por uma comparação efetuada no quadro de outra pesquisa internacional feita simultaneamente. Com efeito, aos poucos foi ficando claro que a precariedade profissional não tinha o mesmo sentido de um país ao outro[169]. Ao passo que os pesquisadores franceses e alemães eram sensíveis à

---

167. DUPRÉ, M.; JACOB, A.; LALLEMENT, M.; LEFÈVRE, G. & SPURK, I. "Les comparaisons internationales: intérêt et actualité d'une stratégie de recherche". In: LALLEMENT, M. & SPURK, I. *Stratégie de la comparaison internationale*. Paris: CNRS, 2003, p. 7-18.

168. PAUGAM, S. *Le salarié de la précarité* – Les nouvelles formes de l'intégration professionnelle. Paris: PUF, 2007 ["Quadrige"].

169. Trata-se do programa europeu "Employment Precarity, Unemployment and Social Exclusion" (Epuse), realizado entre 1996 e 1999. Sobre este ponto cf. GALLIE, D. & PAUGAM, S. (orgs.). *Welfare Regimes and the Experience of Unemployment in Europe*, Oxford: Oxford University Press, 2000.

instabilidade do emprego, os pesquisadores ingleses davam mais importância à insuficiência salarial e às más condições de trabalho. Na realidade, a precariedade dependia acima de tudo da relação com o emprego para os primeiros, e essencialmente da relação com o trabalho para os segundos. Ser precário significava viver na insegurança permanente para uns, e ter um *bad job* – isto é, um trabalho desvalorizado e baixamente remunerado – para os outros. É possível compreender esta diferença de abordagem através da natureza do Estado-providência e também pelo funcionamento do mercado de trabalho nesses países. Enquanto na Alemanha e na França o sistema de proteção social era fundado num espírito corporativista e na estabilidade do emprego, que permitiam aos indivíduos ter acesso aos direitos sociais, o sistema em vigor na Grã-Bretanha era organizado segundo o princípio de uma intervenção mínima do Estado, o que se traduzia por repasses sociais modestos e uma menor proteção dos salariados. No primeiro caso, não ter um emprego estável representava um risco maior, já que esta situação inevitavelmente provocava uma menor proteção social; no segundo caso, a aposta era menor, já que, de qualquer forma, os salariados permaneciam fracamente protegidos. Em contrapartida, seria importante que eles tivessem um bom salário a fim de poder garantir a própria proteção, recorrendo às previdências privadas. Assim, a definição da precariedade profissional depende do tipo de Estado-providência e, ao menos parcialmente, da sensibilidade do pesquisador em relação aos problemas particulares que são levantados em seu próprio país.

Não existe nenhuma dúvida, no entanto, que os baixos salários existiam tanto na França quanto na Alemanha, e que a insegurança de emprego era igualmente um fator de desigualdade na Grã-Bretanha, para além da questão social dos *bad jobs*. Por consequência, os sociólogos franceses e alemães não tinham uma definição mais justa da precariedade profissional que a dos sociólogos ingleses. Urge reconhecer, sobretudo, que tanto os primeiros quanto os segundos colocavam o acento na dimensão específica da precariedade, a mais visível e a mais discutida em seus países, subestimando a importância da segunda. Dessa forma, a precariedade profissional deve ser analisada a partir da relação com o trabalho e da relação com o emprego, visto que o trabalho e o emprego constituem duas dimensões distintas de integração profissional, ambas fundamentais. A relação com o emprego se inscreve na lógica produtiva da sociedade industrial ao transformar cada indivíduo num produtor potencial que adquire sua identidade e o sentimento de ser útil pelo princípio, analisado por Durkheim, da complementaridade das funções. A relação com o emprego se inscreve na lógica protetora do Estado-providência, garantindo direitos sociais aos cidadãos em função de sua contribuição pela atividade produtiva, mas também em função do princípio de cidadania. Numa sociedade onde os poderes públicos regulam e hierarquizam os estatutos sociais, é a estabilidade de emprego que garante ao indivíduo o bem-estar, a segurança social, a possibilidade de prever o porvir com serenidade[170]. De um lado, a *produção,* que simultaneamente envolve o salariado, o grupo de trabalho, a empresa e o mercado; de outro, a *proteção,* que remete às negociações sociais simultaneamente a empresa e a intervenção do Estado. Disso se pode deduzir que as novas formas de integração profissional são analisadas não somente em função de uma ou outra de suas dimensões, mas a partir do cruzamento de ambas.

Desse modo, superar o etnocentrismo é a condição do raciocínio comparatista. Essa libertação pode levar o sociólogo a questionar um paradigma ou uma ótica analítica herdada de uma tradição intelectual nacional. Uma pesquisa sobre os modos de ingressar na vida adulta na Europa[171], por exemplo, induziu à desconstrução do termo "juventude", da forma como prioritariamente ele era refletido na França. Uma primeira comparação internacional destes itinerários provocou uma interrogação teórica sobre a conceituação usual desta idade, e particularmente sobre as fronteiras julgadas distingui-la da idade adulta. O termo juventude era definido, até então e acima de tudo, como uma transição entre etapas ditas "limiares" de entrada na vida adulta – a saber, "afastamento" do lar de origem, casamento, conclusão dos estudos, emprego estável. Ora, projetado num quadro internacional, o uso transversal desta grade de leitura em termos de etapas estatutárias – fixadas, pois, *a priori,* como limites superiores das juventudes europeias – provocou uma aporia comparativa, em vista da variabilidade de suas significações sociais, de seus respectivos poderes de escansão e das próprias definições do termo "adulto".

Por exemplo: o afastamento definitivo do lar de origem, tanto em relação ao momento preciso em que ele ocorre quanto aos acontecimentos julgados desencadeá-lo, respondia a normas e representações muito diferenciadas, e ausentes dos esquemas normativos do "tornar-se adulto" – de um grupo social para outro, mas também e principalmente de uma sociedade à outra: uma mesma coabitação podia ser vivida como um estigma profundo para uns, bem como uma expectativa legítima, e a longo prazo, para outros. Este era o caso específico dos jovens espanhóis, que associavam este fato mais a um grande salto rumo à vida adulta, condicionando-o à construção de um novo lar, ao termo de uma longa fase de preparação, ao passo que os jovens dinamarqueses interpretavam o mesmo fato como uma etapa legitimamente precoce, já que necessária à construção de si. A entrada na vida adulta, portanto, vista em perspectiva comparatista, não tinha nem as mesmas fronteiras nem as mesmas significações nas diferentes sociedades estudadas. O que estava efetivamente em jogo eram as representações da autonomia do indivíduo, os modos de regulação sociopolíticos e as normas

---

170. Cf. SCHNAPPER, D. "Rapport à l'emploi, protection sociale et statuts sociaux". *Revue Française de Sociologie,* vol. 30, n. 1, 1989, p. 3-29.

171. Cf. VELDE, C. *Devenir adulte* – Sociologie comparée de la jeunesse en Europe. Paris: PUF, 2008 ["Le Lien social"].

sociais que determinavam em qual momento era ou não legítimo afastar-se do lar de origem.

Essas variações sugeriam o quanto o termo "juventude" era efetivamente uma construção social e cultural, respondendo a normas e agenciamentos específicos, cujos fundamentos a janela de observação prévia em termos de "limiares" comuns não conseguia apreender. Para o período específico da juventude, e para outros, urgia não limitar-se à comparação "limiar a limiar" de um objeto construído *ex ante*, e subsequentemente optar por um duplo prisma de análise visando a evitar um mero comparatismo estatístico dos "limiares": importava direcionar a pesquisa para o *sentido* que os indivíduos poderiam dar à própria experiência e para as representações que eles se faziam do "tornar-se adulto". Esta desconstrução do objeto, portanto, remetia a uma abordagem metodológica fundada na articulação de diferentes materiais empíricos – estatísticos e qualitativos –, única suscetível de prestar contas das diferentes construções sociais da juventude europeia, e de superar os limites das análises comparativas que definiam suas finalidades em termos de limiares estatutários preestabelecidos, sem considerar as profundas variabilidades culturais e sociais.

Esses exemplos mostram que os esquemas de análise elaborados pelos sociólogos frequentemente dependem de um quadro nacional de pensamento, em geral assumido como referência legítima – notadamente presente no etnocentrismo cultural –, e que, por consequência, subsiste o risco inconsciente de reduzir o campo de estudos, quando menosprezadas as opções implícitas operadas na construção do objeto.

Possíveis escalas de comparação

Quais escalas territoriais adotar? A postura comparatista, enquanto raciocínio sociológico, deve oferecer instrumentos empíricos, optando por unidades comparativas, visando a desvendar o que simultaneamente existe de "invariante" e "específico"[172] nas situações estudadas. Do sentido e da qualidade desta arbitragem entre regularidades e singularidades dependerá a pertinência do dispositivo comparativo adotado. As configurações escolhidas não possuem um valor irredutível em si; elas carregam as condições sociais, históricas, políticas e culturais que o trabalho de interpretação terá por objetivo reconstruir, mobilizando os fatores que permitem prestar contas dos contrastes objetivados. Não se trata, pois, nem de "comparar o incomparável"[173] nem de confrontar o "demasiadamente semelhante", mas de colocar em confrontação várias configurações

---

172. LAHIRE, B. "Décrire la réalité sociale". *L'esprit sociologique*. Paris: La Découverte, 2007, p. 34.

173. MAURICE, M. "Méthode comparative et analyse sociétal – Les implications théoriques des comparaisons internationales". *Sociologie du Travail*, n. 2, 1989, p. 175-191.

que permitem analisar o vínculo entre variações caracterizadas no objeto de estudos e dimensões definidas. É neste ponto que nos deparamos com o próprio objeto da filiação comparatista weberiana, da forma como a formalizou Jean-Claude Passeron: esta postura visa à "sistematização e ao aprofundamento dos contrastes" em "multiplicando as oposições e as aproximações descritivas", a fim de deduzir as lógicas intrínsecas de cada uma das configurações analisadas, e confrontá-las num "vai e vem argumentativo" entre observações, interpretação e contextualização[174].

Comparamos cidades, regiões, sociedades? Urge desconfiar da ilusão comparatista que infere *ex ante* a maior pertinência de uma escala territorial em relação a outras, sem conceder-nos realmente os meios de interrogá-la. Com efeito, em sua concepção mesma, a comparação deve fugir de toda visão homogênea ou essencialista de uma unidade territorial – sociedade, região ou cidade, por exemplo; outras dimensões, sociais ou sexuadas, são mais suscetíveis de clivar ao menos tanto, senão mais, que a escala de comparação escolhida. Importa então não demorar-se exclusivamente nas únicas unidades de comparação para aprofundar igualmente as alçadas respectivas de clivagens transversais, e analisar a forma com a qual os efeitos de variáveis estruturantes se conjugam com o efeito de escala de pertença.

Por exemplo: os sociólogos que pesquisam a vida social em ambiente popular frequentemente optam por comparar vários bairros caracterizados por uma forte concentração de população operária ou de origem operária. Estes bairros populares foram frequentemente estudados como formas de organização comunitária, no sentido de constituição de uma identidade coletiva própria e de um sentimento compartilhado de pertença a um grupo social de destino homogêneo. O bairro, neste caso, é em si mesmo uma forma de resistência à pobreza. Ele corresponde a um lugar no qual os habitantes encontram uma proteção (por relações solidárias) e um reconhecimento. Nestes bairros tradicionalmente operários, os vínculos sociais são entrecruzados a fim de garantir a todo indivíduo uma posição social precisa e uma pertença identitária. Ocorre, no entanto, que inúmeros bairros populares são hoje socialmente desqualificados e caracterizados por uma forte degradação das relações sociais. Eles se afastam assim do modelo tradicional do bairro popular integrado. Os casais pobres, confrontados à precariedade, ao desemprego ou à inatividade, são ali sobrerrepresentados. A desqualificação social da qual são objeto enquanto casais, desqualifica igualmente o espaço de residência. Estas cidades são alvo espacial de estigmatização, bem como as populações que nelas vivem e as instituições que as representam, notadamente a escola. O processo de desqualificação espacial pouco a pouco se traduz por uma identidade negativa dos habitantes. Assiste-se assim à deban-

---

174. PASSERON, J.-C. "L'espace webérien du raisonnement comparatif". In: WEBER, M. *Sociologie des religions*. Paris: Gallimard, p. 1-49.

dada dos locatários menos pobres, frequentemente substituídos por categorias julgadas mais desfavorecidas, em geral de origem estrangeira. A estigmatização dos locais é, por outro lado, reforçada pelo papel das mídias: classificação de bairros como difíceis, reportagens emocionais sobre a violência urbana, violência simbólica.

Dado que este processo toca diferentemente os bairros populares, é heuristicamente fecundo proceder por comparação. Ao longo de uma pré-pesquisa, o sociólogo pode sublinhar que as dimensões que lhe permitiram definir o bairro popular ou a cidade socialmente desqualificada não são sistematicamente verificadas e que a realidade é mais complexa que a inicialmente imaginada. A comparação vai assim tornar-se o suporte privilegiado do raciocínio sociológico. O sociólogo poderá, por exemplo, colocar-se as seguintes questões: Como é possível que dois bairros pobres que parecem assemelhar-se do ponto de vista de determinadas características objetivas sejam na realidade diferentes quando novos indicadores são considerados, como a saúde mental da população que ali reside? Por que a angústia psicológica alcança limiares elevados e parece evoluir num determinado bairro enquanto permanece muito fraca, leia-se insignificante, em outro? A resposta não é dada antecipadamente. A comparação sistemática dos dois bairros é o meio através do qual o sociólogo poderá avançar. Ele será então levado a construir hipóteses mais precisas das que ele inicialmente havia elaborado.

Em sua análise estatística sobre o suicídio, Christian Baudelot e Roger Establet optaram deliberadamente por uma escolha alargada de sociedades. Esta opção por configurações contrastadas, possibilitada pela disponibilidade de dados estatísticos em escala mundial, objetiva fazer sobressair não somente a força das "constâncias transversais" – por exemplo, a regularidade das relações entre suicídio e religião, família, idade e gênero –, mas também ressaltar o impacto particular da sociedade, isto é, as forças específicas deste "estar juntos", que os autores almejam analisar:

> Uma sociedade não é uma justaposição demográfica de segmentos, uma sinergia econômica de recursos, menos ainda uma construção deliberada segundo as regras e as convenções políticas: ela é uma maneira de estar juntos, viva e, no entanto, misteriosa. Uma realidade *sui generis*, segundo a expressão favorita de Durkheim, irredutível aos efeitos de composição voluntária ou utilitarista, indecomponível em seus elementos. A opacidade imediata da sociedade a torna una à sua realidade. É por isso que muito se pode esperar da observação meticulosa e ordenada, aos moldes de Durkheim, das relações que se constroem entre as transformações macroscópicas das sociedades e o fenômeno excepcional e significativo do suicídio[175].

---

175. BAUDELOT, C. & ESTABLET, R. *Suicide* – L'envers de notre monde. Paris: Le Seuil, 2006.

Dentre este conjunto de países, uma exceção surgiu, por exemplo, nas diferenças sexuadas quanto ao suicídio: a China, que é o único país onde as mulheres se suicidam mais que os homens – sobretudo no interior. Esta particularidade levou os sociólogos a analisar as estruturas familiares chinesas e a debruçar-se sobre a condição feita à mulher casada, notadamente pela família de seu cônjuge. Comparada de forma alargada, a taxa de suicídio torna-se então um sintoma que permite identificar os traços particulares ou as especificidades de uma sociedade: "Não é a sociedade que aclara o suicídio, é o suicídio que aclara a sociedade".

Quer se assuma por focal a amostra local ou macrossocial, o número de unidades comparadas, bem como seus graus respectivos de proximidade de contrastes deve ser objeto de uma escolha racional. A partir de uma análise de múltiplas pesquisas comparadas em ciências sociais, Cécile Vigour[176] estabeleceu o leque de combinações possíveis – do estudo de caso único à exaustividade –, e mostrou a este respeito o quanto esta escolha depende da delimitação do objeto estudado e dos instrumentos conceituais utilizados. Ela evidenciou suas apostas, ou seja, o equilíbrio desejado entre precisão e generalidade no seio do tema sociológico que resultará da pesquisa comparada: o aumento do número de casos estudados, bem como seus contrastes cruzados permite solidificar a representatividade da pesquisa e elevar o nível de generalização, ou seja, dá mais fineza à modelação – o que não o permite a indexação em um número de casos reduzido; mas ela corre o risco de paralelamente induzir a uma perda em precisão, bem como a perda de controle do exercício mesmo da comparação. Neste particular, a autora convida o pesquisador comparatista a permitir-se uma margem de maleabilidade na operacionalização de seu dispositivo metodológico, a fim de preservar a possibilidade de ajustar a escolha dos casos estudados em função da evolução da pesquisa.

Este processo de estruturação progressiva da amostra comparativa está no coração do "Constant Qualitative Method", desenvolvido por Barney Glaser e Anselm Strauss[177]. Essa postura funda-se numa extensão sequencial e racional de casos comparados e numa busca deliberada de contrastes no próprio seio de uma análise qualitativa. A amostragem se quer "teórica"; ela deve ser desenvolvida rigorosamente ao longo de toda a pesquisa em função dos primeiros resultados, e não fixada *a priori*: como no exemplo da pesquisa que esses autores realizaram num hospital, o desfecho de um primeiro campo de pesquisa pode prolongar-se pela pesquisa de casos cujas características são contrastadas, isto é, opostas – que eles denominam "casos negativos". Este cruzamento progressivo

---

176. VIGOUR, C. "Choisir les unités de comparaison". *La comparaison dans les sciences sociales – Pratiques et méthodes*. Paris: La Découverte, 2005, p. 135-188.

177. GLASER. B. & STRAUSS, A. *The Discovery of Grouded Theory*: Strageries for Qualitative Research. Londres: Winfeld & Nicolson, 1967.

dos olhares, pela construção controlada das variações, é julgado permitir ao pesquisador guiar o desenvolvimento de sua pesquisa em função das categorias e dos conceitos que ele desenvolveu por ocasião de uma primeira análise de campo, para em seguida colocá-los à prova, afiná-los ou alargá-los, num movimento crescente de teorização.

Forças e limites do quadro nacional

Até aqui, a postura comparatista internacional fundou-se prioritariamente em escala da sociedade. A abordagem comparada ainda é dominada pelo *paradigma societário*, mesmo que este seja questionado em proveito de outras amostras territoriais. Em sociologia comparada das desigualdades sociais, da pobreza, das idades, das relações sociais de sexo, inúmeros trabalhos contemporâneos compartilham um questionamento transversal sobre a maneira com a qual as políticas públicas nacionais e os modelos societários podem estruturar os comportamentos e as experiências. Esses trabalhos comparativos interrogam a pertinência – dentre outras dimensões – de diferentes "regimes de Estados-providência" de Gøsta Esping-Andersen[178] na interpretação dos contrastes observados. Esse conceito de *welfare regime* faz referência a uma regulação global entre Estado, mercado e família, regulação julgada profundamente estruturante das sociedades contemporâneas. Se hoje, ainda, a escala nacional permanece a unidade territorial privilegiada da análise, é notadamente porque ela é julgada imprimir um cunho significativo nos percursos sociais. E hoje, ainda, é principalmente em escala territorial nacional que as políticas do Estado-providência se regulam, que os mercados do trabalho se delineiam, que determinados comportamentos familiares encontram uma homogeneidade estatística. Esta combinação, mais que uma propriedade intrínseca e específica de cada uma das sociedades estudadas, favoreceria o desenvolvimento de estruturações societárias coerentes.

Tomemos um exemplo ilustrativo da pertinência deste quadro nacional. Para estudar de forma comparativa a experiência do desemprego, convém levar em conta a natureza e os modos de intervenção específicos dos Estados-providência. As sociedades europeias são produtivistas. Elas são fundadas no princípio da divisão técnica do trabalho, da acumulação do capital, do cálculo econômico e da participação de todos na obra coletiva de produção de bens e serviços. O estatuto social dos indivíduos depende diretamente disso. Mas as sociedades europeias também são providenciais no sentido que todas elas, em graus diversos, integraram à sua constituição liberal direitos sociais ou liberdades reais, o que corresponde ao processo de "desmercantilização". Os desempregados são, ao menos temporariamente, privados do reconhecimento de um estatuto

---

178. ESPING-ANDERSEN, G. *Les trois mondes de l'État-providence* – Essai sur le capitalisme moderne. Paris: PUF, 1999 [1. ed., 1990].

de trabalhador ou de ativo ocupado, o que numa sociedade produtivista pode transformar-se numa provação dolorosa. Mas esta experiência também depende fortemente do regime de proteção social em vigor em cada país. Poder manter por um longo período um nível de vida equivalente ao que eles tinham precedentemente constitui-se num freio poderoso ao processo de exclusão social.

Apoiando-se em dados do painel europeu dos casais, autores demonstraram que é necessário levar em conta outra dimensão: o papel da família. Os resultados de várias explorações atestam que os desempregados não são, em todos os países, sustentados com a mesma intensidade por suas famílias. As solidariedades familiares são mais vivas e mais regulares nos países do Sul (da Europa). Os desempregados desses países raramente vivem afastados de suas famílias, podendo assim beneficiar-se de auxílios diversos da parte de seus próximos. Estas diferenças entre países mostram que não existe uma relação simples entre desemprego e exclusão social. Ao contrário, a probabilidade de acúmulo de necessidades depende do modelo de regulação social do desemprego que prevalece na sociedade. Os modelos de regulação social do desemprego podem ser apreendidos a partir da relação entre, de um lado, as responsabilidades de intervenção atribuídas à esfera pública do Estado-providência e, de outro, as responsabilidades que dependem da esfera de intervenção da família. Estes modelos são tipos ideais, elaborados para analisar de forma compreensiva as diferenças nos princípios fundamentais de organização social. Embora sociedades particulares possam aproximar-se de um ou de outro modelo, é impossível imaginar que uma sociedade reproduza inteiramente um deles, em seu estado puro. Três tipos de modelos principais podem ser diferenciados: o modelo público individualista, o modelo de responsabilidade compartilhada e o modelo "familiarista" (cf. box abaixo).

Box

Os três modos de regulação do desemprego

O modelo público individualista repousa sobre a hipótese de que a sociedade em seu conjunto é responsável pela questão do desemprego e, por consequência, pelo bem-estar dos desempregados. Já que estes últimos não podem assumir esta responsabilidade em razão da situação pessoal em que se encontram, o objetivo do sistema Estado-providência é o de prioritariamente garantir o nível de vida deste conjunto populacional. Isso pressupõe um alto nível de desenvolvimento do sistema de proteção social, capaz de destinar suficientes recursos que garantam a participação na vida social desses indivíduos, independentemente da situação que eles ocupam no mercado empregatício ou das respectivas proteções familiares. Dado o alto custo desse auxílio público, a obrigação normativa das famílias de assumir seus membros quando desempregados é fraca. Já que a responsabilidade pelo desemprego é atribuída antes à sociedade que ao indivíduo, trata-se de um modelo no qual o desemprego tem poucas chances de determinar as relações sociais entre o indivíduo e a comunidade local.

O modelo "familiarista", ao contrário, rejeita o princípio de base de uma responsabilidade social coletiva diante do desemprego, mas mantém uma forte exigência em relação aos deveres da família quanto ao dever de assumir seus membros, no duplo sentido de casal e de rede parental alargada. A função da política pública é acima de tudo a de preservar a integridade da família contra qualquer risco de questionamento de sua função protetora. A hipótese implícita continua sendo a mesma: o indivíduo não pode ser condenado em função de sua situação de desemprego, e que, portanto, ele tem o direito de compartilhar dos recursos de sua família ao longo do período em que se encontra em dificuldades. As responsabilidades em relação aos desempregados, neste caso, são semelhantes às responsabilidades em relação aos filhos dependentes. Em razão das implicações cotidianas da vida familiar e de suas formas ordinárias de sociabilidade, o desemprego tem igualmente poucas chances de se traduzir em uma redução das relações sociais na comunidade.

Enfim, o modelo de responsabilidade compartilhada caracteriza-se pela busca de um equilíbrio de responsabilização pelos desempregados tanto da parte das autoridades públicas quanto da parte das famílias. Existem várias maneiras de definir as fronteiras dessas responsabilidades. Elas podem ser sincrônicas, traduzindo-se notadamente por uma intervenção pública, visando a garantir as necessidades de base, ou por uma intervenção familiar, visando a garantir uma ampla proteção em termos de sobrevivência cotidiana. Alternativamente, no caso do desemprego, a relação também pode ser definida temporariamente, visando sucessivamente permitir uma assunção dos desempregados através de recursos públicos, particularmente na primeira fase do desemprego, e em seguida através de recursos familiares, nas fases sucessivas. A hipótese implícita desta alternativa supõe que o indivíduo, ao menos parcialmente, pode ser responsabilizado por sua condição de desempregado. Os limites da intervenção dos poderes públicos traduzem em si mesmos uma espécie de suspeição em relação às pessoas que tenderiam a preferir o desemprego ao emprego. Deste fato, vale lembrar os efeitos eventualmente desestimuladores que, ao longo do tempo, poderia ter uma proteção substancial de seu nível de vida. A função residual atribuída à família, por outro lado, implica que já não se trata mais de uma responsabilidade que ela deva normalmente atribuir-se. Nestas condições, o suporte da família tem grandes chances de ser acompanhado de fortes pressões sobre o indivíduo para que ele volte – ou tente voltar – ao mercado de trabalho. O suporte da família assume então a forma de um sistema de controle social dos desempregados. Somadas as condições restritivas do auxílio público e a importância acordada à ideia de responsabilidade potencial do indivíduo, existe uma forte probabilidade que a pobreza e o desemprego afetem profundamente a identidade individual, e se traduzam progressivamente por uma retração da vida social.

GALLIE, D. & PAUGAM, S. *Welfare Regimes and the Experience of Unemployment in Europe*, Oxford, Oxford University Press, 2000.

Entretanto, os contrastes analisados de uma sociedade à outra não se reduzem apenas a estes fatores institucionais. A dimensão cultural não se enquadra nesta grade de compreensão das sociedades modernas[179]. A análise dos compor-

---

179. Sobre a questão do lugar da cultura na compreensão do "efeito societário", ler o debate científico entre Philippe d'Iribarne ("Culture et 'effet sociétal'". *Revue Française de Sociologie*, vol.

tamentos de independência dos jovens adultos na Europa oferece um exemplo desta tensão entre quadros institucionais – estruturados nacionalmente – e normas sociais e culturais que respondem menos sistematicamente às fronteiras nacionais: as clivagens atuais nos caminhos rumo à independência não se reduzem a fatores de ordem institucional e financeira, mas respondem igualmente a heranças culturais e religiosas. O mapa europeu sobre este ponto é impressionante: a precocidade da saída do lar de origem e a união entre duas pessoas opõem nitidamente os países de matriz protestante aos países de matriz católica, Irlanda incluída; e morar com os pais mesmo já sendo assalariado, aguardando a hora do casamento, é um comportamento que lhes é praticamente específico. A existência de uma ligação estreita entre abandono do lar parental e casamento divide efetivamente a Europa de "matriz católica" e a Europa de "matriz protestante"; neste particular a Irlanda aproxima-se dos países mediterrâneos. No seio de uma Europa bipolar, os comportamentos nórdicos se distinguem pela prevalência de modos de vida solitária ou de união livre, e pela fraca inclinação à vida matrimonial; inversamente, os jovens dos países do sul, incluindo a Irlanda, não optam nem pela união livre, nem pela vida solitária, nem pela coabitação parental: eles abandonam mais tardiamente o lar de origem, e mais especificamente para contraírem matrimônio. Esta partida permanece ligada principalmente, tanto nos fatos quanto nas representações, à constituição de um novo lar. A bipolarização dos modos de vida familiares destes jovens adultos tende assim a revelar a existência de uma clivagem oriunda da herança religiosa, sobrepondo-se às condições socioeconômicas de acesso à independência e aos "regimes dos Estados-providência". Para além das políticas públicas, delineiam-se assim as culturas e as normas familiares, que estão longe de regular-se em escala nacional: parece que hoje, na Europa ocidental, o acesso à independência individual dos jovens adultos não é somente uma questão de recursos – estatais, salariais, e mesmo familiares –, mas também uma questão de normas culturais relativas à própria concepção da autonomia e à inscrição do indivíduo no vínculo familiar.

In fine, a sociologia comparada das sociedades contemporâneas culmina numa interrogação sobre a pertinência de sua própria escala de análise, a saber, a comparação entre sociedades. Diante da emergência de escalas de regulação ao mesmo tempo mais localizadas e mais transversais, a abordagem comparatista internacional é confrontada com a evolução da significação relativa de sua própria focal territorial; doravante cabe a ela dar-se os meios metodológicos de pensar ao mesmo tempo a evolução cruzada das diferentes escalas territoriais e a pluralidade de seus modos de imbricação, e testar assim empiricamente a legitimidade do paradigma societário sobre o qual ela se funda. Sobre este tema,

---

32, n. 4, 1991, p. 599-614) e Marc Maurice, François Sellier e Jean-Jacques Sylvestre ("Analyse sociétale et cultures nationales – Reponse à Philippe d'Iribarne". *Revue Française de Sociologie*, vol. 33, n. 1, 1992,p. 75-86.

Albert Gueissaz aconselha completar uma comparação *inter*nacional com comparações *intra*nacionais, a fim de premunir-se contra a tentação de uma referência excessivamente rápida às "culturas nacionais" ou aos "efeitos societários"; estes últimos devem seguramente ser levados em conta, mas nunca "constituir-se em barreiras", muito menos induzir a enganosas generalizações nacionais[180].

Quando o sociólogo estuda comparativamente o fenômeno da pobreza em diferentes sociedades, por exemplo, ele pode considerar simultaneamente uma escala nacional e uma escala mais restrita, regional ou local. Cada sociedade define e dá um estatuto social distinto a seus pobres, ao decidir auxiliá-los. O objeto de estudo sociológico por excelência não é, pois, a pobreza, nem os pobres enquanto tais, como realidade social substancializada, mas a relação de assistência – e, portanto, de interdependência – entre eles e a sociedade à qual pertencem. Esta perspectiva analítica reenvia ao estudo comparativo dos mecanismos de designação dos pobres nas diferentes sociedades, à busca das representações sociais que originam tais mecanismos e os legitimam, mas igualmente reenvia à analise da relação que os assim designados pobres estabelecem com o sistema de auxílio do qual são tributários. Nesta perspectiva, a escala nacional revela-se pertinente. Desta forma, é plausível distinguir e verificar empiricamente várias formas elementares da pobreza no sentido de configurações históricas e societárias. Entretanto, esta abordagem pode igualmente ser completada por uma análise das variações no seio de um mesmo país, particularmente quando os contrastes regionais são perceptíveis. Este é o caso específico da Itália, onde a região do Mezzogiorno (sul do país), que pela amplitude dos modos de resistência coletiva à pobreza diferencia-se de outras regiões econômicas mais desenvolvidas ao redor de metrópoles como Milão ou Turim. As solidariedades familiares relativas ao desemprego, historicamente fortes na Itália, continuam sendo mais fortes no sul do país. Dito de outra forma: a escala local pode perfeitamente ser considerada um complemento da escala nacional.

Neste nosso mundo internacionalizado, dever-se-ia priorizar bairros, cidades, regiões, sociedade, áreas culturais? Lembramos que não existe uma escala de análise *a priori* mais fundamentada que outra; sua legitimidade depende unicamente da adequação com o objeto de estudos e de sua significância respectiva sobre suas variações. A premência do nacional vê-se sempre mais completada pela implementação da articulação com outras escalas territoriais. Comparar as sociedades modernas significa medir tanto a amplitude dos contrastes que clivam os modelos sociais contemporâneos quanto discernir seus pontos de convergência e suas perspectivas de evolução; é, portanto, apreender o que reenvia, nas semelhanças ou nas diferenciações objetivadas, às raízes culturais

---

180. GUEISSAZ, A. "Exigences méthodologiques et contraintes pratiques: bilan de deux enquêtes comparatives internationales sur les organizations universitaires". In: LALLEMANT, M. & SPURK, I. *Stratégies de la comparaison internationale*. Op. cit., p. 267-279.

ou antropológicas, às estruturas sociopolíticas – nacionais, regionais, locais – ou às tendências mais conjunturais, emergentes. Um dos desafios sociais atuais da abordagem comparada é igualmente testar o postulado de "convergência" das sociedades contemporâneas, em interrogando notadamente outras escalas de regulação e de identificação, sejam elas locais ou supranacionais. Mesmo que ela ainda tenda a produzir grades de leituras estáticas – nas quais a dimensão territorial é pouco articulada com a dimensão temporal –, a sociologia comparada carrega em si mesma uma reflexão dinâmica sobre a evolução das sociedades contemporâneas e sobre as diferentes escalas territoriais que as compõem ou as superam. Ela apela, pois, a abrir-se a uma perspectiva sócio-histórica, e a mobilizar os aportes de outros campos disciplinares como a história social, a economia das políticas públicas, a ciência política ou a etnologia.

Parte IV
A restituição dos resultados

18
A escrita sociológica

Cyril Lemieux

Embora a escrita ocupe um lugar decisivo na atividade dos sociólogos, ela é um aspecto que o mais frequentemente eles negligenciam ou minimizam, sobretudo quando assumem ensinar seu ofício ou transmitir suas competências profissionais. Eles insistem, com razão, na construção do objeto, na metodologia e na coleta de dados, mas em geral não evocam as dificuldades impostas ao pesquisador pelo fato do *dever* escrever. Vale lembrar, pois, que um doutorando que não conclui a redação de sua tese, jamais obterá seu título de doutor, não importando, aliás, a pertinência de sua problemática, o rigor de sua metodologia, e sua competência em reunir um rico material de pesquisa. Quantos trabalhos de pesquisa apagaram-se assim nas areias, simplesmente porque seus autores sentiram-se definitivamente bloqueados pela própria incapacidade de escrever? Quantos pesquisadores entediaram-se e duvidaram de suas competências, ao sentir na própria pele a dolorosa experiência de não mais conseguirem redigir livros ou artigos "autossustentáveis"?

Como o demonstrou Howard Becker – um dos raros autores a inscrever na agenda da sociologia as questões relativas à sua escrita –, estes pesquisadores, vítimas da "angústia da página em branco", geralmente sentiam-se petrificados por dois tipos de câimbras mentais[1]. A primeira vincula-se ao fato de eles simplesmente atribuírem à escrita um papel subordinado ao seu próprio pensamento. Esta lógica sinaliza que na cabeça desses sociólogos existem raciocínios sociológicos acabados, e que, exteriormente, na tela do computador ou na ponta de um lápis, configurar-se-ia sua expressão textual; transcrição que em si mesma não teria o poder de afetar os raciocínios dos quais esta expressão emana, e que poderíamos classificá-la, em relação aos raciocínios, mais ou menos fiel – como uma cópia em relação ao original. Obviamente, as coisas não funcio-

---

1. BECKER, H.S. *Écrire les sciences sociales* – Commencer et terminer son article, sa thèse ou son livre. Paris: Economica, 2004 [1. ed., 1986].

nam assim, já que o fato de escrever implica uma modificação de nossos pensamentos. Ele os faz infalivelmente transformar-se, do único fato de fornecer-lhes pontos de apoio externos (palavras alinhadas numa página ou num monitor) que ainda não possuíam. É assim que a escrita, na imediatez mesma da ação de escrever, sempre leva a reorganizar o pensamento do qual ela procede ou, mais exatamente, a produzir um pensamento que, enquanto tal, isto é, enquanto pensamento ordenado à "razão gráfica", não preexistia[2]. Enquanto esta função ativa do ato de escrever continua negada, o sociólogo facilmente pode cultivar o ideal de conseguir transpor instantaneamente, num primeiro arremesso, e por frases perfeitas, os raciocínios "profundos" que sua cabeça parece-lhe já conter: o que ele escreve terá poucas chances, neste caso, de satisfazê-lo, dando-lhe sempre a impressão de não estar à altura dos pensamentos que lhe seriam necessários para poder adequadamente expressar-se[3].

Escrever sob o olhar dos pares

A segunda câimbra mental desemboscada por Becker refere-se ao fato que alguns sociólogos parecem não querer encarar as próprias dificuldades de escrita, e as de seus colegas, senão como o indício de problemas de ordem psicológica. É uma forma minimante impressionante, para não dizer incorreta, de interpretar a realidade, da parte dos profissionais da objetivação sociológica do mundo social, já que, tudo somado, por qual motivo as questões de escrita sociológica fugiriam ao controle da autoridade da sociologia? Não seria possível, ao contrário, tentar apreender estas questões como fenômenos sociais, isto é, do ponto de vista de uma sociologia das práticas científicas e dos hábitos universitários? Este foi o exercício que Becker se atribuiu. Sua pesquisa remete a dois fatos importantes: 1) À escrita: embora praticada na mais extrema solidão, ela sempre representou um ato socialmente orientado. É desta forma que os sociólogos profissionais sempre escrevem *em vista de um público,* isto é, antecipando que eles, em relação a este público, correm o risco de ser desacreditados por seus escritos, e pela forma com a qual os escrevem. 2) Segundo o público em vista do qual escrevem, eles não se submetem às mesmas censuras, nem aos formalismos. Compreender em sociologia as rotinas e as estratégias de escrita de um pesquisador – mas igualmente explicar suas eventuais facilidades ou dificuldade de escrever –, significa, pois, analisar as apostas que ele atribui, segundo

---

2. Sobre a forma como a escrita estrutura nossas formas de pensar, cf. GOODY, J. *La raison graphifque* – La domestication de la pensée sauvage. Paris: De Minuit, 1979.

3. Como o sugere Becker, antes que tirar desta insatisfação um motivo para parar de escrever (ou para recomeçar sempiternamente a primeira frase de um texto, igualmente sempre pouco satisfatória), seria melhor mergulhar na escrita, sem preocupar-se num primeiro tempo com a qualidade do que se escreve. É somente através deste meio que uma dinâmica pode deslanchar, permitindo assim raciocínios que não preexistiam enquanto tais, traduzindo-os em forma de texto, suscitando assim o movimento de superação deste bloqueio.

sua formação e a posição que ele ocupa no seio do ambiente científico, ao fato de ser potencialmente sancionado por um público determinado. Esta perspectiva é um convite à "des-psicologizar" o ato de escrita considerando inicialmente o que o une às maneiras de julgar próprias à comunidade de recepção visada pelo autor. Quais são, nesta comunidade, as instituições (revistas, colóquios, seminários...) onde se exerce a crítica dos textos? Quais são suas modalidades concretas de discussão, os procedimentos de avaliação, os rituais de consagração? É em função destas dimensões sociais de sua atividade que os sociólogos aprendem a dominar suas maneiras excessivamente "espontâneas" de escrever e a produzir alguns dos efeitos retóricos e estilísticos esperados por seus juízes[4].

O julgamento dos pares constitui assim o horizonte de toda escrita sociológica e, mais geralmente, científica. Ser julgado por seus pares representa não somente o que todo sociólogo *deve esperar* quando publica um texto, mas também o que ele *pode esperar* de melhor para aquilo que ele escreveu, se, ao menos, é exatamente dentro de uma visão científica que ele escreveu[5]. O mesmo vale para os jornalistas quando julgam um texto sociológico muito absconso ou cheio de jargões. Esta avaliação, à medida que ela repousa sobre critérios estrangeiros ao raciocínio sociológico visto em si mesmo, não pode ter receptividade do ponto de vista próprio à comunidade dos sociólogos – embora ela tenha uma receptividade, muito respeitável, do ponto de vista da comunidade jornalística.

Box 1

Uma escrita fundada sobre a antecipação da crítica dos pares

A partir de uma pesquisa etnográfica num laboratório americano de neuroendocrinologia, Bruno Latour e Steve Woolgar mostraram que o trabalho dos pesquisadores por eles observados consiste, para o essencial, em um processo de "inscrição literária". Trata-se, a partir de acontecimentos produzidos em laboratório, de produzir uma grande quantidade de traços escritos, e em seguida, a partir de documentos que registram estes traços, de elaborar enunciados que, uma vez publicados em revistas científicas, vão ser tornar alvo da crítica sem concessão de outros pesquisadores – cada qual interessado em destruir os enunciados publicados por seus concorrentes. Alguns destes enunciados não resistirão ao teste; mas outros sim, desde que incorporem ligeiros retoques. Eles permitirão então que seus autores sejam plenamente reconhecidos no seio da comunidade científica e construir ali sua fama. Toda atividade de

---

4. Como o mostra ainda Becker, é frequentemente porque eles exageram a importância de certas censuras formais e querem se conformar a qualquer preço à determinados tiques da retórica acadêmica que os debutantes em sociologia podem chegar a "jargonar" inutilmente e a tornar propriamente ilegível e ininteligível o que eles pretendem dizer.

5. As coisas são evidentemente diferentes se o texto foi escrito primeiramente numa visão de seduzir o "grande público". É evidente que os dois objetivos – convencer seus pares, agradar ao público – não são necessariamente *inteiramente* contraditórios. No entanto, eles o são grandemente na prática: quanto mais uma obra é escrita com o objetivo de agradar aos profanos, menos chances ela tem de satisfazer plenamente às exigências de um texto científico.

> pesquisa consiste consequentemente em antecipar desde o princípio a crítica da qual podem ser objeto, da parte dos pares concorrentes, os enunciados produzidos. Concretamente, isso implica a autocrítica dos próprios enunciados antes de publicá-los, a fim de aprimorar sua capacidade de resistência à crítica. Vê-se aqui de que maneira a prova do julgamento dos pares pesa continuamente sobre os atos de escrita científica: ela é ao mesmo tempo aquilo que vai sancionar retrospectivamente o trabalho, já que ele vai ser publicado, e aquilo que é simulado projetivamente no processo mesmo de confecção e aprimoramento dos enunciados.
>
> LATOUR, B. & WOOLGAR, S. *La vie de laboratoire* – La production de faits scientifiques. Paris: La Découverte, 1988 [1. ed., 1979].

Os limites da modelação

O mais impressionante, no caso da sociologia, e mais geralmente das ciências sociais, é que a crítica que o autor deve antecipar quando escreve jamais incide *unicamente* sobre as provas de suas afirmações, cuja ausência ou fraqueza poderiam ser-lhe recriminadas, ou sobre a lógica de sua demonstração, cujos vícios e erros de raciocínio poderiam valer-lhe recriminações. Esta crítica incide igualmente nos aspectos estilísticos e literários, como a clareza da escrita, o dinamismo da exposição e a elegância na construção de conjunto. Esta especificidade reenvia ao fato que as ciências sociais, por razões vinculadas à sua epistemologia, não podem atrelar sua escrita nem somente às exigências da modelação, nem ao emprego de uma linguagem de análise não natural[6]. Para restituir por textos o que seus objetos têm de específico, elas devem necessariamente apelar para técnicas de narração e contextualização. Isso é evidente para a história, mas é igualmente notável em antropologia e em sociologia, evidenciando que esta última disciplina, como bem o demonstrou Wolf Lepenies, não sorveu seus modelos de escrita somente das ciências físicas e naturais, mas em igual medida da literatura naturalista[7].

Assim, para o desespero dos mais positivistas dos sociólogos, sua disciplina caracteriza-se não somente pelo uso indispensável da linguagem ordinária, mas também pela necessidade de realizar um trabalho propriamente literário a partir dos materiais coletados – trabalho propício à multiplicação das modalidades de descrição, de estilos analíticos e de procedimentos narrativos. Para muitos pesquisadores impressionados com o modelo epistemológico das ciências "sólidas", estes aspectos literários, e a impossibilidade de uma linguagem padrão unificada que eles provocam, parecem sublinhar um déficit de cientificidade

---

6. Sobre este ponto, cf. PASSERON, J.-C. *Le raisonnement sociologique*. Paris: Nathan, 1991. • PASSERON, J.-C. "Logique formelle, schématique et rhétorique". In: FORNEL, M. & PASSERON, J.-C. (orgs.). *L'argumentation* – Preuve et persuasion. Paris: L'Ehess, 2002, p. 149-181 ["Enquête"].

7. LEPENIES, W. *Les trois cultures* – Entre science et littérature, l'avènement de la sociologie. Paris: MSH, 1997.

da sociologia e, mais geralmente, das ciências sociais. É que estes pesquisadores não percebem que a cientificidade própria destas ciências *exige* uma escrita que integre a apresentação de casos empíricos, prestando assim contas de sua historicidade e de sua inscrição no contexto da ação. Toda vez que o sociólogo se afasta deste objetivo privilegiando uma visão *exclusiva* de modelação ou de "matematização" dos dados, longe de ganhar em cientificidade, seu trabalho a perde.

Não se trata, no entanto, de pretender que a sociologia, com o pretexto de dever imperativamente devolver à ancoragem histórica e contextual os objetos que ela analisa, se assemelhe a um gênero literário, comparável, por exemplo, à poesia ou ao romance[8]. A escrita sociológica é guiada pela preocupação de resistir à crítica de outros sociólogos: o que impõe respeitar modalidades de provas específicas, com as quais romancistas e poetas não se imiscuem. Afirmar que todo tema sociológico não pode não comportar uma dimensão literária e que os sociólogos devem consequentemente aprender a "escrever bem" não significa absolutamente que tal dimensão literária seja independente, ou mesmo dissociável, das outras exigências do trabalho sociológico (como, p. ex., a administração de testes); nem significa que este "escrever bem" constituiria outra coisa, ou algo a mais, senão um bem escrever *da sociologia*. São precisamente as competências deste "escrever bem" sociológico que, nas linhas abaixo, pretendemos evidenciar. Nosso objetivo é o de tentar desnudar o que pode constituir a *beleza literária* (tarefa ousada!) de um texto sociológico, de um ponto de vista específico à comunidade dos sociólogos[9]. Partiremos, pois, por princípio, de uma situação idealizada: aquela onde o sociólogo escreve *exclusivamente* para um público de pares, e se recusa a preocupar-se com outra coisa – notadamente a pretensão de convencer um público de profanos.

A problematização

Nem dissertação sobre o estado do mundo, nem síntese de conhecimentos fatuais e teóricos: um texto sociológico deve ser acima de tudo a exposição das diferentes etapas de uma *pesquisa* cujo objetivo é o de responder a uma *questão*. Ao menos é assim que somos levados a conceber o contrato de escrita do sociólogo, a partir do momento em que se admite não existir postura socioló-

---

8. No tocante à antropologia, esta posição de similaridade foi defendida notadamente por James Clifford e George Marcus na obra *Writing Culture*: The Poetics and Politics of ethnography. Berkeley: University of California Press, 1986. Cf. tb. GEERTZ, C. *Ici e Lá-bas* – L'anthropologue comme auteur. Paris: Métailié, 1996 [1. ed., 1988].

9. Não poderíamos esquecer que a "beleza" é um critério de uso corrente nas ciências mais "sólidas". Junto aos matemáticos ou aos lógicos, p. ex., este critério reenvia à "elegância", à "simplicidade" ou à "parcimônia" que uma demonstração deve provar. Sobre este ponto, cf. ROSENTAL, C. *La trame de l'évidence* – Sociologie de la démonstration en logique. Paris: PUF, 2003.

gica autêntica senão aquela procedida de uma problematização da realidade social – ela mesma ponto de partida na construção de um objeto sociológico e na condução de uma pesquisa empírica[10]. Seguramente, convém ver nesta maneira de apresentar o vir a ser do processo da pesquisa (problematização, em seguida construção do objeto, depois pesquisa empírica) o efeito de um modo de exposição próprio à escrita sociológica bem antes que um reflexo do encadeamento real de sequências operatórias. Tanto a linearidade e a limpidez caracterizam a maneira com a qual tal encadeamento é *reconstituído* no interior do texto sociológico quanto o são a sinuosidade e a cegueira parcial que presidiram sua consecução prática. Todo texto sociológico assemelha-se, neste aspecto, a uma racionalização do processo da pesquisa. Ele impõe à pesquisa *ex post* a questão de partida, que raramente é a que o pesquisador de fato se colocava inicialmente, fornecendo de cara aos leitores as chaves necessárias a uma construção rigorosa do objeto sociológico a ser estudado, ainda que todos estes elementos sejam indispensáveis ao autor desde o início da pesquisa.

Daí o seguinte paradoxo: ainda que um texto sociológico (salvo se meramente programático) jamais possa ser escrito senão do ponto de vista globalizante e informado pelas conclusões finais de uma pesquisa, ele sempre é dominado, no plano retórico, pelo ponto de vista inocente do início da pesquisa. Redigido quando a coleta dos dados já está concluída e quando a resolução do enigma já é vislumbrada pelo autor, ele, no entanto, se nos é apresentado *como se* um enigma continuasse insolúvel, merecendo assim uma pesquisa. Este artifício de apresentação não se limita exclusivamente a uma forma astuta de estimular o leitor, visando a aguçar seu desejo de prosseguir até o fim a leitura do texto. Ele igualmente contribui na clarificação do raciocínio e do ordenamento da provas empíricas que são eximiamente rearranjadas lógica e metodologicamente para torná-las inteligíveis aos leitores, e para convencê-los.

Pode ser que a primeira competência redacional requerida de um sociólogo remeta à ordem de um "saber tornar problemático". Com esta expressão entendemos uma capacidade de dramatizar, por procedimentos de escrita adequados, uma contradição observada no objeto estudado[11]. Quanto mais os polos desta contradição forem rigorosamente documentados e claramente apresentados desde o primeiro parágrafo do texto, tanto mais o enigma parecerá mais consistente e profundo, tornando assim a necessidade de pesquisar, visando a resolvê-lo, mais imperiosa e provocante[12]. Assim procedendo, provocar-se-ia

---

10. Cf. infra, nosso capítulo intitulado "Problematizar".
11. Ibid.
12. Muito frequentemente, após a apresentação rápida do enigma que estará no coração de seu trabalho, o sociólogo antecipa sua resposta, ou a esboça em forma de hipótese de trabalho. Este procedimento, contrariamente às aparências, preserva o "quebra-cabeça", já que torna a pesquisa sempre necessária: não mais obviamente para formular uma resposta final à questão inicial,

uma espécie de suspense que, como em alguns romances policiais, estimularia os leitores e lhes reavivaria o interesse pela sequência da história. Mas este procedimento provoca uma interrogação: O atrativo principal de um texto sociológico vincular-se-ia à forma com a qual seu autor denota talento ao atrelar-lhe uma questão? Seja como for, o que podemos afirmar é que os textos sociológicos mais maçantes – os que nos são "disponibilizados" – geralmente são os que não possuem um real enigma a oferecer a seus leitores. Trata-se de textos que só prometem a seus leitores elucubrações julgadas "úteis" ou "exaustivas" sobre temas julgados "importantes" por seus autores – sem que jamais se saiba ao certo em quê consiste esta utilidade e esta importância, bem como sua imperiosa necessidade de exaustividade.

A formulação de um autêntico problema sociológico é uma operação tão crucial que todo o edifício do texto sociológico depende dela. Efetivamente, pelo fato de a pesquisa não poder ser concebida como um fim em si, mas como único instrumento de resolver um enigma, é evidente que o plano geral do texto deverá assumir uma forma de *resposta* detalhada e argumentada à questão pesquisada. Cada seção de um artigo, cada capítulo de um livro, de uma tese ou de uma monografia, deverá ter por justificativa aportar uma contribuição suplementar, articulada com as precedentes, à solução de conjunto do enigma apresentado. Longe de se sucederem como entidades justapostas, essas seções ou esses capítulos deverão, pois, *implicar-se* no seio de uma demonstração. Os vínculos que unem esses capítulos ou essas seções não deveriam ser: "existe X, em seguida Y, em seguida Z"; mas, existe X, já que existe Y, já que existe Z". Ou ainda: "existe X; no entanto, existe também Y; e ambos finalmente se produzem Z." Neste caso, um simples olhar no plano da obra ou do artigo permitirá, se o títulos dos capítulos e das seções exprimirem com suficiente clareza seus encadeamentos sucessivos, compreender a demonstração geral ou, minimamente, captar-lhe a dinâmica. O próprio título da obra ou do artigo já não poderá mais permitir-se então uma simples menção de um tema de pesquisa: ser-lhe-á necessário evocar, por uma formulação atraente, eventualmente intrigante ou paradoxal, a *problemática* que fundamenta o texto.

O recurso a uma linguagem não natural

Segunda propriedade notável da escrita sociológica: ela mobiliza uma linguagem não natural, isto é, recorre a *conceitos* sociológicos. Estes obviamente não podem ocupar a integralidade do espaço textual, já que devem ser combinados com os enunciados ou com as porções de enunciados que recorrem à linguagem natural – e isso à medida que, como já foi dito, em ciências sociais,

---

mas para verificar se a resposta final anunciada (ou seja: a tese que será defendida) ou aquela hipoteticamente imaginada a melhor, efetivamente é a mais correta e por quais razões ela o é.

a contextualização dos dados empíricos é uma exigência ao menos tão forte quanto sua modelação. Desta forma, um texto inteiramente trançado de conceitos sociológicos, mas destituído de qualquer dado empírico fortemente contextualizado, sociologicamente pouco contribui, embora seja útil à teoria social, à epistemologia ou à filosofia. Em igual medida, um texto apresentando uma quantidade de dados empíricos finamente contextualizados, mas cuja análise omite conceitos sociológicos, não poderá reivindicar o estatuto de texto sociológico. Este lembrete pretende afirmar que a sociologia não é nem uma ciência especulativa ou puramente abstrata, nem uma simples descrição de dados brutos. Sua vocação é da ordem empírico-conceitual.

Mas, quais conceitos utilizar? Convém primeiramente ponderar que os conceitos geralmente formam uma rede no seio de uma teoria, ou de uma abordagem. Desta forma, por exemplo, nos trabalhos de Norbert Elias, a noção de "configuração" vai de par com a noção de "balança dos poderes", que se autoarticula com a da "autocoerção", que por sua via reenvia ao "processo de civilização". Em igual medida, junto a Goffman, o conceito de "ruptura de representação" é acoplado ao de "apresentação de si", que reenvia ao de "trabalho da face" (*facework*), que vai de par com o de "reparação", e assim por diante. Igualmente, quando um sociólogo recorre a um conceito, é na realidade todo um novelo conceitual que ele desenrola. Ora, o fio que religa entre si estes conceitos possui uma determinada exigência: ele não pode ser cortado sem diminuir ou desnaturar a significação de cada um deles. É por isso que, embora a ideia de "bricolagem" nocional conheça um vivo sucesso em ciências sociais, ela não impede este teimoso fato: utilizar conceitos oriundos de um excessivo número de quadros teóricos diferentes faz rapidamente incorrer no risco de incoerência. Quem pretendesse, por exemplo, analisar um objeto misturando as teorias de Elias, de Goffman, de Crozier, de Bourdieu e de Latour confessaria por este simples fato sua pouca clareza quanto às incompatibilidades parciais, mas também, para algumas, muito profundas, entre as abordagens sociológicas que estes diferentes autores desenvolveram. Deste ponto de vista, uma determinada homogeneidade conceitual da análise é frequentemente uma sinalização de que o autor tem ciência não somente dos conceitos que utiliza, mas ainda, e, sobretudo, da rede que os formam[13].

Podemos acrescentar ainda que, quando o objetivo é interrogar o limite dos conceitos utilizados, tentar escrever provando coerência conceitual é uma ins-

---

13. É tentador distinguir aqui três posições: o *monolinguismo*, consistindo para um sociólogo em não conhecer e em não utilizar senão um único quadro teórico-conceitual; o *ecletismo linguístico*, consistindo em emprestar de diferentes quadros teórico-conceituais elementos isolados sem assumir consequentemente a coerência destes quadros; o *plurilinguismo*, enfim, consistindo em saber "falar" corretamente diferentes linguagens teórico-conceituais (diferentemente do monolinguismo), sem com isso misturar as sintaxes e os idiomas, quando se decide falar, em tal ocasião, em tal ou tal língua (diferentemente do ecletismo linguístico). É esta terceira posição que é defendida aqui.

trução realmente mais eficaz que abandonar-se ao ecletismo nocional. Os pesquisadores, em suas pesquisas, muito frequentemente se sentem em um dado momento insatisfeitos com a caixa de ferramentas conceituais que utilizam: é que eles suspeitam existir em seu objeto de estudos algo que as ferramentas disponíveis fracassam ao tentar apreendê-lo com suficiente justeza. Grande é então a tentação de buscar em outra caixa o instrumento conceitual ausente, não obstante o risco de "bricolagem". Ora, outra estratégia parece ser mais heurística: a que consiste em perguntar primeiramente se eles realmente dominam todos os usos possíveis dos instrumentos da caixa conceitual que começaram a utilizar. A insatisfação experimentada pode efetivamente advir do simples fato de eles ainda não mensurarem senão imperfeitamente as possibilidades dos instrumentos dos quais dispõem, e da dúvida, mesmo após provarem um verdadeiro esforço de discernimento em relação aos usos possíveis dos instrumentos, se tal caixa de ferramentas ainda se mostra *realmente* insatisfatória em relação ao objeto de pesquisa. A esta altura é possível sugerir que as coisas verdadeiramente interessantes começam a tomar forma, pois, abre-se ao pesquisador a possibilidade de criticar a insuficiência da caixa. Abre-se igualmente, pela mesma via, a perspectiva de propor uma modificação de determinados conceitos existentes nesta caixa, ou um deslocamento de seu sentido, isto é, um enriquecimento da caixa pela criação de um novo conceito. O essencial, obviamente, é que esta postura de revisão e de invenção conceitual não seja meramente gratuita, isto é, que ela responda à necessidade de encobrir um defeito *real* na capacidade das noções que o pesquisador já dispõe. Caso contrário, os pares teriam fundamentos suficientes para uma possível denúncia de uma série de jargões, isto é, desta proliferação de termos verdadeiramente desnecessários para levar a bom termo o estudo que o pesquisador se propôs realizar.

Por fim, revisar a significação de determinados conceitos ou forjar novos não pode ter plena justificação *em sociologia* a não ser praticando uma abordagem empírico-conceitual. É efetivamente evidente que os pesquisadores que não consideram os conceitos sociológicos somente do ponto de vista teórico ou filosófico, e não se encontram consequentemente jamais numa situação de ter que confrontá-los com dados empíricos complexos, não podem fazer a experiência de que tais conceitos, diante de determinadas realidades sociais, são suscetíveis de não mais "funcionar". Bem outra é a realidade para os sociólogos que realizam pesquisas empíricas: para eles, a exploração dos usos possíveis e impossíveis de um conceito é uma *necessidade* que provém da dificuldade de aplicá-lo a um material que, no memento, lhes parece recalcitrante. É afirmar que, neste caso, a questão da coerência conceitual jamais pode ser dissociada daquela do ajustamento dos conceitos à empiria[14]. Do ponto de vista das práti-

---

14. Com certeza podemos construir de maneira abstrata sistemas conceituais coerentes: eles não terão nenhum valor sociológico em si, à medida que sua relação com os dados empíricos

cas de escrita, eis o que explica o efeito desastroso, em sociologia, de introduções "puramente" teóricas e saturadas de conceitos, seguidas de um texto que se consagra inteiramente à apresentação de dados empíricos e onde todo conceito está ausente. Este tipo de divisão é contrário ao ideal literário da sociologia que, contrariamente, reivindica uma tecelagem contínua dos dados empíricos com os conceitos que servem à sua análise.

A verificabilidade

Desta concepção empírico-conceitual da sociologia, não é difícil deduzir uma terceira propriedade da escrita sociológica: ela deve disponibilizar aos leitores um acesso aos dados empíricos. Estes últimos podem ser tornados presentes no texto graças a extratos de entrevistas, de citação de documentos de arquivos, de apresentação de notas de observação etnográfica, ou ainda, pelo emprego de dispositivos de representação visual como quadros estatísticos, planilhas, mapas ou imagens[15]. Em última análise, a partir do momento em que o texto sociológico estiver minimamente munido destes dados e que, por consequência, se mostre minimamente capaz de fornecer provas empíricas do que ele antecipa e fornece a seu leitor a possibilidade de julgar *por si mesmo* tais provas, pouco importa a maneira com a qual estes dados foram produzidos. O reflexo consistente de remeter em anexo o máximo de documentos prova frequentemente, deste ponto de vista, que a escrita do texto principal não acorda o lugar devido aos elementos empíricos da pesquisa. De duas uma: ou os documentos em anexo são incapazes de servir de apoio à análise desenvolvida no texto, e então nada justifica sua presença nele; ou servem de suporte e merecem então ser "reconduzidos" ao coração do texto principal, recebendo ali um tratamento analítico com o respeito que lhes é devido.

Em sociologia, portanto, e acima de tudo, importa que o material empírico seja magnificado e valorizado. Ele deve ser a essência primeira do texto. Uma essência disponibilizada ao leitor, extraindo uma a uma as peças mais interessantes disponíveis, e desenvolvendo a partir delas análises que farão brilhar o valor sociológico deste material. Nada impede, nesta perspectiva, que um artigo ou um capítulo comece pela exposição de um documento, por uma cena observada, por uma tabela estatística, por um extrato de entrevista, desde que este material auxilie o leitor a entrar imediatamente na premência do tema aventado, ou seja, no tipo de realidade social *problematizada* que o autor pretende estudar. Mais globalmente, trata-se de lutar contra a tendência de atribuir aos dados

---

não tenha sido testada e onde, de forma mais impeditiva, seu arranjo mesmo não tenha procedido primeiramente de uma análise dos dados empíricos.

[15]. Sobre a função de persuasão que exercem os dispositivos de representação visual nos textos de ciências sociais, cf. RELIEU, M. "Du tableau statistique à l'image audiovisuelle – Lieux et pratiques de la représentation en sciences sociales". *Réseaux*, vol. 17, n. 94, 1999, p. 49-86.

empíricos uma função puramente ilustrativa. Uma vez admitido que o material empírico deve ser o alimento constante da análise, urge então abandonar a ideia de primeiramente desenvolver uma proposição geral, e subsequentemente apresentar dados empíricos ilustrando esta proposição. Muito mais coerente com uma postura empírico-conceitual, é o modo de exposição inversa consistente, que parte de dados empíricos para construir o primeiro passo de uma análise geral do objeto estudado, e em seguida apresentar novos dados para construir um segundo passo, e assim sucessivamente até chegar ao ponto final da demonstração iniciada.

A necessidade de colocar no coração da escrita sociológica a valorização dos dados empíricos tem por desafio central tornar cientificamente criticável o texto redigido. Se, com efeito, é tão importante que o leitor possa aceder por si mesmo, mesmo que parcialmente, aos dados empíricos sobre os quais repousa a análise, isso se deve ao fato que ele necessita dos meios para julgar por si mesmo a validade do vínculo que o autor construiu entre estes dados e sua análise. Quando o leitor se vê privado de um acesso mínimo aos documentos estudados, às cifras produzidas ou às entrevistas coletadas, e deve crer pela simples afirmação do sociólogo, sua possibilidade de exercer um julgamento crítico sobre o conjunto da postura se encontra inferiorizada. Como saber se os dados foram corretamente interpretados à medida que não existe mais nenhum meio de *opô-los* à interpretação proposta pelo autor? Dar ao leitor o poder de criticar cientificamente o que se escreve, é, pois, primeiramente, franquear-lhe um acesso direto e próprio aos elementos empíricos sobre os quais a análise foi construída[16]. Isso se traduzirá pela preocupação de tornar visível, no interior do texto, a existência de duas ordens de discursos: a do material empírico e a de sua análise, demarcadas visualmente por meios tipográficos e formais – uso sistemático das aspas para citar um documento ou uma entrevista; recursos às caixas de texto ou às mudanças de disposição e de entrelinhas para reproduzir determinados documentos, notas de rodapé ou extratos de entrevistas; utilização de tabelas ou de gráficos apresentando porcentagens em sua integralidade (por oposição a uma citação de cifra isolada que não permite ao leitor desenvolver suas próprias interpretações) etc. Quanto menos estas técnicas de separação e de disponibilização são respeitadas, tanto mais o discurso sociológico perde em verificabilidade e, portanto, em cientificidade.

---

16. Para as reflexões que apontam para este sentido, no caso da antropologia, cf. SPERBER, D. *Le savoir des anthropologues*. Paris: Hermann, 1982.

> Box 2
>
> "Ele diz possuir um capital cultural pouco elevado"
>
> Exercício: comparar as duas apresentações que seguem. Em quê a segunda é, no plano formal, mais científica?
>
> *Apresentação 1:*
>
> Um de nossos entrevistados, Jean-Luc D..., 34 anos, nos diz que possui um capital cultural pouco elevado. Ele evoca como chegou a gerir a inferioridade simbólica que ressente em relação àquela de seus colegas que "fizeram muitos estudos": sua estratégia, segundo ele, consiste em redefinir sistematicamente sua função profissional por meio da noção de *feeling*, que é o melhor meio que ele encontrou para racionalizar sua deficiência.
>
> *Apresentação 2:*
>
> Jean-Luc D..., 34 anos, testemunha: "Aqui, quase todo mundo tem *bac* + 5, exceto eu. Eu, em meus estudos, não fui além do *bac*. Não tive esta chance. Então, é verdade que, aqui, existem os que leram muito, que sabem muitas coisas. Eles estudaram muito, disso não duvido. Mas quando eles se encontram diante de um problema prático muito simples, eles tiram conclusões ridículas. No mundo dos negócios, é o *feeling* que conta, é isso que mais conta. Não é necessário ter feito o Politécnico para ser bom nos negócios!" Surge aqui o fato que dispor de um capital cultural menos elevado que o dos colegas leva este entrevistado a redefinir sua função profissional a partir de critérios como o *feeling*. Este trabalho de redefinição lhe permite racionalizar sua "deficiência" no seio da comunidade de trabalho.

Desde o instante em que se reconhece que o acesso mínimo ao material empírico transforma-se em garante da verificabilidade do discurso sociológico por parte do leitor, é igualmente forçoso admitir que, para que esta verificabilidade seja completa, o leitor deva poder aceder, além disso, às *condições* nas quais o material apresentado foi coletado. Muito frequentemente, fornecer precisões sobre os aspectos metodológicos da coleta dos dados e sobre as fontes utilizadas é visto como um exercício formal ou como um pontilhismo inútil. Isso não significa concluir que é neste nível, primeiramente, que se decide a possibilidade de os pares exercerem uma crítica científica e atribuir assim a um texto, pelas próprias modalidades com as quais ele aceita submeter-se à crítica exterior, o estatuto de trabalho sociológico propriamente dito. Assim como para o texto de um historiador que analisa documentos sem jamais indicar sua origem, o texto de um sociólogo que silencia suas fontes e a maneira com a qual o material foi coletado perderia imediatamente toda credibilidade científica.

A intertextualidade

Os textos sociológicos destituídos de referências bibliográficas, ou que em suas bibliografias só apresentam referências extrassociológicas, poderiam ser verdadeiramente considerados sociológicos? Uma das características importantes dos trabalhos científicos é a obrigatoriedade de mostrar *explicitamente,* por meio de uma bibliografia, mas também de referências de rodapé e remissões no próprio corpo do texto, seus vínculos multiformes com outros textos científicos – exigência que não se impõe aos textos de romancistas ou poetas. A escrita sociológica não foge à regra científica. Ela, em igual medida, rege-se por um esforço de inserir-se no interior de um espaço intertextual. Disso é possível deduzir que os progressos do pensamento sociológico procedem de um esforço remetendo a uma obra coletiva – obra irrealizável sem os aportes, os fracassos e as críticas de outros pesquisadores. O que equivale igualmente a afirmar que um texto sociológico só tem pertinência, atualidade e impacto segundo sua posição estrutural em relação a um conjunto de outros textos que o mesmo texto pretende confirmar, refutar ou reavaliar. Mas esta é igualmente uma maneira de afirmar o respeito e os benefícios dos trabalhos intelectuais produzidos, tanto da parte do próprio autor quanto da parte da menção de seus pares: a partir do momento em que um sociólogo utiliza abundantemente trabalhos de um de seus pares sem explicitamente citá-lo, o plágio efetivamente está às portas[17].

A intertextualidade ensina que, como toda escrita científica, a escrita sociológica tende a manter uma relação dual com a crítica: de um lado, ela fundamenta-se, como já o dissemos, na antecipação da crítica dos pares; de outro, ela tende a ser ela mesma um lugar de exercício crítico em relação aos escritos de determinados pares. De um texto sociológico, espera-se efetivamente que ele saiba por si mesmo situar-se no seio da literatura sociológica e formular suas convergências, mas também seus distanciamentos, em face de outros textos da mesma disciplina. O tipo de competência exigida então de seu autor é a capacidade de apresentar os vínculos pertinentes entre sua pesquisa e os estudos que a precedem, nos quais ela pode inspirar-se, inclusive em forma de contraexemplo. É igualmente uma aptidão em criticar de forma argumentada, precisa e clara os trabalhos dos quais o sociólogo crítico se distancia, sem caricaturar as intenções ou a postura metodológica de seus pares. Mais uma vez, o sociólogo é convidado a antecipar argumentativamente uma possível crítica que outros sociólogos poderiam fazer de suas próprias críticas ou trabalhos, mencionando possíveis

---

17. É o desafio que constituem as práticas de assinatura do texto sociológico: elas permitem ao autor depositar sua marca pessoal sobre uma formulação, um conceito ou um resultado que doravante lhes serão imputados por aqueles que os usarão em seus próprios textos – lá reside, no mínimo, um atentado moral, senão jurídico. Mas estas práticas de assinatura são igualmente, em razão mesma deste jogo de atribuições, geradoras de tensões e às vezes mesmo de conflitos entre pesquisadores. Sobre este ponto, cf. PONTILLE, D. *La signature scientifique* – Une sociologie pragmatique de l'attribution. Paris: CNRS, 2004.

pontos que poderiam ser motivo de tal postura da parte de outrem. Pois, assim como, aos olhos de seu público, ele pode ser desacreditado por nunca citar os trabalhos de seus pares, ou por falta de esforço crítico ao referir-se a eles – assinalando somente sua existência, jamais seus limites –, assim, inversamente, ele poderia ver-se criticado por não fazer justiça aos trabalhos citados, quando critica de maneira inexata ou desonesta seus aportes. Fazer comparecer em seu próprio texto sociológico o trabalho de outros pares requer assim que ele saiba situar estes outros, com os quais eventualmente não compartilha nem os postulados, nem a metodologia (sem falar de possíveis inimizades pessoais), dentro de um quadro crítico de questões cientificamente válidas.

Os sociólogos que não se exercitam neste jogo da crítica racional e preferem desenvolver estratégias de boicotagem (recusa em citar um adversário), de descrédito (apresentação redutiva ou truncada de seus aportes) ou de sedução (citação complacente), prestam maior serviço a seus interesses que aos da sociologia. É bem verdade que eles raramente são "intimados à ordem institucional" – salvo às vezes pela revista que os publica, ou pelos júris de tese que examinam seus trabalhos. Eles não se expõem menos, no entanto, às sanções de reputação, dentre as quais algumas categorias morais como honestidade intelectual ou coragem podem ser-lhes imputadas. É frequentemente denunciada também, sobre este modo informal, a tendência, particularmente notável junto aos sociólogos debutantes, de rechearem seu texto de referências laudatórias ou extasiadas a um autor ou de utilizarem algumas de suas proposições enquanto argumentos de autoridade cuja infalibilidade, tida por certa, é questionável. Esta forma de uso da citação pode prestar-se à chacota, tamanha sua insuficiência em termos de espírito científico, estando mais próxima da admiração religiosa ou do dogmatismo que da postura de distanciamento reivindicada pela sociologia. Da mesma forma, pode ser julgado penoso o procedimento consistindo em saturar a bibliografia, apresentada no final do trabalho, de referências cuja utilização não fez parte do corpo do texto – tantas referências "mortas" cujo emprego decorativo acusa mais a preocupação conformista do autor que seu real domínio dos textos invocados. Assim, se as práticas de citação às vezes fogem a toda regulação institucional (mas nem sempre é o caso), ao menos elas não evitam em geral as sanções difusas vinculadas, pela troça ou pela difamação, à reputação dos autores. Estas práticas dependem tipicamente do domínio da moral profissional dos sociólogos.

Uma escrita despolitizada?

A escrita sociológica é fundada numa censura: os textos sociológicos não devem ser "normativos", diz-se por aí. Mas, o que significa, exatamente, tal formulação? Geralmente, para esclarecê-la, invoca-se a famosa distinção weberiana entre "relação com os valores" e "julgamento de valores". A escrita sociológica, diz-se, busca objetivar a relação dos agentes sociais com os valores nos quais eles se reconhecem, antes que fazer sobre estes agentes, ou sobre suas práticas, julgamentos. A noção de "neutralidade axiológica" (*Wertfreiheit*) é julgada resumir esta atitude metodológica de indiferença ética em relação aos comportamentos e às crenças dos agentes sociais.

Alguns pesquisadores compararam a neutralidade axiológica a um mito inacessível e outros acrescentaram que sequer seria desejável acedê-la. Inacessível, absolutamente falando, talvez, mas não é menos verdade que podemos considerá-la um ideal regulador da escrita sociológica e, em seu confronto, adotar uma postura realista, isto é, gradualista: não mais pensá-la em termos de tudo ou nada, mas em termos de mais ou menos. Diríamos então, em relação a um texto oferecido aos leitores: quanto menos axiologicamente neutra for sua escrita, tanto mais difícil a tarefa de reconhecer este texto como científico.

Box 3

"Infelizmente..."

Exercício: reescrever o texto abaixo a fim de restituir-lhe um mínimo de neutralidade axiológica, tornando-o, desta forma, mais formalmente científico.

"As cifras mostram que, infelizmente, os franceses leem cada vez menos livros e veem cada vez mais a televisão. A diminuição deste 'grande público de leitores' é claríssima entre os quadros e as profissões liberais. Um motivo de esperança parece advir das mulheres das classes populares, já que a proporção das que leram um livro, a partir do final dos anos de 1960, aumentou. Mas, infelizmente, são os gêneros literários menores, os romances 'cor de rosa' e os livros de culinária, que fazem sucesso no seio desta população, e não as obras dependendo da verdadeira literatura ou das obras que oferecem um conteúdo intelectual real. No entanto, é igualmente consternador, neste contexto, constatar que os grandes consumidores televisivos (os que passam mais de três horas diárias assistindo-a) são, mais de oito vezes sobre dez, pessoas que não possuem um diploma superior ao *bac*."

Em última análise, nada garante que os defensores da renúncia à neutralidade axiológica na escrita sociológica prestam tão grande serviço às causas morais e políticas que eles mesmos pretendem defender. É efetivamente possível que um trabalho sociológico se preste mais ao debate público, e notadamente à luta contra as injustiças sociais, desde que nele se perceba um esforço respeitoso às exigências da postura científica – o que implica, notadamente, partindo de seus resultados, não prejulgar valendo-se da militância "politicamente correta". Quantos trabalhos sociológicos construídos em base à mistura de gêneros com a militância apenas contentam-se em expressar de forma erudita o pensamento militante do momento... Desta forma eles se condenam a ser apenas fracamente inovadores, não aportando grande coisa de específico e inovador ao debate público. Em última análise, eles nos levam a questionar a própria finalidade da sociologia, sobretudo, quando sua palavra não difere daquilo que a crítica social ordinária, em larga medida, está à altura de produzir por seus próprios meios.

Para os que, por pouco que seja, acreditam na sociologia e em seu interesse último em colaborar na luta contra as injustiças sociais, forçoso lhes é admitir e, sobretudo, *defender em atos,* a diferença estilística irredutível entre esta ciência e os discursos militantes. Eis o verdadeiro sentido da ideia de "neutralidade axiológica" junto a Max Weber! Para ele, esta neutralidade, pura e simplesmente, jamais consistiu em proibir qualquer julgamento de valor; ou que o pesquisador devesse renunciar a toda perspectiva política e moral relativa ao mundo social por ele habitado – coisas, em suma, perfeitamente impossíveis, das quais evidentemente Weber tinha plena consciência. Ela, ao contrário, de um lado significa não submeter-se à indistinção eruditamente conservada entre compreensão e explicação dos fenômenos sócio-históricos e, de outro, não omitir-se à crítica política destes fenômenos. É, em outros termos, contra a "confusão dos problemas" que Weber veementemente rebelou-se, desaprovando o "mergulho na mesma e fria ausência de temperamento a constatação de fatos empíricos e o convite a uma tomada de posição prática em face dos grandes problemas da vida"[18]. A ética profissional do sociólogo e o ideal estético guiando seu estilo redacional, segundo Weber, deveriam manter consequentemente a "heterogeneidade destas duas esferas": a da análise e a da crítica. Lá, dizia ele, aninhar-se-ia a "probidade do dever intelectual"[19]. Nada o exacerbava mais que "esta macaquice de uma aparente 'neutralidade axiológica'"[20], em razão da qual alguns de seus colegas emitiam julgamentos normativos, mesmo afirmando-se neutros. Daí sua conclusão: "Tudo isso tende a convidar aquele professor que, ao acreditar-se impossibilitado de renunciar às avaliações práticas, *as apresente claramente* enquanto tais aos seus alunos, e, prioritariamente, a *si mesmo*"[21].

Desde as origens da sociologia, abundam tentativas de interferência entre escritos sociológicos e militantes. Estas tentativas consistem, o mais frequentemente, em substituir indignações por argumentos científicos e demonstrações lógicas por condenações morais. Cabe ao sociólogo, por sua forma de escrever, demonstrar que ele se recusa a alimentar este gênero de confusões de registros. A escrita sociológica, neste sentido, deve ser concebida como um ato eminentemente político e moral: não por se tratar, neste tipo de discurso, da formulação de opiniões políticas ou promoção de crenças morais dos próprios sociólogos, mas, ao contrário, porque se trata de demonstrar, na prática, que os sociólo-

---

18. WEBER, M. "Essai sur le sens de la 'neutralité axiologique' dans les sciences sociologiques et économiques". *Essais sur la théorie de la science.* Paris: Pocket, 1992, p. 368 [1. ed., 1917].

19. Ibid, p. 369.

20. Ibid, p. 374.

21. Ibid, p. 378-379, sublinhado pelo próprio autor.

gos reivindicam uma articulação *específica* entre análise sociológica e crítica política. Em quê consiste esta articulação? No essencial do texto sociológico, como ideal de escrita, esta articulação consiste em impor o respeito devido à máxima neutralidade axiológica possível – que é o esforço constante de apreender a relação dos atores com os valores, antes que julgar suas práticas. Em seguida, em outro espaço do texto, claramente delimitado – por exemplo, num *post-scriptum* –, ela consiste em evocar as consequências políticas e as implicações morais das análises feitas[22]. O sistema *post-scripta* normativo é uma forma, sem dúvida não a única, de oferecer ao leitor uma indicação clara desta articulação. Esta se conjuga com a preocupação weberiana de sinalizar claramente ao leitor, e ao próprio escritor, "onde e quando cessa a pesquisa refletida do erudito, e onde e quando o homem de vontade põe-se a falar"[23].

Opção pela clareza

Inegavelmente, o adágio de Boileau, segundo o qual "o que é bem-concebido é claramente enunciado", pode encontrar alguma ressonância na prática sociológica, mas com a condição de não supor-se que pensamentos sociológicos claros preexistam ao momento de sua escrita. Nesta lógica, a formulação de Boileau poderia sofrer a seguinte reformulação: "À medida que algo passa a ser mais claramente enunciado (pela e na escrita), ele passa a ser então melhor concebido." A clareza na expressão, portanto, transforma-se num sinal de que um texto alcançou sua elaboração final, e que um pensamento original foi eximiamente apresentado. Entretanto, esta clareza jamais pode ser alcançada num primeiro olhar: ela resulta de um paciente trabalho de reescrita e de retomada do texto inicial, indissociável do lento processo de autoesclarecimento do pensamento de seu autor. E, mesmo que seu autor alcance este nível de clareza, subsistem ainda formulações que se combatem: cabe então ao autor escolher a formulação mais clara, sacrificando as outras. Mesmo assim, aqui e acolá, confusões ou ambiguidades podem subsistir: urge então eliminá-las, substituindo-as por formulações mais simples e diretas. Da mesma forma, urge livrar-se de termos inúteis. Faz-se necessário tornar as frases mais leves, guardando somente o absolutamente essencial à demonstração. É preciso retirar um a um adjetivos, advérbios e incisos que tornam sutil ou exaustivo o que não tem necessidade de sê-lo para se resolver um enigma. Esta é a atitude que leva a produzir um texto sociológico mais claro, mais legível e mais acessível não somente aos leitores, mas também, e primeiramente, a seu autor.

---

22. Marcel Mauss foi um dos primeiros a imaginar este dispositivo textual em seu famoso *Essai sur le don*, que o conclui por "Conclusions de morale", separadas do ensaio propriamente dito. Cf. MAUSS, M. *Essai sur le don*. Paris: PUF, 2007 [1924].

23. WEBER, M. "L'objectivitité de la connaissance dans les sciences et la politique sociales". *Essais sur la théorie de la science*. Op. cit., p. 132.

Como tentamos sugeri-lo, o trabalho de reescrita e de clarificação permite ao sociólogo compreender progressivamente quais são as intenções exatas que o animam: Tratar-se-ia, para ele, de responder a um verdadeiro enigma? Se sim, qual? E a resposta, seria aportada por uma verdadeira pesquisa? Mas, igualmente, este trabalho de reescrita permite apreender o alicerce da linguagem científica empregada pelo autor (A escolha dos conceitos é coerente teoricamente e ajustada empiricamente?); Qual é o nível de verificabilidade deste trabalho sociológico (Os dados empíricos são corretamente fornecidos aos leitores? Seu autor explicou como foram coletados?); Qual é o posicionamento de seu trabalho em relação a outros (Quais méritos são retribuídos e quais críticas são endereçadas aos trabalhos sociológicos preexistentes?); e enfim, que tipo de articulação se privilegia no tocante ao militantismo? (O ideal regulador da neutralidade axiológica é aceito? Em qual medida ele é aprontado?) É buscando ser sempre mais transparente sobre estas diversas questões em relação a seus leitores que o sociólogo consegue ser sempre mais *claro* consigo mesmo.

Mas, no fim das contas, por que é tão necessário privilegiar a clareza e a clara consciência do trabalho que se elabora? Por que deixar na penumbra, no vago e na má-fé, se o emprego máximo de dimensões do texto igualmente poderia ser uma estratégia legítima? É aqui que urge lembrar esta propriedade essencial da escrita sociológica, da qual partimos: a provação do julgamento dos pares. A busca de clareza não tem efetivamente outra justificação que a de tornar o texto sempre mais resistente a esta provação. Seguramente, sempre é possível antecipar a crítica dos pares refugiando-se atrás dos muros da imprecisão, dos paraventos das sutilezas, das barricadas de subentendidos e implícitos, das cortinas de fumaça das figuras de linguagem, bem como multiplicando as citações de complacência para enternecer assaltantes. Mas estes meios de mascarar as insuficiências são irrisórios e não enganarão a ninguém, se ao menos – já que tudo está lá – as instituições científicas funcionassem corretamente[24]. Ao inverso, visar à clareza na escrita sociológica é uma forma de garantir, e mesmo de esperar com impaciência, a provação da crítica dos pares, assumindo somente os critérios que *devem* servir para o seu julgamento. A opção pela clareza não garante absolutamente ao sociólogo a produção de verdades sociológicas. Mas ela garante que seus pares disporão de todos os elementos dos quais necessitam para avaliar tal produção.

---

24. Como bem o demonstrou Léo Strauss, é próprio aos escritos em regime de opressão – isto é, quando nenhuma instituição não é autônoma do poder político – o ato de recorrer às armas do subentendido, das sutilezas e do esoterismo (STRAUSS, L. *La persécution et l'art d'écrire*. Combas: L'Éclat, 2003 [1. ed., 1941]. Nos regimes políticos democráticos, aqueles onde existem espaços científicos autônomos, avançar "mascarando" perde toda justificação e torna-se inclusive uma falta. Por isso, buscar a clareza na escrita é um gesto eminentemente político: é afirmar em atos a existência de um espaço científico independente do poder político.

19
O sociólogo e as mídias

Cécile van de Velde

Os assim denominados "autores acadêmicos" abriram-se às solicitações midiáticas: a sociologia, assim como outras ciências sociais, é inscrita num profundo movimento de difusão e de circulação dos saberes científicos no seio da sociedade francesa. Os sociólogos são convidados a se tornarem autores prioritários da difusão social de sua disciplina, e a ultrapassarem a simples esfera acadêmica para abrir-se a novos suportes e a públicos mais alargados. A etapa midiática tende a impor-se como a última fase da prática sociológica. Acentuada pelas mídias emergentes, esta visibilidade da profissão renova o exercício mesmo do ofício, no sentido de abrir à maioria dos sociólogos um espaço público até aqui reservado a alguns gatos pingados.

A busca crescente por "sociólogos peritos" pelas mídias levanta questões éticas e deontológicas no seio da disciplina, tanto em relação a seu estatuto de ciência *social* quanto às modalidades de sua difusão. Efetivamente, a postura de perito que o sociólogo é convidado a adotar no seio das mídias não é isenta de ambiguidade, e comporta em si mesma alguns riscos de instrumentalização ou de redução da palavra científica. Seriam estes riscos a contrapartida necessária de uma difusão dos saberes e das análises sociológicas? O discurso de perito poderia ser compatível com a preservação da cientificidade da mensagem difundida? Estas questões perpassam a disciplina há várias dezenas de anos na França, mas igualmente nos Estados Unidos: com a aparição das mídias de massa que tornaram possível uma larga difusão dos trabalhos, as ciências sociais americanas do pós-guerra fenderam-se entre os partidários de uma ciência social "útil" e difundida maximamente, e os de uma sociologia mais rigorosamente compartimentada em suas próprias apostas cognitivas[25]. Hoje, a midiatização crescente

---

25. RODRIGUEZ, J. "Le sociologue, l'expert et le moraliste: à propos de la social-administration anglaise". *Socio-logos*, n. 2, out./2007 [Disponíel em http//sociologos.revues.org/document873.html].

da sociologia vai de par com uma evolução de seus modos de financiamento e de avaliação, acentuando a erosão progressiva das fronteiras entre a pesquisa acadêmica e outras esferas institucionais ou midiáticas. Elas renovam o questionamento sobre a atitude a adotar em face de uma "demanda social" sempre mais presente[26], bem como sobre as condições de manutenção da autonomia da disciplina. Este capítulo se propõe a esclarecer as implicações desta reflexão coletiva sobre a postura a ter presente diante das solicitações midiáticas, que engajam o sociólogo ao mesmo tempo enquanto cientista e enquanto cidadão.

Do intelectual ao perito: sociologia e mídias na sociedade francesa

Do intelectual ao perito: os usos midiáticos e sociais da sociologia evoluem na direção de uma especialização crescente do discurso científico e de seus modos de difusão. A função "pública" do pesquisador em ciências sociais se afasta assim da figura do intelectual generalista e engajado, que predominou na sociedade francesa desde o final do século XIX[27], e tende mais na direção do "intelectual específico" no sentido de Michel Foucault, isto é, condicionado a um campo de intervenção especializado[28]. Esta distinção entre um pensamento generalista ou perito não está desvinculada de uma tensão já presente no coração da filosofia antiga, tanto na maneira de conceber a função do pensador na cidade quanto nos fundamentos de seu engajamento. Em outros termos: a expressão da demanda social orienta o pesquisador mais na direção da "tekhné" – isto é, uma habilidade especializada – antes que na direção do uso exclusivo da "virtude" e do discernimento.

Uma midiatização crescente

A emergência da figura do sociólogo no coração do espaço midiático vincula-se a duas evoluções interdependentes: se as mídias intermedeiam uma demanda crescente de expertise sociológica, os sociólogos, por sua vez, sentem-se mais inclinados a responder a essa demanda segundo a intensidade de seus interesses em difundir seus trabalhos e segundo a intensidade de seus desejos de participação no debate social. A sociologia entrou na cidade, e as mídias constituíram-se em seu canal de divulgação mais essencial.

O movimento de alargamento e de diversificação dos públicos privilegiados dos sociólogos, e mais largamente ainda dos intelectuais franceses, foi sublinha-

---

26. CASTEL, R. "La sociologie et la réponse à la demande sociale". In: LAHIRE, B. (org.). *À quoi sert la sociologie?* Paris: La Découverte/Syros, 2002, p. 67-77.

27. SIRINELLI, J.-F. & ORY, P. *Les intellectuels en France de l'affaire Dreyfus à nos jours*. Paris: Perrin, 2004 [1. ed., 1986].

28. FOUCAULT, M. "Les intellectuels et le pouvoir". *Dits et écrits II, 1976-1988*. Paris: Gallimard, 2001 [Entrevista com Gilles Deleuze. *L'Arc*, n. 49, mai./1972)].

do por Raymond Boudon no início da década de 1980[29]. Ele divide os "mercados" aos quais podem dirigir-se os intelectuais em três tipos distintos, cujo lugar relativo evolui no seio da sociedade francesa. Um primeiro mercado compõe-se da comunidade científica; um segundo compreende não somente os pares, mas igualmente um púbico mais amplo, suscetível de sentir-se implicado diretamente nos trabalhos propostos; um terceiro mercado atinge um público "difuso", alargado ao conjunto dos cidadãos: o romancista, por exemplo, é um intelectual que se dirige prioritariamente a esta larga esfera populacional. O primeiro mercado – a comunidade dos pares – é julgado compor a instância prioritária da avaliação dos trabalhos científicos e oferecer remunerações simbólicas ou materiais proporcionais à qualidade destes trabalhos. Isso ocorre ainda, segundo Raymond Boudon, em alguns campos disciplinares, como nas matemáticas, mas a comunidade dos pares tende a perder suas prerrogativas em outros campos – notadamente em ciências sociais – em proveito de um público composto, por exemplo, de especialistas e de jornalistas (mercado II), ou de um público ainda mais alargado (mercado III). Estes mercados, particularmente o segundo, oferecem efetivamente vetores de avaliação e gratificações muito mais reativos que o primeiro, e desde os anos de 1960 disputam, leia-se neutralizam, o processo de avaliação dos cientistas.

Este reforço dos "mercados II e III", isto é, a abertura dos trabalhos científicos a públicos mais amplos, não se deve unicamente, segundo Raymond Boudon, à atração que podem exercer os novos modos de gratificação. Vários outros fatores societários explicam o aumento da demanda endereçada aos intelectuais – e notadamente aos sociólogos – no seio destes mercados: de um lado, a crise social e política teria provocado a emergência de grandes debates sociais, favorecendo o interesse por trabalhos de tipo sociológico; uma avaliação geral do nível de educação teria levado a uma "intelectualização da vida privada", bem como uma "intelectualização da vida política", facilitadas ademais pelo desenvolvimento dos meios de comunicação de massa. A estes diferentes fatores, somar-se-ia uma especificidade cultural francesa, que Boudon denomina "espírito literário" – a saber, uma tendência a supervalorizar uma "produção intelectual de orientação mais estética ou ideológica" –, cujos efeitos perversos sobre a qualidade dos trabalhos científicos esse autor fustiga.

Além disso, a abertura das ciências sociais aos novos "mercados" acentuou-se desde o início dos anos de 1980; à vontade de ser lida por um público acadêmico e restrito, justapôs-se para a grande maioria dos sociólogos uma preocupação de difusão sempre mais premente. Signo desta evolução, o vocábulo consagrado a esta difusão evoluiu, como o sublinham com justeza Monique Pinçon-Charlot e Michel Pinçon: outrora associada a uma "vulgarização" em sentido descen-

---

29. BOUDON, R. "L'intellectuel et ses publics: les singularités françaises". In: GRAFMEYER, Y. & PADIOLEAU, J.-G. *Français, qui êtes-vous?* Paris: La Documentation Française, 1981, p. 465-480.

dente, esta difusão é hoje definida por uma "valorização"[30] positiva. Esta pressão à recepção ampla dos trabalhos levou muitos autores a entrar no jogo da valorização midiática. No entanto, não poderemos reduzir a midiatização dos sociólogos a estas únicas apostas de visibilidade. Ela responde igualmente a uma vontade de investir num debate público, de contribuir na construção do sentido da disciplina e, pela mesma via, dar-lhe uma utilidade, à semelhança de François Dubet, para quem a difusão ativa dos trabalhos faz parte integrante da função social do sociólogo e permite defender a especificidade de seu aporte relativo, comparativamente às outras ciências sociais[31].

Box 1

Uma sociologia "útil"

"A sociologia não é somente útil quando ela produz *fatos* irrefutáveis, mas também quando leva seus dados e suas análises à praça pública, e quando ela contribui na produção das representações que uma sociedade possui de si mesma. Neste domínio, eu nunca tive um grande sentimento de pesar; no entanto, excetuando crer-me um Voltaire, um Aron, um Sartre ou um Foucault, parece-me claro que o trabalho dos sociólogos não é insignificante. Obviamente, é desesperante constatar que ideias as mais malucas possíveis obtenham as maiores chances de persistir por três dias consecutivos no programas televisivos, a contar do momento em que seus portadores as transmitem claramente e sem nuanças. À "usura", a sociologia pode introduzir um princípio de realidade nos debates sociais, mas isso só é factível a partir do momento em que ela explicar claramente que nem tudo se reduz à vida política e às "normas" econômicas. Urge sublinhar também que se os sociólogos sorvem suas ideias tanto da vida social quanto das bibliotecas, suas análises lentamente se difundem nesta sociedade, embora ainda nos sintamos impossibilitados de avaliar claramente seus efeitos. Privado desta convicção, como o afirmava Durkheim, o ofício de sociólogo não valeria mais que "uma hora de esforço", mesmo afeiçoando-se à ideia de que é sempre a próxima pesquisa que, em última análise, terá mais peso. Desta forma, a sociologia, enquanto disciplina acadêmica, poderia exercer uma função social, como incessantemente o repetem seus inimigos, os que repudiam a desordem que ela vulgariza ao tornar-se "trivial", ou os que afirmam existir uma grande distância entre os princípios e os fatos constatáveis tanto nos manuais de filosofia escolares quanto nos tratados de civilidade, bem como junto aos defensores de uma racionalidade exclusivamente técnico-econômica."

DUBET, F. *L'expérience sociologique*. Paris: La Découverte, 2007, p. 111-112.

---

30. PINÇON, M. & PINÇON-CLARLOT, M. *Voyage en grande bourgeoisie* – Journal d'enquête. Paris: PUF, 1997 [Reed. Paris: PUF, 2002 ["Quadrige"]].

31. DUBET, F. *L'expérience sociologique*. Paris: La Découverte, 2007, p. 111-112.

Um "intelectual específico"?

Paradoxalmente, a aproximação entre sociólogo e mídias não contribui necessariamente no reforço de suas representações "intelectuais"; ela, antes, vai de par com uma acentuação de sua visibilidade enquanto "perito" mobilizado por um tema de atualidade próximo ao seu campo de competências científicas[32]. Para a análise, trata-se menos de um declínio dos "intelectuais" que de uma especialização maior de suas intervenções, fundada na necessária conexão entre seus campos de competências e a postura pública a que são chamados a adotar. Por estar associada a uma determinada compartimentação, leia-se uma compartimentagem dos saberes, esta solicitação midiática da expertise afasta o sociólogo da função de intelectual "universal", mas o aproxima daquela do intelectual "específico": segundo as acepções de Michel Foucault, se os primeiros pretendem guiar o povo em nome de um pensamento "total" e de um saber abraçando vários campos coerentes ao serviço de um objetivo social, os segundos são antes especialistas mobilizados em função de um saber particular – somente estas competências distintivas podem legitimar seu discurso social sobre uma questão determinada[33]. A postura crítica que eles são suscetíveis de adotar permanece fundamentalmente compartimentada ao seu domínio de especialização, e não subentendida por uma construção universal. Entretanto, esta posição de "intelectual específico" ou de "perito" raramente é reivindicada enquanto tal pelos próprios sociólogos[34], e depende antes de uma construção midiática.

É lá que repousa toda a ambiguidade da intervenção pública do sociólogo nas mídias contemporâneas: a posição de "perito" ou de "intelectual específico" reduz sua participação no debate social ou midiático a um campo supostamente de competências; ora, a compartimentação dos saberes e das solicitações midiáticas não é sistematicamente sobreponível àquela dos saberes científicos, e pode afastar o "perito" de suas competências próprias, convidando-o a intervir num domínio mais largo ou mais estreito, leia-se, distinto de seu campo de investigação, para responder às necessidades da atualidade. Pode então operar-se um deslizamento da temática de intervenção, levando o sociólogo a enunciar análises não dependendo diretamente de suas próprias investigações científicas. Dado que sua intervenção repousa justamente sobre um domínio específico de competência, esta categorização midiática restringe o discurso potencial a este campo identificado de intervenção, deslegitimando as tomadas de posições sociais, intelectuais e políticas que nele seriam percebidas como distanciadas.

---

32. WIEVIORKA, M. "Introduction". In: WIEVIORKA, M. (org.). *Les sciences sociales en mutation.* Paris: Sciences Humaines, 2007, p. 9-21.

33. FOUCAULT, M. "Les intellectuels et le pouvoir". Op. cit.

34. CHATEAURAYNAUD, F. "Les intellectuels de l'expertise". *Experts*, n. 78, mar./2008 [Entrevista].

Dito de outra forma: a circulação dos saberes fez-se acompanhar de uma compartimentação e de uma multiplicação dos campos de especialização científica, assim como de competências e de categorias identificadas pelas mídias. Neste movimento de "diferenciação entre ciência e sociedade" atravessando o conjunto da pesquisa[35], o sociólogo é então convidado a uma difusão alargada de seus trabalhos e de suas tomadas de posição midiáticas, mas igualmente a uma compartimentagem marcada de seu campo de intervenção. Convidado ao mesmo tempo enquanto "especialista" perito de um tema de atualidade e enquanto "intelectual" julgado engajar-se publicamente, ele encontra-se em tensão entre duas legitimidades: uma científica, outra política. Esta "dupla injunção" concorre em favor da confusão potencial entre uma função de intelectual e uma função de perito.

Riscos e ambiguidades da palavra midiática

Para além das diferentes configurações relacionais que podem existir[36], os olhares cruzados entre jornalistas e sociólogos permanecem impregnados de uma circunspecção recíproca. O sociólogo Olivier Godechot, neste aspecto, qualifica como "curiosas" as interações que ele alimenta com os jornalistas em certas fases de aceleração midiática, quando seu tema de pesquisa entra em ressonância com a atualidade. Ele presta assim mais largamente conta das hesitações, das poucas satisfações, assim como da perplexidade que pode suscitar entre inúmeros sociólogos a aprendizagem deste lugar de "perito" no seio das mídias[37].

Box 2

O sociólogo e as mídias: "interações curiosas"

"Quinta-feira. Meu telefone não para de tocar. Os jornalistas me informam sobre as perdas da "Société Générale", e me pedem para comentá-las, de supetão. Eu nunca trabalhei nem sobre o tema do controle de riscos, nem sobre a corrupção bancária... Mas isso pouco importa. Busca-se um perito, mesmo para avaliar ideias as mais banais possíveis. Urge responder? É discutível. De um lado, posso ver duas ou três ideias interessantes a antecipar, mesmo que não forçosamente muito originais. De outro, o apelo convida-me a exercer a função de perito de um negócio do qual até o momento pouca coisa sabe-se e sei.

"Os jornalistas trabalham na urgência, e na produção da informação, e estão em competição uns com os outros. Não saberíamos condená-los. Mas isso provoca interações curiosas.

---

35. RODRIGUEZ, J. "Le sociologue, l'expert et le moraliste: à propos de la social-administration anglaise". Op. cit.
36. MATTART, C. "Le 'sociologue-expert' à la télévision: un sens pour la posture sociologique?". Recherches Sociologiques, vol. 37, n. 1, 2006.
37. Site pessoal de Olivier Godechot, rubrica "Presse": http://olivier.godechot.free.fr

> '– Senhor, será que vos seria possível reler estas notícias em meia hora?
> – Madame, estou em Nantes, e em deslocamento.
> – O senhor não tem um Blackberry?
> – (?)'
> 'Ou melhor...
> – Sempre pede-se exclusividade nas entrevistas.
> – Seis jornalistas já me telefonaram e já respondi a pelo menos três deles...'."
>
> Site pessoal de Olivier Godechot, rubrica "Presse": http://olivier.godechot.free.fr

Da "tirania dos formatos"

Se as relações entre sociólogo e mídias são densas e frequentes, elas não são menos tintadas de ambivalências, confrontando duas tarefas redacionais frequentemente próximas de seus centros de interesses, mas quase opostas na temporalidade. A principal pedra de tropeço destas relações repousa efetivamente sobre os usos do tempo que cada uma das culturas deste ofício tende a promover. Evidentemente, o tempo do jornalista e o tempo do sociólogo não são comparáveis. O primeiro inscreve-se no tempo curto, o do pulsar da atualidade, frequentemente marcado pela urgência do amanhã, assim como das coerções de emissão ou de formato predefinidos; o segundo evolui no tempo longo de uma formulação que se pretende científica e nuançada. As coerções entre tempo e formatos jornalísticos levam ineluctavelmente a frustrações recíprocas: a dificuldade do jornalista consiste em solicitar ao pesquisador uma mensagem curta, clara e compreensível. Para os pesquisadores, o risco desta elaboração é o de oferecer um palpite potencialmente redutivo, truncado ou deformado, leia-se, instrumentalizado ou politizado. Em particular, um dos obstáculos percebidos por alguns sociólogos reside na impossibilidade potencial de abster-se das categorias midiáticas, por falta de tempo e de espaço para a argumentação do discurso sociológico.

Esta tradução midiática do discurso científico, potencialmente percebida como redutora, depende principalmente, segundo Cyril Lemieux, de uma adaptação às coerções comerciais que convidam os jornalistas a privilegiar critérios de legibilidade e de simplicidade[38]. As acusações de simplificação abusiva ou de superficialidade que lhe são dirigidas devem ser analisadas à luz destas coerções comerciais e de uma "tirania do formato" que tende a uniformizar o trabalho jornalístico: a escrita midiática inscreve-se num estilo e num ritmo preestabelecidos, em relação aos quais os jornalistas frequentemente dispõem de escassa soberania. Num contexto de exacerbação da concorrência, esta forma de adaptação às "prerrogativas comerciais" impõe-se tão fortemente à profissão que o respeito aos formatos transforma-se em penhor de integração social. Mais que

---

38. LEMIEUX, C. *Mauvaise presse* – Une sociologie compréhensive du travail journalistique et de ses critiques. Paris: Métailié, 2000.

um distanciamento da cultura científica, é este respeito aos formatos que induziria, segundo o autor, às "distorções" que alguns jornalistas podem fazer dos conhecimentos científicos. Esta questão dos imperativos do mercado no seio do jornalismo está no coração do olhar crítico que Pierre Bourdieu adota sobre as mídias, em particular a televisão[39]. Após sua passagem no seio da transmissão da análise televisual no programa *Arrêt sur Images*, ele denunciou, por exemplo, a impossibilidade de enunciação de uma palavra autônoma e crítica na televisão, que tenderia notadamente aos imperativos comerciais condicionando o trabalho jornalístico e convidando-os a selecionar as informações e seu tratamento em função das coerções do ibope (taxa de audiência) e da venda: "não podemos criticar a televisão na televisão, já que os dispositivos da televisão se impõem mesmo às emissões de crítica da telinha"[40]. Ele descreve assim os jornalistas prisioneiros de pressupostos, mas também, e sobretudo, de imperativos econômicos; o jornalismo não se transforma em um campo fundamentalmente heterônomo, já que submetido à apostas comerciais e financeiras, produzindo esta "amnésia estrutural", e esta ausência de interesse pelas "mudanças insensíveis" que caracterizam a seu ver o trabalho jornalístico[41]. Note-se que esta análise do campo jornalístico postula em contrapartida a existência de um campo científico distintivamente autônomo e desvinculado de tais imperativos, especificidade que hoje pode ser sempre mais questionada.

Tempo midiático e tempo sociológico

Surge então a questão da relação de força entre ciências sociais e mídias: entre umas, que produzem saberes e análises, sempre mais desejosas de uma abertura a um público largo, e outras, que detêm as chaves desta difusão, mas condicionando este revezamento de formatos e de categorias predefinidas de pensamento. No fim das contas, quem controla quem, ou antes, quem utiliza quem? Gilles Deleuze descreve desde o final da década de 1970 uma possível "domesticação do intelectual" pela imprensa: "É um novo tipo de pensamento, *la pensée-enteview*, o pensamento-entrevista, o pensamento-minuto. Imagina-se assim um livro que discorre sobre um artigo de jornal, e não mais o inverso. As relações de força entre jornalistas e intelectuais mudaram completamente. Tudo começou com a TV, e com a quantidade de adestramentos que os entrevistadores impuseram aos intelectuais consentintes"[42].

---

39. BOURDIEU, P. *Sur la télévision*. Paris: Liber/Raisons d'Agir, 1996.
40. BOURDIEU, P. "La télévision peut-elle critiquer la télévision? –Analyse d'un passage à l'antenne". *Le Monde Diplomatique*, abr./1996.
41. BOURDIEU, P. "La télévision, le journalisme et la politique". *Contre-feux*. Paris: Liber/Raisons d'Agir, 1998, p. 76-85.
42. DELEUZE, G. "À propos des nouveaux philosophes et d'un problème plus général". *Minuit*, n. 24, 1977 [Suplemento].

A potencialidade de um desequilíbrio crescente entre palavra sociológica e palavra midiática – em favor da segunda – funda uma das principais reticências formuladas contra a difusão e a midiatização da sociologia. Alguns temem os efeitos perversos desta relação emergente das mídias sobre a evolução das ciências sociais, como Jean Copans, que denuncia um risco de "liquidação midiática"[43], segundo os termos que ele formulou por ocasião da "questão Élisabeth Teissier". O desenvolvimento desta pressão à difusão tem, segundo ele, dois efeitos condenáveis sobre a construção mesma dos objetos de pesquisa em sociologia ou em etnologia: ela os tornaria não somente menos autônomos, mas igualmente menos orientados para as apostas de médio ou de longo prazo. A busca crescente por uma tribuna midiática levaria as ciências sociais a responder ao excesso dos turbilhões de atualidade, e a ceder uma parte de sua autonomia para tornar-se dependente de outros poderes.

Note-se efetivamente que a midiatização crescente da sociologia vai de par com a multiplicação dos suportes curtos e destinados à difusão ampla de trabalhos de pesquisa. Assiste-se atualmente a um encurtamento geral dos formatos na formulação científica e midiática destes trabalhos. Não é tanto a midiatização dos sociólogos, mas realmente a redução homogeneizada e excessiva de seus suportes de enunciação que corre o risco de empobrecer o pensamento sociológico. Uma polarização do discurso e do trabalho sociológico sobre formatos destinados a "aferrar-se" a um largo público correria o risco de levar à impossibilidade de abster-se do ritmo e das categorias midiáticas, e poderia favorecer a emergência de um trabalho unicamente compartimentado e enquadrado em esquemas de pensamento sucintos e predefinidos. Se os formatos curtos têm seguramente sua virtude, enquanto alargam o trabalho sociológico à vida da cidade, importa igualmente preservar o domínio do tempo longo da construção dos objetos e da administração da prova, necessários à enunciação de um discurso científico e de um pensamento social. A manutenção de uma postura autônoma face às mídias passa pela preservação de uma multiplicidade de formatos de expressão e de difusão.

Da ética jornalística à ética sociológica

Nem por isso podemos reduzir as ambiguidades do "intelectual específico" face às mídias a uma questão de ética e tempo jornalísticos; diante das solicitações midiáticas, a emergência da expertise interroga a própria ética científica. Efetivamente, a ocupação de uma posição de "intelectual específico" torna a fronteira entre as posturas científica, crítica e política particularmente tênue e equívoca, pois ela não apela mais aos "mestres do pensar"

---

43. COPANS, J. "La sociologie, astrologie des sciences sociales". *Le Monde*, 2, mai./2001. Extratos deste texto são igualmente apresentados e comentados no capítulo "La sociologie en cause", no interior da obra de G. Houdeville: *Le métier de sociologue en France depuis 1945*. Op. cit., p. 261-302.

universalistas, mas a um posicionamento assentado diretamente em verdadeiros resultados científicos[44].

O jornalista, o militante e o sociólogo

Comparando suas próprias carreiras paralelas de "jornalista" e de "erudito", Raymond Aron oferece um pensamento profundamente contemporâneo sobre a questão do engajamento público do pesquisador no seio das mídias. Jornalistas e cientistas, segundo ele, são iguais em face das tomadas de posição: todo cientista que se engaja o faz enquanto cidadão, e não enquanto cientista[45].

Sua dupla experiência o convida a desmentir a ideia segundo a qual os pesquisadores são mais animados que os jornalistas pela busca da verdade e da neutralidade científicas. Assim, ele julga infundadas as suspeições e desconfianças que os universitários nutrem em relação aos jornalistas; sobre inúmeros pontos pretensamente distintivos dos "eruditos", a fronteira entre jornalismo e ciências sociais é bem mais tênue do que parece. É o caso, por exemplo, das pretensas neutralidade e "objetividade", cuja exclusividade as ciências sociais reivindicam: assim como os jornalistas, os cientistas nem sempre separam o real do desejável. A este respeito, Raymond Aron opõe-se à ideia weberiana de uma "neutralidade em valores" no seio da postura e, sobretudo, da prática científica. Para ele, os "eruditos" não parecem desprovidos, na formulação e na apresentação de seus resultados, de uma vontade de convencer e de uma intenção de persuadir pela única força de argumentos e provas. "A seleção dos fatos e a relação com os valores não constituem um momento da pesquisa: toda interpretação é marcada e orientada pelas interrogações que o erudito formula e pelos conceitos que ele utiliza." Inversamente, os jornalistas tendem igualmente, no exercício de sua profissão, a uma busca da verdade, tanto mais sincera que esta se exerce independentemente de sua carreira e de seu sucesso. Os universitários estariam, pois, longe de deter o monopólio da "paixão pelo verdadeiro" ou pela neutralidade de julgamento. Raymond Aron denuncia, ao contrário, a confusão de papéis que leva alguns pesquisadores a assumir posições políticas sob o pretexto de uma legitimidade científica, adotando às vezes modos de comunicação assemelháveis aos dos "profissionais da política".

Longe dele a ideia de questionar a legitimidade de um engajamento científico, e de uma palavra midiática do erudito, sinal, ao contrário, de que a ciência não é "nem pobre nem estéril". No entanto, em seus engajamentos cidadãos, o

---

44. MARTUCCELLI, D. "Sociologie et posture scientifique".In: LAHIRE, B. (org.). *À quoi sert la sociologie?* Paris: La Découverte/Syros, 2002, p. 137-154.

45. ARON, R. "Journaliste et professeur". *Revue de l'Université de Bruxelles*, mar-mai./1960, p. 2-10 [Texto da lição de abertura do Institut des Hautes Études de Belgique, 23/10/1959].

sociólogo ou o erudito deve distanciar-se de sua posição de cientista; o homem de ciência não pode nem prevalecer-se de seus títulos universitários nem atribuir suas tomadas de posição a um caráter científico: "Todo erudito é igualmente um cidadão: ele deixa de ser sábio quando age enquanto cidadão." Jornalistas e eruditos são igualmente legítimos em seus discursos públicos; segundo Raymond Aron, o saber científico pode levar a formular, no máximo, um julgamento "razoável". Se o engajamento social ou político do sociólogo pode facilmente ser compreendido, leia-se defendido, sua posição, para além de seu campo de expertise, não pode em nenhum caso ser considerada mais convincente em razão de seu estatuto de erudito. Dito outramente: as tomadas de posições do erudito engajado são acima de tudo cidadãs, e não científicas.

Box 3

O engajamento do erudito segundo Raymond Aron

"Quando o economista ou o sociólogo entra na ação, ele deixa de ser homem de ciência e deixa de ter o direito de prevalecer-se de seus títulos universitários ou de atribuir suas tomadas de posição a um caráter científico. Parece-me absurdo restringir a ação do sociólogo à palavra ou à escrita: se aquele que consagra sua vida a estudar as sociedades não tivesse nada a dizer de válido, esta seria então a prova de que sua ciência é pobre e estéril! Mas se ele pretende agir enquanto erudito, ou somente formular comentários científicos, ele fracassaria seja na honestidade da ciência, seja na honestidade da ação. No melhor dos casos, quando os dados a partir dos quais ele toma partido são científicos, sua tomada de posição é quanto muito razoável. Quanto à ação propriamente política, isto é, histórica, visando ao conjunto do regime, ao destino da coletividade, oriunda de batalha sangrenta, ela está para além do saber. Ninguém é obrigado a engajar-se, mas quem o faz, corre os mesmos riscos, aceita as mesmas responsabilidades, ignora as incertezas, seja ele professor, jornalista ou homem político."

Raymond Aron, "Journaliste et professeur".
Texto da lição de abertura do Institut dês Hautes Études de Belgique, 23/10/1959, *Revue de l'Université de Bruxelles*, mar.-mai./1960, p. 17-18.

Mídias emergentes e debate público

Esta questão da ética do sociólogo é aguçada hoje pela abertura de novos espaços e pela multiplicação dos formatos disponíveis no seio das mídias emergentes, que abrem a via a uma palavra pública independentemente da intermediação jornalística. Para além das inúmeras colunas assinadas por sociólogos nos grandes jornais nacionais, desenvolvem-se, via internet, múltiplos canais de difusão sociológica, indo de sites de discussão destinados prioritariamente à comunidade sociológica aos aspectos ou "blogs" mais diretamente voltados à imprensa e ao debate público. Comparativamente aos modos de difusão tradicionais e frequentemente confidenciais – obras e artigos científicos –, à espera de publicações potencialmente demoradas, estes canais se revestem de características de grande reatividade, de um formato curto, de um modo de difusão largo, permitindo intercâmbios científicos diretos ou opiniões imediatas. Paralelamente, coleções emergentes contribuem para atenuar a fronteira entre ciências sociais e prospectiva política: destinadas a esclarecer o debate público por intervenções de pesquisadores oriundos de diferentes campos disciplinares, elas se assemelham, em primeira análise, a "ensaios científicos"[46]. De formato curto, estas obras destinadas a um público alargado alimentam fortemente o debate social ou político. Todo sociólogo é doravante confrontado com uma arbitragem na escolha dos veículos de propaganda, entre textos pouco acadêmicos, mas abertos a um público abrangente, e publicações mais reconhecidas cientificamente, mas de difusão mais confidencial. Além disso, frequentemente mantidas pelos laboratórios científicos, as páginas pessoais na internet multiplicam-se, apresentando o percurso, as publicações e os temas de pesquisa de cada pesquisador. Elas respondem a uma pressão crescente por visibilidade, implicitamente considerada em inúmeros procedimentos de seleção. Alguns "blogs" inovadores vão muito mais longe, e inventam novas formas de intercâmbios e intervenções científicas no debate social. Neste particular, o blog "Prises de parti journalistiques"[47], mantido pelo Le Monde.fr, alimentado por Cyril Lemieux ao longo da campanha presidencial, continua, por exemplo, particularmente interessante. Este sociólogo das mídias propôs-se a revelar, graças a esclarecimentos sociológicos e filosóficos, os modos de tratamento midiático da campanha presidencial de 2007 na França. Ele denominou "altamente militante" sua postura de promoção das ciências sociais no seio do debate público, justificado por ele como uma vontade de "fazer viver" a sociologia outramente.

> Box 4
>
> O blog de Cyril Lemieux: uma sociologia no debate público
>
> PS: Algumas vezes recriminaram-me aqui (e estas recriminações vieram até mesmo do ambiente de sociológicos profissionais) por não ter-me engajado *politicamente*, isto é, para falar claramente: por não ter feito deste blog a máquina antissarkozysta, como de fato deveria ter sido. Esta é uma prova da incompreensão de como este blog foi **altamente militante**. Não, sem dúvida, no gênero de militância que consiste, por pouco que me beneficie do estatuto simbolicamente privilegiado de universitário ou pesquisador, em erigir crenças privadas em verdades públicas, julgadas ser, assim o

---

46. A coleção "La République des Idées" inscreve-se nesta tendência emergente: ela propõe aos autores prolongar uma apresentação sintética dos resultados de seus trabalhos por uma postura reflexiva sobre seus alcances políticos.

47. LEMIEUX, C. Blog *Prises de parti journalistiques* – Les médias au coeur de la présidentielle: http://médiass.blog.lemonde.fr/

> imagino, tão indiscutíveis pelos cidadãos ordinários que são apresentadas (o que é uma enganação) com roupagem científica. Para ser franco: a militância exercida aqui era bem **menos politicamente correta**. Ela consistiu, no pequeno alcance deste blog, em tentar promover o lugar das ciências sociais **no debate público**. Ela consistiu, em outros termos, em tentar sugerir, frequentemente com demasiada falta de jeito, em quê as ciências podem ter algum interesse na apreensão "**fresquinha**" do que nos acontece coletivamente (uma apreensão que não poderíamos confundir com uma "pesquisa" em ciências sociais, cujos meios e temporalidades diferem totalmente!). Aquela militância lá visou a sublinhar os **modos de raciocínio** com os quais geralmente não abordamos a vida ordinária (p. ex., quando reagimos a um acontecimento político que nos afeta). Ela visou igualmente, às vezes, a rememorar trabalhos científicos reconhecidos (daí o respeito aqui manifestado pelos clássicos da sociologia **mais reconhecidos mundialmente**), na esperança de, talvez, oferecer aos leitores, o desejo de lê-los ou de relê-los, e assim fazer algo **por si mesmos** e **para si mesmos**.
>
> Cyril Lemieux. Blog "Prises de parti journalistique – Les médias au coeur de la Présidentielle":
> http://médiass.blog.lemonde.fr/

A emergência desta interface entre palavra sociológica e palavra midiática é um sintoma da dissolução das barreiras entre academismo e debate público. Estes, uma vez difundidos, renovam os modos de intervenção do sociólogo na cidade, e abrem um espaço de apropriação de uma palavra autônoma dirigida ao debate público. Atenuando o efeito de imposição dos formatos midiáticos, estes modos oferecem ao sociólogo a possibilidade de amuar-se em jornalista, o que reforça ainda mais a proximidade sublinhada por Raymond Aron entre estas duas profissões. Por multiplicarem as ocasiões de apropriação de uma palavra direta e reativa, eles também abrem um espaço intermediário entre discursos públicos e análises sociológicas; devidamente assimilados, estes novos modos de difusão podem participar na construção do sentido social da disciplina. No entanto, nestes posicionamentos públicos, cabe às éticas individuais dos sociólogos a atitude de assumir a postura de cidadão, e, como o indica Raymond Aron, diferenciar a palavra do homem de ciência da palavra do homem de ação. Entretanto, e lá reside um dos paradoxos das posturas científicas em face das mídias emergentes, estes canais de difusão disponibilizados aos sociólogos são paralelamente disponibilizados a qualquer cidadão; esta facilitação à palavra pública oferecida ao cientista se conjuga com a relativização de seu peso distintivo, com uma diminuição paralela de sua influência relativa nas mídias e com uma "usura" potencial do discurso do perito. O desenvolvimento do jornalismo participativo enfraquece o papel e o estatuto tanto do jornalista quanto do perito, atenuando a fronteira entre uma elite intelectual e o assim designado "grande público"[48].

---

48. MISSIKA, J.-L. *La fin de la télévision*. Paris: Le Seuil, 2006 ["La République des Idées"].

Concluindo: o formato – jornalístico ou científico – incide na própria estruturação do pensamento sociológico, assim como nas modalidades de sua difusão. Os pontos de encontro entre os sociólogos e o debate social são fadados a multiplicar-se e a diversificar-se; importa protegê-los conscientemente dos riscos de uma polarização do trabalho sociológico sobre as apostas midiáticas. Os jornalistas constituem-se em intermediários democráticos e sociais, hoje necessários às ciências sociais; no entanto, a construção de objetos e discursos sociológicos destinados à tribuna midiática carrega em seu bojo o perigo de um pensamento disperso, fragmentado, segmentado em enésimos subtemas de especialização, destinado à formulação de objetos e discursos "eficazes". A midiatização da sociologia pode ser parte integrante de seu desenvolvimento e de sua utilidade social, desde que ela não venha a absorver o horizonte da pesquisa numa especialização a curto prazo e numa proximidade exclusiva com os objetos de interesse midiáticos, e desde que igualmente sejam preservados o tempo, o espaço e o formato, indispensáveis à produção científica. As construções sociológicas são insolúveis nos formatos exclusivamente sucintos, em razão das interfaces editoriais curtas e das temporalidades reduzidas que acompanham mais largamente o movimento de midiatização da sociologia. Não esqueçamos, porém, que a influência de um sociólogo está longe de mensurar-se por esta instantaneidade ou pela extensão de seu público, mesmo se esta difusão abrangente seja feita em prol, e não em detrimento, da vocação humanista e científica da disciplina.

20
O sociólogo e o político*

Serge Paugam

Max Weber considerou que "a política não tem espaço nos cursos universitários". Com tal afirmação ele pretendia dizer que os pesquisadores em ciências sociais, e notadamente os sociólogos, deveriam abster-se de assumir posições políticas práticas, mesmo se, seguramente, a análise científica das estruturas políticas devesse fazer parte e continuar sob seus auspícios. Hoje esta distinção dos papéis não perdeu sua autoridade, e de alguma forma todos a interiorizaram. Esta regra parece tão evidente que verdadeiramente ela já não é mais discutida.

Entretanto, o engajamento do sociólogo continua suscitando inúmeras questões, posto que os conhecimentos acumulados das pesquisas sociológicas muito frequentemente autorizam reflexões úteis aos mandatários políticos. Aliás, estes últimos recorrem aos sociólogos, enquanto peritos, sempre que um projeto de lei a ser preparado diz respeito a um problema de sociedade. O sociólogo, pois, querendo ou não, rege-se pelas braçadas dos políticos, e frequentemente aproxima-se, e mais do que o imaginamos, destes mandatários. Não estaria ele incorrendo no risco de ser engambelado e intimado a posicionar-se? Não estaria ele, em alguns casos, sendo mais ou menos manipulado? Se, diretamente, seu engajamento não pode ser partidário, qual poderia ser então a natureza deste engajamento? Eis algumas questões às quais pretendemos responder neste último capítulo. Na realidade, estas interrogações não são novas, já que pertencem à própria tradição sociológica.

Após relembrar como inúmeros autores clássicos de nossa disciplina conceberam a relação entre sociologia e ação política, abordaremos sucessivamente três aspectos do engajamento que implicam uma posição clara do sociólogo: sua resposta à demanda social ou à pesquisa sociológica aplicada; sua expertise

---

* Este texto retoma o capítulo 1 intitulado "O engajamento do sociólogo", da quarta parte da obra *La pratique de la sociologie*. Paris: PUF, 2008 ["L"].

e seu aconselhamento ao político em termos de autonomia de pesquisador; sua crítica social.

Durkheim e Weber: duas figuras clássicas do engajamento

Desconheço um sociólogo que não se tenha imposto, ao menos uma vez na vida, a questão da utilidade de seus trabalhos, e que não tenha sido tentado, em um determinado momento particular de sua vida, a intervir pessoalmente nos debates sociais de sua época, ou eventualmente posicionar-se. Neste aspecto, o sociólogo não pode sediar-se em sua torre de marfim, e abster-se de participar dos debates sociais e políticos, sobretudo quando estes últimos têm diretamente a ver com os trabalhos que ele acaba de realizar. Ele não pode ser insensível às finalidades de suas pesquisas. A questão do engajamento do sociólogo faz-se explicitamente presente nos textos de Durkheim e de Weber.

Durkheim, a moral e a ação

Quando Durkheim considera que é necessário observar os fenômenos sociais como coisas, ele entende demonstrar que a sociologia é uma ciência objetiva, conforme ao modelo das outras ciências, e que seu objeto de estudos é o "fato social", definido por esta formulação: "É fato social toda maneira de tornar suscetível exercer sobre o indivíduo uma coerção exterior." Segundo ele, o essencial, para o sociólogo, é afastar-se das prenoções e, por consequência, da significação espontaneamente dada aos fenômenos da vida social. O primeiro "curso público de ciência social" de Durkheim (transformado desde o segundo ano em "curso público de sociologia") incide sobre *A solidariedade social* e constitui de alguma forma o embasamento de sua tese sobre a *Divisão do trabalho*. Só existe um artigo, publicado em 1888, correspondendo à sua lição de abertura[50]. Esta última revela a ambição intelectual de Durkheim e anuncia o programa por ele preparado.

O tom é dado desde as primeiras linhas: "Creio poder colocar com alguma precisão um determinado número de questões especiais ligadas umas às outras, de modo a formar uma ciência em meio às outras ciências positivas"[51]. A postura é determinada: trata-se de convencer os céticos, os que no mundo universitário olham com reserva e às vezes reticência o desenvolvimento dessa disciplina nova. "O único meio de experimentar o movimento, é mover-se. O único meio de provar que a sociologia é possível, é mostrar que ela existe

---

50. DURKHEIM, É. "Cours de science sociale": leçon d'ouverture". *Revue Internationale de l'Enseignement*, XV, 1888, p. 23-48 [Retomado em DURKHEIM, É. *La science sociale et l'action*. Paris: PUF, 1970, p. 77-100 ["Le Sociologue"]].
51. Cf. *La science sociale et l'action*. Ibid., p. 77.

e que ela vive"[52]. Ele já define nesse texto o objeto da sociologia, ou seja, os fenômenos sociais, e o método que ele preconiza para estudá-los: a observação e a experimentação indireta, isto é, o método comparativo. Mas o que mais impressiona nesse texto introdutório, é a missão fundamental que o fundador da sociologia francesa atribui a esta disciplina nova: dar à sociedade uma maior consciência dela mesma e de sua unidade, reforçar e tornar mais visível os vínculos que unem os indivíduos entre si, a fim de premunir-se contra o egoísmo que os espreita. Dito de outra forma: trata-se de prevenir o risco de desagregação e anomia a que a sociedade como um todo se expõe. Ele termina sua fala com esta declaração:

> Urge que nossa sociedade recobre consciência de sua unidade orgânica: que o indivíduo sinta esta massa social que o envolve e o penetra, que a sinta sempre presente e agindo, e que este sentimento regre sempre sua conduta; pois não é suficiente que de tempos em tempos ele se inspire em circunstâncias particularmente críticas. [...] Creio que a sociologia, mais que qualquer outra ciência, está em condições de restaurar estas ideias. Cabe a ela fazer com que o indivíduo compreenda o que é a sociedade, como ela o completa e o quanto ele é tão pouco reduzido às suas próprias forças individuais. Ela lhe ensinará que ele não é um império no seio de outro império, mas órgão de outro organismo, e lhe mostrará tudo o que há de belo a honrar conscienciosamente em sua função de órgão. Ela o fará perceber que não existe nenhuma diminuição em ser solidário com os outros e depender deles, ou sentir-se não pertencer inteiramente a si mesmo. Sem dúvida, estas ideias não se tornarão verdadeiramente eficazes se não forem disseminadas entre as camadas mais profundas da população; mas, para tanto, urge que as elaboremos cientificamente na universidade. Contribuir para a conquista deste resultado, à medida de minhas forças, será minha principal preocupação; e minha maior satisfação será a de ser minimamente bem-sucedido nesta empreitada[53].

Se o voluntarismo de Durkheim inspira-se em sua ambição de fazer com que a sociologia seja tratada como uma ciência positiva[54], ele igualmente comporta em sua origem o sentido de engajamento ao serviço da sociedade, que corresponde ao espírito dos Republicanos do final do século XIX. Durkheim funda a sociologia neste contexto político muito particular, que é a III República, e que o marcará vitaliciamente. Como o sublinha Jean-Claude Filloux: " [...] quanto mais penetramos na obra de Durkheim, mais as incitações à ação são frequentes, a forma geral sendo quase sempre idêntica, feita de objurgações, de convocações

---

52. Ibid., p. 78.
53. Ibid., p. 109-110.
54. Cf. MUCCHIELLI, L. *La découverte du social* – Un tournant des sciences humaines (1870-1914). Paris: La Découverte, 1998.

mesmo, precedidas da expressão *é necessário*"[55]. Durkheim não buscou dissimular este engajamento. Ao contrário, ele sinalizou claramente no prefácio da primeira edição da *Divisão do trabalho* que a sociologia se pretende útil:

> Mas, em nossa proposta de estudo da realidade, não se descarta a hipótese de poder melhorá-la: estimamos que nossas pesquisas seriam injustificáveis se simplesmente comportassem um interesse especulativo. Se separamos com esmero os problemas teóricos dos problemas práticos, não é para negligenciar estes últimos: é, contrariamente, para preparar as condições de resolvê-los[56].

Alguns anos depois, de forma mais explícita, ele definiria a missão educadora do sociólogo:

> Devemos, acima de tudo, ser *conselheiros, educadores*. Fomos feitos para ajudar nossos contemporâneos a se reconhecerem em suas ideias e em seus sentimentos, muito antes que para governá-los; e, no estado de confusão mental em que vivemos, qual função mais útil poderíamos exercer? Por outro lado, honraremos tanto melhor esta função quanto mais limitarmos nossa ambição pessoal. Conquistaremos muito mais facilmente a confiança popular quanto menos dermos ouvidos a segundas intenções. Urge não conjecturarmos no conferencista de hoje o candidato de amanhã[57].

A ambição de Durkheim é a de estudar os fatos morais e suas transformações. Ele não pretende excluir a moral da ciência, mas fazer a ciência da moral. Na realidade, assim como outros sociólogos, notadamente Tönnies e Weber na Alemanha[58], ele se interroga sobre os fundamentos do vínculo social nas sociedades modernas[59], e se debruça notadamente sobre a moral. Se Durkheim constata que a divisão do trabalho leva a inflar o Estado, ele igualmente não vê nisso uma função de contrapeso aos efeitos nefastos da especialização das funções. Inversamente, para ele o Estado deveria permitir o desabrochamento das diferenças individuais. Sua função principal não é a de organizar o controle e a repressão. Ele deve antes favorecer a igualdade das condições e exprimir numa linguagem que lhe é própria a unidade dos indivíduos. Trata-se notadamente de reforçar a consciência de sermos dotados do mesmo valor, e que os

---

55. FILLOUX, J.-C. "Introduction". *La science sociale et l'action.* Op. cit., p. 45.
56. *De la division du travail social.* Prefácio da primeira edição, p. XXXIX.
57. DURKHEIM, É. "L'élite intellectuel et la démocratie". *Revue bleue,* 5ª série, t. I, p. 705-706 [Retomado em *La science et l'action.* Op. cit., p. 280].
58. Cf. JONES, R.A. "La science positive de la morale en France: les sources allemandes de la division do travail social". In: BESNARD, P.; BORLANDI, M. & VOGT, P. (orgs.). *Division du travail et lien social* – Durkheim un siècle après. Paris: PUF, 1993, p. 11-41.
59. Segundo Mauss, é ao longo do ano 1884 que Durkheim precisou de forma definitiva o projeto de sua tese, isto é, o ano precedendo sua licença de ensino para estudar as ciências sociais em Paris e em seguida na Alemanha. Cf. MAUSS, M. *Oeuvres,* 1968, t. III, p. 505.

vínculos que nos unem são realmente interdependentes. Dito de outra forma: o problema que Durkheim coloca é essencialmente de ordem moral. Já que toda sociedade moderna onde domina a solidariedade orgânica comporta o risco de desagregação e de anomia, é necessário dotar-se de uma organização coletiva, suscetível de exercer em relação aos indivíduos uma autoridade moral e uma função educativa. Assim, a análise científica dos fatos sociais e dos mecanismos de regulação da sociedade compreende um estudo da ordem moral, e cabe então ao sociólogo estabelecer um vínculo entre uma forma de sociedade e um tipo de moral e, por extensão, indicar, quando reformas são engajadas, as regras morais que parecem melhor impor-se. Alguns consideram hoje que esta concepção é um pouco ingênua, e que é praticamente impossível, numa sociedade moderna, evitar o conflito das ideias morais. Hoje poucos sociólogos ousariam dizer aos moralistas qual é a moral que, em nome de sua ciência, deveriam pregar.

Mas urge reconhecer a Durkheim o mérito de ter sabido definir seu papel de erudito, incluindo nisso não somente seu estudo objetivo dos fatos sociais, mas igualmente sua participação nos debates sociais e na reflexão sobre as grandes reformas de seu tempo, feitos a partir do conhecimento sociológico por ele mesmo estabelecido ou por seus discípulos. Sublinhe-se também que Durkheim assumiu posições políticas firmes nos momentos de crise, notadamente por ocasião da questão Dreyfus. Ele inclusive interveio diretamente junto a Jean Jaurès a fim de convencê-lo a apoiar o movimento dos partidários de Dreyfus[60]. Ele assinou e fez assinar o "Apelo à nação", datado de 23 de janeiro de 1899. A autoridade que lhe é reconhecida desde o final do século XIX procede de inúmeras solicitações de pareceres sobre as grandes questões de atualidade relativas ao campo de suas competências. Sua ação, bem o percebemos, ultrapassa o campo estritamente acadêmico. É neste sentido que se pode afirmar que Durkheim foi um sociólogo engajado.

Tensão entre sociologia e política junto a Max Weber

Para analisar o sentido de engajamento sociológico de Max Weber, convém ler prioritariamente *Le savant et le politique* (O erudito e o político), obra publicada a partir das conferências dadas em 1919. Como o indicamos na introdução deste capítulo, Weber salientou que a política não deveria ser apresentada em salas de aula universitárias, e que a postura do erudito não podia em nenhum caso confundir-se com a do ator político. "Não se pode ser ao mesmo tempo homem de ação e homem de estudos, sem causar prejuízo à dignidade de ambos, sem atentar contra a vocação de um e de outro"[61]. Weber parte primeiramente

---

60. Sobre este ponto, cf. a excelente biografia feita em FOURNIER, M. *Émile Durkheim (1858-1917)*. Paris: Fayard, 2007, p. 365 ["Histoire de la Pensée"].
61. ARON, R. "Introduction". In: WEBER, M. *Le savant et le politique*. Paris: Plon, 1959, p. 8.

da constatação que o progresso científico demanda uma especialização rigorosa: "Em nossos dias uma obra verdadeiramente definitiva e importante é sempre uma obra de especialista"[62]. Obviamente, o diálogo entre as disciplinas vizinhas é frequentemente estimulante para a confrontação de pontos de vista diferentes, mas é impossível concluir verdadeiramente um trabalho de pesquisa sem uma especialização estrita. Ora, para alcançar este objetivo, a ação do erudito deve ser racional em relação a esta meta específica: a de demonstrar a verdade a partir de fatos e argumentos reconhecidos como cientificamente válidos. Esta meta corresponde igualmente a um valor fundado sobre a crença na capacidade da ciência em criar, a partir de regras precisas, um conhecimento novo, ele mesmo suscetível de gerar novas questões. Engajar-se num trabalho científico exige ao mesmo tempo um grande rigor e uma verdadeira paixão.

A paixão do erudito, segundo Weber, é uma condição prévia à "inspiração", única verdadeiramente decisiva. As melhores técnicas de pesquisa desenvolvidas nos laboratórios mais operacionais não permitem por si mesmas fazer progredir a ciência. As hipóteses do erudito devem ser guiadas por uma "ideia" que, ao preço de um trabalho obstinado, lhe advém ao espírito. Neste longo processo de maturação e de realização de uma pesquisa, nenhum espaço pode ser concedido à política. Ao contrário, quanto mais autônoma a pesquisa, tanto maiores suas chances de desaguar em resultados originais.

A vocação do erudito inscreve-se no processo histórico de racionalização. A verdade científica à qual o sociólogo – como todo homem de ciência – aspira só pode ser estabelecida sob a condição de reconhecer ao mesmo tempo o caráter infinito do conhecimento – reenviando ao inacabamento da ciência – e visando à objetividade ou à objetivação, o que implica a recusa de julgamentos de valor. É igualmente sob esta condição que o sociólogo pode observar com distanciamento o homem político, cuja vocação é precisamente a de agir em conformidade com as crenças e os valores.

Esta distinção radical que Weber estabelece entre vocação de erudito e vocação de político o leva a afirmar que a ciência deve ater-se a uma neutralidade axiológica inflexível. Isso, segundo ele, não significa afirmar que os julgamentos de valor devam ser subtraídos à análise sociológica. Ao contrário, eles são parte integrante da sociologia compreensiva. Em contrapartida, ilusório seria imaginar que o erudito considerasse sua "concepção de mundo" a partir de julgamentos de valor decorrentes dos resultados de suas pesquisas: "Longe de nós pensarmos que a função de uma ciência da experiência consiste em uma descoberta de normas e ideais de caráter imperativo que possibilitem deduzir receitas práticas"[63]. Neste ponto, e nitidamente, Weber se diferencia de Durkheim, mas

---

62. WEBER, M. *Le savant et le politique*. Op. cit., p. 62.
63. WEBER, M. *Essais sur la théorie de la science*. Paris: Pocket, 1992, p. 122.

como este último, ele não tem dúvidas quanto à utilidade da sociologia. Ele propõe então confrontar o objetivo visado das ações humanas com os meios implementados no momento da decisão, considerando-se igualmente as condições reais e as consequências previsíveis. Não cabe à ciência dizer ao homem de vontade o que ele deve fazer, mas auxiliá-lo a compreender melhor o sentido de suas escolhas e suas formas de agir:

> Cabe exclusivamente e conscientemente a ele [ao homem de vontade] deliberar e optar pelos valores em causa, e segundo sua própria concepção de mundo. A ciência pode ajudá-lo a dar-se conta de que toda atividade e toda ação, segundo as distintas circunstâncias, induzem consequentemente a um posicionamento em favor de alguns valores e – não obstante a tendência hodierna em ignorá-los – contra outros [...]. Ajudar o indivíduo a *tomar consciência* destes padrões últimos, presentes num julgamento de valor concreto, eis a derradeira função que a crítica pode realizar, embora não perdendo de vista a esfera especulativa. Quanto ao saber-se se o sujeito *deve* aceitar estes padrões últimos, isso depende dele mesmo, é uma questão da alçada de seu querer e de sua consciência, não da alçada do saber empírico. Uma ciência empírica não poderia ensinar a quem quer que seja o que ele *deve* fazer, mas somente o que ele *pode* e – se for o caso – o que ele *pretende* fazer[64].

Deste ponto de vista, o sociólogo é por assim dizer "engajado" na ação toda vez que ele ajuda a desvelar a realidade, a afastar as mitologias, a desencantar o mundo e a dar aos atores chaves de compreensão das razões verdadeiras – frequentemente escondidas ou não explicitadas – de suas crenças e de seus atos. Este trabalho de desvelamento, no entanto, pode parecer uma insignificante consolação aos olhos da tentação de agir diretamente ou de pesar de forma determinante sobre as decisões políticas. De qualquer forma, é difícil para o sociólogo não posicionar-se publicamente, ater-se a uma distinção estrita das funções de pesquisador e de cidadão e não buscar avaliar o ator político em suas escolhas últimas, aportando-lhe assim sua apreciação pessoal. Weber tem consciência que a função do sociólogo distanciado em relação à ação política pode gerar nele frustrações.

> Eu não gostaria de abrir uma discussão sobre a "dificuldade" de separar a constatação empírica da avaliação prática. Trata-se de uma tarefa difícil. Todos nós, o signatário destas linhas que se faz advogado destas exigências tanto quanto de outras, nos chocamos uns contra os outros sem cessar. [...] Um exame de consciência talvez mostre que é particularmente difícil honrar este postulado porque não *renunciamos* jamais senão a contragosto a entrar no jogo tão interessante das avaliações, tanto mais quando elas nos oferecem a ocasião de acrescentar nossa "nota pessoal" tão estimulante. Todo professor poderá constatar que

---

64. Ibid., p. 123-125.

o rosto dos estudantes se ilumina e que suas feições se alargam a partir do momento que ele começa a "professar" sua doutrina pessoal, ou, ainda, que o número dos auditores de seu curso cresce de forma extremamente avantajada quando os estudantes presumem o que ele vai falar[65].

Weber é tão consciente desta tensão permanente entre a posição do sociólogo e a do ator político que ele mesmo, várias vezes em sua vida, fez a experiência de um engajamento político direto. Ele igualmente publicou inúmeros artigos na imprensa de sua época. Notamos, por exemplo, que ele acompanhou com entusiasmo a primeira revolução russa de 1905, que ele participou do congresso do SPD em 1906. Ele engajou-se como voluntário durante a Primeira Guerra Mundial em consonância com suas convicções nacionalistas, aceitando uma função de comando num serviço hospitalar da reserva. Sua posição em relação à política militar de seu país tornou-se mais crítica subsequentemente e ele interessou-se inclusive pelo pacifismo mesmo mantendo uma intensa atividade jornalística. No final da guerra ele participou de forma ativa da vida política de seu país, notadamente por ocasião das eleições de janeiro de 1919. Ele fez então inúmeros discursos políticos em favor do partido ao qual era filiado (o DDP)[66]. De uma forma geral, Weber sempre mais ou menos acumulou, sem confundi-las, uma função de erudito e uma função de ator político.

Vários autores compararam Durkheim e Weber, insistindo sobre suas divergências. Não dispomos aqui de suficiente espaço para retomar todos os argumentos avançados para defender a tese da oposição de suas abordagens, tanto no plano das escolhas teóricas quanto naquele da conceituação e das formas de análise[67]. Herdeiros de duas tradições intelectuais diferentes, seria minimamente curioso se seus pensamentos sociológicos em nada se diferenciassem. No entanto, convém sublinhar que ambos afirmaram com força o caráter científico da sociologia insistindo, tanto um quanto outro, nas regras elementares do distanciamento em relação às prenoções e a neutralidade axiológica. Este engajamento, para esta ciência nova que era a sociologia à época, não eliminou nem em Durkheim nem em Weber a vontade de participar da reflexão política, de aportar suas contribuições aos debates sociais, de favorecer uma melhor compreensão – poderíamos dizer uma maior consciência social – dos desafios essenciais da sociedade moderna a fim de enfrentá-los melhor.

---

65. Ibid., p. 377.

66. Ele era membro do comitê diretor de seu partido. Para uma análise completa de seus engajamentos e de sua obra, remetemos à biografia de Dirk Kaesler: *Max Weber*: sa vie, son oeuvre, son influence. Paris: Fayard, 1996.

67. O leitor poderá reportar-se a HIRSCHHORN, M. & COENEN-HUTHER, J. (orgs.). *Durkheim, Weber*: vers la fin des malentendus? Paris: L'Harmattan, 1994 ["Logiques sociales"].

Aron e Bourdieu: duas concepções do "sociólogo engajado"

Mesmo que o sociólogo se esforce em apresentar os fatos e as explicações causais de forma objetiva, suas interpretações não são neutras. Ele também tem suas preferências, e não se livrará da leitura social e política que será feita de seus trabalhos. É preferível, portanto, como o sugeriu Raymond Aron, assumir plenamente o fato de que a interpretação sociológica é objetiva enquanto "compreensiva", e que esta compreensão não é neutra em relação às ideologias dos partidos políticos, embora ela não se confunda com nenhuma ideologia. O sociólogo, por sua vez, ironizava Pierre Bourdieu, faz mais política do ele que imagina. De fato, ele frequentemente se posiciona, mesmo quando dissimula seu pleno convencimento de não posicionar-se. Aron e Bourdieu têm em comum uma determinada concepção da crítica epistemológica justificando plenamente uma sociologia da sociologia[68] – lembramos que o segundo foi assistente do primeiro –, e se ambos foram sociólogos engajados, ao mesmo tempo homens de ciência e intelectuais presentes nos debates políticos, eles, no entanto, conceberam diferentemente seu engajamento sociológico.

Aron e a autonomia do político

A obra abundante de Raymond Aron reflete a extraordinária capacidade desse autor de estudar com a mesma exigência científica todas as dimensões sociológicas e políticas das sociedades contemporâneas. É raro, sobretudo hoje, que um autor possa escrever sobre tantos temas, tamanha a atual tendência à especialização em ciências humanas. Seu pensamento, na realidade, é comparável ao dos fundadores da sociologia no século XIX, para quem a intenção de estudar o social era inseparável das concepções filosóficas e de um ideal político. Nisso, sem dúvida, Raymond Aron é um dos últimos grandes sociólogos da Era Clássica que tiveram um pensamento ao mesmo tempo sociológico e político ao abraçar a realidade do mundo moderno em todas as suas dimensões. Raymond Aron assim definiu a sociologia: "Ciência das relações sociais da forma como são impostas pelo ambiente e vividas pelos indivíduos, a sociologia é uma ciência ao mesmo tempo particular e uma ciência sintética. Particular porque ela não exclui nem inclui as outras ciências sociais; sintética porque visa, em última análise, o homem social ou o indivíduo socializado, isto é, o sujeito concreto das relações sociais, portanto, o objeto último de todas as ciências humanas"[69].

---

68. Poderíamos, neste aspecto, aproximar suas lições inaugurais respectivas no Collège de France. Cf. ARON, R. *De la condition historique du sociologue*. Paris: Gallimard, 1971 [Retomado em ARON, R. *Les sociétés modernes*. Paris: PUF, 2006, p. 1.067-1.093 ["Quadrige/Grands Textes"]]. • BOURDIEU, P. *Leçon sur la leçon*. Paris: Minuit, 1982.

69. "Prefácio – L'aventure humaine" – *Encyclopédie des Sciences de l'Homme* – III: Les sociétés modernes. Paris: Société d'Études Littéraires et Artistiques, 1966, p. 17.

Definindo desta forma o estatuto e a função da sociologia, poderia Raymond Aron reconhecer-se inteiramente nesta disciplina? Muito provavelmente sim, mas urge reconhecer que ao se apresentar sua obra, geralmente sublinha-se que ela simultaneamente procede do trabalho de um filósofo, de um historiador, de um sociólogo, de um jornalista. Ninguém duvida que o ecletismo de Aron é desconcertante. No limite poderíamos concluir que este grande pensador do século XX não pertencia a nenhuma comunidade científica precisa. Frequentemente louvado pelos filósofos por seus trabalhos sobre a história, ele afastou-se significativamente da ortodoxia para ser plenamente reconhecido por eles como um "verdadeiro" filósofo. Professor de Sociologia na Sorbonne, depois no Collège de France, ele era para muitos, no entanto, mais do que um sociólogo. Sua paixão pelas questões de atualidade e sua vontade de fazer reconhecer em Sociologia a especificidade da ordem política nem sempre foram bem-compreendidas, e alguns viram nisso o risco de uma deriva na direção do comentário jornalístico. Enfim, seus trabalhos sobre as relações internacionais seduziram mais os homens políticos e diplomatas do que os sociólogos, reticentes em admitir este campo em sua disciplina.

A orientação sociológica de Raymond Aron foi determinada por sua relação com a economia e com a política. É a razão pela qual ele se encontrava na continuidade de Marx e de Weber e que ele era, por assim dizer, repugnado pelas análises de Durkheim. Este último nada conhecia nem de economia nem de política. A ambição sociológica totalizante deste último, para Aron, parecia contrária à epistemologia das ciências humanas. Por outro lado, a moral laica de Durkheim acreditava poder instaurar sobre os fundamentos da sociologia o indiferente. Na Alemanha, Aron assistiu, sublinhemo-lo, a tomada de poder por Hitler e a implantação de um sistema totalitário. Ele se inquietava também com o marxismo e com a União Soviética. Toda sociologia que não levasse a sério o trágico das revoluções e que ignorasse a especificidade da ordem política lhe parecia planar abaixo da condição humana. Se Max Weber despertou nele um interesse apaixonado, é em grande parte porque esse sociólogo, diferentemente de Durkheim, "não havia menosprezado nem os sistemas sociais nem as decisões irreversíveis e fatais tomadas pelos homens do destino". "Graças à sua consciência filosófica, sublinha Aron, ele havia unido o sentido da duração e o do instante, o sociólogo e o homem de ação"[70].

Para Aron, em sociologia e mais geralmente nas ciências sociais, somente a equidade pode garantir a autenticidade da postura científica. Querendo ou não, o sociólogo não pode ser estrangeiro aos conflitos do *forum*. "O exame e a crítica das propostas efetivamente incluídas em todas as ideologias não pode não caber à sociologia e, em seguida, diz ele, esta não pode esquivar-se de tomar posição

---

70. ARON, R. *Mémoires* – 50 ans de réflexion politique. Paris: Julliard, 1983.

pró ou contra as interpretações e os programas dos partidos"[71]. Para ele, a ciência pode mostrar que tal escolha é mais razoável que outras e os resultados da comparação científica irrompem espontaneamente nos conselhos de sabedoria (cf. box 1). É reconhecendo-os, e não mandriando o contrário, que a sociologia pode ser útil. Aliás, hoje não é raro que sociólogos, preocupados com a função que devem exercer na cidade, assumam plenamente esta função, prolongando seus trabalhos científicos de reflexões sobre as implicações políticas e ideológicas dos resultados alcançados. Desta forma eles manifestam não uma neutralidade absoluta, mas uma vontade de não julgar parcialmente, chegando assim a uma análise a mais equitativa possível.

Raymond Aron não foi um homem político, mas, à semelhança de Max Weber, ele nunca deixou de estar próximo da política. Ele aderiu ao RPF para a Libertação e foi até mesmo diretor de gabinete de André Malraux, embora este engajamento tenha sido de curta duração. Enquanto jornalista, sem dúvida ele contribuiu no aclaramento do debate político, ajudando os responsáveis políticos a fazer escolhas. Mas ele nunca confundiu sua função de erudito da Sorbonne e do Collège de France com o de conselheiro do príncipe. O pensamento de Raymond Aron marcou o século XX. Ele esclarece efetivamente os grandes problemas das sociedades modernas, tanto em seu funcionamento interno quanto nas relações que elas mantém entre si. Herdeiro de Montesquieu e de Tocqueville, ele recusou-se a fazer do estudo do social um fim em si, adotando uma postura analítica fundada acima de tudo na comparação internacional e aberta à pluralidade dos níveis de interpretação. O reconhecimento da função específica e eminente da ordem política o levou igualmente a prolongar o estrito raciocínio sociológico por uma interrogação de natureza filosófica. É a razão pela qual, na obra de Raymond Aron, encontramos tomadas de posições políticas embasadas em uma explicação ou em uma demonstração sociológica.

Box 1

Por uma política do entendimento
O senhor diz frequentemente, para definir um intelectual, que ele tem a opção entre "ser o confidente da providência ou o conselheiro do príncipe".

Raymond Aron: "É uma distinção que remonta à minha *introdução à filosofia da história*. À época ela era apresentada em um vocabulário diferente. Havia, de um lado, a política do entendimento – uma expressão que vinha de Alain – e, de outro lado, a política da Razão – com um R maiúsculo... No primeiro caso, o homem político não conhecia o futuro, ele conhecia a realidade e tentava navegar nela da melhor forma possível, cautelosamente. No outro caso, o homem político, por exemplo, o marxista,

---

[71]. ARON, R. "Sciences et conscience de la société" (1960). *Les Sociétés Modernes*. Op. cit., p. 69.

> entende conhecer o futuro. Ele toma decisões políticas em função de uma evolução histórica que ele crê prever e dominar. Então, o conselheiro do príncipe é aquele que ajuda o príncipe a conhecer a saída do drama ou da tragédia, que denominamos história humana. Mas existem também em nosso século os que se acreditam confidentes da providência, isto é, os que sabem que a providência histórica reserva a vitória ao proletariado, ou ao Partido Comunista. Eles fazem política em função de uma previsão global da história. Eles têm a certeza – às vezes insuportável – de que o desfecho será feliz. Após ter refletido sobre o marxismo, pareceu-me impossível afirmar que as lutas de classes e das nações, que estas lutas que estávamos em vias de presenciar, levariam necessariamente à sociedade socialista, tais como as imaginavam, aliás, vagamente, os que se valiam de Marx. É neste sentido que minha política é uma política do entendimento. Mas eu acrescentaria que não podemos ser conselheiros do príncipe se não tivermos uma determinada representação global da sociedade na qual vivemos, e sob a condição de aceitar a sociedade na qual vivemos".
>
> ARON, R. *Le spectateur engagé. Entretiens avec Jean-Louis Missika et Dominique Wolton.* Paris: Julliard, 1981, p. 311.

Este prolongamento tipicamente aroniano da reflexão sociológica se explica pela ideia, à qual ele sempre permaneceu fortemente ligado, de que existe uma relativa autonomia do pensamento filosófico em relação às ciências sociais. Sua convicção profunda, é que o sociólogo não permanece insensível às implicações políticas ou ideológicas de seus trabalhos, abstendo-se totalmente diante das evoluções às vezes trágicas da humanidade. Segundo Aron, o mínimo que se pode esperar do sociólogo é que ele se interrogue, independentemente de engajar-se diretamente na ação política – o que seria contrário à sua função de erudito –, sobre os limites inevitáveis e as finalidades de suas pesquisas, que ele pratique um retorno crítico sobre si mesmo e sobre sua ciência. Esta crítica é tanto mais necessária para Aron que ele está convencido de que "toda teoria contém em si implicações normativas"[72]. Mas ele mesmo ultrapassa a crítica epistemológica constitutiva das ciências humanas. A ultrapassagem última realiza-se nele sob a forma de um humanismo fundado na ideia de Razão ou, em outros termos, sob uma representação da vocação universal da humanidade: a realização do homem como ser racional.

Bourdieu, um "intelectual específico"

Se a obra de Raymond Aron é abundante, a de Pierre Bourdieu igualmente o é, embora menos eclética. De formação filosófica, ele pouco a pouco se converteu à etnologia e à sociologia. De suas primeiras pesquisas antropológicas sobre os camponeses de Béarn ou sobre os subproletários argelinos, ele sucessivamente estudou, para não citar senão os grandes domínios, as desigualdades do

---

72. ARON, R. *Paix et guerre entre les nations.* Paris: Calmann-Lévy, p. 563.

sistema educativo, o mundo da arte, os gostos e as práticas culturais, as lutas no ambiente acadêmico, o campo literário, a dominação masculina, o sofrimento social. Se, por outro lado, examinarmos o conjunto dos artigos que ele publicou nos *Actes de recherche en siences sociales* (revista que ele criou), é impressionante constatar que existem poucos temas sociológicos sobre os quais ele não tenha escrito.

Pierre Bourdieu sempre se manteve afastado da política; ele nunca tentou comentar a atualidade e as decisões políticas propriamente ditas. Nisso ele se distingue claramente de Weber e de Aron. Mesmo por ocasião dos acontecimentos de 1968, ele manteve-se afastado, ao passo que seus escritos sociológicos, notadamente seu livro *Les héritiers* (Os herdeiros), publicado em 1964 em colaboração com Jean-Claude Passeron, contribuíram fortemente no debate social e político de sua época. Ele agarrava-se à firme distinção entre seu papel de erudito e de cidadão. Efetivamente, é somente na última parte de sua carreira, enquanto professor no Collège de France, que publicamente revelou seu engajamento político. Com a publicação, em 1993, da *Misère du monde* (A miséria do mundo. 9. ed. Petrópolis: Vozes, 2012), ele encontrou uma forma de expressão suscetível de aportar a um público bastante abrangente chaves de compreensão do mundo social, ajudando assim, não diretamente os políticos, mas as pessoas ordinárias a livrar-se das coerções de dominação. É igualmente a partir desta época que Bourdieu manifestou abertamente seu apoio aos movimentos sociais, notadamente os ferroviários em greve, em 1995.

Para definir sua postura sociológica em relação à ação política poderíamos retomar, como o sugere Gérard Mauger[73], a distinção introduzida por Michel Foucault entre "intelectual universal" e "intelectual específico". O primeiro corresponde à figura clássica do intelectual engajado na linhagem de Zola e dos defensores de Dreyfus ou de Jean-Paul Sartre que, tomando partido, pretendiam "fazer entrever os valores eternos implicados nos debates sociais ou políticos". O segundo se limita a seu campo de competência técnica, o que lhe é socialmente reconhecido para poder falar com autoridade no domínio político. Em nome de um projeto filosófico e de uma ambição totalizante, o primeiro se atribui o direito de intervir em muitos temas de atualidade em função de uma competência social considerada geral; o segundo se recusa a marcar presença em todas as frentes do pensamento, julga severamente todas as formas de "ensaísmo" e busca não ultrapassar o direito que a especificidade e a racionalidade de seu saber lhe conferem.

Pierre Bourdieu efetivamente é mais "intelectual específico" que "intelectual universal". Foi em função dos resultados de suas pesquisas que ele buscou dar um sentido a seu engajamento sociológico. Sua reflexão funda-se acima de

---

73. MAUGER, G. "L'engajement sociologique". *Critique*, n. 579-580, 1995, p. 674-696.

tudo na teoria da dominação simbólica, que ele mesmo elaborou a partir dos anos de 1960, enriquecendo-a conceitualmente ao longo de toda a sua carreira. Ele estendeu a análise das relações de classe às lutas simbólicas obrando em inúmeros campos (acadêmico, literário, jornalístico...). Sua pesquisa não deságua diretamente em engajamentos de natureza política, no sentido de adesão a um partido, nem se traduz numa doutrina de vocação profética. Em contrapartida, segundo ele, o ofício de sociólogo permanece uma atividade eminentemente política – um "esporte combativo", diriam alguns[74] –, no sentido de apelar para um questionamento das evidências do senso comum: "No caso da ciência social, este desvelamento comporta em si mesmo uma crítica social, embora não desejada enquanto tal; e ele será tanto mais forte quanto mais forte for a ciência, ou seja, quanto mais consistente for sua capacidade de desvelar os mecanismos cuja eficácia se deve ao fato de serem desconhecidos, atingindo assim os fundamentos da violência simbólica"[75]. Trata-se então de uma sociologia "libertadora".

Box 2

A sociologia implica uma ética

– *Diríeis que vosso método de análise e a sociologia que praticais compreendem ao mesmo tempo uma teoria do mundo social e uma ética? Poderíamos derivar de vossa sociologia uma espécie de ideal de vosso comportamento pessoal?*

Pierre Bourdieu: "Seria tentado a responder ao mesmo tempo sim e não. Diria não se nos fecharmos na velha antinomia entre o positivo e o normativo; diria sim se aceitarmos pensar para além desta oposição. É uma ética, de fato, por tratar-se de uma ciência. Se o que digo é verdadeiro, se é verdade que por meio do conhecimento das determinações proporcionadas pela ciência torna-se possível uma forma de liberdade, que é a condição e o correlato de uma ética, então é igualmente verdade que uma ciência reflexiva da sociedade implica ou inclui uma ética – que não é, no entanto, uma ética científica. (Obviamente esta não é a única maneira de fundar uma ética.) Neste caso, a moralidade é tornada possível por uma tomada de consciência que a ciência, sob determinadas condições, pode suscitar. Enquanto a sociologia permanecer num nível muito abstrato e muito formal, ela se presta a poucas coisas. Enquanto desce aos detalhes da vida real, ela se torna um instrumento que as pessoas podem aplicar-se a si mesmas com finalidades quase clínicas. A sociologia nos dá uma pequena chance de compreendermos o papel que exercemos, e pode reduzir a influência das forças do campo dentro do qual evoluímos, e diminuir a influência das forças sociais incorporadas agindo dentro de nós mesmos. Penso, portanto, que existe um uso ético da sociologia reflexiva".

BOURDIEU, P. (com Loïc Wacquant). *Réponses* – Pour une anthropologie réflexive. Paris: Le Seuil, 1992, p. 171 ["Libre Examen"].

---

74. Para retomar o título de um filme realizado sobre a obra sociológica de Pierre Boudieu.
75. BOURDIEU, P. (com Loïc Wacquant), *Réponses*. Op. cit., p. 168.

Desse modo, se a sociologia não tem por finalidade a ação política, ela pode fornecer armas aos atores – e, por assim dizer, a todo indivíduo – para lutar contra todas as formas de dominação, inclusive as mais discretas, as mais dissimuladas, mas não menos eficazes, que caracterizam as relações sociais. Assim ela pode permitir a luta contra o efeito de imposição das normas e classificações fundadas numa naturalização da ordem social. Sem o saber sociológico fundado em pesquisas rigorosas, as classificações escolares seriam simplesmente percebidas como reflexo exclusivo das capacidades intelectuais dos alunos, o desemprego de longa duração explicado simplesmente pela preguiça dos indivíduos, a dominação masculina simplesmente atribuída à manifestação de uma superioridade biológica etc. Pelo desvelamento das sutilezas que encobrem a dominação, a sociologia, da forma como a vislumbra Bourdieu, aporta meios mobilizáveis na ação política ou, segundo sua própria expressão, oferece "meios de dominar a dominação"[76]. Esta sociologia contém em si mesma uma crítica implícita à ordem social, uma denúncia indireta aos conservadorismos.

Portanto, o sociólogo engajado, tal como o definiu Bourdieu, não tem nada a ver com o conselheiro do príncipe. O mundo social sobre o qual ele afirma seu saber o coloca em um nível diferente do mundo onde se tomam as decisões, seja em nível de governo, de empresas ou de administrações. Pierre Bourdieu, aliás, sempre deu provas de ferocidade em relação aos sociólogos que, por seus conselhos dispensados aos mandatários, frequentemente fazem o jogo da classe dominante e, portanto, da ordem estabelecida: "Uma boa parcela dos que se designam sociólogos ou economistas são *engenheiros* sociais cuja função é a de oferecer receitas aos dirigentes de empresas privadas ou administrações. Eles oferecem uma racionalização do conhecimento prático ou semierudito que os membros da classe dominante se fazem do mundo social. Hoje os governantes precisam de uma ciência capaz de *racionalizar,* no duplo sentido, a dominação que ao mesmo tempo reforça os mecanismos que a garantem e que a legitimam. É óbvio que esta ciência esbarra em limites em suas funções práticas: tanto junto aos engenheiros sociais quanto junto aos dirigentes da economia, ela jamais consegue formular questionamentos radicais"[77].

Este discurso pode parecer radical. Poderia o sociólogo não se engajar simultaneamente no processo de desvelamento da realidade, tornar públicos os mecanismos escondidos das desigualdades e, igualmente também, quando solicitado, aportar sua contribuição à reflexão sobre soluções vislumbráveis, visando a remediar o que se nos é apresentado como um problema de sociedade? Tudo é questão de dosagem e de avaliação dos riscos incorridos pelo sociólogo quando convidado a responder à demanda social ou quando solicitado enquanto perito. A posição de Bourdieu, no entanto, sugere vigilância redobrada em face

---

76. BOURDIEU, P. *Questions de sociologie*. Op. cit., p. 49.
77. Ibid., p. 27.

da ameaça de fechamento do sociólogo numa função de caracterizar e justiçar unilateralmente, por si mesmo, a postura sociológica. Vale lembrar, sobretudo, que a sociologia que Bourdieu desenvolveu comporta em si mesma um engajamento político fundado numa ética da libertação. Trata-se de um engajamento diferente daquele de Raymond Aron. Enquanto, para este último, a superação última era buscada em um humanismo fundado na Razão, em Bourdieu ela se manifesta na realização de uma ambição específica: a de romper com as estruturas mentais e com as estruturas sociais que legitimam a força e a violência simbólica.

Conclusão

A reflexividade do sociólogo

Serge Paugam

O que melhor caracteriza a prática da pesquisa sociológica, para além dos métodos e das técnicas tradicionalmente tidas por representativas desta disciplina, sem dúvida é o olhar reflexivo do sociólogo ao longo de toda a sua pesquisa sobre seu objeto de estudos, sua postura analítica, sua relação com o campo pesquisado, sua interpretação dos resultados, seu engajamento na vida da cidade. Assumindo o objetivo de retraçar neste livro a trajetória científica do pesquisador, da escolha inicial de seu objeto de estudos à publicação de suas conclusões em forma de artigos ou livros, abordando em cada etapa as questões centrais do processo de objetivação, seus autores insistiram recorrentemente na reflexividade do sociólogo. Impossível haver ciência das relações sociais sem um distanciamento e um olhar crítico sobre a trama da vida societária! A dificuldade emerge do fato que o sociólogo é um elemento do funcionamento social, e que ele não pode desvincular-se disso, sequer temporariamente – enquanto pesquisa –, a não ser por um esforço permanente de distanciamento de si mesmo. Ele não pode ser bem-sucedido senão adotando um ponto de vista crítico sobre sua postura.

A reflexividade sociológica começa pela ruptura com o senso comum, isto é, com as representações compartilhadas pelas diversas componentes da sociedade, mas igualmente pelas instituições que garantem a manutenção das regulações sociais. Ora, o senso comum impõe-se tanto mais facilmente a todo indivíduo enquanto procede de uma espécie de introjeção permanente das maneiras de fazer, das conveniências da vida ordinária, das normas e valores cujo respeito condiciona, ao menos parcialmente, a integração social (no duplo sentido da integração *à* sociedade e *da* sociedade). O sociólogo não difere do homem da rua; ele, como tudo o mundo, está sob a influência destas evidências que dominam o senso comum. Distanciar-se delas significa justamente considerá-las falsas evidências, e desconstruir seu embasamento ao preço de um olhar reflexivo sobre as estruturas que geralmente inconscientemente interiorizamos.

Este questionamento começa, primeiramente, no momento em que o sociólogo se interroga sobre o tema de sua pesquisa. Neste livro insistimos sobre o fato dos sociólogos jamais escolherem totalmente ao acaso os temas sobre os quais trabalham. Suas experiências vividas são frequentemente determinantes nesta escolha. É raro que eles estudem um fenômeno social sem, num dado momento da vida, direta ou indiretamente, ter-se confrontado com ele. É neste estágio preliminar da pesquisa que acontece o primeiro distanciamento em relação ao senso comum. O sociólogo, de alguma forma, é alertado por uma observação, por uma discussão, por um acontecimento da vida social: realidades por ele geralmente questionadas exatamente porque não parecem ser tão evidentes o quanto aparentam. Esta primeira enigmatização sociológica não garante a cientificidade da postura sociológica. É desejável que o sociólogo prossiga o questionamento sobre aquilo que o levou a fazer esta primeira escolha. Em quais condições, por qual conjunção de circunstâncias surgem as "boas" questões, que levam a produzir pesquisas inovadoras? Às vezes é difícil de sabê-lo com certeza. Estar consciente do motivo social – e frequentemente psicológico – da escolha do objeto de pesquisa sociológica, no entanto, ajuda a garantir ulteriores distanciamentos.

O combate seguinte, para o qual o sociólogo deve preparar-se, é o de enfrentar as prenoções. Estas efetivamente se constituem em verdadeiros obstáculos ao conhecimento sociológico. Todo sociólogo deve estabelecer uma distância em relação à linguagem do dia a dia, onde se aninham lugares comuns, manifestações corriqueiras da existência ordinária e representações oficiais das instituições que governam a vida dos homens em sociedade. Questionar o funcionamento social corresponde igualmente a questionar as expressões que o designam e o impõem como algo evidente. Interrogar-se sobre as categorias que parecem evidentes e reconstituir sua gênese possibilita compreender como, ao preço de um trabalho coletivo e às vezes de lutas sociais, elas conseguiram impor sua legitimidade. Desconstruídas as prenoções, mais facilmente elas podem se prestar a uma reconstrução de natureza diferente, podendo transformar-se em conceito científico. A comparação entre grupos sociais ou entre sociedades ou países pode constituir-se numa forma de realçar a força destas categorias oriundas do senso comum. Este trabalho sociológico jamais pode ser visto como antecipadamente conquistado. Conquistá-lo uma vez não significa que tudo esteja resolvido, visto que, uma vez "domadas" as prenoções, à semelhança da erva daninha que brota e novamente invade o terreno, elas voltam a povoar o campo analítico do sociólogo. Somente a vigilância permanente, fruto de uma prática reflexiva, pode levar a bom termo este trabalho.

A reflexividade sociológica ocorre igualmente no momento da realização da pesquisa de campo. Como foi realçado, independentemente da abordagem escolhida, a relação de pesquisa corresponde a uma dentre tantas outras relações. Os dados oriundos da pesquisa refletem o tipo de relação estabelecida entre pesquisador e pesquisado, ou grupo de pesquisados. Interrogar-se sobre suas incidências significa considerar seriamente a possibilidade de limites intrínsecos ao próprio método. A observação etnográfica, a realização de uma entrevista aprofundada ou, ainda, a aplicação de um questionário são técnicas hodiernamente recorrentes em sociologia, mas nenhuma delas pode prevalecer-se de total infalibilidade em face do risco de perturbação da realidade que elas podem introduzir, devido à presença do pesquisador *in loco* e ao tipo de instrumento de coleta que ele utiliza. Retornar criticamente aos métodos empregados e ao conjunto dos meios utilizados para se conseguir um material explorável, significa aumentar as chances de uma interpretação sociológica qualitativa. Entretanto, às vezes este esforço é percebido por alguns sociólogos apressados como questão secundária, assumindo os dados oriundos da pesquisa como tais, sem um recuo, já que parecem perfeitamente adequados e pertinentes. Contrariamente, o sociólogo deve questionar seus dados, e não acordar-lhes uma confiança cega. Esforçar-se na medição de eventuais obliquidades na interpretação sociológica é, em uma palavra, a condição de possibilidade da cientificidade.

Por qual razão o sociólogo poderia dispensar-se de um trabalho reflexivo sobre os seus próprios resultados? Estaria a interpretação destes últimos, de fato, destituída de qualquer parcialidade? Poderia o sociólogo ser inteiramente objetivo? Não estaria ele incorrendo no risco de, no momento da redação, render-se à expressão de sua sensibilidade ou de suas preferências? Grande é a tentação de antecipar conclusões que os dados da pesquisa não permitem afirmar, ou dissimular os pontos sombrios e as zonas indeterminadas do saber! Em alguns casos, encorajado pela demanda social ou pela função de perito que lhe é solicitada, o sociólogo acaba substituindo os dados insuficientemente disponíveis por sua própria intuição, ou por seu julgamento pessoal. Indubitavelmente urge considerar esta atitude contrária ao espírito científico, muito embora recorrentemente aplicada. A escrita sociológica, particularmente quando destinada a um público não especializado, quase inevitavelmente e simultaneamente procede por simplificação e por extrapolação. Por simplificação, já que é impossível prestar contas a um grande público do trabalho científico sem vulgarizar, sem pretender ajudá-lo a melhor compreender algumas questões mais complexas. Por extrapolação, já que a urgente demanda de respostas a questões de atualidade obriga o sociólogo a elaborar hipóteses fortes a partir de dados parciais. Durkheim considerava que os sociólogos deveriam ser, acima de tudo, conselheiros e educadores, e os encorajava a refletir sobre as implicações sociais e políticas de seus trabalhos. A reflexividade sociológica, em hipótese alguma, pode abster-se deste questionamento sobre os resultados da postura sociológica, e sobre seus usos sociais. Esta interrogação é parte integrante da prática contemporânea da sociologia.

O sociólogo pousa um olhar inevitavelmente crítico sobre o mundo social, já que seu trabalho consiste em combater as prenoções e os mitos da vida ordinária. Ao explorar seus bastidores, ele sempre corre o risco de desencantar e decepcionar as mulheres e os homens sempre prontos a confiar naquilo que lhes é apresentado como evidências ou verdades absolutas. Mas esta função de "desencantar" não o impede de engajar-se no serviço à sociedade, de valorizar os resultados de suas pesquisas, de atribuir-lhes uma utilidade social. O sociólogo habita o coração da cidade. Seus trabalhos não são fadados a confinar-se nas mãos de alguns especialistas. Pela larga difusão e pelo interesse que geralmente suscitam na população, estes trabalhos reforçam a consciência que as sociedades possuem de si mesmas, participando assim, ao menos indiretamente, de seu processo de regulação. Assim, a reflexividade última da função de sociólogo consiste em interrogar o movimento de conjunto da prática sociológica. Para o sociólogo, trata-se de fazer uma sociologia de sua sociologia, isto é, de integrar em sua análise o efeito social do processo completo de busca e acumulação do saber, em cuja origem ele figura.

Índice dos autores

Ackermann, W. 232
Adorno, T. 48
Allison, P. 263
Althabe, G. 127, 139, 191
Anderson, N. 128, 185
Andress, H.-J. 24
Arborio, A.-M. 124, 127s., 131, 135s., 149
Ardilly, P. 77
Aron, R. 11, 60-62, 245, 328, 334s., 337, 343, 347-350, 354
Aubel, O. 29
Auriat, N. 255

Bachir, M. 141
Baciocchi, S. 287
Backouche, I. 287
Baltagi, B.H. 264
Barbot, J. 106, 112
Barley, N. 192
Baron, J. 286
Bartosek, K. 150
Baszanger, I. 196
Bateson, G. 197
Baudelot, C. 236, 297
Baudot, P.-Y. 148
Beaud, S. 105, 131, 138, 189
Beauvisage, T. 160
Beck, F. 79, 88
Becker, H.S. 113, 125, 131, 138, 140, 187, 195, 307-309
Behar, R. 192
Bell, D. 247

Bensa, A. 185
Benzécri, J.-P. 236
Berger, P.L. 30
Berkowitz, S.D. 159
Bertaux, D. 195, 259
Berthier, N. 99
Besnard, P. 342
Bessière, C. 236
Béteille, A. 191
Bidart, C. 160, 165, 168
Billebault, A. 147
Blanchet, A. 108
Blondiaux, L. 104
Bloor, D. 44
Boas, F. 197
Boltanski, L. 194, 246
Bonnal, L. 262
Borlandi, M. 342
Bott, E. 161
Boudon, R. 48, 188, 197, 209, 327
Bouglé, C. 23
Bourdieu, P. 21s., 26, 33, 102, 131, 136, 139, 179, 188, 194, 196, 198, 218, 227, 231-235, 237, 255, 277s., 314, 332, 347, 350-354
Bourgois, P. 130, 137
Bowley, A. 68
Boyer, P. 193
Briand, J.-P. 195
Bringé, A. 264
Brissonneau, C. 29
Brousse, C. 76
Burawoy, M. 124, 191
Burt R. 277, 286

Callon, M. 44
Caracelli, V.J. 172, 178
Cardoni, F. 287
Caron, N. 78
Carrier, J.G. 191

Carroy, J. 19
Carsten, J. 191
Cartron, D. 129
Caselli, G. 166
Castel, R. 326
Cefaï, D. 103, 124, 129, 131, 133, 136, 154
Chamboredon, H. 130
Chamboredon, J.-C. 131, 189, 194, 199
Chapoulie, J.-M. 125, 154, 187s., 195
Charbonneau, J. 168
Chateauraynaud, F. 329
Chauvin, P. 73
Chauvin, S. 133
Chiapello, È. 246
Christin, A. 189
Christine, M. 78
Claverie, E. 48
Clifford, J. 192, 311
Coenen-Huther, J. 346
Coeuré, S. 143
Cohen, Y. 149
Colby, A. 138
Coleman 197
Combe S. 146
Combessie, J.-C. 208s.
Contreras, J. 135
Copans, J. 333
Cosandey, F. 153
Coulangeon, P. 215s., 236
Courgeau, D. 255
Coutant, I. 236
Cribier, F. 154
Cristofoli, P. 287

Darmon, M. 107
De Federico de la Rúa, A. 166, 283
Debaene, V. 186
Degenne, A. 156, 159, 214, 216, 271

Deleuze, G. 326, 332
Déloye, Y. 147
Delsaut, Y. 196s.
Demazières, D. 102
Demoule, J.-P. 190
Desmond, M. 133
Destremau, B. 24
Devereux, G. 186
Dietrich-Ragon, P. 174, 179
Dodier, N. 112
Droesbeke, J.-J. 68, 79
Dubar, C. 102, 259
Dubet, F. 328
Duncan, O.D. 253, 260, 269
Dupré, M. 292
Durkheim, É. 12, 18s., 23, 26s., 35s., 41s., 44-46, 50s., 61s., 187s., 202, 290-293, 297, 328, 340-344, 346, 348, 357
Dussaix, A.-M. 77
Duval, J. 235, 274, 279

Ehrenreich, B. 138
Elias, N. 30, 34, 39, 42, 153, 158, 197s., 314
Esping-Andersen, G. 299
Establet, R. 297
Eve, M. 167, 271

Fabre, D. 191
Farge, A. 141
Fassin, D. 185
Faure, S. 133
Faust, K. 156, 279
Favret Saada, J. 135, 191
Febvre, L. 41
Feller, É. 154
Ferrand, A. 166
Fillion, E. 106, 112
Filloux, J.-C. 341s.
Finkel, S.E. 263, 266

Firdion, J.-M. 76, 173
Fischer, C.S. 165
Fornel, M. 310
Forsé, M. 156, 159, 271
Foucault, M. 326, 328s., 351
Fougère, D. 262
Fournier, M. 343
Fournier, P. 124, 127s., 131, 135s., 149
Franklin, B. 51
Freeman, L.C. 277
Freund, J. 247
Frisch-Gauthier, J. 188

Gabbay, S. 286
Gallie, D. 56, 60, 292, 301
Garfinkel, H. 48
Gaulejac, V. 182
Geertz, C. 192, 311
Ghiglione, R. 90
Giligny, F. 190
Ginzburg, C. 150
Glaser, B. 104, 135, 196, 298
Gluckman, M. 158
Godechot, O. 128, 156, 164, 213, 236, 272, 278, 287, 330s.
Gojard, S. 236
Gold, R. 129
Gollac, M. 95, 236
Goodman, L.A. 260
Goody J. 308
Gotman, A. 108
Gould, R.V. 153
Gould, S.J. 215
Grafmeyer, Y. 327
Graham, W.F. 172, 178
Gramain, A. 199
Granger, C.W.J. 264
Granovetter, M. 161, 271, 286
Greene, J.C. 172, 178

Grémy, J.-P. 91
Gribaudi, M. 158, 165, 276, 282
Groeneveld, L.P. 264
Grosbras, J.-M. 77
Gueissaz, A. 303
Guillemard, A.-M. 250

Halaby, C.N. 260, 266
Halbwachs, M. 28, 198, 202
Hannan, M.T. 262-264
Hatzfeld, N. 128, 149
Héran, F. 165
Hertzfeld, M. 191
Hirschhorn, M. 346
Hirschman, A.O. 180
Hoggart, R. 20
Houdeville, G. 333
Hughes, E. 131, 140, 195

Isambert, F. 26
Isambert-Jamati, V. 188
Israël, L. 148

Jacob, A. 292
Jahoda, M. 55, 173
Jamin, J. 192
Jauffret-Roustide, M. 76
Jessor, R. 138
Jones, R.A. 342
Jounin, N. 131, 135, 189, 195

Kaesler, D. 346
Kalton, G. 77
Katz, J. 130
Kepel, G. 250
Kiaer, A. 68
Kruskal, W. 68

Laferté, G. 154
Laflamme, V. 174
Lagrange, H. 169
Lagrange, P. 48
Lahire, B. 34, 295, 326, 334
Lallement, M. 292
LaPiere, R.T. 132
Latour, B. 44, 193, 309s.
Lavallée, P. 73s., 77s.
Lavenu, D. 168
Lazega, E. 156s., 166, 271, 283, 285s.
Le Roux, B. 219, 232, 236
Lebaron, F. 237
Lebart, L. 79, 215
Leech, N.L. 172
Leenders, R. 286
Lefèvre, G. 292
Lehöerff, A. 190
Lelièvre, É. 255, 264
Lemercier, C. 150, 167, 276
Lemieux, C. 13, 331, 336s.
Lenclud, G. 191
Lepenies, W. 310
Lesnard, L. 259
Levasseur, E. 68
Leveau, R. 250
Lévi-Strauss, C. 33, 186, 194, 277
Levy-Vroelant, C. 174
Lhomond, B. 169
Linhart, R. 140
Loison, M. 177
Lollivier, S. 208
Lomba, C. 128, 149

Maddala, G.S. 261
Maget, M. 188, 199
Maillochon, F. 160, 165s., 169
Malinowski, B. 135

March, L. 68
Marcus, G. 192, 200, 311
Mariot, N. 272, 278
Marpsat, M. 76
Martuccelli, D. 334
Masclet, O. 151s.
Matalon, B. 90
Mattart, C. 330
Mauger, G. 80, 106, 185, 351
Maurice, M. 295, 302
Mauss, M. 193, 198, 323, 342
Mazon, B. 276
McKinney, J. 125
McCaskill, P.A. 77
Menard, S. 263, 265
Mercklé, P. 156, 270s.
Merton, R.K. 241, 253
Milgram, S. 124
Missika, J.-L. 337, 350
Mitchell, J.C. 166
Mizrahi, An. 74, 78
Mizrahi, Ar. 74, 78
Moreno, J.L. 286
Morineau, A. 215
Mosteller, F. 68
Mounier, L. 285
Mucchielli, L. 19, 95, 341
Muller, S. 128, 149

Naudier, D. 287
Newmahr, S. 133
Noiriel, G. 153

Offerlé, M. 148, 153
Ogien, R. 24
Ohl, F. 29
Olivier de Sardan, J.-P. 136

Onwuegbuzie, A.J. 172
Ory, P. 326

Padioleau, J.-C. 327
Park, R. 125, 187
Passeron, J.-C. 131, 186, 193s., 238, 296, 310, 351
Paugam, S. 25, 56, 60, 176, 180, 203, 230, 236, 292, 301
Pavis, F. 130
Pearson, M. 288
Peneff, J. 131, 133, 195
Peretti-Watel, P. 76, 88
Peretz, H. 136, 195
Petersen, T. 266
Pialoux, M. 189, 197
Piketty, T. 210
Pinçon, M. 135, 157, 327
Pinçon-Charlot, M. 135, 157, 327
Piron, M. 215
Podolny, J.M. 256
Poitevineau, J. 214
Pollak, M. 108
Pontille, D. 319
Poupart, J. 104
Préteceille, E. 73

Relieu, M. 316
Renahy, N. 189
Richard, N. 20
Ricoeur, P. 255
Rivest, L.-P. 73s., 77s.
Robertson, D. 174
Rodriguez, J. 325, 330
Rogers, C. 102
Rosental, C. 34, 311
Rostaing, C. 251
Rouanet, H. 219, 232, 236
Roupnel-Fuentes, M. 173
Rousso, H. 147s.

Safi, M. 268
Saint-Martin, M. 231, 234s.
Salama, P. 24
Sayad, A. 196
Schnapp, A. 190
Schnapper, D. 56-59, 177, 248-250, 252, 294
Schultheis, F. 291
Schwartz, D. 211
Schwartz, O. 128, 138, 151, 185, 189, 196
Scott, J. 156, 159
Sellier, F. 302
Selz, M. 166
Shweder, R. 138
Simmel, G. 25, 75s., 247
Singly, F. 90
Sirinelli, J.-F. 326
Smoreda, Z. 160
Smyth, J. 174
Snijders, T. 282, 285, 288
Sorokin, P.A. 253
Soutrenon, E. 199
Sperber, D. 317
Spurk 292, 303
Steglich, C. 288
Strathern, M. 191
Strauss, A. 104, 135, 196, 398
Strauss, L. 324
Strogatz, S.H. 272
Surdez, M. 130
Sylvestre, J.-J. 302

Tabaoda-Léonetti, I. 182
Taïeb, E. 287
Thévenot, L. 194
Thomas, W. I. 152
Tillé, Y. 77
Topalov, C. 154, 287

Toro, P.A. 77
Tuma, N.B. 262-264

Valdenaire, M. 210
Vallin, J. 166
Van de Velde, C. 203, 294
Verdier, É. 173
Verger, D. 208
Vigour, C. 298
Viveiros de Castro, E. 193
Vogt, P. 342
Voutat, B. 147

Wacquant, L. 21, 133, 135s., 138, 200, 352
Wahnich, S. 141
Wasserman, S. 156, 279
Watier, P. 247
Watts, D.J. 272
Weber, F. 105, 131, 136, 138s., 189, 199
Weber, M. 37, 42, 45, 50s., 62, 153, 187, 239-241, 244-246, 251, 296, 322s., 339s., 342-346, 348s., 351
Weiner, A. 192
Wellman, B. 159
Werquin, P. 262
White, H. 159
Whyte, W.F. 128, 130
Wieviorka, M. 329
Willemez, L. 130
Wolfe, S.M. 77
Wooldridge, J.M. 264
Woolgar, S. 309s.
Wunsch, G. 166

Zalc, C. 150
Zeisel, H. 55, 173
Znaniecki, F. 152
Zonabend, F. 192

Índice das matérias

Abordagem
    multidimensional 58
    qualitativa e qualitativa (articulá-las) 171-182
ACM (análise das correspondências múltiplas) 225-235
ACP (análise dos componentes principais) 222s., 226-228
Administração da prova 12, 333
Ambiguidade 70, 78, 88s., 104s., 129, 137-140, 185, 258s., 263, 266, 357
    de aquiescência 96
    de desejo social 95
    de amostragem 212
    de memória 99s.
    ligada à relação de pesquisa 138s.
    ligada à ilusão da exclusividade reflexiva 140
    ligada à ilusão topocêntrica 139s.
    ligada à ilusão jurídica 139s.
Amizade 160
Amostra
    aleatória simples 70-72
    bola de neve 77
    construir uma 67-84
    estratificada 72-74
    não probabilista 76-78
    propriedades de uma 69s.
    representativa 174, 211
        de pessoas sem domicílio 75s.
        ou probabilista 68, 70-76
    tamanho da 79s.
    tiragem da 80-82
Análise
    biográfica 254-256
    de rede 213, 218-237
    estrutural 159s., 163s., 169s.
    longitudinal 259-269

multiníveis 74, 213
   secundária 204
Análises fatoriais 212
Angústia psicológica 297
Anomia 343
Anonimato (das respostas) 89-115
Anotações 134s.
Arquivos 141-154
   judiciários 147s.
   legislação francesa sobre 143-146
   nacionais 144s.
   privados 149
   sociologia dos 146
   uso sociológico dos 146-155
Ascetismo 36
Atrito 258s.
Audição 133
Autoridade (parental) 243s.

Bad job 293
Bairros populares 296s.
Base de sondagem 78s.

Cálculos (escolha dos) 207-210
Campos (teoria dos) 218, 235s.
Capacidades sensoriais 133
Capitalismo 42, 45, 51
Carreira moral 29
Casamento 203
Categorização 206s.
Causalidade (sentido da) 264-269
Causas sociais 49
Centralidade
   medição da 287s.
   noção da 276-279
Cerimônias 148
Clareza da escrita 323s.
Classe dominante 353
Coleta de dados 134s.

Comparação internacional 59s., 290
Compreensão
   histórica 238
   sociológica 238s.
Conceitos
   autóctones/eruditos 189-194
   de base 210-215
   sociológicos 313
Configuração 158
Consciência
   comum 23-27
   erudita 23-27
Conselheiro do príncipe 349
Construção do objeto 43
   de estudos 13, 17s., 31, 333
Contagem 131
Corpo 133
Corpus 147s.
Correção (da amostra) 70
Correlação 214
Crítica epistemológica 350
Cultura popular 20s.

Dados
   base de 204s.
   construção dos 204-206
   longitudinais 254-259
   relacionais e estruturais 165-170
Debate público 335-338
Definição prévia 50s.
Delinquência 46s.
Demanda
   de serviços 32
   social 326
Desclassificação 19, 21
Descolonização 294
Desconstrução 291
Descrição densa 192
Dendrógrafo 279s.

Desempregados 179s.
Desemprego 54-60, 203, 299-301
Desencantamento 358
Desenraizamento 21
Desigualdade histórica 245
Desigualdades (medição das) 207-210
Desqualificação social 296
Desvelamento 352
   trabalho de 345
Determinismos sociais 181
Diário 105s.
   de campo 122, 135-137, 195
Distanciamento 18-22, 353
Divórcio (efeitos sociais do) 54
Dominação 352s.
   modos de 240s.
Dopagem 29s.
Dupla homogeneidade (horizontal, vertical) 43-45

Econometria de painéis 261
Efeito de cacho 74s.
Em igualdade de circunstâncias 213
Empatia 103
Empiricidade 49-51
Emprego 292-294
Encadeamento causal (dos acontecimentos) 255
Endogeneidade 282
Engajamento
   do erudito 335
   do sociólogo 339-354
   militante 336
Enigmatização 35-41, 352
Entrevista
   apresentação do quadro da 105-110
   aprofundada 56-60
   de face a face 102-121
   duração da 109s.
   em face a face 87
   etnográfica 185-194

    grade de 110-112
    gravação de 114-116
    local da 108s.
    longitudinal 253-269
    por questionário 56s., 59s., 188
    prosopográfica 235
    recusa de 106s.
    ritmos da 117s.
    semidiretivas 176
    sequenciamento da 119s.
    social 103
Enumerações 132
Equidade 62-64, 348
Erudito (função do) 343-346, 350
Escalas de comparação 295-299
Escola de Chicago 152
Escrita sociológica 136, 307-324, 357
Espaço social (analisar um) 218-237
Espaços de atributos 242-244
Espírito crítico 63
Esporte 20, 29s.
Estatísticas (operacionalização das) 207-215
Estatuto social 28
Estruturas topológicas (da rede) 276-281
Ética 352
    sociológica 333-338
Etnocentrismo 200, 291-295
Etnografia
    multissituada 200
    reflexiva 196
Etos 42, 45
Excedente 36s.
Experiências vividas 247-252
Experts (peritos) 325-330, 353
Explicações profanas 45-49

Família 161
Fato social (fenômeno social) 157, 340
Fenômeno Nimby (*not in my bacyard*) 180

Fileira social 30
Fontes relacionais 167s.
Função
   de perito (*expert*) 30s.
   social (do sociólogo) 328

Gênese das relações 282-285
Gênero 19, 160-162
Gráfico (de rede) 272-276
Gráficos (teoria dos) 159, 164
Gravação vídeo 134
Grounded Theory 117

Habitus 198
Heterogeneidades individuais 261, 266-269
Hipótese (nula ou alternativa) 214
Histórias de vida 195
Holismo 159
Honestidade intelectual 320
Hospital 298
   psiquiátrico 40

Ideal-tipo 230
Identidades étnico-religiosas 247-249
Imersão (de longa duração) 186s.
Imputação 82s.
Indicadores (busca de) 90s.
Índices de mobilidade social 181
Individualismo metodológico 159, 197
Inferência 211s.
Integração profissional 180, 292-294
Intelectual
   específico 326, 329s., 350-353
   universal 329
Interacionismo 197
Interdependências (cadeias de) 198s.
Interpretação 215s.
Intertextualidade 319-323

Intervalos de confiança 211
Inventários 146

Jornalistas 327
Julgamento de valor 61s.
Juventude 294s.

La distinction 218, 227-236
Legitimidade
 científica 330, 334
 política 330
Limiares de idade 294s.

Mal-alojados 179
Manhas do ofício 126
Mídias 325-338
 emergentes 335-338
Memória 142
Método
 Capi (*Computer Assisted Personal Interveiw*) 87
 Cati (*Computer Assisted Telephone Interview*) 87
 estocástico (*hot desk*) 83
 prospectivo 256-259
 retrospectivo 254-256
Métodos
 longitudinais 213
 taxinômicos 244
Modelação 83, 310s.
Modelações (sobre dados longitudinais) 261-264
Modelos de duração (*Event History Analysis*) 261-263
Monografias urbanas 188
Moral 340-343

Neurastenia 18s.
Neutralidade 62-64
 axiológica 321-323, 346
Nomenclaturas 206s.

Objetivação 21
   limites da 60-64
   participante 22
Observação
   analítica 195
   às claras 128-130
   direta 124-140
   etnográfica 55, 60
   imparcial 21
   mascarada (ou *incognito*) 128-130
   participante (ou não) 126-128
Obstáculos epistemológicos 17s., 25
Ofício de sociólogo 352
Opções metodológicas prévias 53-60
Ordem política 349

Painéis (dados de) 256-259
Paradigma societário 299
Parcialidade sociológica 61-64
Pares
   comunidade dos 327
   julgamento dos 308-310
PCS (Profissões e categorias socioprofissionais) 207, 224
Plágio 319
Plano de sondagem 70
Problematizar 33-52
Pobreza 19, 24s., 27, 203s., 208, 303
Poder 39
   de compra 28s.
Político (autonomia do) 347-350
Pontes (relacionais) 162
População (de estudo) 162s.
Postura
   do pesquisador 102-105, 122
   indutiva 104
   qualitativa 174-175
Práticas de citação 319s.
Precariedade profissional 293s.
Prejulgamentos 241
Prenoções 17-32, 42, 61, 346, 356

Pré-pesquisa qualitativa 89
Problematização 311-313
Proteção 293s.
Protestantismo 36
Provas sociais 251s.

Quadros de pensamento 239s.
Questionamento novo 28-32
Questionário 168
    autoadministrado 86
    construção do 89-101
    pesquisa por 85-101
Questões
    abertas/fechadas 91s.
    descritivas 33-35
    do questionário
        formulação das 95-98
        ordem das 94s.
    escolásticas 33-35
    filtradas 92
    forma das 91s.

Raciocínio
    comparatista 290-304
    estatístico 202-217
    etnográfico 185-201
    hipotético-dedutivo 104, 186
    probabilista 188
Recusa de exaustividade 40
Rede
    completa (ou total) 162-164, 167, 169, 289
    egocentrada 163s., 166, 169s., 199, 289
    social (noção de) 156-159
Redes
    pesquisa sobre as 156-170
    sociais (interpretar as) 270-289
Reescrita 323
Reflexão epistemológica 194
Reflexividade 21, 136, 182, 355-358
Regimes de Estados-providência 299

Regressão logística 181
Regressões
　lineares ou logísticas 212, 214
　modelos de 236
Regularidades 203
Relação
　de pesquisa 356
　descrição de uma 165s.
　medir uma 166s.
　terapêutica 103
Relações
　amorosas 30
　problemática relacional 160-165
　sociais 11
　　ciência das 347
Relatos de vida 254-256
Religião 20
Representatividade 170
　debate sobre a 68s.
Retranscrição 137

Segredo profissional 145
Senso comum 18, 188, 355s.
Sexualidade 160, 169
Socialização 82
Sociedade
　de corte 39, 42
　industrial (tipo ideal da) 245s.
Sócio-história 142
Sociologia
　americana 187
　compreensiva 63, 290, 347
　da sociologia 154
　histórica 142, 187
　"libertadora" 352
Solidariedade
　orgânica 343
　social 340
Solidariedades familiares 300, 303

Sondagem
    em vários níveis 74s.
    por cacho 74s.
Suicídio 18s., 35s., 41s., 46, 51, 291, 297

Taxa de sondagem 72
Temporalidade da pesquisa 175s.
Termos do questionário (escolha dos) 92-94
Teste
    de unicidade 40
    estatístico 214
Tipo ideal (elaborar um) 238-252
Tipologias (sistemáticas) 241-245
Trabalho 292-294
    etnográfico 177
    jornalístico 330-338
Trabalhos estruturais 286s.
Transições 203

Unidade orgânica 341
Universo
    prático (ou população visada) 70
    social 357
    teórico 69s.

Variáveis de controle 213
Variância 222s.
Verificabilidade 316-318
Vínculo social (fundamentos do) 342
Vínculos
    fracos 161
    sociais 27, 55
Violência simbólica 354
Vulgarização 327

Xenofobia 152

CULTURAL
Administração
Antropologia
Biografias
Comunicação
Dinâmicas e Jogos
Ecologia e Meio Ambiente
Educação e Pedagogia
Filosofia
História
Letras e Literatura
Obras de referência
Política
Psicologia
Saúde e Nutrição
Serviço Social e Trabalho
Sociologia

CATEQUÉTICO PASTORAL
Catequese
Geral
Crisma
Primeira Eucaristia

Pastoral
Geral
Sacramental
Familiar
Social
Ensino Religioso Escolar

TEOLÓGICO ESPIRITUAL
Biografias
Devocionários
Espiritualidade e Mística
Espiritualidade Mariana
Franciscanismo
Autoconhecimento
Liturgia
Obras de referência
Sagrada Escritura e Livros Apócrifos

Teologia
Bíblica
Histórica
Prática
Sistemática

REVISTAS
Concilium
Estudos Bíblicos
Grande Sinal
REB (Revista Eclesiástica Brasileira)
SEDOC (Serviço de Documentação)

VOZES NOBILIS
Uma linha editorial especial, com importantes autores, alto valor agregado e qualidade superior.

VOZES DE BOLSO
Obras clássicas de Ciências Humanas em formato de bolso.

PRODUTOS SAZONAIS
Folhinha do Sagrado Coração de Jesus
Calendário de mesa do Sagrado Coração de Jesus
Agenda do Sagrado Coração de Jesus
Almanaque Santo Antônio
Agendinha
Diário Vozes
Meditações para o dia a dia
Encontro diário com Deus
Guia Litúrgico

CADASTRE-SE
www.vozes.com.br

EDITORA VOZES LTDA.
Rua Frei Luís, 100 – Centro – Cep 25689-900 – Petrópolis, RJ
Tel.: (24) 2233-9000 – Fax: (24) 2231-4676 – E-mail: vendas@vozes.com.br

UNIDADES NO BRASIL: Belo Horizonte, MG – Brasília, DF – Campinas, SP – Cuiabá, MT
Curitiba, PR – Florianópolis, SC – Fortaleza, CE – Goiânia, GO – Juiz de Fora, MG
Manaus, AM – Petrópolis, RJ – Porto Alegre, RS – Recife, PE – Rio de Janeiro, RJ
Salvador, BA – São Paulo, SP